U0006618

蔣永敬 著

孫中山

與辛亥革命

臺灣商務印書館

目次

自序

　　今年（二〇一一）是辛亥革命一百週年，回顧一百年前的中國，究竟是怎樣情形的國家？正如孫中山在開始革命成立檀香山興中會所言：「近之辱國喪師，強藩壓境，堂堂華夏，不齒於鄰邦；文物冠裳，被輕於異族。」一百年後的今日中國，又是如何情形？亦如孫中山一百年前所言；「環視歐美，彼且瞠乎其後也。」

　　何以有此重大的改變？毫無疑問，應是辛亥革命所帶來的影響。

　　何謂「辛亥革命」？孫中山遺囑曰：「余致力國民革命，凡四十年」。遺囑寫於一九二五年，上推四十年，即為一八八五年，是年為中山「始決傾覆清廷、創建民國之志」。畢生既為「國民革命」，而辛亥革命亦在其內。此本書之所以命名為《孫中山與國民革命》也。

　　何謂「國民革命」？一九〇六年孫中山制訂《同盟會革命方略》曰：

> 「今日為國民革命；所謂國民革命者，一國之人，皆有自由、
> 平等、博愛之精神，亦皆有負革命之責任。」

　　辛亥革命帶來何等影響？胡適在七十多年前（一九三四）指出：中華民國成立以來，固然有許多地方不能滿意，其中也有許多的進步，如帝制的推翻、新法典的頒行，婦女的解放等，這些進步大部分都是受了辛亥革命以來革命風潮的影響。

　　近年中外學者研究孫中山的著作，可謂汗牛充棟；大陸學界對此研究，更是方興未艾，孫中山對中國甚至對亞洲變化的重大影響，可謂已成定論。兩岸中國人以及海外華人，都會以中國有位孫中山而自豪。革

命思想家陳天華在一百多年前（一九○五）就說：「孫君逸仙者」，「是吾四萬萬人（當時全中國的人口）之代表也」。這話今天來說，也最恰當不過！

為了共襄盛舉，來紀念歷史這一重大節日，著者特將十年前（二○○○）由國史館初版的《孫中山與中國革命》，修訂補充再版。初版原收論文二十一篇。今略去八篇，保留十三篇，新增三篇，合為十六篇，分兩大部分：一、思想與理論；二、領導與參與。前後兩部分各為八篇。新增的三篇，一為《孫中山的世界觀記註》；一為《孫中山三大領導風格》；一為《同盟會河內指揮中心的西南六次起》。一、三兩篇是新撰，第二篇是二○○八年在學術討論會發的論文。

近年中國大陸學界對孫中山有關世界觀的論著，質量均豐，「百家爭鳴」。著者不便再「鳴」只是做點基本工作，故將孫中山有關世界觀的言論，依其年代及性質，分類記述之，加以必要的註釋，以求基本的了解而已。故曰「記註」。其次，一九○七到一九○八年間，孫中山以越南河內為指揮中心在粵、桂、滇三省發動的六次起義，占其辛亥前十次起義的絕大部分，也是同盟會成立後革命運動中最重要的部分，今從多層面來作系統的探討。其他各篇舊作，亦有所修正或補充。

著者在原著《孫中山與中國革命》自序中曾說：「由於兩岸制度及意識形態之不同，對於孫中山思想及其事業亦有不同的詮釋」。但經過三十年來的學術文化交流，此種差距已漸縮小，這是非常美好的現象。相信今後會有更多的美好現象也。

蔣永敬　二○一一年元旦

第一篇 ／ 思想與理論

第一章
孫中山的世界觀記註

一、何謂孫中山的世界觀

何謂孫中山的世界觀?概括言之,即宏觀世界,審視國情,提出中國問題解決的方案。此在孫中山的言論著述中,可謂俯拾即是,內容浩繁,博大精深,欲作全面而完整的論述,實感力有未逮。今擬按其提出的年代及其性質,分類記其要者,並作必要之註釋。期對孫中山世界觀的研究,做些基本工作,以求初步的瞭解。就性質類別來分,可分為三大部分:一、改革的世界觀。二、革命的世界觀。三、建設的世界觀。革命的又可分為民族、民權、民生等主義世界觀。建設的又可分為精神的、物質的、社會的等建設世界觀。

關於孫中山世界觀的意義,在一九二三年一月一日《國民黨宣言》中有云:

> 「本黨總理孫先生文,內審中國之情勢,外察世界之潮流,兼收眾長,益以新創,乃以三民主義為立國之本原,五權憲法為制度之綱領,俾民治臻於極軌,國家安於磐石,且以躋於有進而無限,一治而不復亂之域焉。1」

孫中山親筆題詞之名言曰:「世界潮流,浩浩蕩蕩,順之者昌,逆之者亡。」2

最足顯示孫中山宏觀世界,審視國情,提出中國問題解決方案者,

是其一九〇五年在同盟會《民報》的發刊詞中，提出的民族、民權、民生三大主義。其文有云：

> 「余（孫中山自稱）維歐美之進化，凡以三大主義，曰民族，曰民權，曰民生。羅馬之亡，民族主義興，而歐洲各國以獨立。洎自帝其國，威行專制，在下者不堪其苦，則民權主義起。十八世紀之末、十九世紀之初，專制撲而立憲政體殖焉。世界開化，人智益蒸，物質發舒，百年銳於千載，經濟問題繼政治問題之後，則民生主義躍躍然動，二十世紀不得不為民生主義之擅場時代也。」

以上是宏觀世界，以下則是審視國情，而提出解決中國問題的方案，文曰：

> 「今者中國以千年專制之毒而不解，異種殘之，外邦逼之，民族主義、民權主義殆不可以須臾緩也。而民生主義，歐美所慮積重難返者，中國獨受病未深，而去之易。……吾國治民生主義者，發達最先，睹其禍害於未萌，誠可舉政治革命、社會革命畢其功於一役。環視歐美，彼且瞠乎其後也。」[3]

二、改革的世界觀

孫中山在廣州第一次起義之前，公開發表的文字，有一八八九年致鄭藻如書，一八九一年所撰之《農功篇》，一八九四年上李鴻章書，以及一八九五年的《創立農學會倡言》等，均屬改革性的言論，已具有明確的世界觀。介述如下。今據孫中山最早文獻一八八九年致其香山縣（今中山縣）同鄉鄭藻如書，陳「興利除害以為天下倡」，說道：「某（孫中山自稱）留心經濟之學，十有餘年矣，遠至歐洲時局之變遷，上去歷朝制度之沿革，大則兩間（按：可能是「兩世間」或「世間」）之天道人事，小則泰西之格致語言，多有旁及。」繼而提出振農桑、禁鴉片、育人才三項意見。振農桑方面，「道在鼓勵農民，如泰西興農之會，為之先導」。禁鴉片方面，「設局以助戒」。育人才方面，「先立

一興學之會，以總其事」。4

　　按孫中山當時所提出的三項意見，是參照「泰西」的經驗，設會以資倡導，期能「一倡百和，利以此興，害以此除，而人才亦以此輩出」。5這是一種近代化的觀念。今日視之，可能極為普通，而在一百二十年前的中國，應是創新的見解了。這年（一八八九）孫中山虛齡二十四年，在香港西醫書院通過第二學年考試，各科成績均名列前茅。其自我介紹，留心經濟之學及歐洲時局等，尚非「吹牛」也。

　　孫中山一八九一年的的《農功篇》，更是充滿效法「泰西」的經驗，感歎國內「近世鮮有留心農事者；惟泰西尚有（中國）古風，為民上者，見我所無之物，或有其物而美不如人，必窮究其所以然，故效法於人，薪勝於人。年來意大利、法蘭西、印度、錫蘭所種絲茶，反浸浸乎勝於中國。」因此他主張：「我國似宜專派戶部一員，綜理農事，參仿西法。」6

　　孫中山一八九四年上清直隸總督、北洋大臣李鴻章書，陳「國家富強之大計」，所顯示的宏觀世界，審視國情，提出中國問題解決的方案，更為明確。書中說道：

> 「竊嘗深維歐洲富強之本，不盡在於船堅砲利、壘固兵強，而在於人能盡其才，地能盡其利，物能盡其用，貨能暢其流。此四事者，富強之大經，法國之大本也。」

　　孫中山所提出的四事，是以中國的傳統社會結構之士、農、工、商四大階層立論。講到人盡其才（士）方面，在教養有道，鼓勵有方，任使得法。這些方面，當時中國與「泰西」相比，實在差得很遠。即以教養有道而言，中山認為「自古教養之道，莫備於中華，惜日久廢弛，庠序亦僅存其名而已。泰西諸邦崛起近世，深得三代〔按：夏、商、周〕之遺風，庠序學校遍布國中，人無貴賤，皆備於學」。因此「泰西人才之眾多者，有此教養之道也」。

　　講到地盡其利（農）方面，在農政有官，農務有學，耕耨有器。就農政有官而言，中國之農政古有專官，三代以下聽民自養而不擾之，便

為善政。此中國今日農政之所以日就廢弛也。而泰西國家深明致富之大源，在於無遺地利，無失農時，故特設專官經略其事，凡有利於農田者無不興，有害於農田者無不除。

講到物盡其用（工）方面，有窮理日精，機器日巧，不作無益以害有益。就窮理日精而言，泰西之儒，以格致為生民根本之物，舍此則無以興物利民，由是孜孜然日以窮理致用為事。如化學精，凡動、植、礦之物，昔人已知其用者，固能廣而用之；未知其用者，亦考出以為用。此皆從化學之理而得收物之用，年中不知裕幾許財源。我國倘能推而仿之，亦致富之一大經也。

講到貨其流（商）方面，在關卡之無阻難，保商之有善法，多輪船鐵道之載運。就保商之有善法言，泰西之民出外經商，國家必設兵船、領事為之護衛，而商亦自設保局、銀行與相倚恃。國政與商政並興，兵餉以商財為表裡。是故商者，亦一國富強之所關也。我中國自與西人互市以來，利權皆為所奪者，其故何哉？以彼能保商，我不能保商，而反剝損遏抑之。商不見保則貨物不流，貨物不流則財源不聚，是雖地大物博，無益也。

孫中山斷言：「四者既得，然後修我政理，宏我規模，治我軍實，保我藩邦，歐洲其能匹哉！」[7]

這年（一八九四）孫中山虛齡二十九歲，已自香港書院畢業兩年，在澳門、廣州行醫，成為名醫。其向李鴻章提出的建言，較之五年前（一八八九）致鄭藻如書，實大有精進。這與他在香港西醫書院五年（一八八七—一八九二）嚴格的科學訓練，博覽群籍，包括中國二十四史和西洋各種名著有關。從這一文獻中，可以看出孫中山對中西文化融會貫通的造詣，其視野之遠大，見解之深入，使中國傳統士、農、工、商的社會結構，與西方的近代化相結合，改造中國社會。姑名之曰「四個近代化」（簡稱「四化」）。這個「四化」，在孫中山次年（一八九五）提出的《創立農學會倡言》中，修正為「專業化」。其文曰：

「蓋中華以士為四民之首，外此則不列於儒林矣。而泰西諸國則不然，以士類而貫四民。農夫也，有講求耕植之會；工匠也，有講求制器之會；商賈也，有講求貿易之會。皆能闡明新法，著書立說，各擅專門，則稱之曰農士、工士、商士，亦非溢美之詞。以視我國之農僅為農，工僅為工，商僅為商者，相去奚啻霄壤哉？故欲我國轉弱為強，收衰為盛，必俟學校振興，家弦戶誦，無民非士，無士非民，而後可與泰西諸國並駕齊驅，馳騁於地球之上。」8

孫中山此一「專業化」之論，在其二十三年以後（一九一八），進入民國時期，有進一步的發揮，其言曰：

「民國以人民為主，中國人民，前分四類：士、農、工、商是也。近世實為三類；以農、工、商皆有學問，蓋士而農、而工、而商者。非此不足與世界相角勝。」

此時雖已民國時代，但以軍閥專橫，而所謂民國，民既不聊生，國亦幾乎不國，距離所謂「專業化」或「近代化」者，尚屬遙遠。所以中山慨乎言之曰：

「現世界各國，對於農、工、商，約分三種：若中國，則為妨害農、工、商者；若美則保護農、工、商者；若德則幾為農、工、商之國矣。以故有大商業、大工廠，皆由國家為之主持，為之管理，即國家亦含有農、工、商性質焉。……吾國只漢陽鐵廠，年出鐵不過十萬噸。而一切開鐵礦，不知幾凡？坐令此天然物產，日日尚求助於人，長此不已，其何能了？」9

前述《創立農學會倡言》，刊於一八九五年十月六日廣州《中西日報》，距其廣州首次起義失敗（十月二十六日）僅為二十天。農學會實為起義的掩護機關，粵中官紳潘寶璜、潘寶琳、劉學詢等署名贊助者數十人。同時廣交官紳名流，高談時政，放言無忌。雖語涉排滿，聞者僅目為瘋狂，不以為意。10

　　孫中山之被目為「瘋狂」，顯然是他高談時政，放言無忌，除語涉排滿外，還有應該是他所說的未來的中國：「歐洲其能匹哉！」，以及「與泰西諸國並駕齊驅，馳騁於地球之上」等等。這些「大話」，在當時來說，簡直不可思議！好像是在「吹大牛」，故被譏之為「大炮」。這個「封號」，正是那個時期。據興中會會員謝纘泰一八九五年五月五日《日記》：「他（孫中山）提出的都是易招物議的事情，他認為自己沒有幹不了的⋯⋯事事一帆風順⋯⋯『大炮』！」[11]

　　孫中山對其「大炮」之「封號」，似乎耿耿於懷。二十八年以後，他對此「封號」表示：

　　　　「從今天起，如果大家同心協力，十年以內，中國可以為世界
　　　最強的國家。但是大家不相信這句話，我們同志也不相信這句話。
　　　廣東人説我（孫自稱）是『大炮』、『孫大炮』！」[12]

　　孫中山一百多年前的「大話」，以後都已見諸事實了，例如五十年以後的一九四五年，中華民國對日抗戰勝利，國際地位躋於世界「四強」之一，豈非「與泰西諸國並駕齊驅」乎？又如一百年後的中國大陸，自改革開放以來，今日國勢之盛，「歐洲其能匹哉！」

三、革命的世界觀

　　最足代表孫中山革命的世界觀的文獻，是本文首段所引述的《民報》發刊詞，內容包含民族、民權、民生三大主義。是革命之目的，即為實行三民主義也。中國革命何以必須行此三大主義？中山之解釋曰：

　　　　「以此在二十世紀之時代，世界文明進化之潮流，已達於民生
　　　主義也；而中國則尚在異族專制之下，則民族之革命以驅除異族，
　　　與民權革命以推覆專制，已為勢所不能免者也。」[13]

　　此為孫中山對其三大主義革命的世界觀，進一步的解釋。以下則就此三者依次記註之。

（一）民族主義世界觀

孫中山的民族主義的內容，包含對內、對外兩大部分。對外即是宏觀世界，對內是審視國情，以求民族問題之解決。孫中山在其所著《中國革命史》中說道：

> 「余（孫中山自稱）之民族主義，特就先民所遺留發揮而光大之，且改良其缺點。對於滿洲不以復仇為事，而務與之平等共處於中國之內。此為以民族主義對國內之諸民族也。對於世界諸民族，務保持吾民族之獨立地位，發揚吾固有之文化，且吸收世界之文化而光大之，以期與諸民族並驅於世界，以馴致於大同。此為以民族主義對世界之諸民族也。」14

中國近代民族主義思潮，深受到西化進化論的影響，蔡元培在其《釋仇滿》文中指出：「蓋世界進化以及多數壓迫少數之時期，風潮所趨，決不使少數特權，獨留存亞東之社會，此其政略上所以有仇滿之論也」。15

孫中山早年求學時期，於中國之學，獨好三代、兩漢之文；於西學，則雅癖達爾文之道（Darwinism）。16 是故民族之競爭問題，經常湧現於其腦海中。在其一九〇四年為舊金山致公堂重訂新章中，指出民族生存競爭與東亞之危機曰：

> 「今為爭競生存之時代，天下列強，高倡帝國主義，莫不以開疆闢土為心，五洲土地已盡為白種所併吞。今所存者，僅東亞之日本與清國耳；而清國則世人已目之為病夫矣，其國勢積弱，疆宇日蹙，今滿洲為其祖宗發祥之地、陵寢所在之鄉，猶不能自保，而謂其能長有我中國乎？此必無之理也。我漢族四萬萬人豈甘長受滿人之羈軛乎？今之時代，不爭競則無以生存，此安南、印度之所以滅也。惟爭競獨立，此美國、日本之所以興也。」17

鑒於東亞之安危與中國之命運密不可分，因此不僅要拯救中國民

族，馴要拯救東亞「黃種」和世界人道而奮鬥。一八九七年秋，孫中山
自英倫來到橫濱，日本志士宮崎寅藏來訪，叩其革命宗旨，中山曰：
「余固信為中國蒼生、為亞洲黃種、為世界人道而興起革命軍，天必助
之」。又曰：「欲救中國四萬萬之蒼生，雪東亞黃種之屈辱，恢復宇內
人道而擁護之者，惟有成就吾國之革命，即為得之。」[18] 意思是說中國
革命成功，東亞民族即可得救，世界亦得和平（人道）矣。這是孫中山
早期對其民族主義對內、對外意義的重要表示。此時孫中山的革命環
境，正處於艱困時期，倡言排滿而求漢人自主者，僅中山及興中會中的
少數革命黨人而已，尤以中山為中心。如秦力山在早期出版的《孫逸
仙》書序中指出：

> 「舉國熙熙皞皞，醉生夢死，獨彼（按指孫中山）以一人圖祖
> 國之光復，擔人種之競爭，且欲發現人權公理於東洋專制世界，得
> 非天誘其衷，天錫之勇乎？」[19]

一九〇五年七月，孫中山在其第二次將近兩年（一九〇三年十一
月～一九〇五年七月）的環球之行，來到日本時，革命風潮大盛，與第
一次環球之行（一八九五年十一月～一八九七年八月）來到日本的情
況，完全不同。八月十三日，出席東京留學生歡迎大會的演講中，受到
熱烈的掌聲。這次演講以世界宏觀來看中國問題，其中有關民族主義方
面的，說道：

> 「日本不過我中國四川一省之大，至今一躍而為頭等強國；米
> （美）國土地雖有中國版圖之大，而人口不過八千萬，于今米人極
> 強，即歐洲人亦畏之；英國不過區區海上三島，其餘都是星散的屬
> 地；德、法、意諸國雖稱強于歐洲，土地人口均不如我中國；俄現
> 被挫於中國，土地雖大於我，人口終不如我。惟是中國土地、人
> 口，世界莫及。我們生在中國實為幸福，各國賢豪皆羨慕此英雄用
> 武之地而不可得。我們生在中國，正是英雄用武之時，反都是沉沉
> 默默，讓異族兒據我上游，而不利用此一片好山河，鼓吹民族主

義，建一頭等民主大共和國，以執全球牛耳，實為可歎！」20

革命思想家陳天華聽了孫中山這一演講後，發表其感想云：

> 「孫逸仙者，……雖為本族之英雄，而其為英雄也，決不可以
> 本族限之，實為世界之大人物。彼之理想，彼之抱負，非徒注眼之
> 本族止也，欲於全球之政界上、社會上開一新紀元，放一大異彩。
> ……吾敢下一斷言曰：是吾四萬萬人之代表也。」21

中國富強，世界始有和平之可言，而要中國富強，則又先須推翻滿
清政權，以建立新中國，這是孫中山所堅持的革命目標。一九〇四年其
在美國發表《中國問題的真解決》英文本 *The True Solution of the Chinese
Question* 指出：

> 「消除妨害世界和平的根源，必須以一個新的、開明的、進步
> 的政府，來代替舊政府。這樣一來，中國不但會自力更生，而且也
> 就能解除其他國家維護中國獨立與完整的麻煩。在中國人民中，有
> 許多極有教養的能幹人物，他們能夠擔當起組織新政府的任務。把
> 過時的滿清君主政體，改變為『中華民國』。」22

故同盟會《民報之六大主張》申言：

> 「是故滿洲去則中國強，中國強則遠東問題解決，遠東問題解
> 決，則世界真正和平可睹。而滿洲實為之梗也。故曰吾人所以傾覆
> 政府者，直接為國民幸福，間接為世界和平也。」23

辛亥（一九一一）革命成功，推翻滿清，建立中華民國，孫中山在
南京臨時參議院宣稱：

> 「中華民國成立之後，凡中華民國之國民，均有國民之天職。
> 何謂天職？即是促進世界和平。此促進世界的和平，即是中華民國
> 前途之目的。依此種目的而進行，即是鞏固中華民國之基礎。又凡
> 政治、法律、風俗、民智種種之事業，均須改良進行，始能與世界

各國競爭。」[24]

　　辛亥革命以後，進入民國時期，因歐戰及俄國革命帶來世界局勢的變化，孫中山的民族主義世界觀，又增加了新內容。這種新內容，就是要以公理對抗強權，以「受屈者」對抗「橫暴者」，代以過去所主張的亞洲黃種對抗歐洲白種。[25] 這是受到列寧（Nikolai Lenin）革命的影響，一九二三年十一月，其致日本友人犬養毅函云：

> 「夫再來之世界戰爭，說者多謂必為黃、白之戰爭，或為歐、亞之戰爭，吾敢斷言其非也；其必為公理與強權之戰爭也。而排強權者，固以亞洲受屈之人民為多，但歐洲受屈之人民亦復不少；是故受屈人民，當聯合受屈人民，以排橫暴者。」[26]

　　同時，歐戰以後，世界大勢已為之一變，受屈部分之人類，咸得大覺悟，群起而抵抗強權。今亞洲人民之受屈者，比歐洲人民尤甚，亞洲既無濟弱扶傾、扶義執言之國，故不得不望於赤露（蘇俄）。[27]
　　因此，中國強盛起來之後，不但要恢復民族的地位，還要對於世界負一個大責任，就是濟弱扶傾。[28]

（二）民權主義世界觀

　　孫中山民權制度之提出，首次形諸文字者，是一八九四年十一月二十四日檀香山創立興中會時的會員入會誓詞中的「創立合眾政府」，次年二月二十一日香港興中會成立時，入會誓詞亦如之。[29]「合眾」就是「聯邦」（Federation）或「聯合」（Union）的意思。其時中文對 United States of America 的表達是「美利堅合眾國」。又興中會選出的會長稱為「伯理璽天德」，英文 President 的譯音，即合眾國之大總統也。這是以美國的共和形式為藍本的。[30] 因為中國古代就有民權思想，而無其制度，故以民立國之制，不可不取資於歐美。[31]
　　一九〇三年創辦東京軍事訓練班，學員入學誓詞四條之一有「建立民國」，以代「創立合眾政府」，一九〇五年同盟會會員入會誓詞因

之。依同盟會「建立民國」綱領之解釋：

> 「今者由平民革命，以建國民政府，凡為國民皆平等以有參政
> 權，大總統由國民公舉，議會以國民公舉之議員構成之，制定中華
> 民國憲法，人人共守」。[32]

這是採取西方民主制度，並改良其缺點。關於「將來中華民國的憲法，是要創一種新主義，叫做「五權分立」。[33]此為孫中山提出「中華民國」國號及其五權憲法，見諸文字之始。何以必曰「中華民國」？依孫中山後來之說明：

> 「為僕（孫）研究十餘年之結果而得之者。歐美之共和國，創
> 建遠在吾國之前。二十世紀之國，當含有創制之精神，不當自謂能
> 效法於十八世紀成法，而引為自足。」[34]

審視國情，借重歐美的經驗，創新民權制度，其重要者，有五權制度、地方自治、權能畫分諸端。關於五權制度方面，除行政、立法、司法三權採取歐美制度外，其考試、監察兩權，則是中國所固有者。鑑於西方的經驗，應將三權改進為五權。就考試權來說，本是中國始創的，可惜制度不良，卻被外國學去，改良之後，成了良制。英國首先仿行，美國也漸取法。自從行了此制，美國政治方有了起色。

但是祇能用於下級官吏，其權仍然在行政部之下。雖少有補救，並不完全。所以將來中華民國憲法，必要設獨立機關專掌考選權，可以除卻盲從濫舉及任用私人的流弊。中國向來銓選，最重資格，原是美意；但在君主專體制中，黜陟人才，悉憑君主一人的喜怒，所以雖講資格，也是虛文。至於社會共和的政體，官吏不是君主的私人，是國民的公僕，必須十分稱職，方可任用；但是考選權如果屬於行政部門，權限未免太廣，流弊反多，所以必須成了獨立機關，纔得妥當。糾察權是專管監督彈劾的事，這種機關是無論何國皆必有的。但是中華民國憲法，這機關定要獨立。中國自古以來，本有御史台主持風憲，然亦不過君主的奴僕。現在立憲各國，均為立法機關兼有監督權，權限有強有弱，弊病

叢生。例如美國議院掌握糾察權，往往擅用此權，挾制行政機關，使彼
不得不頫首聽命，因此常常成為議院專制。況且照正理上說，裁判人民
的機關已經獨立，裁判官吏機關仍在別的機關之下，這在理論上也說不
去的，故此糾察機關也要獨立。合上四權，成為五權分立。孫中山自
詡，這是他的「發明」，「可謂破天荒的政體」。35

其後十年（一九一六），孫中山對其所創五權分立有如下之說明：

> 「現今世界各文明國，大都三權分立。其實三權鼎立雖有利
> 益，亦有許多弊害，故鄙人（孫自稱）於十年前（一九○六）即主
> 張五權分立。何為五權分立？蓋除立法、司法、行政外，加入彈
> 劾、考試二種是已。此二種制度，在我國並非新法，古時已有此
> 制，良法美意，實足為近世各國模範。」36

關於地方自治問題，孫中山提出較為系統的概念，是一九一六年在
上海講述的《地方自治為民國之礎石》。這一概念，實為借重西方的經
驗。他首先以建屋為例，比較中西觀念的不同，說中國人築屋是先上
樑，西人築屋是先立礎。上樑者注目於最高之處，立礎者注目於最低之
地。注目處不同，效用自異，吾人作事，當向最上處立志，但必以最低
處為基礎。地方自治者國之基礎，礎不堅則國不固。五年來民國之動亂
現象，乃基礎未立也。西方各國為求長治久安，無不注重立礎工作。如
美國最新之自治機關，始行於一九一三年，今已成效大著。歐洲之瑞
士，民性強悍，極富自治能力，遂有直接民權之制。法國之改民政，經
八十餘年而始成。瑞士行直接民權已六十年，其中央則始於一八九一
年。我國以舊有自治之基礎，合諸人人尊重民權之心理，行之十年，不
難達此目的也。37

上述為中山提出直接民權之始，這是屬於地方的，為分縣自治，行
使直接民權；全民政治，人民有選舉權、創制權、複決權、罷官權。至
於中央方面，則為間接民權，即為五權分立、國民大會。38前者屬於人
民的權，後者屬於政府的權。人民有權，政府有能。然就歐洲政治的經
驗，人民有權或權力過大，則政府無能；如政府有能或權力過大，則成

專制而人民無權。此種困難如何解決？依孫中山之辦法，則是權、能畫分也。此在孫中山《民權主義》第五、六講中，言之甚詳、要義是說：

> 歐美的民權政治，雖然沒有充分發達，根本解決。但是已有很多學者去研究，常有新學理的發明；且在實行上也有百餘年，其經驗和學理，應予參考。例如有位美國學者說：「現在講民權的國家，最怕的是得到一個萬能的政府，人民沒有方法去節制他；最好是得到一個萬能政府，完全歸人民使用，為人民謀幸福。」但在民權發達的國家，多數的政府都是弄到無能的；民權不發達的國家，政府都是有能的。有一位瑞士學者說：各國自實行了民權以後，政府的能力便行退化；從前人民對於政府總是有反抗態度之故，經過民權革命以後，人民所得的自由、平等過於發達，政府毫不能做事。這位瑞士學者看出了這種流弊，要想挽救，便主張人民要改變對政府的態度。究竟要人民變成什麼態度呢？孫中山認為就是「權」與「能」要分別的處理。要把權和能畫分清楚，分開了權與能，人民才不致反對政府，政府才可以有望發展。[39]

（三）民生主義世界觀

民生主義之最要原則不外二者，一曰平均地權，一曰節制資本。[40] 平均地權提出在辛亥革命前，節制資本在其後。平均地權首次見諸文字者，為一九〇三年創辦東京軍事訓練班學員入學誓詞中的四條之一。[41] 惟其思想之形成，則在一八九六年倫敦蒙難後。《孫文學說》有云：

> 「倫敦脫險後，則暫留歐洲，以實行考察其政治風俗，並結交其朝野賢豪，兩年之中所見所聞，殊多心得，……予（孫自稱）欲為一勞永逸之計，乃採取民生主義，以與民族、民權問題同時解決，此三民主義之主張所由完成也。」[42]

其時之民生主義祇是平均地權一項。較為具體的說明，是一九〇三年十二月，孫中山在檀香山致友人的一封信函中說道：

「所詢社會主義，乃弟（孫自稱）所極（亟）思不能須臾忘者。弟所主張在於平均地權，此為吾國今日可以切實施行之事。近來歐美已有試行者；然彼國勢已為積重難返，其地主之權直與國家相埒，未易一蹴改革。若吾國既未以機器施於地，作生財之力尚待人功，而不盡操於業主之手，故貧富之懸隔，不似歐洲之富者富可敵國，貧者貧無立錐，則我國之措施當較彼為易也。」[43]

孫中山認為歐美貧富懸絕之慘境，如不能得到解決而濟於平，他日必有大衝突，發生革命流血的慘劇。為了防患於未然，所以提出平均地權的主張。故云：

「然則今日吾國言改革，何故不為貧富不均計，而留此一重罪業，以待他日更衍慘境乎？此固仁者所不忍出也。故弟（孫）欲於革命時一齊做起。」[44]

一九○五年同盟會成立，除會員入會誓詞中列入「平均地權」外，並列為同盟會革命方略四大綱領之一。其說明如下：

「平均地權：文明之福祉，國民平等以享之。當改良社會經濟組織，核定天下地價，仍屬原主所有；其革命後社會改良進步之增價，則歸於國家，於人民所共享。……」[45]

《民報》週年大會上，孫中山再度強調平均地權的重要性。說道：

「社會問題在歐美是積重難返，在中國卻還在幼稚時代，但是將來總會發生的，到那時候收拾不來，又要弄成大革命了。革命的事情，萬不得已才用，不可頻頻傷國民的元氣。我們實行民族革命、政治革命的時候，須同時想法子改良社會經濟組織，防止後來的社會革命，這真是最大的責任。」[46]

孫中山數度環遊世界，見多識廣，博覽群籍，不斷研究，對社會問題的觀察和瞭解，十分的投入而深刻，尤其對於土地問題，曾有多次的

論述。他以賭博和炒地皮為例，來談土地問題，可謂入木三分。對百餘年後的今天社會，仍有警惕作用。現在來看看他的說法：

> 「賭，不必博奕也，世界最大之賭賽，莫如買賣土地之投機業，如今英屬之加那大是。世界有一公例，凡工商發達之地，其租值日增，若香港、上海，前一畝值百十元者，今已漲至百十萬有奇。及今不平均地權，則將來實業發達之後，大資本家必爭先恐後，投資於土地投機業，一二十年間，舉國一致，經濟界必生大恐慌。……乃一日將社會為賭世界（原注：即土地投機業）所累，不大可哀哉！」[47]

孫中山一直堅持實行平均地權的辦法，就是一九二四年一月國民黨一全大會宣言中的對內政策第十四條的規定：

> 「由國家規定土地法、土地使用法、土地徵收法及地價稅法。私人所有土地，由地主估價呈報政府，國家就價徵稅，並於必要時得依報價收買之。」[48]

民生主義另一重要原則節制資本，含有兩層意義，即是節制私人資本和發達國家資本。孫中山最早提出節制資本概念，見於一九一二年三月三日，《中國同盟會本部召開全體大會通告》政綱第三條：「採用國家社會政策」。[49] 目的是「一面圖國家富強，一面當防資本家壟斷之流弊」。「現今德國即用此等政策，國家一切大實業如鐵路、電氣、水道等皆歸國有，不使一私人獨享其利。英美初未用此策，弊害今已大見。」因此，「中國當取法於德，能令鐵道延長至二十萬里，則歲當可收入十萬萬。祇此一款，已足為全國之公用而有餘。」[50]

為何取法德之國家社會主義？中山此時正熱衷於鐵路計畫，要為中國建造二十萬里鐵路，原則上乃為實現其民生主義也。因為辛亥革命推翻滿清、建立民國、民族、民權兩主義已達，唯有民生主義尚未著手。今後所當致力的，即在民生主義。因為「當民族、民權革命成功之時，若不思患預防，後來資本家出現，其壓制手段，恐怕比專制君主還要甚

些，時再殺人流血去爭，豈不重罹其禍麼！」[51] 但民族、民權達成之說，迅有修正恢復早期之說。

孫中山此時節制資本之說，顯得有些激烈，和他的鐵路計畫歡迎外資，顯然有所牴觸。一九二三年《中國國民黨宣言》對節制資本的規定，似乎顯得更左，即：

> 「鐵路、礦山、森林、水利及其他大規模之工商業，應屬於全民者，由國家設立機關經營管理之，並得由工人參與一部分之管理權。」[52]

但一九二四年一月《國民黨一全大會宣言》對節制資本之規定，比較一年前《中國國民黨宣言》的規定，就緩和得多了。《一大宣言》規定是允許私人企業，且其力所不能辦者，當由國家來辦。為何僅在一年之間有如此之改變呢？如去細讀《民生主義》第一講，或可得知梗概。其最要之點，是「馬克思的學說，顛倒因果」；「從他（馬克思）至今有了七十多年，我們（孫）所見歐美各國的事實和他的判斷，剛剛相反」。[53]

於此可見，孫中山在其「聯俄容共」時期，雖云「民主主義就是社會主義，又名共產主義」，但其民生主義基本原則，並未因之改變，其平均地權如是，節制資本亦然。

四、建設的世界觀

「建設」一詞，在同盟會時期即已使用之，同盟會《民報》六大主義之第二主義「建設共和政體」云：

> 「有破壞（革命）而無建設，曰無意識之破壞，此盡人所知也。然所謂建設者，故先有建設之豫備而後動，抑吾人之所以異於無政府黨也。」[54]

辛亥革命、建立民國後，孫中山認為「破壞」時期已過，進入建設階段，當其卸任臨時大總統後，即提出鐵路的建設計畫，要「建設中華

民國為世界上第一等民國」。[55]不過此一理想,迅為袁世凱帝制所毀滅。

迨袁氏帝制失敗以及歐戰終止,中山建設之夢再醒。除發表其《知難行易》(心理建設)學說和《國際共同發展中國實業》(《實業計畫》)外,特於一九一九年八月一日在上海創辦《建設》雜誌月刊。此一《實業計畫》即在《建設》月刊分期發表。中山在《建設》月刊《發刊詞》中說道:

> 「以鼓吹建設之思潮,展明建設之原理,冀廣為吾黨建設之主義,成為國民之常識,使人人知道建設為今日之需要,使人人知道建設為易行之事務。由是萬眾一心肣赴之,而建設一世界最富強最快樂之國家,為民所有,為民所治,為民所享者,此建設之目的也。」[56]

建設究竟包括那些項目?如按《國民政府建國大綱》之規定,涵蓋至廣,其曰「建設之首要在民生」,《其次為民權》,「其三為民族」。就以民生一項而言,則為「全國人民之食、衣、住、行四大需要」。[57]而《建國方略》則包含《孫文學說》(心理建設)、《實業計畫》(物質建設)和《民權初步》(社會建設)。中山早年曾說「所謂建設者,有精神之建設,有物質之建設」。而其「所主張之鐵路政策,乃物質上之建設」。[58]以下則就精神、物質、社會三大建設記註之。

(一)精神建設

茲先言精神建設。精神建設為何?先時沒有說明。後來在其一次演講中,提到「近日欲著一書,言中國建設新方略。其大意是:(1)精神上之建設,(2)實際上之建設」。精神上之引發,即提出所謂「知之非艱,行之惟艱」問題,認為此說貽害國人非淺。要以「行之非艱,知之惟艱」之說以推倒之。要義是:「蓋凡有先行之而不必知之者。先行後知,進化之初級也;先知後行,進化之盛軌也。」[59]一年後,乃有《孫文學說》和《實業計畫》之著。前者寫作的動因,胡漢民

　　有記，說該書是在一九一三討袁失敗到日本時，中山以為討袁之所以失敗，就是一般黨人視其主義、政策為理想難行，而不服從其命令。中山以為理想乃事實之母，因有《孫文學說》之作。[60] 其《自序》云：

> 「恐今日國人之社會心理，猶是七年前之黨人社會心理也，依然有此『知之非艱，行之惟艱』之大敵橫梗於其中，……故先作學說，以破此心理之大敵」。[61]

其第五章《知行總論》曰：

> 「夫以今人之眼光，以考世界人類之進化，當分為三時期：第一由草昧進明，為不知而行之時期。第二由文明再進文化，為行而後知之時期。第三自科學發明而後，為知而後行之時期。」

> 「而以人言之，則有三系焉：其一先知先覺者，為創造發明；其二後知後覺者，為仿效推行；其三不知不覺者，為竭力樂成。有此三系人相需為用，則大禹之九河可流，秦皇之長城能築也。」[62]

　　精神建設除心理建設外，而教育與文化的建設，益為重要。在一九一二年三月三日《中國同盟會本部召開全體大會通告》中，實行民生主義政綱之第四條「普及義務教育」，第三條「採用國家社會政策」。[63] 國家社會主義的教育政策是：

> 「凡為社會之人，無論貧賤，皆可入公共學校，不特不取學膳等費，即衣履書籍，公家任其費用，盡其聰明才能，各分專科，即資質不能受高等教育者，亦按其性之所近，授以農工商技藝，使有獨立謀生之材。」[64]

　　在其《地方自治開始實行法》指出：「學校者，文明進化之泉源也，必學校立，而後地方自治乃能進步。故於食、衣、住、行四種人生需要之外，首當注重於學校也」。該法第六條有如下之規定：

　　「凡在自治區域之少年男女，皆有受教育之權利。學費、書籍
與及學童之衣食，當由公家供給。學校之等級，由幼稚園而小學而
中學，當陸續按級而登，以至大學而後已。」[65]

　　文化建設亦為精神建設重要之一環，尤其是民族文化的建設。講到
東西民族文化的差異，中山指出「東方的文化是王道，西方的文化是霸
道；道王道是主張仁義道德，講霸道是主張功利強權；講仁義道德，是
由正義公理來感化人；講功利強權，是用洋槍大砲來壓迫人。」[66]而所
謂東方文化，即中國民族固有之文化也。乃中國固有的道德：忠孝、仁
愛、信義、和平是也。以忠孝而言，在民國之內，要忠於國、忠於民，
為四萬萬人效忠，比效忠一人（君主）高尚得多。孝字，比各國進步得
多。民國在民國之內，要能夠把忠孝二字講到極點，國家便自然可以強
盛。此外，中國古代固有的智識和能力，為世界之獨強的。恢復之後，
還要去學歐美之所長，必可後來居上，才可以和歐美並駕齊驅。因為中
國人有很好的根底和文化，所以去學外國人，無論學甚麼事都可以學
到。到學外國，是要迎頭趕上。如果中國能夠學到日本，只要用一國便
變成十個強國，中國便可以恢復到頭一個地位。到那時怎麼做法呢？就
是中國古時常講的「濟弱扶傾」。[67]此即王道文化也。

（二）物質建設

　　民初鐵路計畫，為物質建設的一部分。而民生主義之物質建設，則
含全國人民之食、衣、住、行四大需要。[68]而鐵路建設亦為行的一部
分。講到四大需要，中山嘗曰：

　　「故謀國者，無論英、美、德、法，必有四大主旨：一、為國
民謀吃飯；二、為國民謀穿衣；三、為國民謀居屋；四、為國民謀
走路。衣食住為生活之根本，走路則且影響至國家經濟與社會經濟
矣。」[69]

　　民生四大建設中，以行的建設最為重要，而行又以鐵路為最。故

云：

> 「凡立國鐵道逾多，其國必強而富。如美國現有鐵道二十餘萬
> 哩，合諸中華里數，則有七十萬里。乃成全球最富之國。」[70]

按照孫中山的估計，建築二十萬里鐵路，必需資金六十億。[71]以當時中國財政狀況而言，已是民窮財盡，國庫空虛，負債累累。如何籌此巨款？孫中山提出三個辦法如下：

> 「1.利用外資，如京漢、津浦線等是也。2.集中外人之資本，
> 創設鐵路公司。3.任外國資本家建築鐵路，但以今後四十年歸還該
> 項路線於中國政府為條件。在此辦法之中，以第三種辦法為最善。
> 此在中國雖為創見，而在他們（外國）則已司空見慣矣，且利用此
> 項辦法者，無處不奏偉大之成效也。」[72]

《實業計畫》所含之物質建設更多，要目有十：(1)交通之開發；(2)商港之開闢；(3)鐵路及新式市街之建築；(4)水力之發展；(5)冶鐵、製鋼及士敏土大工廠之建設；(6)礦業之發展；(7)農業之發展；(8)蒙古、新疆之灌溉；(9)中國北部及中部之森林建造；(10)東三省、蒙古、新疆、青海、西藏之移民等。[73]

此計畫成於歐戰終了，蓋欲利用戰時宏大規模之機器，及完全組織之人工，以助長中國實業之發達；且以助各國戰後工人問題之解決。[74]此政策果能實現，則大而世界，小而中國，無不受其利。[75]其對中國及世界之利則為：

> 「中國不特可為各國餘貨消鈉之地，實可為吸收經濟之大海
> 洋；凡諸工業國，其資本有餘者，中國盡能吸收之。」

> 「自美國工商業發達以來，世界已大受其益。此四萬萬人之中國，
> 一旦發達工商，以經濟的眼光視之，何啻新闢一世界！」[76]

英文本《實業計畫》建造鐵道十萬英里。民元（一九一二）之鐵路計畫為二十萬里，應是華里，合公里為十萬里，合英里為六點二十一

哩。《實業計畫》之十萬英里，合公里則為十六餘萬里，合華里約為三十二萬里。[77]中山在一九一二年兩次言論中，一謂「美國現有鐵道二十餘萬哩（英里），合諸中華里數，則有七十萬里」。一謂「美國全國現有之鐵路，已在八十萬里（當指華里）之數」。[78]此說可能有誤，據網路資料，美國二〇〇六年鐵路二二六、六一二公里，合華里不過四五三、二二四里而已。中國大陸二〇〇九年有鐵路八六、〇〇〇公里。較之二十萬華里（八六、〇〇〇×二坂一七二、〇〇〇），尚差二萬八千里也。較《實業計畫》的里數，相差將近二分之一。公路方面，《實業計畫》是建碎石路一百萬英里，合一、六〇九、三〇〇公里。中國大陸已有三、五八三、七〇〇公里，已超越《計畫》的一倍以上，且多高速公路，品質遠超越碎石路矣。

此外航空交通，更非當年所想像也。

民生主義四大需要建設，還有食、衣、住的問題。講到食，就是吃飯問題，中山對此特別有研究。其在《孫文學說》第一章「以飲食為證」，說得非常詳細。而《民生主義》第三講，更是專談吃飯問題。中山數度環遊世界，品嚐各國口味，還是中華料理最佳。即《以飲食為證》而言：

「我中國近代文明進化，事事皆落人之後，惟飲食一道之進步，至今尚為文明各國所不及。中國所發明之食物，固大盛於歐美，而中國烹調法之精良，又非歐美所可並駕。」[79]

中華料理之精良，非一般窮苦之國人，可以享受也。因為：

「中國現在（一九二四年）正是民窮財盡，……每年餓死的人數大概超過千萬，這還是平時估算的數目。如果遇著了水旱天災的時候，餓死的人數更是不止千萬了。」[80]

如何來解說這個問題呢？中山早年在《農工篇》以及上李鴻章書，都曾提出解決的辦法。就是「參仿西法，以復古初」。現在仍是這一觀點，說得更為詳細和具體。所謂「參仿西法」，就是參仿歐美，農業科

學化;所謂「以復古初」,就是「農政有官」,由政府來幫助農民推動之。[81]至於穿衣、住屋問題,亦復如此。茲不贅述。

(三)社會建設

《建國方略》之《民權初步》,列為社會建設,目的為「固結人心,糾合群力」,因為滿清之世,集會有禁,文字成獄,偶語棄世,是人民之集會自由,出版自由,思想自由,皆已削奪淨盡,豈能期其人心固結,群力發揚耶?是以此書之作,乃供集會之需,為發達民權之第一步也。[82]

《民權初步》或稱《會議通則》,乃「議事之學也,西人童而習之,至中學程度,則已成為第二之天性(習慣)矣。所以西人合群團體之力,常超吾(國)人之上也」。因此,「凡欲固結吾國之人心,糾合吾國之民力者,不可不讀此書,而遍傳之於國人,使成為一普通之常識」;「苟人人熟習此書,則人心自結,民力自固,……吾決十年之後,必能駕歐美而上之也」。[83]果如是乎?中華民國之國會(立法院),訂有議事規則,運作數十年矣,已成為競技戰場矣!

上述為民生之社會建設,次談民族的社會建設。中國人不團結,缺乏國家觀念,為外國人所輕視,常說中國人是一片散沙。日本人說「中國人只有五分鐘的愛國熱度」,說中國人是「清國奴」、「中國豬」,所以才敢肆意侵略中國。中山說:「中國人對於國家觀念,本是一片散沙,本沒有民族團體」。不過,「中國有很堅固的家族和宗族團體」。外國人是以個人為單位,在個人和國家的中間,便是空的。而中國人因有家族和宗族團體,便可由宗族主義擴充到國族主義,此為國民和國家結構的關係,所以外國不如中國。如何把宗族擴充到國族?辦法是:

> 「用宗族的小基礎,來做擴充國族的工夫,……在每一姓中,用其原來宗族的組織,拿同宗的名義,先從一鄉、一縣聯絡起,再擴充到一省、一國,各姓使可以成一個很大的團體。……再由有關

係的各姓，互相聯合起來，成許多的大團體。更令各姓的團體，……都結合起來，便可以成一個極大的中華民國的國族團體。有了國族團體，還怕甚麼外患，還怕不能興邦嗎？」[84]

不過，宗族主義有利也有弊，問題在於能取其利，而去其弊而已。

最後關於民生的社會建設，孫中山民初主張的國家社會政策，提到養老和病院等問題。關於養老方面，他說：「社會當有供養之責，遂設養老院，收養老人，供給豐美，俾之愉快，而終其天年」。病院方面，設公共病院以醫治之，不收醫治之費，而待遇與富人納貲者等。[85]其後他認為「新世界國家」，非僅能保民，而且能教民、養民。「此即所謂人人不獨親其親，人人不獨子其子，以教以養，責在國家」。這「新世界國家」，是指革命後的蘇俄。[86]後來也給日本友人犬養毅的信，也是如此，說「夫蘇維（埃）主義者，即孔子之所謂大同也。」[87]惟其「信徒」蔣介石氏，則對蘇俄持以否定的看法。不論如何，「天下為公」、「世界大同」，始終是孫中山所嚮往的最高境界。

五、結論

改革、革命、建設三者，有緊密相連而不可分隔的關係。中山曾言：「革命的意思，與改造是完全一樣的。先有了一種建設的計畫，然後去做破壞的事，這就是革命的意義。」[88]又曰：「日本維新，大家都知道是成功的。維新事業和革命事業是相同的，維新成功就是革命成功。」[89]

孫中山早年提倡的改革主張，與其後來的革命、建設的主張，都是息息相關的。例如早年講到農業方面，與其後來的平均地權以及民生四大需要的吃飯問題，都有一脈相通之處，均以宏觀世界，審視國情，提出此類問題的解決方案。尤其重要的，他的堅定信念，所謂「歐洲其能匹哉」，「與泰西諸國並駕齊驅」，「還視歐美，彼且瞠乎其後也」，「建一頭等民主共和國，以執全球之牛耳」，「用一國（中國）變成十個強國」，「建設中華民國世界上第一等民國」，以及「迎頭趕上」、

「後來居上」等等，不論是改革、革命、建設方面，都是充滿此類的言論。故其早年即有「大炮」的綽號，乃是認為他的理想太高，而難以實現。但中山則認為「理想乃事實之母」，故有《孫文學說》（知難行易）之作，以為心理建設，改變國人畏難苟安的心理。而其物質建設、社會建設，無一不是在求中國之富強與社會之康樂。以達其最高的境界：「天下為公」、「世界大同」。所謂後之視今，亦猶今之視昔也。百年前的中山理想，諸如「與泰西諸國並駕齊驅」、「以執全球之牛耳」等等，豈非見諸事實乎！

1　《中國國民黨宣言》，一九二三年一月一日。秦孝儀主編《國父全集》，近代中國出版社出版，一九八九年，台北。第二冊，一一〇頁。

2　段雲章《中山先生的世界觀》，中山學術文化基金會叢書。秀威資訊科技公司出版，二〇〇九年，台北，第一頁。原書引自《孫中山題詞遺墨彙編》，武漢華中師範大學出版社出版，二〇〇〇年，武昌。三七頁。

3　孫中山《民報》發刊詞，一九〇五年十一月，東京。《國父全集》第二冊，二五六～二五七頁。以下所引用孫中山之文件，僅錄其文件名稱，姓名一律省略。

4　《興利除害以為天下倡》，一八八九年。黃彥編《孫文選集》，廣東人民出版社出版，二〇〇六年。中冊，一～三頁。

5　同上。

6　同上。

7　《上李鴻章陳救國大計書》，一八九四年六月。《國父全集》四冊，三～九頁。

8　《創立農學會倡言》，一八九五年十月六日。《孫文選集》中冊，二一～二二頁。

9　《人人擔負建設的責任》，一九一八年二月二十二日。《國父全集》第三冊，一九六～一九七頁。

10　陳錫祺主編《孫中山年譜長編》，中華書局出版，一九九一年，北京。上冊，八五～八六頁。

11　同上註，八七頁。

12　《學生要努力宣傳擔當革命重任》，一九二三年八月十九日。《國父全集》第三冊，三四〇頁。

13 《三民主義》，一九一九年春。《孫文選集》中冊，六一二頁。

14 《中國革命史》，一九二三年一月，《國父全集》第二冊，三五五頁。

15 《蘇報》，一九〇三年四月十一、十二日。上海。

16 《自傳》，一八九六年。《國父全集》第二冊，一九三頁。

17 《重訂致公堂新章要義》，一九〇四年。《國父全集》（一九七三年，國民黨黨史會出版）第二冊，八八六頁。

18 《中國必革命而後能達共和主義》，一八九七年八月。《國父全集》第二冊，三九九頁。

19 章士釗《孫逸仙》，一九〇三年，上海出版。《虜蕩叢書》。引自陳錫祺主編《孫中山年譜長編》，中華書局出版，一九九一年，北京。上冊，三〇一～三〇二頁。

20 《中國應建設共和國》，一九〇五年八月十三日。《國父全集》第三冊，四頁。

21 《孫中山年譜長編》上冊，三四七～三四八頁。

22 《中國問題的真解決》（英譯中），一九〇四年十月。《孫文選集》史冊，一四七頁。

23 胡漢民《民報之六大主義》，《民報》第三號，一九〇六年一月。東京發行。

24 《促進世界和平是國民之天職》，一九一二年四月一日。《孫文選集》中冊，二九〇頁。

25 陳錫祺《孫中山亞洲覲論綱》。林家有等編《孫中山與世界》，吉林人民出版社出版，二〇〇四年，長春。十頁。

26 致犬養毅函，一九二三年十一月十六日。《國父全集》第五冊，四九二頁。

27 同上註，四九一頁。

28 《民族主義》第六講，一九二四年三月二日。《國父全集》第一冊，五三頁。

29 《孫中山年譜長編》上冊，七一、八一頁。

30 HZ Shiffrin, *Sun Yat-sen and the Origins of the Chinese Revolution*, p43. University at California press 1970.

31 《中國革命史》，一九二三年一月。《國父全集》第二冊，三五五頁。

32 《同盟會革命方略：軍政府宣言》，一九〇六年冬。《國父全集》第一冊，二三四頁。

33 《三民主義與中國民族之前途》，一九〇六年十二月二日。《國父全集》第三冊，一三頁。

34 《中華民國之意義》，一九一六年七月十五日。《國父全集》第三冊，一六三

頁。

35 同 33，一三～一四頁。

36 《採用五權分立制以救三權鼎立之弊》，一九一六年八月二十日。《國父全集》第三冊，一七三頁。

37 孫中山《地方自治為民國之礎石》，一九一六年七月十七日。《孫文選集》中冊，五五一～五五五頁。

38 孫中山《中華民國建立之基礎》，一九二三年二月。《孫文選集》下冊，二四三頁。

39 《民權主義》第五講，一九二四年四月二十日。《孫文選集》上冊，五五五～五六五頁。

40 《中國國民黨第一次全國代表大會宣言》，一九二四年一月三十日。《孫文選集》下冊，六七八頁。

41 《孫中山年譜長編》上冊，二九二頁。

42 孫中山《孫文學說》第八章，一九一九年。《孫文選集》上冊。

43 同上。

44 同上。

45 《中國同盟會革命方略：軍政府宣言》，一八九六年冬（一九〇八年改訂）。《孫文選集》中冊，一八四頁。

46 《三民主義與五權分立》中冊，一六七頁。

47 孫中山《民生主義之實施》，一九一二年五月四日。《國父全集》第三冊，四六頁。

48 《中國國民黨第一次全國代表大會宣言》，一九二四年，一月三十日。《孫文選集》上冊，六八二～六八三頁。

49 《中國同盟會本部召開全體大會通告》，一九一二年三月三日。《國父全集》第二冊，三〇頁。

50 《民生主義與社會革命》，一九一二年四月一日。《國父全集》第三冊，二九頁。

51 同上註，二六～二七頁。

52 《中國國民黨宣言》，一九二三年一月一日。《國父全集》第二冊，一一二頁。

53 《民生主義》第一講，一九二四年八月三日。《國父全集》第一冊，一四〇～一四一頁。

54 胡漢民《民報之六大主義》，一九〇六年四月。《胡漢民先生文集》，國民黨

黨史會編輯出版，一九七八年，台北。第一冊。八五頁。（以下簡稱《胡文集》）

55 《建設中華民國為世界上第一等民國》，一九一二年四月十日。《國父全集》第三冊，三六頁。

56 《孫中山年譜長編》下冊，一一九三頁。

57 《國民政府建設大綱》，一九二四年四月十二日。《國父全集》第一冊，六二三頁。

58 《鐵道事業發達則國家之活動自由》，一九一二年九月二十七日。《國父全集》第三冊，九三頁。

59 《失之非艱行之惟艱》，一九一七年七月二十七日。《國父全集》第三冊，一八七頁。

60 胡漢民《孫文學說的寫稿經過與其內容》，一九三〇年。《胡文集》第二冊，四四八～四四九頁。

61 《孫文學說》自序，一九一九年五月。《國父全集》第一冊，三五二頁。

62 《孫文學說》第五章《知行總論》。《國父全集》第一冊，三八四～三八五頁。

63 《中國同盟會本部召開全體大會通告》一九一二年三月三日。《國父全集》第二冊，三〇頁。

64 《社會主義之派別及方法》，一九一二年十月十一～十三日。《國父全集》第三冊，一一〇頁。

65 《地方自治開始實行法》，一九二〇年三月一日。《國父全集》第二冊，三四四頁。

66 《大亞洲主義》一九二四年十一月二十八日。《國父全集》第三冊，五四〇頁。

67 《民族主義》第六講，一九二四年三月二日。《國父全集》第一冊，四六～五三頁。

68 《民國政府建國大綱》。《國父全集》第一冊，六二三頁。

69 《中華民國之意義》，一九一六年七月十五日。《國父全集》第三冊，一六二頁。

70 《築路與借債》，一九一二年七月二十二日。《國父全集》第三冊，五四頁。

71 《修築全國鐵路乃中華民國存亡之大問題》，一九一二年九月十四日。《國父全集》第三冊，八〇頁。

72 《中國之鐵路計畫與民生主義》，一九一二年十月十日。《國父全集》第二冊，二二七～二七八頁。

73 《孫中山年譜長編》下冊，一一九三頁。

74 《實業計畫》序，一九二一年十月十日。《國父全集》第一冊，四二三頁。

75 《英文本實業計畫序》（譯文），一九二一年四月二十五日。同上書，四二四頁。

76 同上書《緒言》，四二八頁。

77 按一公里等於零點六二一英里（哩），一英里等於一點六〇九三公里，一公里等於二華里。

78 「七十萬里」說，見一九一二年七月二十二日演講（全集三，頁五四）。「八十萬里」說，見同年九月二日演講（全集三，頁六八）。

79 《孫文學說》第一章。《國父全集》第一冊，三五五～三五六頁。

80 《民生主義》第三講，一九二四年八月十七日。《國父全集》第一冊，一五九頁。

81 同上註，一六一～一七〇頁。

82 《民權初步》序，一九一七年二月二十一日。《國父全集》第一冊，五五三～五五四頁。

83 同上註，五五四～五五五頁。

84 《民族主義》第五講，一九二四年二月二十四日。《國父全集》第一冊，四二～四三頁。

85 《社會主義之派別及方法》。《國父全集》第三冊，一一一頁。

86 《軍人精神教育》，一九二一年十二月十日。《國父全集》第三冊，三〇五頁。

87 致犬養毅函，一九二三年十一月十六日。《國父全集》第五冊，四九三頁。

88 《改造中國之第一步》，一九一九年十月八日。《國父全集》第三冊，一九八頁。

89 《革命成功始得享國民幸福》，一九二四年三月二十四日。《國父全集》第三冊，四四六～四四七頁。

第二章
革命思想發生的背景

一、前言

　　孫中山先生名文，字逸仙。中山，是他西元一八九七年旅居日本時，曾署名「中山樵」而得名。辛亥革命前，世人常稱他為逸仙先生；民國建立以後，大家都習慣稱他為中山先生。

　　孫中山生於清同治五年，西元一八六六年十一月十二日。出生地是廣東省香山縣（今中山縣）翠亨村。民國十四（一九二五）年三月十二日在北京逝世。這正當中國多災多難的時代，內憂外患，相逼而來，使中國陷於「次殖民地」的地位。中山為了挽救國家的危亡，倡導革命，推翻滿清，建立民國，結束中國數千年來君主專制政體，建立亞洲第一個民主共和國。民國以後，由於軍閥作亂，國家動盪不安，民主共和制度，一再遭受破壞。中山為了民國的鞏固和統一，仍繼續奮鬥。其在思想方面，創立三民主義，作為革命和建國的根據。

　　孫中山在世界上的聲望，在其逝世時，美國的報紙曾有一段評論如下：

　　　　中山先生為現代五傑之先知先覺者。五傑者，印度之甘地，土耳其之凱末爾，俄之列寧，美之威爾遜，與中國之孫中山也。中山所以被推為先知先覺者，乃以五傑始得國際聲望之年代為準。甘地成名在一九一九年，後中山二十三年。凱末爾成名在一九二〇年，

後中山二十四年。列寧成名在一九一七年，後中山二十一年。威爾
遜成名在一九一二年，後中山十六年。中山成名，早在一八九六年
倫敦遇難之時。三十年來，孫逸仙博士之聲名，一經報章不斷的顯
揚，再經華僑狂熱之崇拜，世界留心時事之人，幾已無不認孫逸仙
博士為近代民族自決運動史上，獨一無二之突出人物。印度、土耳
其、波斯、埃及等國，尤以彼等所理想化之孫逸仙，為喚起國民革
命之口號；甘地、凱末爾，即為此口號之貴重產物云。[1]

中山之被視為先知先覺以及當代的豪傑，早在一九○五年陳天華聆
聽中山演講後，即有如下之評論：

　　孫君（中山）所言，驟聽似為人人能言者，時人言之而不行，
孫君則行之而後言，此其所以異也。況孫君於十餘年之前，民智蒙
昧之世，已能見此而實行之，得不謂為世間之豪傑乎！夫豪傑之見
地，亦惟先於常人一著耳。據事後而曰我亦能之，則凡今日搖電鈴
而過市者，皆可以稱神聖；而當日之發明電汽者為無功矣，有是事
乎？今後有人其能力其理想，俱駕於孫君之上，吾不敢保其必無
也。然而孫君為一造時勢之英雄，則吾所敢必也。[2]

關於中山的革命理想及其思想，中山的日本友人宮崎寅藏之子宮崎
龍介在中山逝世時，曾有如下一段的論述：

　　先生（孫中山）之三民主義，實較風靡一時，俄國所試行之馬
克斯主義，更進一層。其民族主義，主張解放全世界被壓迫民族；
民權主義，主張人類皆得有參政之權；民生主義，主張節制資本，
發展實業，脫離帝國主義者經濟侵略。……先生思想與主義，不但
為中國一國之偉人，實為全世界之偉人。[3]

講到革命的理想，中山早在一八九六年在其簡短的《自傳》中，即
曾表示：於人物，則敬仰中國之商湯、周武，以及美國的華盛頓
（George Washington）。[4] 後來中山對於湯、武和華盛頓的革命事業，

時有發揮，引為借鏡。其論湯、武革命，曾謂：「他們（湯、武）始初
用七十里和百里的地盤做根本，造成良政府，讓全國人都佩服，所以後
來用兵，一經發動，便東面而征西夷怨，南面而征北狄怨，全國人都是
很歡迎的。不專用武力，便統一中國。……後人都說他們的革命，是順
乎天，應乎人。到了現在，人類的政治思想極發達，民權的學說極普遍
，更不可專用武力。必要人人心悅誠服，都歡迎我們的主義，那才
容易成功。」5 其論華盛頓之革命，則謂：「夫美國之開基，本英之殖
民地而離母國以獨立，其創國之人，多習於英人好自由、長自治之風
尚，加以採盧梭之民約，與孟氏之法意，而成其三權憲法，為政治之
本，此為民憲之先河，而開有史以來之創局也。有美國共和，而後始有
政府為民而設之真理出現於世。」6

　　華盛頓為美國開國之父，中山為中華民國開國之父。而後者所遭遇
之困難，則遠較前者為甚！當中華民國建立之初，即曾有人指出：「就
其人而論，孫先生與華盛頓易地則皆然」；但「以時勢較之，具孫之
難，蓋十倍於華盛頓。」為什麼呢？「實以吾國幅幀之廣，人數之多，
賢愚智不肖之不等，皆非美國當時所可同日而語」。更重要的是當時華
盛頓所處的環境比較單純，不過是英國一國的殖民地而已。而中山生於
斯長於斯的中國，卻不只做一國的殖民地，而是做各國的殖民地，亦即
所謂「次殖民」的地位。其一生所經歷的時代變化之劇烈，更非華盛頓
生平所可想像比擬的。7

　　前項差別與困難，中山亦曾以法國革命所遭遇的情況作一比較，曾
謂：「試觀民國以前之大革命，其最轟轟烈烈者，為美與法。美國一經
革命而後，所定之國體，至今百餘年而不變。其國除黑奴問題，生出國
內南北戰爭一次而外，餘無大變亂。誠可謂一經革命而後，其國體則一
成不變，長治久安，文明進步，經濟發達，為世界之冠。而法國一經革
命之後，則大亂相尋，國體五更，兩帝制而三共和，至八十年後，窮兵
黷武之帝為外敵所敗，身為降虜，而共和之局乃定。較之美國，其治亂
得失，差若天壤者，其故何也？」中山以為：美未獨立以前，十三州已
各自為政，而地方自治已極發達。故其立國之後，政治蒸蒸日上；以其

政治之基礎，全恃地方自治之發達也。至於法國，雖為歐洲先進文明之
國，但其國體向為君主專制，而其政治向為中央集權，無自治之基礎。
而中國的缺陷，悉與法同；而人民之知識，政治之能力，更遠不如法。
因此他創一過渡時期——約法之治，以為補救，以訓練人民自治的能
力。8 當然，中山革命所遭遇的困難，外來的壓力，更不亞於中國的內
部問題。正如吳敬恆所指出的：中山墮地二十餘年前，鴉片戰爭一起，
中國開始有洋禍。其後，什麼意大利統一，比利時獨立，日本維新，皆
不脫帝國主義之臭味。9

　　因此，中山如何根據中國的環境，世界的潮流，突破困難，以實現
其革命的理想，此為研究中山的革命思想所必須注意的。

二、國內外的環境

　　孫中山出生之年——西元一八六六年，是時滿清政府統治中國，已
達二百二十二年。距太平天國的滅亡，剛有兩年。清廷開始模仿西法，
號稱中興。在國外方面，美國南北戰爭於一八六五年結束，成為一個真
正統一的國家；日本於一八六八年開始明治維新，崛起為東方的一個新
興勢力；歐洲於一八七〇年普法戰爭，法敗普勝，法拿破崙第三的帝制
告終，第三共和國確立；普國統一了德意志，開始了俾斯麥的國家社會
主義時代。以上國內外幾件大事，適在中山出生前後數年之間，對於中
山的革命思想，也多發生了直接間接的影響。

　　太平天國之革命運動，對中山之革命意識，具有重要之影響，蓋已
成為定論。中山幼年不僅愛聽洪楊革命故事，且以洪秀全第二自任。在
其以後的言論著述中，亦常論及洪楊革命之得失，引為借鏡；對其革命
之失敗，尤深致惋惜！例如在他一九〇四年所撰的一篇書序中指出：

　　　　朱元璋、洪秀全各起自布衣，提三尺劍，驅逐異胡，即位於南
　　　京。朱明不數年，奄有漢家故土，傳世數百，而皇祚忽衰；洪朝不
　　　十餘年，及身而亡。無識者特唱種種謬說，是朱非洪，是蓋以成敗
　　　論豪傑也。胡元亡漢，運不及百年，去古未遠，衣服制度，仍用漢

官儀；加以當時士君子半師承趙江漢劉因諸賢學說，華夏之辨，多
能道者。故李思齊等擁兵不出，劉基、徐達、常遇春、胡深諸人皆
徒步從明祖，群起亡胡，則大事易舉也。滿清竊國二百餘年，明遺
老之流風遺韻，蕩然無存，士大夫又久處異族籠絡壓抑之下，習與
相忘，廉恥道喪，莫此為甚！雖以羅、曾、劉、郭號稱學者，終不
明春秋大義，日陷於以漢攻漢之策，太平天國遂底於亡。[10]

在中山看來，太平天國失敗原因之一，實由於當時的民族主義不
彰，所以終洪秀全之身，不能推翻滿清，是由於全國漢人，不明白滿漢
的界限。主持革命的人，沒有普遍的宣傳。因此中山當其倡導革命時，
便提出了民族主義，對全國人民宣傳，使人人知道要光復漢族，非排滿
人不可。故武昌起事後，全國戰爭不過兩三個月，便大功告成。[11]中山
認為太平天國失敗的另一重要原因，是他們當時尚不知有民權主義，所
以他們到了南京之後，就互爭皇帝，閉起門來自相殘殺。因此中山說：
「我從前因為要免去這種禍害，所以發起革命的時候，便主張民權，決
心建立一個共和國。」[12]此外，在外交方面，由於「英國助清，為之供
給軍器，為之教領士卒，（太平天國）遂為所敗。」[13]此對中山革命時
期注重外援的爭取，以及武昌起義後即往英國進行交涉，未嘗不是受到
上述原因的啟示。清廷積極模仿西化，實自一八六五年李鴻章與曾國藩
協議奏請設立江南機器製造局於上海為其開始。[14]至一八九四年中日戰
爭發生，北洋海軍被日本摧毀，西法模仿的成績歸於泡影。[15]在模仿西
法的三十年中，正是中山由幼年而至青年（成長發展）的時期。中山在
青少年時期，對於新政或改革，亦甚積極的加以注意，但對模仿西法的
方式和內容，顯然不大贊同。例如他在一八九四年中日戰爭尚未爆發前
上給主持西法的李鴻章書中指出：「竊嘗深維歐洲富強之本，不盡在於
船堅砲利，壘固兵強，而在於人能盡其才，地能盡其利，物能盡其用，
貨能暢其流。此四者，富強之大經，治國之大本也。我國家欲恢擴宏
圖，勤求遠略，仿行西法，以籌自強，而不急於此四者，徒惟堅船利砲
之是務，是舍本而圖末也。」[16]在模仿西法時期，中山所見到滿清的政

治，顯然沒有中興的氣象。而當時中國的情況，中山在給李鴻章的書中亦曾指出：「蓋今日之中國，已大有人滿之患矣！其勢已岌岌不可終日。上則仕途壅塞，下則游手而嬉，嗷嗷之眾，何以安此？」[17]模仿西法三十年的成果，竟然如此！豈非大失所望。其主要原因，乃以清廷「政治不修，綱維敗壞，朝廷則鬻爵賣官，公行賄賂；官府則剝民刮地，暴過虎狼」。以致弄得「盜賊橫行，饑饉交集，哀鴻遍野，民不聊生」。加以強鄰環列，虎視鷹瞵，中國的危機，是不難想見的。[18]

　　中國的革命思潮，發源於歐美。[19]因歐美的革命思想為自由平等，中國近代也感受自由平等的思想，所以也起了革命。[20]其對中國革命思潮具有影響者，美國的南北戰爭與解放黑奴，頗居重要地位。中山認為美國南北戰爭，是美國人為黑奴求自由，為黑奴爭平等。[21]中山曾於一九○四年至美國南部七省，留意黑奴解放以後的情形。對於中國革命為國人爭取自由平等之信心，益為堅強。蓋當時保皇黨人反對革命最大的理由，以為中國人民程度過低，不足以享受自由民主的權利也。中山則不以為然。因指出他「至米（美）國的南七省，此地因養黑奴，北米人心不服，勢頗騷然，因而交戰五、六年，南敗北勝，放黑奴兩百萬為自由民。」因此他認為：「我國中國人的程度，又反不如米國的黑奴嗎？」[22]美國南北戰爭的結果，使美國成為真正統一的國家，民主共和的基礎，益為穩固。使中山深深感到：「我們清夜自思，不把我國中國造起一個二十世紀頭等的共和國家，是將自己連檀香山的土民、南米的黑奴，都看做不如了。」[23]

　　日本明治維新，對於中國近代改革思想之刺激，尤為直接而深遠。中山亦常以日本維新作為中國改革之範例。其早在一八九四年即曾指出日本維新較之中國模仿西法大有成效，其謂：「試觀日本一國，與西人通商後於我，仿效西法亦後於我，其維新之政，為日幾何？而今日成效，已大有可觀。」其原因，在中山當時的看法，以日本的改革，能夠依據人盡其才、地盡其利、物盡其用、貨暢其流的四大綱而舉國行之，而無人阻之之故也。[24]十年以後，中山更以日本維新可作中國革命的借鏡。因謂：「日本維新須經營三十餘年，我國不過二十年就可以。蓋日

本維新的時期，各國的文物，他們國人一點都不知道；我們中國此時（一九〇五年），人家的好處，人人皆知道，我們可以擇而用之。他們不過是天然的進步，我們這方才是人力的進步。」[25] 中山所指日本的維新，意在不知而行；而中國之革命，則為知而後行，故應進步為快也。但事實上，中國革命所遭遇的障礙，仍較日本維新時期為多。其原因之一，即當中山進行革命時，「歐美的勢力老早侵入了東亞，中國四周都是強國，四圍都是障礙，要做一件事，便要經過種種困難；就是經過了困難之後，還不能達到目的。」[26] 但無論如何，日本維新的成功，仍是中國革命的一大鼓勵，因為「日本未維新之前，國勢也是很衰微，所有的領土，不過四川一省大；所有的人口，不及四川一省多，也受過外國壓制的恥辱。因為他們有民族主義的精神，所以便能發奮為雄。」因此，中山認為：「我們要中國強盛，日本便是一個好模範。」[27]

　　一八七〇年德國擊敗法國，從此結合二十幾個小邦，成為一個統一鞏固的日耳曼民族國家，此在西方民族主義的浪潮下，開始了俾斯麥的國家社會主義時代。此時民權的狂熱漸漸減少，社會主義思潮則漸漸增高，德國更是社會主義發達最早者。俾斯麥為了防範馬克斯所主張的社會主義，便實行一種國家社會主義，把鐵路收歸國有，基本實業由國家經營。對於工人，規定了工作時間，並有養老和保險的規定，使全國工人獲得滿意的待遇，以防止階級鬥爭。[28] 德之統一，對於中國近代民族主義思潮固為一大刺激；其國家社會主義方面，對於中山民生主義的防患未然，亦顯然有所影響。事實上，中山民生主義的節制資本部分，頗類德之國家社會主義。例如中山在民國元（一九一二）年的一次演講中指出：「殊不知民生主義，並非均貧富之主義，乃以國家之力，發達天然實利，防資本家之專制。德國俾斯麥反對社會主義，提倡國家社會主義，十年以來，舉世風靡。」因此：「此時杜漸防微，惟有提倡國家社會主義。」[29]

三、家鄉的環境

　　形成人物個性及其思想的因素，與其接觸最密切的家鄉的環境，是

非常重要的。根據參與革命的粵籍人士在西元一九〇七年的一篇言論的分析，促成粵人之排滿革命的意識，與廣東的歷史和社會環境，約有以下四種關係：

（一）種族之播遷，約略有三：

1.因於宋明之滅，漢族子弟，多有隨帝室南遷者，皆以東粵為宅居之地。及渠帥已喪，恢復難期，不得不低首下心，群居聚處，以長子孫。然溯其入粵之途，有自閩自贛之不同。故始以微異之方言，各與其土音相混，以致大別。試觀往昔之歷史，與各姓之家譜，固可考而知者也。

2.因於水旱偏災，犬羊官吏，坐視而不能救，無告之民，靡所得食，乃扶老攜幼，聚族數百，相率而為流氓，過都越邑，乞食於途。而各處官吏，又往往以妨害治安之令，勒以數日出境之條，乃轉徙流離，而止於粵。數百年來，蓋不可數計。其後奄留不去，遂散處於山野之間。

3.因於異族竊據，知人心之不附，屢以嫌疑之事，誣興大獄，搏擊吾民，以誅鋤漢族之民氣。虎狼官吏，煽其餘燄，更因事中傷之。漢族子弟，慮株連家族，乃逃逃於四方，粵負山海之險，因此而入粵者，亦復不少。

（二）生計之困窮

廣東之民族，以故國之遺民，處異族專制之下，痛心疾首，莫可如何，怨毒所積，傳為根性，其對官府，已鮮政治之觀念，復乏奴隸之心腹，惟自以小民之意力，營營於山野之間，數十年來，更冒萬險，涉重洋，殖民南洋諸島，旁及美澳大陸之區，然日受外人凌虐，而莫之或悔。故廣東數十年來，只見人口之銷亡，不聞生計之充裕，推其原因，不在外人之侮辱，悉由滿族之欺凌。粵人處於異族政府之下，復無政治之勢力，以佐其生活之機，不得不遷徙他適，以保生存。

（三）官吏之苛索

廣東之地，數十年來，雖有富甲全國之名，然攤賠洋款，亦以廣東為最多。故暴斂橫征，肆行無已；加以優差美缺，眾思染指，故虎狼官吏，相率南來，數十年中，如紳富捐、房捐、票捐、賭捐、屠捐、煙捐等類，層見疊出。政府則指使官吏，官吏則誘召奸民，而奸民復藉政府為護符，攫取無數之金錢，供其揮霍。廣東之民，受此野蠻政治之影響，放棄正業，傾覆身家，不可勝數。

（四）人命之傷殘

廣東人民，日罹苛政，小民失業者多，窮而無告，乃散為盜賊，此特飢寒迫人鋌而走險耳。闔省官吏，更張大其詞，加以大逆之名，肆行清鄉之法，荼毒生靈，以邀功賞，年來無辜之民，其身首異處者，指不勝屈。況夫清鄉之法行，賊盜已聞風先逸，官兵所殺，悉屬鄉里之良民，以良民而受慘戮，廣東人民，誰不痛心！

以上四者，使粵人不得不反本深思而知所以自處也。思本之法為何？則實行排滿是也。試觀滿族竊據以還，粵人處於壓制之下，組織團體，密圖光復，以反清復明為志職，田夫野老，歲時伏臘，相聚豆棚瓜籬間，或唱燒餅之歌，或語當時之故事，歷年二百，未嘗或忘。況種性未滅，傑士乃興，漢族男兒，屢起屢蹶，其死於異族刀鋸之下，蓋不知凡幾！至洪秀全起，乃大集兩粵子弟，掃盪腥羶，聲震華夏，功雖不就，然漢族復興之機，於是而一振矣！[30]

孫中山出生之地，及其幼年生活之環境，與上述各種情況，自多息息相關。對中山性格之形成，思想之啟發，自多影響。羅香林在其所著《國父家世源流考》一書中即曾指出：

> 一、孫氏上代幾經輾轉遷徙，均迫於不得已，蓋非以變亂避居，即以舉義移徙；非以饑饉出遷，即以墾荒遠適；其間道途之顛沛，異鄉之流離，實有不堪其苦者；非其願力獨宏，而克適應環境，以至克服環境，必不能達其生存演進之目的。

二、沿海墾啟，來者寖多，非寬弘大度，德足覃人，不能相安相處；非深思遠慮，自立自強，不能生息其間。由經驗之累積，遂養成其人適宜之態度與明密之心思。世代相傳，而恢宏之氣宇與獨特之睿知，遂以發矣。

三、民族運動，早與相關，傳襲既久，體驗實深。鴻謨以愈積愈多，信念以愈傳而愈固。故一遇時會，遂蔚然為群倫領袖。[31]

中山的先世輾轉遷徙入粵，有兩種不同的說法，一謂中山的先世出自中原。唐僖宗時，河南陳留孫猁，為中書舍人孫拙之子，僖宗中利三年（八八三）因黃巢之亂，猁充承宣使，領兵閩越江右之間，因屯軍定居虔化（今江西寧都）。傳至第四代有孫承事的一支，遷往福建長汀之河田。明永樂間，有孫友松的一支，再由長汀遷至廣東紫金縣的忠壩公館村，是為入粵的始祖（第一世）。清康熙年間，有十一世孫鼎標的一支，由紫金遷增城。十二世孫連昌移家香山縣（今中山縣）涌口門村。經過十三世孫迴千再傳至十四世的孫殿朝，即中山的高祖，於乾隆中葉自涌口門村遷至翠亨村。[32]

另一說法謂中山的先世出自金陵。宋神宗時，金陵孫允中，任樞密院使，神宗熙寧二（一〇六九）年王安石變法，因議青苗，忤旨，謫江西，遂居以終。其後世孫常德曾為元杭州刺吏，遭變亂遷至南雄珠璣巷，再遷至廣東東莞員頭山鄉，是為入粵的第一世。第二世的孫貴華一支分居東莞上沙鄉。傳至第五世孫玄由上沙鄉遷至香山縣東鎮涌口村。至十一世孫瑞英的一支再遷鎮內翠亨村，居逕仔朗，建宗祠，明祀典。顧丁口甚稀，老壯多外出。未幾而宗祠以圮。瑞英以降至十二世建昌、十三世迴千，十四世殿朝。[33]

以上兩說差異的關鍵，是在十二世的一代。前者連昌的先世出自中原；後者建昌的先世出自金陵。十三世迴千以後有中山的家譜可據，並無爭執。十二世的一代所以發生爭執，顯然是由於「宗祠以圮」，家譜失落的原因。此時約當清之順治、康熙年間，清廷為防止鄭成功自臺灣反攻大陸，曾下令強迫粵閩等省沿海居民內遷五十里，高築圍牆，實行

所謂堅壁清野政策。地方官吏為求迅速貫徹命令,不惜採取焚廬舍掘墳墓種種慘酷手段。在這一暴虐命令之下,老弱轉死於溝壑,少壯流離於四方的將近四五百萬人。如按後說,中山的先世在香山,正遭內遷的慘禍。

當康熙元(一六六二)年香山縣民奉命內遷時,其慘狀為:「民多戀土,都地山深谷邃,藏匿者眾。平藩左翼總兵班際盛計誘之曰:點閱報大府,即許復業。愚民信其然。際盛乃勒兵長連埔,按名令民自前營入,後營出。入即殺,無一人倖脫。復界後,枯骨遍地,土民叢葬一阜,樹碣曰:「木龍塚。」可見當時清兵對遷民屠殺的慘酷。其幸未被殺,因流離他鄉,死於瘟疫的亦多。同時,宗祠因遷界均被毀,財產與圖籍,悉歸烏有的尤不可勝數。故遷民每多鋌而走險。康熙七年,香山遷民即結黨起事。其瀕海被遷界的鄉村與海島,更演成「反清復明」的天地會在廣東的樞紐。[34]這些慘痛的史實,對於中山的影響,也是非常深刻的。例如中山在一九〇三年的一篇文字中指出:「清朝以異種入主中原,則政府與人民之隔膜尤甚。當入寇之初,屠戮動以全城,搜殺常稱旬日,漢族蒙禍之大,自古未有若斯之酷也。山澤遺民,仍有餘恨;復仇之念,至今未灰。」[35]

四、家庭和幼年的生活

孫中山的出生地翠亨村,是在香山縣(今中山縣)的東部,背負犁頭山,面臨大海;山青水碧,樹木蒼翠,風景優美,宛若圖畫。翠亨村位於珠江三角洲的南新,距香山縣城約二十八公里,離澳門約三十七公里。附近海面淇澳島的金星港,是對中外交通的樞紐。它不僅是一個良好的避風港,也是滿清政府允許外國輪船可以停泊的所在。由於對外交通便利,因此對於促進和提高香山縣民航海經商的興趣,有著莫大的關係。即中山上李鴻章書所謂:「鄉之人多遊賈於四方;通商之後,頗多富饒。」正是當時實況,對外接觸既多,大有助於新知識新經驗的吸收,因而提出對自己國家社會改革的意見和主張,其中著名的鄭觀應,就是與中山頗多交往的。[36]

　　夏威夷群島的發現，美國加州金礦區的開發，都給香山縣民帶來新刺激和新興趣。因為那裡迫切需要大量的勞力，從事殖民墾荒和開礦的工作。中山的兩位叔父，便是由金星港出發前往謀生的，但去後均杳無音訊。後來得知一個死在上海附近的海洋（一八六四）；一個死在加州的金礦區（一八六七）。[37]不過中山的長兄德彰卻在一八七一年順利的去到了夏威夷。這對中山一八七九年去夏威夷求學，和一八九四年在檀香山成立興中會，有著密切的關係。

　　中山的入粵先世雖有兩種不同的說法，但自十三世祖迴千先生以後的生卒年代，在中山的家譜中，便有比較詳確的記載了。按十三世祖迴千（一七○一～一七五二），娶譚氏。十四世祖殿朝（一七四五～一七九三），娶林氏。十五世祖恆輝（一七六七～一八○一），娶程氏，十六世祖敬賢（一七八八～一八四九），娶黃氏。以上四代除十六世外均係一子單傳。年壽最高的敬賢，只六十二歲；其餘則分別為五十一、四十八、三十五歲。[38]

　　第十六世祖敬賢，就是中山的祖父。他生了三個兒子，長子達成（一八一三～一八八八），就是中山的父親。次子學成（一八二六～一八六四），三子觀成（一八三一～一八六七）。中山的家世在其祖父敬賢以前，似乎相當的富有；但以醉心風水，以致家道中落。據中山胞姐妙西女士談述：「祖父敬賢公以耕讀發家，頗有錢。後以醉心風水，屢事墳工，所費不貲，變賣田地，入不敷出，家貲遂耗。」[39]到中山的父親時代，家境尚屬小康，也是因為迷信風水，遂至貧苦更甚。據妙西女士談述：「初，父親（即達成）家尚小康，以迷信風水，遂至貧苦日甚，不得已，乃至澳門，就業於外國鞋鋪，每月工資，僅四元耳。如是數年，始復返里。三十三歲與母親隔田楊氏結婚。其時母親才十八歲。」[40]達成三十三歲與楊太夫人結婚的這一年，應為一八四五年，中山的祖父敬賢尚在，四年以後，即一八四九年才去世。中山的祖母黃太夫人二十年以後（一八六九）才去世。根據林百克的記述，中山在翠亨村的先世，似乎有相當多的土地，由於經過幾次的變賣，留下了「白契」的問題，造成達成的極大困擾。在中山幼年的心靈中，也留下極深

刻的印象。如同林百克的記述：

> 孫家的白契，是在從前遷到翠亨的時候就得到的。他們從前得了數千畝的田地，後來因為急需，賣掉了一部分。這幾次所賣的，都是照中國習慣，用白契轉讓的。因為若是要官吏在白契上蓋印，將白契改為紅契，要費很多的錢。所以讓與者不過給一張正式合同與受主，當一張未註冊的地契。這種辦法使受主得了田地，而地冊上的主人名義依舊是讓與者的。所以孫家雖然賣掉了許多田地，在地冊上仍為地主，繼續負付稅之責。……幼年的中山也感覺困苦的影響。這是如同被訟事牽累一樣，全家人的心裡都覺得非常憂慮。除了納賄與收稅員之外，沒有別的方法。唯一的永久補救的辦法，就是登記，另換新契。這是要費一筆極大款項的。孫家有了這樣大的一樁難事，在這位改造家心裡留下了一個永久的印象。[41]

如按以上的記載，中山祖父以前在翠亨村的幾代，都有相當的田產。到了祖父以後，才漸衰落。當年香山地籍舊案如果仍有保存，是不難查證的。中山家族的年壽，除夭折不計外，以平均年齡而言，男人壽命較短，婦女較長。例如中山的祖父敬賢壽六十二歲，祖母黃太夫人則享年七十八歲。父達成壽較長，為七十六歲；母親楊太夫人（一八二八～一九一〇）則享年八十三歲。兩位叔父一為三十九歲、一為三十七歲即去世。長兄德彰（一八五四～一九一五）壽六十一歲，中山（一八六六～一九二五）壽五十九歲。而中山的姐姐妙西女士（一八六三～一九五五）則享年九十二歲；中山原配夫人盧慕貞女士（一八六七～一九五二）享年八十六歲。這可能與生活情況有關，男人則多顛簸勞頓，冒險犯難，婦女則較安定的原因。據妙西女士談述：「達成公為人，最和平忠厚，且公正廉明，故為村人所敬仰，惟以家業甚稀，故常終歲勤勞，略不得息。及壽屏（德彰）漸長，能幫助操作，家計始漸充裕。」[42]中山兩位叔父則因在家生活貧困，均渡海赴美國謀生，壯年時期，即在海外去世。[43]

中山幼年時期生長在大家庭，有祖母、父母親、兩位叔父及嬸母、

兩兄、兩姐、一妹,連同中山先生本人,共計十三人。其中祖母、兩位
叔父、一兄、一姐先後去世,尚有八口之家共同生活。此時中山家中的
田地顯然不多,加以所居之地,負山瀕海,地多砂磧,土質磽劣,不宜
於耕,故鄉之人,多游賈於四方。[44]而中山的長兄德彰,就在一八七一
年隨著他的舅父同往夏威夷,從事冒險的生涯。這年德彰十八歲,中山
才六歲。

對中山幼年影響最深的,要算是他的祖母黃太夫人了。黃太夫人自
一八四九年敬賢去世後,即和三個兒子共同生活。當中山出世時,她已
七十四歲了。中山是她最小的孫兒。中國的傳統,老祖母對小孫兒是最
寵愛不過的。所以在中山四歲以前,是經常在老祖母黃太夫人懷抱裡聽
講故事的。這位老祖母也非常善講故事,來激發兒童的志趣。因此,中
山受其影響極深。[45]不幸在一八六九年十月,老祖母去世了。這對於中
山幼小的心靈,確是一個沉重的衝擊。在送殯的時候,他無論如何不肯
讓他的母親抱著他或揹著他,堅持要跟著大家很悲痛的步行。中山的一
位守寡嫡母程氏夫人為了不使中山的幼小心靈受到刺激,便和以往黃太
夫人一樣的每天給他講故事。常常提到外國船隻在金星港停泊的許多可
怕的事情。從此,有關洋人的事情,在中山心裡燃灼得比別的孩子厲害
得多。[46]

其次,對中山幼年影響最深的,當然是他的父親達成和母親楊太夫
人了。吳稚暉曾說:按照中國的傳說,凡一個人的性情像父親的,像貌
像母親的,都是了不起的人物。此種傳說,固然不必過於相信,但在事
實上,中山的確是這樣的。[47]林百克亦曾指出:「中山的偉大的道德力
量,大半是他正值的父親所遺傳的。因為他的父親,當少年時代,能本
著他自己嚴整的觀念,優美的天性,拋去了舒適的縫工生涯,回到翠亨
去,在田野之間,做那卑陋而勞苦的工作。」[48]達成在一八四九年他的
父親敬賢去世後,便是一家之主,辛勤工作,支持一個大家庭的生活,
和睦相處,這是由於他具有和平忠厚、公正廉明的性格。至於中山的母
親楊太夫人的性情,正和達成相似,她純樸忠厚,對人誠摯。她和兩位
早寡的妯娌相處,彌相敬重。[49]更足以顯示她優美的品德。

孫中山幼年時期與母親楊太夫人的對話是頗耐人尋味的。例如前人稱頌皇帝為「萬歲」，中山不解其意，嘗以問楊太夫人。太夫人說：此乃極長時間，無由得知。中山因悟皇帝萬歲，實乃欺騙人的話。又嘗問：青天何以造成？太夫人云：天似覆碗。又問：然則碗之上又為何物？太夫人驚其穎悟，撫摩再至。又問：人死後何如？太夫人云：死則萬緣俱了。中山云：兒不欲如是。見其姐妙西女士苦於纏足，懇太夫人釋之。太夫人云：則人以為客民矣。其時粵中客民的女子多為天足，故太夫人有此語。這時中山大約是七歲，尚不甚了然。[50]林百克以為中山對這一件事的反應，是他對於改造的第一次努力。後來他用了政治上的勢力，廢除了這種風俗。[51]

中山生長在農村和農業的家庭，在生活上是須勤奮的，在思想上是單純素淨的。雖然免不了幾千年傳統的習俗，但是所受名教思想的束縛較淺。[52]因此，他所表現在性格上的，是活潑而自然的。他的生活，與一般鄉村兒童的生活，沒有什麼差別。除愛聽故事以外，他所喜歡的遊戲，是放風箏、踢毽子、跳田雞、量捧、劈甘蔗。他最大的願望，是要得到一隻能叫而羽毛美麗的鳥。但幼小的中山始終沒有能達到這一願望。[53]他善於游泳，據妙西女士描繪，當中山泅水時，像一隻入水的青蛙，活潑而精強的游來游去。[54]

中山幼年的食品，就是農村粗陋的產物，但是很新鮮的。他家中的人每人各有一張床，南方天氣很暖，雖然不必多穿衣服，但是常常更換的。他平常都是赤腳，但他尊重自己，每天到廟中鄉塾上學時，很有禮貌的穿了一雙氈底鞋才去。他喜歡用裝豆子的枕頭，既不像磚枕那麼堅硬，也不像茶葉的枕頭那麼柔軟。他那時雖是一個小孩，卻知道採用一種舒適的中和之道。[55]

中山七歲的時候，入村內的私塾讀書，並幫助家人農作，如打禾之類的工作。在私塾裡，讀的是《三字經》和《千字文》，他是全塾中最善背誦的學童，也是唯一敢於向塾師那種刻板教法發生懷疑的一個孩童。他曾要求塾師在背誦之外，解釋書中字句的意思；塾師沒有能滿足他的願望。他只好默默的想：這些書裡面一定是有道理的，總有一天會

尋求出來！十歲時，正式進入設在陸氏祖祠中的鄉塾讀書，同學中有一位比他小兩歲的陸皓東（一八六八～一八九五），是和他最友愛的。後來成為中山倡導革命的同志，並為爭取中國民主共和而流血犧牲的第一人。[56]塾師為臺山王氏，教讀很嚴，授以《四書》、《五經》。十一歲時，王氏病卒，轉入鄭帝根塾中。中山勤勉向學，每於晨興之後，或就寢以前，暗自低聲默誦，精神專注，靜坐用功。這一年，知道太平天國軼事。有一個太平天國的老年兵士，常告訴他們許多洪秀全的故事。中山深慕洪之為人。[57]十二歲，仍回陸氏祖祠鄉塾就讀，受業於譚植生。塾師的教學法也是前後一轍，只教背誦抄寫，很少講解。十三歲時，讀畢《四書》、《五經》。偶聞鄰鎮牧師處懸有地圖，欲求一見而未得。這時，中國學塾並不教地理。滿清政府要人民對於本國的事也要糊塗，教人民說：天子統治中國，而中國就是天下，所以天子就是統治天下。中山知道有地圖後，激發了他研究歷史、地理和政治的心思，漸漸的知道中國不是世界。[58]中山對地圖的重視，早在一八九九年即曾指出：「實學之要，首在通曉輿圖，尤在通曉本國之輿圖，蕭何入關，先收圖籍，所以能運籌帷幄之中，而決勝千里之外，卒佐漢高以成帝業者，多在此云。」[59]

中山幼年即喜為人打抱不平，見幼童被人欺凌，必奮勇保護弱小，與強梁者格鬥，雖力不能敵，亦不稍退。村童衣服，每為扯破，楊太夫人代為補好，並嚴責中山。[60]中山幼年時期，也見到許多不平的事，使他發生了許多疑問，其中使他印象最為深刻的，一為水盜的故事；一為三兄弟被捕的故事。一天，中山正在鄉塾中念書，忽然聽到外面有極大的喊殺聲，和擊牆的碎石聲，原來是一群水盜在搶劫一家由海外回來的僑民住宅。水盜搶劫了僑民的財物，開船離去。那位僑民瞧著頹垣殘瓦，失望而無救的喊道：我完了，水盜把我所有的都搶去了！多年來我冒生命的危險，在洋人地方做苦工的積蓄，都被搶走了。我倘使留在洋人的地方，那邊有法律的保護；但在此地中國只有禁令，而沒有保護的。中山目睹這一事實，便思索道：為甚麼中國沒有洋人那樣的法律？為甚麼這個僑民冒了生命的危險掙到的金錢，洋人允許他帶回來的，在

中國竟得不到法律的保護？於是他想：要到外國去看看洋人的方法。[61]
　　另一次正當中山在村裡一家三兄弟的花園遊玩時，忽然有數十名滿清兵士，偕同許多衙役，包圍了三兄弟的住宅，把勤儉致富的三兄弟拖出來，上了手銬，押去受刑。三兄弟中的一個是被殺了，兩個呻吟在獄中，他們的住宅和財產，竟被幾個官吏占據。究竟三兄弟犯了什麼罪，村裡沒有一個人知道，都是敢怒而不敢言。幼年的中山決心要反抗這件不平的事，便鼓起勇氣，再度走進三兄弟的花園。這時花園已經被毀，面目全非了，駐守的官吏，便來干涉。中山向他抗議。那位官吏勃然大怒，拿刀來刺他，他急向園外逃去。回到家中，因為對此不平事件已經提出他的抗議，深感快慰。自從三兄弟被捕事件之後，中山很注意到權力的意義。他想：誰把打人鎖人的權力給殘暴的官吏的？誰是發令斬決三兄弟中的一個和囚禁其餘兩個的人？但是有一件事情在他早年的記憶中的，就是中國的操權者並不是中國人，是外國人。[62]「外國人」，當指滿人而言。後來中山到了廣州，更清楚的看到權力的所在。他說：

> 廣州是兩廣最大的城市，在廣州最大的官，有兩廣總督，他的
> 權力，可以管理廣東和廣西兩省。但總督之外有將軍，將軍之下有
> 旗防。旗防是滿清派到廣州來駐防和監視漢人的。漢人官吏做事，
> 都要聽滿洲將軍的話。在當時，漢人並且不敢到旗下街去行走。如
> 果自己不謹慎，要是被旗人打死了，去打官司，旗下人不抵命。這
> 就是因為滿洲是主人，我們的官吏都是被他們的監督，所以不敢理
> 這些事。至於漢人生了子孫，有沒有教養，官家總是不管。滿人的
> 小孩子，一出世之後，便有長糧吃。那些滿漢不平的事，是非常之
> 多。到後來一般革命先烈，知道我們是做奴隸，看見那些不平的
> 事，是很無道理的，所以提倡民族主義，推翻滿清，創成民國，來
> 行民權。[63]

五、到檀香山入西學

　　孫中山能到國外求學開拓他求知的領域，與他長兄德彰的早年移民

夏威夷大有關係。夏威夷的主島火奴魯魯（Honolulu），華僑稱之為檀香山。德彰比中山大十二歲，體格很強壯，頭腦也很聰慧，但是自小不肯念書，總是喜歡在外面遊玩。楊太夫人有位胞弟楊文納在檀香山經商，有事回到家鄉，父親達成就請他的母舅帶德彰到檀香山去另創天下。一八七一年，德彰便隨著他的母舅去了檀香山，這年他十八歲。德彰初至檀島，是幫人耕作。不久即向當地政府領地開墾，有了一些積蓄，更租得茂宜（Maui）島濱海之地，廣事畜牧種植，漸至富有。在一八七七年秋，翠亨的家中，接到他的來信，詳述島中政俗優良，土地肥沃，所經營的事業，非常順利。這年中山十二歲，讀了長兄的來信，不禁興起出洋之志。[64] 第二年（一八七八）的冬天，德彰竟從檀香山回到翠亨村了。這年他已二十五歲了，和他十八歲出洋那時，已判若兩人。他不但賺了很多的金錢，而且有了知識和經驗，對於西方文明的優點，說得頭頭是道，娓娓談述海外風土人情，和社會的習俗。稱讚那裡的沙灘有如黃金，海水有如青靛，只要努力工作，人人都可發財。他這次回來，除了完婚之外，還應當地政府的委託，大事招徠華人，到檀香山去開墾。中山很想隨著長兄去檀香山，但是父親達成不願他去冒險。因此，中山這次沒有去成。大約幾個月以後，一個意外的機會來到了，就是德彰的同夥人雇了一艘二千噸的英國輪船格蘭諾號（S. S. Grannock），運送他們招募的華工到檀香山。中山又向父母提出要搭這艘船出洋的要求。同時，母親楊太夫人也想去看看長子在海外的事業。於是在一八七九年六月，十四歲的中山，終於隨著母親離開了翠亨村。他們先到澳門，登上格蘭諾號，乘風破浪，駛向太平洋。[65]

此行對於中山的畢生影響，至為重大。自稱「始見輪舟之奇，滄海之闊，自是有慕西學之心，窮天地之想。」[66] 這幾句話不特表示中山在思想上開拓了新的境界，而且在其生命中也得到了新的啟示。中山登上格蘭諾號使他感觸最深的，是貫通輪船兩舷的一根粗大的鋼樑。他思索：這樣重的一根樑，要多少人才可以把它裝配好？他想到發明這種樑的天才，又發明了應用它的一種機械方法。外國人所做的東西，為什麼中國人不能做？他立刻覺得中國總有不對的地方了。[67]

　　中山到達檀香山後，使他感觸最深的，是良好的秩序，隨處見到尊重法律、信任保護的證據。遊覽了幾天以後，便到愛愧（Ewa，即現在珍珠港區域內）德彰開設的店鋪助理商務，不久就學習會當地土人楷奈楷人的方言，及中國式的記帳和珠算。此地沒有學習英語的機會。他覺得店中的事務，沒有趣味，渴望得到一種用英語做基礎的教育。德彰為了滿足中山的願望，便送他進入當地的意奧蘭尼學校（Iolani School）。[68]

　　意奧蘭尼學校是一八六二年十月由英國聖公會史泰利主教（Bishop Staley）創辦。一八七二年韋禮士主教（Rt. Rev. Alfred Willis）接辦。宗旨在培養夏威夷土人子弟及混血種的當地學生，其後兼收東亞學生。相當於小學程度，校舍不甚寬敞，但教學認真，管理嚴格，全校的教師都是英國人，只有一位教授基本英語的教師是夏威夷人。是一位著名的作家所羅門美厚拉（Solomon Meheula）。因之，整個學校的環境都表現著強烈的英國色彩。中山入學時，校中已有華僑學童三名，以後增至十人。學生有寄宿和走讀，中山是寄宿。按照校規，無論是寄宿或走讀，上課之外，還要參加勞動工作。中山和其他幾位華僑學生又分派照料園中的蔬菜。[69]

　　中山在進入意奧蘭尼學校前，未曾學過英語。教師要他靜坐在教室觀看，最初不免感到困難。但經過短時期以後，他就發現出英文與中文的不同地方。他看到英文的每一個字可以分成幾個字母，這些字母又可以用來拼成別的字。他由驚奇而發生興趣，認為學習英文是很容易的。從此，他的英文進步很快。[70]

　　在學校中，中山也有一段苦惱的時期，除語言服裝和當地學童不同外，頭上還拖著髮辮。當地的土生學童有時拉他的髮辮來取樂。弄得他忍無可忍，便和捉弄他的年長同學格鬥。從此，這些人就不敢對他捉弄。但他們卻唆使幼童來捉弄他，中山不予理會，到了他們厭倦以後，也就安靜下來了。這一事例，足以表現中山鋤強濟弱的性格。隨著時間的進展，中山的自重，與當地土生同學，也建立了友誼。有時也有外國的同學問他：為什麼不剪掉髮辮？中山告訴他們：這是滿洲人強迫加在中國人身上的一種愚蠢風俗，必須等待全體或多數的中國人知道這是恥

辱，決心把它去掉時，才能把它剪掉。當一八九五年他發動廣州起義以後，終於剪去這一可恥的髮辮。[71] 當民國元（一九一二）年一月五日在他剛剛就任中華民國首任大總統的第五天，便通令全國剪辮。[72]

中山自一八七九年秋進入意奧蘭尼學校就讀，到一八八二年七月畢業，計為時三年。這三年的西方新式教育和當時夏威夷的環境，對於中山身心的發展和影響，是很重要的。他在民國元（一九一二）年的一次講演中曾有如下之回憶：「憶吾幼年，從學村塾，僅識之無。不數年得至檀香山，就傅西校，見其教法之善，遠勝吾鄉。故每課暇，輒與同國同學諸人，相談衷曲，而改良祖國、拯救同群之願，於是乎生。當時所懷，一若必使我國人人皆免苦難，皆享福樂而後快者。」[73] 當年的一位同校同學唐雄對於中山在校生活情形曾有如下之回憶：中山在檀讀書時，中文基礎已深。英文課餘之暇，常獨坐一隅，朗讀古文；有時筆之於紙，文成毀之。中山沉默寡言，不苟談笑，好讀史乘，對於華盛頓、林肯諸偉人勳業，尤深景仰。因為喜讀西方傳記，故英文進步甚速。及後研究教義，亦勤謹異常。凡與討論教理者，口如懸河，滔滔不絕。是時檀香山種族問題，發生許多不平現象，中山深受刺激，對其革命思想，遂有啟發。[74]

由於中山勤奮學習，天資又高，所以在一八八二年七月二十七日的畢業典禮中，以英文成績榮列第二名的優秀學生，由夏威夷國王架剌鳩（David Kalakaua）特選幾冊有關中國的書籍，作為中山的獎品，親自頒發，華僑社會引為莫大的光榮。更重要的，是中山握有這一鎖鑰，可以進而啟開西學的門徑了。從此，他和外人交談，就常操非常流暢的英語。這是中國近代所有革新和革命運動領袖人物中很少有具備的優越條件。[75]

在中山接受意奧蘭尼學校的三年西方新式教育的期間，正是夏威夷政治經濟激盪轉變的時期，中山耳聞目睹之下，自會發生不同的感受。即如陳少白所指出的：當中山在檀香山的時候，夏威夷群島還是一個獨立的小國，沒有被美國吞併，由一個夏威夷王管理群島的行政事務。這個夏威夷島既是總埠，也是皇城的所在地。並且那時美國常常想把夏威

夷群島合併，當地人民就天天在那裡反抗。華僑看慣這種事情，當然更大受影響；尤其是孫中山。所以他常說：「在美國三藩市僑居的中國人，一點政治思想都沒有，這是因為華盛頓京城在東，三藩市商埠在西，對於政治方面很少接觸的緣故。而在檀香山的就不然，大埠就是京城，天天所見所聞，都是關於政治方面的事，所以中國僑民差不多個個有些政治思想。」[76] 史扶鄰（Harold Z. Schiffrin）在其所著《孫逸仙與中國革命之起源》一書中亦曾指出：此時中山所讀的是英國人主持的學校，耳濡目染的是盎格魯撒克遜人的立憲政府觀念，是英國人民長期反對專制勢力的奮鬥故事。他在意奧蘭尼正當易受影響的時期，這對他後來從事於國內革命，並不是沒有關係的。由於意奧蘭尼學校方面支持夏威夷人的獨立事業並反對親美的吞併主義者的圖謀，因此，意奧蘭尼學校對於中山後來發生的亞洲人須抵抗西方侵略的政治主張，也許應負其責。[77]

中山在意奧蘭尼學校畢業後，即到茂宜島的姑哈祿埠（Kahului）長兄彰德的商店中協助商務，約有半年之久。到一八八三年春，便進入美國教會設立的阿湖學院（Oahu College）。此為當時檀島的最高學府。採美國制度，設備完善，學生約千人。教師芙蘭諦文（Frank Damon）對於中山關切備至。[78] 正當中山學習興趣濃厚，忽然接到父親達成的來信，要他立即輟學回國。原來中山在意奧蘭尼學校時，就熱心研讀基督教義並發生信仰，早晚在校參加祈禱，星期日即赴聖安得勒堂（St. Andrew's Cathedral）禮拜，心靈發生極大的變化。看到同學們接受洗禮，深受感動。德彰原計採用隔離的方法要中山到茂宜島去協助商，但這一方法並無效果。因為中山這年春間又進入了教會學校，德彰惟有密稟達成召他回家鄉。中山惟有遵從父兄的決定，在一八八三年七月搭船離開夏威夷，返回故鄉。[79] 這時中山不過十八歲，但是他已成了一位新人物了。[80]

1　《孫中山先生評論集》（廣州：中國國民書局，民國十四年五月），一～二頁，

原書稱為「美國各報」，未列報名。轉引自傅啟學《國父孫中山先生傳》（臺
北：中華民國各界紀念國父百年誕辰籌備委員會，民國五十四年），五八五頁。

2　過庭（陳天華）《紀東京留學生歡迎孫逸仙事》，見《民報》，第一號，七五～
七六頁，一九〇五年十一月東京出版。

3　傅啟學前書，五八七頁。

4　孫中山《自傳》，一八九六年十月。《國父全集》（臺北：國民黨國中黨史會，
民國六十二年），第二冊，二頁。以下引用孫中山文件，僅錄文件名稱，姓名
一律省略。

5　《國民黨奮鬥之法宜兼重宣傳不宜專注重軍事》，民國十二年十二月三十日。
《國父全集》，第二冊，五九四～五九五頁。

6　《三民主義》，民國八年。《國父全集》，第一冊，一五七頁。

7　吳相湘《孫逸仙先生》（臺北：文星書店，民國五十四年），第一冊，一～二
頁。

8　《孫文學說》，第六章。《國父全集》，第一冊，四六六～四六七頁。

9　吳敬恆《中山先生年系》。見《吳稚暉先生全集》（臺北：國民黨中央黨史會
民國五十八年），卷七，二八一頁。引見吳相湘前書二頁。

10　《漢公著太平天國戰史序》。《國父全集》，第四冊，一三九二～一三九三頁。

11　《國民黨》奮鬥之法宜重宣傳不宜專重軍事》，民國十二年十二月三十日。《國
父全集》，第二冊，五九五～五九六頁。

12　《民權主義》第一講，民國十三年三月九日，《國父全集》第一冊，七七～七
九頁。

13　《支那保全分割合論》，一九〇一年十二月。《國父全集》，第二冊，五九頁。
此文原列一九〇三年八月，黃彥編《孫文選集》經考訂改為一九〇一年十二月
發表。

14　李劍農《中國近百年政治史》，一二九頁。民國四十六年商務印書館臺初版。
模仿西法或稱洋務運動，或自強運動者。其開始年代，有列為一八六一年清廷
設總理各國事務衙門於北京者。

15　同14，一二一頁。

16　《上李鴻章陳救國大計書》，一八九四年五月。《國父全集》，第三冊，一頁。

17　同16，九頁。

18　《香港興中會宣言》，一八九五年一月，《國父全集》，第一冊，七五六頁。

19　《民權主義》第三講。《國父全集》，第一冊，九九頁。

20 《革命成功個人不能有自由團體要有自由》，民國十三年十一月三日。《國父全集》，第二冊，七三〇頁。

21 同 19。

22 《中國應建設共和國》，一九〇五年八月十三日。《國父全集》，第二冊，一九六頁。

23 同 22。

24 《上李鴻章書》。《國父全集》，第一冊，八頁。

25 同 22，一九五頁。

26 《日本應助中國廢除不平等條約》，民國十三年十一月二十八日。《國父全集》，第二冊，七七二頁。

27 《民族主義》第一講。《國父全集》，第一冊，六頁。

28 《民權主義》第四講。《國父全集》，第一冊，一一五～一一六頁。

29 《提倡國家社會主義》，民國元年九月四日。《國父全集》，第二冊，二六一頁。

30 退思《廣東人對於光復前途之責任》，《民報》臨時增刊，《天討專號》（一九〇七年四月東京發行），九三～九八頁。

31 羅香林：《國父家世源流考》（重慶：商務印書館，民國三十一年），四五～四六頁。

32 羅香林《國父家世源流考》。並見羅家倫：《國父年譜》（臺北：國民黨中央黨史會，民國五十八年，增訂本），一頁。

33 國民黨黨史會《總理年譜長編稿鈔本》，民國三十三年一月黨史會油印本。此說並見鄧慕韓《國父年表附世系》，見民國三十五年九月十二日廣州《新時代》月刊。鄧著係據員頭山孫氏族譜、上沙鄉縣氏族譜、國父家譜。吳稚暉《總理與中國革命》，民國二十九年十一月十二日，亦持中山先生是出自金陵之說。見《吳稚暉先生全集》，卷七，三八一頁。

34 吳相湘《孫逸仙先生》，一三頁。

35 《支那保全分割合論》，一九〇一年十二月。《國父全集》，第二冊，五八頁。

36 吳相湘《孫逸仙先生》，一〇～一一頁。

37 《國父年譜》，上冊，三頁。

38 上註，四～五頁，孫氏宗族世系表。

39 羅香林《國父家世源流考》，三五頁。

40 羅香林前書，三七頁。

41 林百克《孫逸仙傳記》，徐植仁譯本。見《我怎樣認識國父孫先生》（臺北：傳記文學社，民國五十四年），四三六～四三七頁。

42 羅香林前書，三九頁。引見傅啟學《國父孫中山先生傳》，九頁。

43 傅啟學前書，八頁。

44 《上李鴻章書》，《國父全集》，第三冊，一〇頁。

45 《國父年譜》，上冊，一〇頁。羅香林前書，三九頁。

46 羅香林前書，二四頁。

47 吳稚暉《總理與中國革命》，《吳稚暉先生全集》，七卷，三八二頁。

48 林百克：《孫逸仙傳記》，見《我怎樣認識國父孫先生》，四二九頁。

49 傅啟學前書，九頁。

50 國民黨黨史會《總理年譜長編稿鈔本》，四頁。

51 林百克《孫逸仙傳記》，《我怎樣認識國父孫先生》，四三八～四三九頁。

52 李劍農《中國近百年政治史》，一七三頁。

53 林百克前書，四三一頁。

54 吳相湘前書，二二頁。

55 林百克前書，四三二頁。

56 吳相湘前書，二二～二三頁。

57 《國父年譜》，上冊，一六～一八頁；傅啟學前書，一二頁。

58 傅啟學前書，一二頁；林百克前書，四四〇頁。

59 《手製支那現勢地圖識言》，一八九九年冬，《國父全集》，第四冊，一三九一頁。

60 《國父年譜》，上冊，一三頁；傅啟學前書，一二頁。

61 林百克前書，四三四～四三五頁。

62 同 61，四三五～四三八頁。

63 《農民大聯合》，民國十三年八月。《國父全集》，第二冊，七一三～七一四頁。

64 《國父年譜》，上冊，一九頁。

65 吳相湘前書，二六～二七頁；《國父年譜》，上冊，二〇～二二頁。

66 《自傳》，一八九六年十月。引見《國父年譜》，二二頁。

67 吳相湘前書，四四三頁。

68 同 67，四四五～四四六頁。

69 吳相湘前書，三一～三三頁。

70 林百克前書，四四六頁。

71 同 70。四四六～四四七頁。

72 《國父年譜》，上冊，四五〇頁。

73 《非學問無以建國》，民國元年五月七日。《國父全集》，第二冊，二三七頁。

74 《國父年譜》，上冊，二四頁。引蘇德用：《國父革命運動在檀島》，見《國父誕辰紀念論文集》。本文收入蔣永敬編《華僑開國革命史料》（臺北：正中書局，民國六十六年）。

75 吳相湘前書，三五頁。

76 陳少白《興中會革命史要》，見《革命之倡導與黨的建立》（臺北：中華民國開國年文獻委員會，民國五十三年）。

77 Harold Z. Schiffrin: *Sun yat-sen and the Origins of the Chinese Revolution*, p. 13, University at California press, 1970.

78 《國父年譜》，上冊，二九頁。

79 吳相湘前書，三六頁。並見蘇德用前文。

80 林百克前書，四四八頁。

第三章
革命思想的演進

一、由提倡改革到立志革命

孫中山在檀香山三年的西學生活，經過所見、所聞、所學，啟發良多，因此「改良祖國、拯救同群之願，於是乎生」。[1] 事實上，當他返抵國門之初，即已開始提倡「改良祖國」的工作了。

當中山和一些華僑自夏威夷乘海輪到達香港以後，必須換乘小的舊式沙船駛向香山的金星港。當船在靠岸之前，循例要停在一個小島聽候中國稅關鼇卡等人的檢查。船主習知這些檢查人員的行為，所以事先要求乘客忍耐一切，以免招致麻煩。但這些檢查人員對乘客三番四次的刁難，蠻橫而不講理。中山最初儘量忍耐，終以不堪他們的威凌而提出抗議：「你們為什麼把這些無意義的要求來麻煩我們呢？」檢查人員一怒之下，就把這條沙船扣留不放行。第二天，船主只好使用賄賂，沙船才被放行。中山就乘了這個機會對著乘客演講中國政治改造的必要。問乘客道：「中國在這腐敗萬惡的官吏掌握中，你們還坐視不救麼？」他在船中盡力的宣傳，直到金星港才停止。[2]

中山回到翠亨村後，深感改造故鄉的工作，責無旁貸，他向村民們宣傳要破除迷信。村人雖然認為他的言論是受了外國學校的「毒害」，但仍舊喜歡聽他慷慨激昂的說話。後來他竟然要攻擊縣衙門了。他說：「你們的縣衙門除了向你們收稅以外，替你們做了些什麼事呢？辦學校嗎？沒有；造橋樑嗎？沒有；修道路嗎？沒有。你們所出的錢哪裡去

了？到天子那裡去了。天子替你們在翠亨村裡做了什麼事呢？沒有。」講到錢，中山就拿了一個銅錢對大家說：「你們瞧！這銅錢上天子的字，這些不是中國字，是滿洲字！統治中國的不是中國人，是滿洲人哩！」許多人聽了中山的演講，都是信服他的。[3] 以制錢作為宣傳竹實例，向鄉民證明中國的皇帝不是中國人的故事，中山在一次講話中，曾回憶云：「昔嘗以制錢購水果，給以咸豐、同治之劣錢，彼卻不受，所受者為康熙、乾隆之錢。彼固能辨康、乾之字；然以反面兩滿洲字叩之，則不識。乃告以此即滿洲之康、乾，滿洲奪我江山，而為皇帝；今之皇帝，非我國人也。則（鄉民）勃然怒矣！」[4] 據中山後來告知其日本的友人宮崎寅藏，對其自夏威夷回到家鄉翠亨村以後的心情和情況說：

> 我回到雙親膝下後，鄉間的宿耆和朋友們都要我說我在夏威夷所得的見聞給他們聽。而我所說的，都為他們所歡迎。因此他們終於推我做資深議員，[5] 參與鄉政之事，更多採取我的意見。改修道路；在街道點夜燈；為防禦盜賊，以輪流方式，用壯丁設置夜警隊；令這些壯丁帶槍等事皆是。當時，我如果有今日的思考能力，我不會出於賭注一舉大計之行動，而逐漸擴大現有之信用和實力，由縣而州，由州而省，隱忍持久，藉共同防衛之名以輸入武器，訓練壯丁，待機起事，大事或可易成。可是，血氣方剛的我，究竟不能久安於此境。[6]

中山對村民宣傳改革，未能獲得他們積極的反應，他卻決心要做下去。現在，為了讓村民認識崇拜偶像是無用的，他邀集少年時期的伙伴陸皓東等走進村廟，把北帝像的手臂拉了下來，然後對著受驚的伙伴們說：「我們斷了他的手臂，他還照舊笑著，這樣的神道怎能保護我們的鄉村！」但這一行動，立刻引起全村的震動。達成和楊太夫人對這件事也非常傷心。為了平息村人的憤怒，立即出錢把神像修復，並要中山立即離開翠亨村。[7] 這大約是在一八八三年秋間的事。故鄉既無法容身，惟有為自己的信仰而獨立奮鬥了。他來到香港，繼續他的西學志趣，進

入英國聖公會主辦的拔萃書室（Diocesan Home）。課餘又從倫敦傳道會長老區鳳墀習國學。這是中山最早所接觸的才智之士之一。區為廣州有名的基督教宣教師，長於文學，曾在德國柏林大學擔任漢文教師數年。其後曾參與中山革命。[8] 由於區的介紹，中山認識了在香港傳教的美國綱紀慎會（American Congregation Mission）牧師喜嘉理（Rev. Hagar）。[9] 一八八三年冬，中山和陸皓東便在香港綱紀慎會堂受洗，即由喜嘉理牧師施洗。在教會中，中山署名「日新」，是取義大學盤銘「苟日新，日日新，又日新」的意思。從此可以看出中山革新求變的決心。稍後區鳳墀又為中山改號「逸仙」。[10] 逸仙，是日新廣州的讀音。[11] 據馮自由的評述：中山的信教，完全出於基督救世之宗旨；然其所信奉之教義，為進步的及革新的，與世俗之墨守舊章思想陳腐者迥然不同。馮云：「余在日本及美洲與總理（中山）相處多年，見其除假座基督教堂講革命外，足跡從未履禮拜堂一步。聞有中西教士與之討論宗教問題，則總理議論風生，恆列舉新舊宗派歷史及經典，詳徵博引，透闢異常。」及中山倡導革命以後，所設興中會、同盟會、中華革命黨等團體，其誓約均冠以「當天發誓」字樣，是亦一種宗教宣誓的儀式，蓋從基督教受洗之禮脫胎而來也。[12] 惟中山之日本友人宮崎寅藏則認為舉凡少年時代的宗教思想，大多是由感情的刺激而來，鮮有從理性的判斷而來者；因此，隨理性的發達，往往在其半途會動搖其信念。中山似乎也經歷了這種過程。他曾經對宮崎說：「我對基督教的信念，隨科學的研究而逐漸減退。」[13]

　　一八八四年四月，中山轉學香港中央書院（Central School），以「孫帝象」學名註冊。此校創於一八六二年二月，是香港政府公立的學校，以溝通中西文化為宗旨。因英國漢學家理雅格博士（Dr. James Legge）的建議，從英國聘請專才來港主持校務，拉特博士（Dr. Bateson Wright）擔任校長。設備完善，教學嚴格。每日授課八小時，上午四小時授中文，下午四小時授英文。此校在一八八九年改稱為維多利亞書院（Victoria College），一八九四年改稱皇仁書院（Queen's College）。[14] 教師大多是英國上等人士，較之在夏威夷的英國學校裡的教師大多為英

國婦女的情形，大有差別。正可滿足他的求知慾。[15]對於宗教的活動，仍熱心，週日常到鄰近的道濟會聽牧師王煜初佈道。[16]煜初為廣東東莞人，為名法學家王寵惠之父後來對中山的革命活動多所掩護。[17]寵惠後來也是中山的革命同志。

正當中山在香港中央書院專心向學之際，長兄德彰忽然來信，要他前往夏威夷。這是因為聽說他在故鄉毀壞神像，又在香港教堂受洗，他要收回過去寄在中山名下的財產，因此必須他親往夏威夷辦理手續。中山不明原委，也就欣然就道。迨抵茂宜島和長兄見面時，在極沉悶的空氣下受到長兄一番嚴厲的責備，但他始終保持靜默。當他聽到長兄要收回在他名下的財產時，他立即表示同意。他隨著長兄到律師辦事處完成了歸還財產的手續後，心中反而感到輕鬆。因為今後沒有什麼牽連，更可自由的去做自己要做的事了。[18]他獨自離開茂宜島，來到檀香山，找到過去在意奧蘭尼學校的同學鍾工宇。鍾也因為信教的原因，被他的父親迫令停學，轉業裁縫，這時正經營一間裁縫店。中山便住在鍾的店中。這時他已決心學醫，打算回廣州求學，可是沒有旅費，適有過去在阿湖學院擔任教師的芙蘭諦文牧師對於中山極為賞識，這時在檀香山開辦一間尋真書院（Mill's School），便自告奮勇為中山籌措旅費，居然一舉成功。[19]這完全出乎長兄德彰的意料之外。德彰原先要他來檀，就是要他遠離教會，故不惜運用種種方法以困窘他，使他不得不羈留在檀島。現在既知中山即將成行，急來親加慰留。終於無法挽回中山的決心。[20]德彰亦深悔督責中山過嚴，即以鉅資寄達成先生助其向學。[21]中山自檀香山第二次返回故鄉，大約是在一八八五年四月。這時正值中法戰爭完了，中法雙方在戰爭期間，互有勝負。清廷卻於是年六月與法國在天津訂立《中法越南條約》，使安南淪為法之保護國。這件事，給予中山以極大的刺激。中山在其著作中，曾一再提到他之決志革命，推翻滿清，創建民國，實受這次中法戰爭的影響。例如在其所著《孫文學說》第八章中指出：「予自乙酉（一八八五）中法戰敗之年，始決傾覆清廷、創建民國之志，由是以學堂為鼓吹之地，借醫術為入世之媒，十年如一日。」[22]

　　中法戰爭，怎樣促起中山的革命決心的呢？據林百克記述中山對於當時一些情況的回憶，指出中法戰爭開始時，中山正在香港就學，所以有機會知道戰爭的經過和一些中國人討論戰爭的情況。此後忽然在戰爭的昏暗中有一椿事件發生，可以證明中國人雖在異族專制統治之下，也並非沒有愛國心。那就是一艘法國兵輪從臺灣開來，因受損傷到香港修理，中國工人認為是敵船，於是拒絕工作。這件事予中山希望改革的勇氣。因為這種抵制修船的行動，證明中國人已有相當覺悟。同時，當中山宣傳改革時，他已開始考察滿清的兵備，對其人數和武器，他得到完滿的了解。他祕密進行推翻滿清的心情愈加厲害了。[23]

　　儘管中山自述從一八八五年中法戰爭結束以後即立志革命，並進行鼓吹革命，而十年（一八八五～一八九四）如一日，但在一八九〇到一八九四年間，所發現中山的幾篇著述中，如致鄭藻如書、《盛世危言》中的《農功篇》，以及著名的《上李鴻章書》，都充滿改革維新的論調，與其反滿革命思想，似有矛盾之處。因此一般研究中山早年思想者，是傾向於改良？還是革命？頗有不同的看法。[24]其實在中山的觀念中，認為革命與維新，是一體兩面，相輔為用的。所謂「改革之思想，乃革命之起點也。」[25]即如中山所指陳的：「革命兩字，有許多人聽了，覺得可怕；但革命的意思，與改造是完全一樣的。先有了一種建設的計畫，然後去做破壞的事，這就是革命的意義。」[26]又云：「日本維新，大家都知道是成功的。維新事業和革命事業是相同的，維新成功就是革命成功。」[27]

二、研習醫術作為入世之媒

　　據鍾工宇的回憶，中山於一八八五年春離檀香山回國前，已決心學醫。[28]這一決定，似受檀香山杜南山牧師的影響。當中山寓時檀時，每日往訪教會牧師杜南山，見其架上置有醫科書籍，因問何以需此？杜告訴他仰慕范仲淹「不為良相、當為良醫」的抱負。中山經過幾天的思索，覺得范仲淹的話頗費斟酌，因為中國人讀書，並不能馬上從政；從政也未必即能為相。如果再來為醫，恐未必能為良醫。縱然努力為之，

但為時已晚。因向杜牧師表示：將一面致力政治，同時致力醫術，即藉醫術為入世的媒介。[29] 故當中山回國後，可能先行結束了香港中央書院的學業，即於一八八六年春進入廣州博濟醫院（Canton Hospital）附設醫科學校。這所醫院是美國傳道會伯駕醫師（Dr. Peter Parker）於道光十五（一八三五）年創設，是遠東最早的一所西醫醫院。一八五四年綱紀慎會嘉約翰博士（Dr. John Kerr）到廣州，進一步的加以擴充，並附設醫校。起初僅收男生，一八九七年後兼收女生。中山入學時，有同學男生十二人，女生四人。[30]

　　中山幾年來學習西學的語文工具，既已具備，且記憶力特強，因此在校的表現，是才智過人。平時寡言笑，有事則議論滔滔，三教九流，皆可與談心。每當課餘，即致力研讀中國經史，特購置一部二十四史。此外，還從陳仲堯研習國學。或有同學不明真相的，嘲笑他購置的二十四史只供陳設，絕不可能仔細閱讀。一日，有位同學何允文特抽出一冊考問中山，結果他竟應對如流，一字不爽；歷試數冊，都是如此。大家在驚奇欽佩之餘，始知他於習醫之外，還別有大志。[31] 在這些同學中有位鄭士良（一八六三～一九〇一），是中山的莫逆之交。鄭是廣東歸善人，曾在廣州德國禮賢會學校畢業，也是一位基督教友。為人豪俠尚義，與兩廣祕密會黨，交遊很廣。中山一見其人，即覺得他很不平凡，和他稍有交往，便和他談起革命，他即大感興趣。他告知中山，他曾投入會黨，將來一旦有事，他可動員會黨，聽候指揮。[32] 這是中山結交會黨首領之始。其後在興中會的兩次起義中，鄭都擔任了重要的任務。

　　中山在廣州博濟醫院的醫校求學甫經一年，即於一八八二年一月轉入香港新創立的西醫書院（College of Medicine for Chinese, Hong Kong），繼續研習醫學。書院為香港倫敦傳道會及何啟博士所創辦。同時創辦的尚有雅麗氏醫院（Alice Memorial Hospital）。中山自一八八七年一月入學，到一八九二年七月畢業，前後為時五年半，這是中山接受嚴格的科學訓練最長的一段時間，對其學術思想的發展，有極重要的影響。在智力的激發和個人交往方面，也是他一生中最富有成果的一段時間。[33] 這和書院創辦的宗旨及性質，以及倡辦人的思想背景，和當地的

政治環境，都有密切的關係。

　　西醫書院重要創辦人之一何啟博士，是廣東南海人，為倫敦傳道會何福堂牧師之子，一八五九年生於香港，在中央書院畢業後即負笈倫敦，獲鴨巴丁大學（Aberdeen University）醫學士與外科學士後，又入英國林肯法律學院（Lincoln's Instiute），獲高級法律學士學位，於一八八一年返回香港，初以醫術問世，旋改律師業務，繼被推為香港議政局議員。不幸其英籍夫人雅麗氏（Alice）去世。何為追念其愛妻，更不欲襲妻遺產，乃捐產興辦醫院，即以雅麗氏為醫院名稱。同時，為了造就醫術與科學人才，以增進中國人的健康及促進中國之現代化，何氏又與香港倫敦傳道會中人發起創辦西醫書院。此一書院即於一八八二年一月和雅麗氏醫院同時成立。兩者的關係，是書院的學生以醫院為實習的場所，但非附設於醫院的學校。[34]

　　香港西醫書院創辦之初，即以與不列顛各醫科學校並駕齊驅為標準。其程度則與大學醫學院相等，蓋為五年制之醫科學校。其所以稱書院者，以書院為中國自唐宋以來培養學術之重要組織，當時新學初興，制度未立，故中文以書院為名。惟教學與考試方法，則非一般書院可比。即如該院教務長康德黎博士（Dr. James Cantlie）在一八九二年七月西醫書院舉行第一屆畢業典禮時指出：「書院所研習之課程，其依據可謂與不列顛各醫科學校所編定者酷似。吾人對課程之期望，誠為如此，故自始以五年之編制為目標。……至教學使用之工具，雖受限制，然非有所缺乏。如植物學方面之工作，因有本港優美植物園，兼有福爾德（Charles Ford）之優良教法，可謂盡善盡美，再無比此更廣大之場所或更完全之教育方法可享用矣。」更為重要的，康德黎博士並曾指出該書院學生與中國民族特性的關係。他說：「書院學生，非缺乏興趣者。凡稍了解中國人者，均知保守與堅持為中國一般人之特性。在中國民族史中，其為侵略者所攻擊，或自身膺懲敵人，每以意志堅定而取勝。此種堅毅意志，不隨時間而轉移；其認識與熱情，亦不隨時間而減弱。世代蟬聯，實富遺傳之神聖光輝。就過去一世紀各項努力之紀錄觀之，足知其已進於發憤為雄以求國家生存富強之時期，其有應為神明華冑所致

力，而且當引為此時之主題者，即為科學或戰爭。然此非彼等特性之所
嚮也。」35當時參與畢業典禮的主角中山聆此言論後，必有所啟發也。

　　中山在西醫書院註冊是用「孫逸仙」的名字。同時入學的同學計十
三名，都是香港及福州等地教會學堂的畢業生，其中並有兩名來自美國
的華僑子弟。他們都具有深厚的英文基礎和虔誠的宗教信仰，以鼓舞學
習的情緒。各科教師除何啟博士原籍廣東南海外，其餘皆屬英人；且多
居留東方甚久，對中國有深厚的情感，例如首任教務長兼臨床診察講師
孟生博士（Dr. Patrick Manson）即曾旅居中國二十二年，通曉中國風土
人情，能操流利的廈門方言。師生感情融洽，教學認真，考試嚴格，院
內學術研究的風氣，極為濃厚。一八八八年八月六日舉行第一次專門考
試，連續考試四天。這一學年的課程計有七科，即植物學、化學、解剖
學、生理學、藥物學、物理學、臨床診察。考試結果，中山各科總分在
十三人中居第三，而化學、生理學居全班之冠，物理學第二，這三科都
是基本科學與醫學的根本。中山有這樣的優異成績，其勤奮苦學精神可
以概見。第三學年解剖學、生理學繼續講授，新增的有醫學、產科及婦
科、病理學、外科等；其中醫學復分原理與實習及臨床二類。一八八九
年七月舉行第二學年考試，因淘汰結果，只有九人參加，其中五人包括
中山在內參加第一試，其餘四人應第一試。考試結果，中山成績躍居全
班之冠。第三學年學科漸減，而實習增加。第四學年的新設課程有何啟
博士的法醫學，康德黎博士（一八八年繼孟生博士之後出任教務長）的
實用外科及公共衛生。一八九一年七月舉行以上三科的專門考試，得應
考的只有五人，中山成績仍居第一。第五學年也是學生在院肄業最後的
一年，注重醫學與外科、產科的深造。一八九二年七月舉行這三科的考
試，得應考的只有四人，四人中只有中山和江英華二人及格，中山仍居
第一。兩人旋即參加畢業總考，過去五年所習各科十二門課程均須考
試。評分結果，中山有十門課程得榮譽成績，江有六門得榮譽成績。中
山這一優異成績，在香港西醫書院全部歷史中（一八八七～一九一五）
尚無第二人可以比擬的。36中山在西醫書院能獲得如此優異的成績，絕
非偶然，除其天資卓越外，尚須勤奮努力。據其西醫書院的同學陳少白

之回憶有云：「孫先生求學的用心，實為我所僅見。」[37]

中山進入西醫書院的目的，一方面是愛其學科較優，可以求得真實的學問；同時由於香港地方比較自由，便於鼓吹革命。而且後一目的則更為重要。所以他說：「予在廣州學醫甫一年，聞香港有英文醫校開設，予以其學課較優，而地較自由，可以鼓吹革命，故投香港學校肄業。」[38]所以他在書院中，專心致志於學業，日間則研習科學與醫學，夜間則攻讀中文或其他的書籍。《法國革命史》與達爾文（Charles Darwin，一八〇九～一八八二）《進化論》等名著，尤所愛讀。當時中山所讀的《法國革命史》，是英文藍皮譯本。是時國人雖漸注意西學，然而達爾文之著作與法人所著其國大革命史，尚無中譯本。中山之研究此類鉅著，非第探索繁賾，且在中國亦開風氣之先。[39]在中山進入西醫書院時，適逢達爾文逝世的第五週年，其學說風靡全歐。而法國人研究其本國革命史的風氣也正當盛時。這些著作，對於中山的學術和政治思想，自會產生極大的影響。即以達爾文的進化論而言，在他後來的若干著述中，曾有不斷的引述。例如他在一八九六年的手撰《自傳》中指出：於西學則雅癖達爾文之道。[40]又如在其所著《孫文學說》中指出：「進化論乃十九世紀後半期達爾文之『物種由來』出現而後，始大發明者也。由是乃知世界萬物皆由進化而成。」又云：「自達爾文之書出後，則進化之學，一旦豁然開朗，大放光明，而世界思想為之一變。從此各種學術，皆依歸於進化矣。」[41]最重要的，他所創立的三民主義學說，正是根據進化的原則而來，他在一九〇五年十一月《民報》發刊詞中首次的發表其三民主義時即說：「余維歐美之進化，凡三大主義，曰民族，曰民權，曰民生。」[42]中山之革命方略，亦循進化之原則而來，因謂：「予之於革命建設也，本世界進化之潮流，循各國已行之先例，鑑其利弊得失，思之稔熟，籌之有素，而後訂為革命方略，規定革命進行之時期為三：第一、軍政時期；第二、訓政時期；第三、憲政時期。」[43]故知中山革命思想，所受達爾文進化論的影響，至為深遠。且當中山在西醫書院畢業典禮中，其師康德黎於典禮發表演說中，亦懇懇以達爾文之發明為言。以此可知中山所創之新進化論，確與其在西醫書

院所研討者有淵源關係也。[44]他後來的《孫文學說》、《實業計畫》等重要著作，都可以說是根據進化的原則加以發揮，並進而修正其觀點。

三、鼓吹革命與試行改革

中山既懷抱鼓吹革命的壯志來到香港，因此他對中國政治改革問題，必甚關切。尤其自中法戰爭以後，中國知識分子，漸多覺醒，如何救亡圖存，常為大家所關切的問題。而香港正為發表這方面言論的中心。西醫書院的重要創辦人何啟博士，實為這一時期倡導新政的代表人物之一。何與中山且有師生之誼，何長中山七歲，兩人年齡相差不遠，彼此思想觀念的交流，自甚密切。何不但是一位學識宏通，對於中西政教都有湛深研究的學者，而且是位愛國憂時以中國興亡之責為己任的志士。他時常與胡禮垣一起撰寫倡議革新救國的文字。一八八七年五月發表《書曾襲侯中國先睡後醒論後》，駁斥清大臣曾紀澤所作《中國先睡後醒》一文，長一萬七千餘言，其中對於清政府的批評，頗多激切的詞句，如云：「數十年來，中國之所以見欺於強敵，受侮於鄰邦，而低首下心，甘作孱王，而屈為軟國者，實坐內政之不修也。」又云：「今者中國政則有私而無公也，令則有偏而無平也。庶民如子，而君上薄之，不啻如奴賤也。官吏如虎，而君上縱之，不啻如鷹犬也。基則削矣，地已危矣，而欲建層堂，起岑樓，吾不知其可也。」[45]對於中國前途極為關心的中山，何文的觀點，自易引起他的內心共鳴。其後中山在西醫書院肄業時所作《農功》一篇，雖是一篇改革性的文字，但末段的幾句話，頗有隱寓革命之意，其對清政府之攻擊，則云：「朝廷之設官，以為民也。今之悍然民上者，其視民之去來生死，如秦人視越人之肥瘠然，何怪天下流亡滿目，盜賊載途也！」[46]何啟早期與中山交往情形，雖缺詳細的資料，但中山曾隨何氏習法醫學一年，中山的成績和關切中國前途的心情，自為何氏所熟知。因此，在中山從事革命運動時，何曾參與興中會成立的策畫，協議革命計畫，修改英文對外宣言。他雖非興中會會員，但卻是極重要的革命贊助人之一。[47]可知兩人在西醫書院時期，必已有深切的了解。

　　中山在西醫書院時期所留下的文字，[48] 雖然看不出明確的革命意味，但其在口頭上所表達的言論，則是「大放厥辭，無所忌諱」，其與陳少白、尤列、楊鶴齡三人常住香港，昕夕往處，所談者莫不為革命之言論，所懷者莫不為革命之思想，所研究者莫不為革命之問題，四人相依甚密，非談革命則無以為歡，數年如一日。[49]

　　中山在香港喜談革命問題的故事，除在其本人的著述中常有片段的回憶外，亦曾對其日本友人宮崎寅藏有如以下一段的回憶：

　　　　我（中山自稱）轉到香港醫學院之後，不出兩年，便在學校找到三個革命同志：尤列、陳少白和楊鶴齡。這三個人皆贊成我的主張，因此有空就放言高談革命，且不怕為人聽到。我們共同起居，親如兄弟，緊為結合，成為一體，人稱之為「四大寇」。當時，鄭弼臣（士良）尚留在廣東醫學堂，他有時來參加這四大寇。由於交情日密，始知其為三合會頭目的一分子。經由他，得知中國以往祕密結社的內幕，這對我實行革命計畫有過很大的幫助。這等於說，我由談論革命的時代進入實行革命的時代的動機，鄭君的貢獻甚大。[50]

　　中山西醫書院時期的一位同學關景良醫師對於中山在書院時期的言行亦嘗有追述，謂至一八八九年，中山的言論已充滿革命思想，要推翻清廷，廢除帝制。關醫師之母黎氏當時亦在西醫書院任英文翻譯，平素善待中山，常邀其到家中與兒輩同遊共食，待如家人。關母見其言論激烈，嘗問云：「你志高言大，想做什麼官，廣東制臺嗎？」或「想做欽差嗎？」或「想做皇帝嗎？」中山答：「皆不想，我只想推翻滿清政府，還我漢族河山，那事業比皇帝更高大了。」[51] 此「比皇帝更高大之事業」，當指建立民主政府之意。[52] 關醫師復謂中山當時尚未剪辮易服，惟所穿之長衫與袖俱窄，不同時樣，其生活與手法異常豪闊，並非鄙吝者流，好買書及雜物，常因款絀而暫掛帳。其兄德彰一有匯票自檀香山寄到，即清還欠款，復大請其客了。在學生時代，中山的性格是豪俠的、剛直的、活潑的，和幽默的。關醫師之弟關心民（亦在西醫書院

習醫者）亦記中山既抱革命之決心，即在醫院暗自學製炸彈，嘗以婦人裹足布所捲試製之炸藥，亟欲試驗效力，自醫院樓上擲出街外。隆然一聲，驚動四鄰。警察聞聲趕至，密查多日，卒無由知炸聲之何來。[53]此一試驗炸藥以備革命的需要，其在西醫書院畢業回到翠亨鄉村時，又曾開始試驗。[54]

　　陳少白亦曾告知宮崎有關中山在西醫書院時期的言論和其豪邁的性格有云：

　　　　我（陳少白自稱）跟逸仙是同學，他常常以謑謞之辯提倡革命主義，由此我也有些心得。我倆終於誓為肝膽相照的同志。當時我所以佩服他，不是因為他的謑謞之辯，而是他的膽量。那時，他以自己的勞力，賺得學費以外的金錢；而以此金錢，請任何在他周圍的人到飯館去大吃山珍海味，高談闊論，自以為快。花少了金錢，則不出校門一步，日夜用功，似完全與世無涉。因此而贏得大家的敬佩。[55]

　　夏威夷和香港的政治環境，都是促成中山發生革命思想的有利因素。中山在香港與尢列的一次談話中，即曾告知尢云：「我前在檀香山教人造反，因民智尚未開通，無從著手。今幸相遇，便是同志。」[56]蓋中山在檀香山就學時，適值當地民主政治與君主獨立問題，爭議甚烈。時美國已在此島宣傳民治主義，而夏威夷君主則深不以為然，因是人民分實行民治與擁護王權二派，而華僑亦甚受感發。[57]迨其長期就學香港以後，每於課餘外遊，見得香港之政治好，街道好，衛生與風俗無一不好。比諸家鄉香山，大不相同。他於每年放年假時，必返鄉二次，每次約留鄉數禮拜，深感家鄉與香港之間確實大相殊懸。由此把兩個地方作一比較，為何香港開埠不過數十年，而內地已數千年，而香港在英人掌管下，即布置得如許妥當？因此與家鄉父老斟酌，彼等亦莫不謂然。他有一次返鄉，提倡改革，親自清掃街道，村內且有多數青年贊助，很有進步。後見香山知縣，欲仿效香港整頓地方，知縣甚為贊同。[58]中山對於鄉里的改革，顯然抱有高度的熱忱。他於一八八九年致書邑中曾經從

事洋務的一位新式人物鄭藻如（一八二四～一八九四），[59]提出他的改革意見。主張振興農桑、以裕民生；勸戒鴉片，以除民禍；普及教育，培育人才。先從一縣的改革，進而推動全國的革新。所以他在書中說：「今欲以平時所學，小以試之一邑，以驗其無謬，然後仿賈山之至言，杜牧之罪言，而別為孫某策略，質之於當世，未為遲也。」[60]這種要以所學付諸實驗的見解，正是他在西醫書院所受科學訓練的態度，也是他知而後行的思想之起點。

　　中山上項改革主張，與一般之提倡改革者仍有其不同之處。他是主張由基層做起，是由下而上。這種以鄉里作為改革之起點，實其地方自治思想之先聲，亦為其民權思想之根源。[61]中山在民國五年講述〈自治制度為建設之礎石〉時，亦曾回憶云：「兄弟少年，好奇居鄉，嘗以數月之力，教五、六萬鄉人，知地圓之理，講民權之理。」[62]

　　中山改革鄉里的願望，雖然獲得香山縣知事的支持，但是當他第二次返鄉求縣官幫忙時，知縣已經離職，遺缺已被新任者用五萬元購去。此等腐敗情形，激發了他的革命思想，及後見到省城政治，更是腐敗。因此想到北京各處的腐敗，一定更甚。此外，他曾與英國人閒談，僉云良好之政府，並非與生俱來，須人事造成之。數百年前，英國官僚多係腐敗，治後人心一振，良好政府遂得以產出。由是其革命之思想愈堅。故中山常說他之革命思想，係從香港得來。[63]實際上，中山的革命思想與改革思想，是相輔並用的；縱是後來當他實行革命之時，也是如此。因為他把革命的意義，包含破壞與建設兩大部分。更何況破壞的目的在為建設，而破壞不過是革命的手段，建設才是革命的目的。所以他說：「革命的意思，與改造是完全一樣的，先有了一種建設的計畫，然後去做破壞的事，這就是革命的意義。」[64]

四、改革無望毅然革命

　　孫中山在香港西醫書院經過嚴格的畢業考試，以第一名榮譽成績獲得畢業。由西醫書院發給畢業執照，其文有云：「照得孫逸仙在本院肄業五年，醫學各門，歷經考驗，於內外婦嬰諸科，俱皆通曉，確堪行

世，奉醫學局賞給香港西醫書院考准權宜行醫字樣。」[65] 是即具有行醫的資格。但香港醫學總會（Hong Kong General Medical Council）卻不承認。[66] 因此，他打算在香港開設一所藥房，並要陳少白為之草擬招股章程。這件事，忽然被西醫書院掌院及教師知道了，就勸阻他說：「你不應該做這種事情，不能用你的名字去開藥房的。因為你是本校第一屆第一名的學生，應該自愛。」因為英國的習慣，醫師的地位是很高的，與做生意的人是不能相提並論的。這樣一來，他在香港開藥房的計畫就被打破。因此便到澳門去行醫。[67]

澳門也是中山常遊之地，過去由香港假期返鄉，常經澳門，當地鉅商曹子基、何穗田等的家人患病，經他診斷，藥到病除。於是大家都驚為神奇。現在知道他學成畢業，澳門紳商都要求他到那裡去行醫。即由曹、何與港商陳賡虞等集資，設中西藥局於澳門仁慈堂附近（後移草堆街）。[68] 這是中山把中西兩種醫學結合起來，以為妥協。[69] 中山既在澳門懸壺濟世，診治貧困，概不取值，人咸德之。當地有鏡湖醫院，為華人公立，向用中醫中藥治病，中山屢請其兼用西醫西藥，以濟中醫所不及，並願充當義務，不受薪金。該醫院竟破例從之。由是中外人士多來診治，莫不著手成春。對於解剖術，尤為精妙。其師康德黎時來澳門協助工作，對中山之醫術，輒為讚嘆不已。[70] 由於醫術的精湛，加以服務救人的胸懷，受到大眾的歡迎，自是不難想像的。中山在五年後（一八九七）曾有追述：「予既居澳門，澳門中國醫局之華董所以提攜而噓拂之者無所不至。除給予醫室及病房外，更為予購置藥材及器械於倫敦。」又云：「此事有大可注意者一端，則自中國有醫局以來，其主事官紳對於西醫從未有正式的提倡；有之，自澳門始。予既任事於醫局，求治者頗眾，而尤以外科為繁。」[71]

惟行醫不久，澳門當局即對中山的行醫施行壓力，初則藉口未領有葡國的醫師執照，不得為葡人治病；繼則禁止藥房不得為葡籍以外醫師的處方配藥。因此使得他的醫務，頓受阻礙；而資金的損失，亦甚慘重。[72] 然而真正的原因，大概是由於香港與澳門兩地的醫務當局之間缺乏相互的承認。因為葡人和其他持有外國學位的人一樣，是不准在香港

行醫的，所以澳門當局也不承認香港的醫學文憑。

惟中山在澳門行醫期間，卻和當地一家姓佛南得斯（Francisco Fernandes）的葡萄牙人建立了珍貴的友誼。數年後當廣州起義失敗後，他曾到這家葡人的家中避難。[73]

澳門行醫既受阻礙，中山乃於一八九三年春遷至廣州行醫，在洗基成立東西藥局，再度把中西兩種醫學結合起來。[74]每日上午十時至十二時施診。出外診金，隨意致送；如為急症，不論貧富，一邀即到。他不但醫術精湛，且對待病人親切。為免求診人的擁擠，又在石岐設立藥局，聘尹文楷醫生佐之。尹為區鳳墀之婿，亦精醫術，因此業務蒸蒸日上。[75]

儘管中山的醫務興盛，但他不過藉此以為入世之媒；尤其是他與各界人士廣泛的接觸之後，更體認政治社會上的種種黑暗與罪惡。因而改造國家的心志益為堅決。因此，便以大部分的時間和精力，都用在聯絡同志和討論時務方面。經常聚談的地方，有時是雙門底基督教禮拜堂內大堂的後進；這一禮拜堂的前進是一聖教書禮，專門經售上海廣學會及大同學會出版的各種新學書報，是廣州傳播新學的據點之一。[76]另一經常聚會之所，則為尤列假得城南廣雅書局內的抗風軒。參加的人有鄭士良、陸皓東、尤列、陳少白、周昭岳、魏友琴、程耀宸、程奎光等。其時中山即曾提議以驅除韃虜、恢復華夏為宗旨，應發起一會，名曰興中會。眾贊成之，而未有具體之組織。[77]此時他擔任了葡萄牙文週報的中文副刊的匿名編輯，此一週報是他的朋友佛南得斯在澳門出版的。該刊在華僑中流傳，有激烈的滿人宣傳。[78]

一八九四年春，中山將東西藥局的事務交給店夥管理，自己回到香山故鄉專心撰寫救國大計的文章去了。這就是眾所熟知的《上李鴻章書》。李自一八七〇年即繼曾國藩出任直隸總督兼北洋通商大臣，旋奉授大學士仍留總督任。一八七九年奉賞加太子太傅銜。時以淮軍領袖位居畿輔重地，駐在天津。所謂「同光新政」幾乎都由他的推動和主持。中山為了向李氏陳其救國大計，特先經過上海，拜訪素來熱心提倡新政的鄭觀應。鄭亦廣東香山人，兩人過去亦曾有過交往。他到上海先和鄭

氏商討這一文件。又在鄭處遇到另一新政專家王韜，他們都曾閱讀這一文件，並作過一些修改，王氏又曾函介他的一位朋友，即在李鴻章幕府中擔任文案的羅豐祿，以安排中山與李氏的晤談。中山即與陸皓東由上海北上天津。[79]

　　關於中山上書李鴻章的動機，一般頗有不同的看法。在中山的著述中，未曾直接而明確的透過過，僅謂：「及予卒業（西醫書院）之後，懸壺於澳門、羊城兩地以問世，而實則為革命運動之開始也。時鄭士良則結納會黨，聯絡防營，門徑既通，端倪略備，予乃與陸皓東北游京津，以窺清廷之虛實，深入武漢，以觀長江之形勢。」[80]是則在其北上京津之前，已作革命準備，並無寄望於清廷之改革。這與他西醫書院畢業後，在廣州行醫時期所作的實際活動情形，正是如此。羅香林則謂中山欲探李鴻章意志，俾為實行革命張本，非欲與滿清政府妥協也。[81]吳稚暉以為中山之上書李鴻章，並不望李能替滿清實行，他是藉此試探北方的究竟，且偕同志陸皓東同去，使他親見了北方的腐敗情形，絕他們仰賴滿清的潛意識。所以陸於明年，即能首先為革命，在廣州就義。[82]吳氏此說，亦有相當根據。蓋陸雖為中山好友，無話不談，但兩人在政治見解上，起初尚有不同觀點。即如陸在就義前的供詞中指出：「吾方以外患之日迫，欲治其標；孫則主滿仇之必報，思治其本。連日辯駁，宗旨遂定，此為孫君與吾倡行排滿之始。」[83]

　　中山在數年以後，亦曾指出他在天津所親自看到這位洋務中心人物李鴻章的腐敗情形：「當我在中日甲午戰爭爆發前夕正停留天津那時曾親眼看到有許多文武官員自全國各地趕來，向當時權傾一時的宰相李鴻章晉見；在蒙允晉見之前，無不需要餽贈巨額紅包給他的僚屬。」[84]像李鴻章的這樣維新中心人物尚且如此，其他滿清官僚更可想而知！蓋中山在試行鄉里改革時，已親見地方官僚的腐敗，因此，他「乃思向高級官員一試。迨試諸省政府，知其腐敗尤甚於（縣）官僚。最後至北京，則見滿清政治下之齷齪，更百倍於廣州。」[85]以上的說法，則認為中山根本沒有同清政府合作的任何打算，只是藉此試探清廷的虛實，或是證實清廷改革之無望，以增強同志的革命之決心也。

　　另外一種相反的看法，認為中山是真誠的希望投身於改革派的官紳之門。其理由，是李鴻章對新醫學的熱情，及其對於香港西醫書院的贊助，可能早使中山抱有此種希望。當中山在西醫書院畢業時，其師康德黎博士曾設法要李接見中山和其他畢業的同學，但未能安排其會晤。不論如何，這是一項希圖與李氏建立私人接觸的先聲。最後，還有上李鴻章的萬言書作為證據，它顯示中山真正贊同於改革，並熟悉於改革主義的文章。[86]

　　不過就一般記述中山上李鴻章書的過程來看，中山在事前是做了妥善的準備和安排的。他不僅置醫務於不顧，而跑到翠亨村的家裡關起門來做這篇文章，既請陳少白為之斟酌修改，而且跑到上海去和新政專家鄭觀應、王韜等商討修改。最後更透過人事關係，希望能夠見到李鴻章。[87]可見他對於這一件事是很認真的；顯然也是滿懷希望的。他希望以和平手段、漸進方法，請願於當道，俾倡行新政，以達到改造中國為目的。[88]他深知：「中國睡夢至此，苟非發之自上，殆無可望。」[89]因此，他企望李鴻章能「發之自上」，消極的藉以消除「當道不能保護，反為之阻遏」的措施；積極的自然希望李能安排一個機會，使他的主張與懷抱可以逐步實行。[90]

　　中山向李鴻章提出的改革計畫，是注重於社會經濟結構的改革。他提出的四大改革綱領，是按照中國傳統社會的士、農、工、商四大階層來立論，即人盡其才，地盡其利，物盡其用，貨暢其流。至於如何推行這四大綱領？他曾分條列目，加以說明：一、所謂人盡其才者，在教養有道，鼓勵以方，任使得法。二、所謂地盡其利者，在農政有官，農務有學，耕耨有器。三、所謂物盡其用者，在窮理日精，機器日巧，不作無益以害有益。四、所謂貨暢其流者，在關卡之無阻難，保商之有善法，多輪船鐵道之載運。在以上四大端之中，農政之興，尤為當前的急務！因為當時的中國，已大有人滿之患，上則仕途壅塞，下則游手好閒，失業再加災荒，實已形成嚴重的社會問題了。但振興農業，亦非難事。其法是先行設立訓練農業教師的學堂一所，選拔對博物有興趣的人，給予三年的專門訓練，然後分派到各省，分設各省農業學堂，培養

優秀的人材，使從事農業改良。每省還要設立農藝博覽會一處，搜集各方的產物，作為農業學堂觀摩實驗之用。如此採用新法來改良農業，一旦有了成效，大家必定自動的樂於仿效。這樣也就很容易使全國普遍推行。由農業的革新而使全國都知道新法的好處，再來推行其他的新政，必可減少阻礙。如何使得大家知道新法的好處，而消除推行新政的障礙，這實在是推行中國近代化最重要的關鍵。所以他以為：「方今中國之不振，固患於能行之人少；而尤患於不知之人多。」[91]這一觀點，正是他後來發表《孫文學說》——知難行易學說之先聲。

　　不論中山上書李鴻章的動機如何，但這次要求改革的嘗試，是再度的遭受挫折。乃「知和平方法無可復施。然望治之心愈堅，要求之念愈切，積漸而知和平之手段，不得不稍易以強迫。同志之人，所在皆是。」[92]中山也認為：「革命的事情，是萬不得已纔用。」[93]當他和陸皓東由京津回到上海時，中日戰爭的消息，已充滿報紙篇幅。這年九月十七日黃海海戰的結果，中國海軍主力損失，模仿西人堅船利砲的政策顯然失敗。正如中山在上李鴻章書中所指陳的「徒為堅船利砲之是務，是舍本而圖末也」。在同書中所指陳日本維新所以成功的原因也應驗了。[94]這時中國的「上等社會，多不滿意於海陸軍人之腐敗貪黷，平時驕奢淫佚，外患既逼，則一敗塗地。因此人民怨望之心，愈推愈遠，多有慷慨自矢，徐圖所以傾覆而變更者。」[95]從此中山便以實際的行動，來做推翻滿清統治的運動了。

1　《非學問無以建設》，民國元年五月七日。《國父全集》，第二冊，二三七頁。

2　林百克《孫逸仙傳記》，《我怎樣認識國父孫先生》，四四八～四五〇頁。

3　同2，四五〇～四五一頁。

4　《自治制度為建設之礎石》，民國五年七月十七日。《國父全集》，第二冊，三五七頁。

5　此處所謂「議員」，可能為鄉董之意。

6　宮崎滔天（寅藏）《孫逸仙傳》，陳鴻仁譯著《宮崎滔天論孫中山與黃興》（臺

北：正中書局，民國六十六年），七～八頁。

7　林百克前書，四五二～四五三頁。

8　馮自由《區鳳墀事略》，《革命逸史》（臺北：臺灣商務印書館，民國五十八年，臺一版），第一集，十九頁。

9　吳相湘《孫逸仙先生》，四一頁。

10　同 6。

11　H. Z. Schiffrin: *Sun Yat-sen and the Origins of the Chinese Revolution*, p. 16.

12　馮自由《孫總理信奉耶穌教之經過》，《革命逸史》，第二集，一二頁。

13　宮崎滔天《孫逸仙傳》，陳鵬仁前書，一一～一二頁。

14　《國父年譜》，上冊，三二頁。原書據 Gwenneth Stokes: *Queen's College, 1862-1962*, p. 52.

15　林百克前書，四五三頁。

16　馮自由《革命逸史》，第二集，一一頁。

17　馮自由《興中會初期孫總理之友好及同志》，《革命逸史》，第三集，六頁。

18　林百克前書，四五五～四五六頁。

19　鍾工宇《我的老友孫逸仙先生》，《我怎樣認識國父孫先生》，四一二頁。

20　吳相湘前書，四七頁。

21　馮自由《孫眉公（德彰）事略》。《革命逸史》，第二集，二頁。

22　《孫文學說》第八章——有志竟成，《國父全集》，第一冊，四九一頁。另據《中國革命史》（民國十二年一月作）云：「余自乙酉（一八八五）中法戰敗後，始有志於革命。」《國父全集》，第二冊，一八一頁。

23　林百克前書，四五四～四五五頁。

24　H. Z. Schiffrin: *Sun Yat-sen*, p. 22.

25　周弘然《國父上李鴻章書之時代背景》，見《革命之倡導與黨的建立》，下冊，二九七頁；吳相湘前書，九八頁。

26　《改造中國之第一步》，民國八年十月八日。《國父全集》，第二冊，三八二頁。

27　《革命成功始得享國民幸福》，民國十三年三月二十四日。《國父全集》，第二冊，六六〇頁。

28　鍾工宇前文，四一二頁。

29　羅香林《國父之大學時代》，二八頁。

30　《國父年譜》，上冊，三六頁；吳相湘前書，四八～四九頁。

31 《國父年譜》，上冊，三七頁。

32 《孫文學說》，第八章，《國父全集》，第二冊，四九一頁。

33 H. Z. Schiffrin: *Sun Yat-sen*, p. 20.

34 吳相湘前書，五九～六〇頁；羅香林《國父之大學時代》，五頁。

35 羅香林《國父之大學時代》，五～六頁。

36 吳相湘前書，六六～六八頁；羅香林前書，四三～四九頁。

37 陳少白《興中會革命史要》，見《革命之倡導與黨的建立》，上，九二頁。

38 《孫文學說》，第八章，《國父全集》，第一冊，四九一頁。

39 羅春林前書，三一～三二頁。

40 孫中山手書自傳墨蹟，見《國父年譜》插圖，上冊，四頁。

41 《孫文學說》，第四章——以七事為證，《國父全集》，第一冊，四五四頁。

42 《民報》，創刊號，一九〇五年十一月東京。全文並見《國父年譜》，二〇六～二〇七頁。

43 《孫文學說》，第六章——《能知必能行》，《國父全集》，第一冊，四六三～四六四頁。

44 羅香林前書，一〇五頁。

45 吳相湘前書，七〇頁。其後，何氏與胡禮垣合作，陸續發表《中國宜改革新政論議》、《新政始基》、《康說書後》、《新政安行》、《勸學篇書後》、《新政變通》等文，彙為《新政真詮》一書刊行，於清末的維新與革命均甚有影響。

46 羅香林前書，六四頁。

47 同46，八九頁。

48 中山在西醫書院時期所留下的文字，已知者一為一八九〇年致鄭藻如書；一為一八九二年在鄭觀應所編《盛世危言》中《農功篇》。

49 《孫文學說》，第八章，《國父全集》，第二冊，四九一頁。

50 宮崎滔天《孫逸仙傳》；陳鵬仁譯著《宮崎滔天論孫中山與黃興》，一〇～一一頁。

51 羅香林前書，三〇～三一一頁。

52 同51，六一頁。

53 同51，三一頁。

54 H. Z. Schiffrin: *Sun Yat-sen*, p. 33.

55 宮崎滔天，《孫逸仙傳》，陳鵬仁前書，一一頁。

56 馮自由《尢列事略補述一》，《革命逸史》，第一集，四七～四八頁。

57 羅香林前書，六一頁。

58 同 57，六○～六一頁。原書引張民權撰《孫大元帥回粵記》。孫中山：民國十二年二月二十日在香港大學講《革命思想之發生》，《國父全集》，第二冊，五一四～五一七頁。

59 鄭藻如生平，吳相湘《國父與鄭藻如關係初探》，民國六十九年七月，《傳記文學》，第三十七卷一期。又黃彥《介紹孫中山致鄭藻如書》，《歷史研究》，一九八○年第六期。

60 黃彥前文。

61 羅香林前書，六一頁。

62 《自治制度為建設之礎石》，民國五年七月十七日。《國父全集》，第二冊，三五七頁。

63 同 58。

64 《改造中國第一步》，民國八年十月八日講，《國父全集》，第二冊，三八二頁。又如《孫文學說》，第六章云：「夫革命之有破壞，與革命之有建設，固相因而至，相輔而行者也。」又云：「革命之建設者，非常之建設也，亦速成之建設也。」見《國父全集》，第一冊，四六五～四六六頁。

65 羅香林前書，五三頁。

66 H. Z. Schiffrin: *Sun Yat-sen*, pp. 30-31.

67 陳少白《興中會革命史要》，見《革命之倡導與黨的建立》，九二～九三頁。

68 《國父年譜》，上冊，五二頁。

69 H. Z. Schiffrin: *Sun Yat-sen*, p. 31.

70 馮自由《孫總理之醫術》，《革命逸史》，第一集，一五～一六頁。

71 《倫敦被難記》，一八九七年，《國父全集》，第二冊，四頁。

72 同 71。

73 H. Z. Schiffrin: *Sun Yat-sen*, pp. 31-32.

74 同 73，三三頁。

75 《國父年譜》，上冊，五四頁。

76 吳相湘《孫逸仙先生》，八四頁。

77 馮自由《尤列事略》，《革命逸史》，第一集，四○頁。

78 H. Z. Schiffrin: *Sun Yat-sen*, p. 33.原書引自無涯《孫中山在澳門創辦的報紙》，一九六五年一月二十九日，香港《大公報》。葡文週報是《澳門回聲》，中文副刊是《鏡海叢報》。

79 吳相湘前書，八四～八七頁。

80 《孫文學說》，第八章，《國父全集》，第一冊，四九一頁。

81 羅香林前書，六七頁。

82 吳稚暉《總理行誼》，《吳稚暉先生全集》，卷七，三七七頁。

83 陸皓東一八九五年十一月初供詞，見《國父年譜》，上冊，七二頁。

84 《中國之現狀與未來》，一八九七年三月於倫敦，《國父全集》，第二冊，五〇頁。

85 《革命思想之產生》，《國父全集》，第二冊，五一五頁。

86 H. Z. Schiffrin: *Sun Yat-sen*, p. 35.

87 陳少白《興中會革命史要》，《革命倡導》，二六九～二七〇頁。

88 《倫敦被難記》，《國父全集》，第二冊，四頁。

89 同 88，五頁。

90 吳相湘前書，九六頁。

91 《上李鴻章陳救國大計書》，《國父全集》，第二冊，一～一一頁。

92 《倫敦被難記》，《國父全集》，第二冊，六頁。

93 《三民主義與中國之前途》，一九〇六年十二月二日。《國父全集》，第二冊，二〇二頁。

94 吳相湘前書，九六頁。

95 同 92。

第四章
三民主義理論的形成

一、總述

　　孫中山開始革命的行動,而至推翻滿清、建立民國,實自一八九四
年(清光緒二十年)十一月二十四日在檀香山成立興中會起,而至一九
一一年(民國元年)一月成立南京臨時政府,前後為時十八年。以其革
命黨的組織名稱來分,可以分為兩個階段,從一八九四年十一月至一
九〇五年七月為興中會時期;從一九〇五年八月至一九一二年為同盟會
時期。而其革命思想的大成時期,應在同盟會時期。[1]而中山的革命思
想,實即三民主義是也。此三大主義正式的提出,見於一九〇五年十一
月二十六日同盟會的機關報《民報》第一號的《發刊詞》,以孫文的名
字公諸於世。詞中指出:

> 余維歐美之進化,凡以三大主義:曰民族,曰民權,曰民生。
> 羅馬之亡,民族主義興,而歐洲各國以獨立。洎自帝其國,威行專
> 制,在下者不堪其苦,則民權主義起。十八世紀之末,十九世紀之
> 初,專制仆而立憲政體殖焉,世界開化,人智益蒸,物質發舒,百
> 年銳於千載,經濟問題繼政治問題之後,則民生主義躍躍然動。二
> 十世紀不得不為民生主義之擅揚時代也。……今者中國以千年專制
> 之毒而不解,異種殘之,外邦逼之,民族主義、民權主義,殆不可
> 以須臾緩;而民生主義,歐美所慮積重難返者,中國獨受病未深,

而去之易。2

　　此文實為中山將民族主義、民權主義、民生主義之三大主義並列之嚆矢，而民生主義四字亦即發見於此時。在《民報》未出版前，世間固無民生主義之新名詞也。至民族、民權、民生三大主義之簡稱為三民主義，約據馮自由之說：在香港《中國日報》之廣告上，以介紹《民報》總稱民族、民權、民生三大主義為冗長不便，乃簡略稱之曰三民主義，以資號召。3 其時中山正當四十的壯年，就其十年以上在外國觀察研究所得，構成此一結論，可以說一直到他逝世以前，其主張的原則，在輪廓上並無何等改變；與他晚年的容共聯俄既不相違，也與他所倡導的知難行易若合符節，此實研究中山政治思想者所不可不知也。4

　　民族、民權、民生三大主義並列形諸文字之始，雖見於一九○五年十一月之《民報》發刊詞，然三大主義之分別產生，應早在十年以前；即民生主義之形成，根據中山的自述，亦在一八○六年、七年間，在其倫敦蒙難脫險之後，繼續留英研究所得之結果。5 因此，三民主義理論之形成，不僅在其實行革命以後，過深思熟慮而提出之；即與其早年的思想，亦難截然分離也。然其成為革命的思潮，發生革命的力量，與當時的社會環境和國人心理的轉變，亦有不可分離之關係。以下則就民族、民權、民生三大主義之形成與其思潮之發展，分別探討之。

二、民族主義的發生與形成

　　孫中山幼年喜聞洪楊故事，慕洪秀全之為人；且以所居鄰里環境，較易接近以「反清復明」為主旨之會黨中人；稍長，更與會黨中之首領鄭士良結交。6 其民族思想，在其青少年時期，顯已滋生蔓長了。蓋粵西之三點會以「洉」字為記號，示滿清無「主」之義，持之已兩百數十年，一洩於洪楊之事，而其後未已，此皆種族之見之未泯也。7 三點會為廣東會黨之名稱，或稱三合會，在美洲華僑中稱洪門會，或稱致公堂。中山在革命運動的初期中，實以會黨為主力。且於一九○四年在檀香山加入致公堂，封為「洪棍」（洪門稱元帥為洪棍）。8 故中山對於

會黨之歷史及其宗旨,知之頗詳。曾謂:「原夫致公堂之設,由來已久,本愛國保種之心,立興漢復仇之志,聯盟結義,聲應氣求,民族主義賴之而昌。」[9] 中山習醫廣州及香港時期,復熟讀中國史書,更潛心於進化論,亦為滋生民族思想之根源。蓋其時知識分子,苟能讀中國之歷史與知進化之理,則未有敢蔑視民族主義者。[10] 而進化論對中國近代民族主義之激發,尤為重要。如蔡元培在其《釋仇滿》一文中指出:

> 自歐化輸入,群知人為動物進化之一境,而初無貴種賤種之別,不過進化程度有差池耳。……蓋世界進化已及多數壓迫少數之時期,風潮所趨,決不使少數特權獨留有亞東之社會,此其政略上所以有仇滿之論也。[11]

實際上,當時很多革命志士的民族思想的發生,都是受到進化論的影響。如革命時期最激進的仇滿者陳天華曾謂:「鄙人之排滿也,非如倡復仇論者所云,仍為政治問題也。蓋政治公例,以多數優等之族,統治小數之劣等者為順;以少數之劣等族統治多數之優等族者為逆故也。」[12] 中山早年求學時期,於中國之學則獨好三代、兩漢之文;於西方之學則雅癖達爾文之道(Darwinism)。[13] 因此,民族主義的理論當亦隨之時常湧現在他腦海中:「照進化論中的天然公例說:適者生存,不適者滅亡;優者勝,劣者敗。我們中華民族到底是優者呢?或是劣者呢?是適者呢?或者不適者呢?」[14]

十九世紀後期,在西方闡釋達爾文學說最引人注意者有英人斯賓塞(Herert Spencer)和赫胥黎(Thomas Huxley)等。兩人皆深受達爾文學說的影響,前者鼓吹「適者生存」的理論;後者亦如前者,主張把演化觀念推廣到人類的各項重大問題。[15] 前者所著《群學肆言》(*Study of Sociology*)一書由嚴復譯為中文,於一九〇三年出版;後者所著《天演論》(*Evolution and Ethies*)一書亦由嚴復譯為中文,則在一八九八年出版。[16] 胡漢民曾指為:「自嚴氏書出,而物競天擇之理,鑿然當於人心。而中國民氣為之一變。即所謂言合群、言排外、言排滿者,固為風潮所激發者多;而嚴氏之功,蓋亦匪細。」[17]

中山對西方學者討論進化論的了解，如斯賓塞、赫胥黎等人的著作，當是從西文原著直接而來。最能表現其民族主義的觀點受到進化論之影響的，是他一九〇四年在舊金山為致公堂重訂新章要義的說明，其中指出：

> 今為爭競生存之時代，天下列強，高倡帝國主義，莫不以開疆闢土為心。五洲土地，已盡為白種所併吞。今所存者，僅東亞之日本與清國耳；而清國則世人已目之為病夫矣，其國勢積弱，疆宇日蹙，今滿洲為其祖宗發祥之地，陵寢所在之鄉，猶不能自保，而謂其能長有我中國乎？此必無之理也。我漢族四萬萬人，豈甘長受滿人之羈軛乎？今之時代，不爭競則無以生存，此安南、印度之所以滅也。惟爭競獨立，此美國、日本之所以興也。[18]

中山對於民族主義含意的說明，由於時期先後的不同，亦有多次不一的說法。然其基本原則，則有對內與對外兩種意義，對內在求國內各民族一律平等，對外在求中國民族在世界上地位之獨立。然在辛亥（一九一一年）以前，滿洲以一民族宰制於上，而列強之帝國主義，復從而包圍之，故當時民族主義之運動，其作用在脫離滿洲之宰制政策，與列強之瓜分政策。[19]中山開始實行革命後，首在一八九四年十一月二十四日成立檀香山興中會時，即在會員的入會誓詞中，提出民族主義之運動目標為「驅除韃虜，恢復中國」。[20]次年二月香港興中會成立時，則為「驅除韃虜，恢復中華」。[21]兩者意義相同，而後者更為明確。其後同盟會因之，一直到辛亥武昌起義，均無變更。上項目標，實包含對內與對外之兩種意義。如中山在其所著之《中國革命史》之解釋：

> 余之民族主義，特就先民所遺留者，發揮而光大之，且改良其缺點。對於滿洲，不以復仇為事，而務與之平等共處於中國之內，此為以民族主義對國內之諸民族也。對於世界諸民族，務保持吾民族之獨立地位，發揚吾國有之文化，且吸收世界之文化而光大之，以期以諸民族並驅於世界，以馴至大同，此為以民族主義對世界之

諸民族也。[22]

　　中山對於滿族所持的寬容態度，早在同盟會時期的一次公開集會中，即曾宣稱：「惟是兄弟（中山自稱）曾聽人說：民族革命，是要盡滅滿洲民族。這話大錯。民族革命的原故，是不甘心滿洲人滅我們的國，主我們的政，定要撲滅他的政府，光復我們民族的國家。」[23]因此他認為：「民族主義，即世界人類各族平等，一種族絕不能為他種族所壓制，如滿人入主中夏，垂二百六十餘年，我漢族起而推翻之，是即民族革命主義也。」[24]

　　中山之民族主義運動的目標，在檀香山的興中會宣言（章程）中，即有明確的表示。其中有云：「中國積弱非一日矣！上則因循苟且，粉飾虛張；下則蒙昧無知，鮮能遠慮。近之辱國喪師，強藩壓境，堂堂華夏，不肯於鄰邦；文物冠裳，被輕於異族，有志之士，能無撫膺！」又云：「方今強鄰環列，虎視鷹瞵，久垂涎於中華五金之富，物產之饒，蠶食鯨吞，已效尤於接踵；瓜分豆剖，實堪慮於目前！有心人不禁大聲疾呼，亟拯斯民於水火，切扶大廈之將傾。」[25]上述內容，實已包含對內與對外兩大意義。對於滿清政府亦加以抨擊。指出：「夫以四百兆蒼生之眾，數萬里土地之饒，固可發憤為雄，無敵於天下；乃以庸奴誤國，荼毒蒼生，一蹶不興，如斯之極！」[26]〈香港興中會宣言〉除重申前義外，更指責清廷「政治不修，綱維敗壞，朝廷則鬻爵賣官，公行賄賂；官府則剝民刮地，暴過虎狼。」由於「中國今日，政治日非，綱維日壞，強鄰輕侮百姓」，如不亟圖挽救，「中國一旦為人分裂，則子子孫孫世為奴隸」了，因此興中會設立之任務，在「聯智愚為一心，合遐邇為一德，群策群力，投大遺艱，則中國雖危，庶可挽救。」[27]

　　惟以當時風氣未開，人心錮塞，聞革命言論而生畏者，到處皆是。[28]因此興中會的宣言，對清廷雖有抨擊，但其言詞極為宛轉和平，惟入會誓詞，則屬密秘性質，因又不同。至陸皓東在一八九五年十一月的殉難供詞，所表現的民族思想與感情，則是一篇有血有淚的民族獨立宣言！供詞宣稱：「與同鄉孫文同憤異族政府之腐敗專制，官吏之貪汙庸懦，

外人之陰謀窺伺。憑弔中原，荊榛滿目。每一念及，真不知涕淚之何從也！」又云：他與中山「倡行排滿」，是為「務求驚醒黃魂，光復漢族」；而「今日非廢滅滿清，決不足以光復漢族；非誅除漢奸，又不足以廢滅滿清」。最後指出：「今事雖不成，此心甚慰。但一我可殺，而繼我而起者不可盡殺。公羊既歿，九世含冤，異人歸楚，吾說自驗。」[29]

　　陸皓東的供詞，和興中會的宣言，在措詞上雖甚懸殊，但在內容方面所舉的事實，頗多類似。且陸之供詞中的許多觀念，也正是中山當時或者更早的觀念。因為陸在供詞中已經指出：「吾方以外患之日迫，欲治其標；孫則主滿仇之必報，思治其本。連日辯駁，宗旨遂定。此為孫君與吾倡行排滿之始。」[30]可見陸之倡行排滿，也是受到中山的說服與堅持。

　　中山首次提出種族問題而見諸文字者，則為一八九六年十月應英國漢學家翟爾斯（Herbert Giles）教授之請所親筆書寫的《自傳》。[31]其中說道：「夫僕也，半世無成，壯懷未已。生於晚世，目不得睹堯舜之風，先王之化。心傷轀虜苛殘，生民憔悴，遂甘赴湯火，不讓當仁。糾合群雄，建旗倡義，擬驅除殘賊，再造中華，以復三代之規，而步泰西之法。使萬姓昭蘇，庶物昌運，此則應天順人之作也。」[32]

　　一八九七年秋，中山抵達橫濱，日本志士宮崎寅藏來訪，叩以革命宗旨，遂即申述民族大義，告以：「清虜執政，茲三百年矣！以愚弄漢人為治世第一要義。吸漢人之膏血，錮漢人之手足，為滿人陞遷調補之計。」又謂：「方今世界文明，日益增進，國皆自主，人盡獨立，獨我漢種，每況愈下，瀕於危亡。」因此，「欲乘變亂，推翻逆朝，力圖自主。」尤其重要的，中山在這次談話中，表現出其大亞洲主義的思想。他說：「余固信為中國蒼生、為亞洲黃種、為世界人道而興起革命軍，天必助之。」又云：「欲救中國四萬萬眾之蒼生，雪東亞黃種之屈辱，恢復宇內之人道而擁護之者，惟有成就吾國之革命，即為得之。」[33]中山這一思想如何產生？有謂他早年在檀香山意奧蘭尼學校求學時，受到該校主持人支持夏威夷的獨立事業，抨擊親美的吞併主義者的影響，使

他後來產生亞洲人必須抵押西方侵略的觀念。[34]另據中山的著述，以為日本一八九〇年代，廢除了和外國所訂立的不平等條約以後，成為亞洲的第一個獨立國家，所帶來亞洲各民族的希望。[35]兩者說法，並無牴觸，後者適可增強前者的觀點。近代中國民族主義思潮之興起，庚子（一九〇〇）拳亂與聯軍之役實為重要關鍵。在此之前，倡言排滿而求漢人自主者，惟中山及興中會中的少數革命黨人；而尤以中山為中心。例如秦力山在一九〇六年出版的《孫逸仙》一書（章士釗譯自宮崎寅藏著《三十三年落花夢》中敘及中山的部分）的序中指出：「大盜移國，公私塗炭，秦失其鹿，喪亂孔多，⋯⋯舉國熙熙皞皞，醉生夢死，獨彼（中山）以一人圖祖國之光復，擔人種之競爭，且欲發現人權公理於東洋專制世界，得非天誘其衷，天錫之勇乎？」又同書劉光漢跋云：「近世以來，種族之界，浸於民心；排外之聲，沸於草野。然本民族思想為實行者，僅孫逸仙一人。」[36]中山亦曾慨歎他在庚子以前因倡民族革命所遭遇的冷落有云：「當初次之失敗也（指一八九五年起義之失敗），舉國輿論莫不目予輩為亂臣賊子，大逆不道。咒詛謾罵之聲，不絕於耳。吾人足跡所到，凡認識者幾視為毒蛇猛獸，而莫敢與吾人交游也。」[37]

惟自庚子聯軍之役以後，國人心理大有轉變。其主要原因及其現象，則為「八國聯軍之破北京，清后帝之出走，議和之賠款九萬萬兩而後，則清廷之威信已掃地無餘，而人民之生計從此日蹙，國勢危急，有岌岌不可終日，有志之士多起救國之思，而革命風潮自此萌芽矣。」[38]從此民族革命的思潮，漸波及於一些知識分子。其最早出現此類刊物的，為東京一部分中國留學生秦力山等於一九〇一年六月創辦的《國民報》月刊。此報曾被形容為「大倡革命仇滿學說，措辭激昂，開留學革命新聞之先河。」[39]根據該報一九〇四年六月的彙編本發刊詞所云，該報實為中國民族主義開幕之第一齣。其詞云：

　　是報（《國民報》）始創於辛丑（一九〇一），長獅一吼，百獸震恐，蓋吾國開幕民族主義之第一齣，至此始交排場，倡獨立之

玄素，播革命之種子，光焰萬丈，開作璀爛自由之花，出現於冤海
波濤，如青鳳之迴翔，如祥雲之命濩，我同胞之精神賴以昭蘇；我
同胞之靈魂為之震盪。⁴⁰

此報月出一期，僅出四期而止。⁴¹原本今不可見，僅見四年以後的
彙編本，登錄其中部分原文，有《原國》、《說國民》、《說漢種》、
《亡國篇》、《二十世紀之中國》、《中國滅亡論》等篇，其排滿言
論，頗為激烈。惟遍查各篇內容，雖充分發揮民族革命之旨，然尚無
「民族主義」一詞之使用。即中山使用「民族主義」一詞見諸文字者，
亦在一九〇四年以後。⁴²在目前所見的文獻中，中國近代最早使用「民
族主義」一詞者，可能為梁啟超一九〇一年九月十一日出版的《清議
報》第九十五冊所刊《國家思想變遷異同論》一文，曾謂「今日之歐
美，則民族主義與民族帝國主義相嬗之時代也，今日之亞洲則帝國主義
與民族主義相嬗之時代也」。又云：「速養成我所固有之民族主義以抵
制之，斯今日我國民所當汲汲者也。」⁴³此後梁氏的文字中，即不斷使
用此一名詞。如一九〇二年一月梁在《新民叢報》第一期〈新民報〉一
文中，曾謂：「今日欲抵當列強之民族帝國主義，以挽浩劫而拯生靈，
惟實行我民族主義之一策；而欲實行民族主義於中國，舍新民末由。」⁴⁴
「民族主義」一詞在近代中國之被普遍使用，而且成為一種潮流，大約
是在一九〇二年以後。例如梁啟超在這年十月間致其師康有為的信中說：
「今日民族主義最發達之時代，非有此精神，決不能立國。弟子（梁自
稱）誓焦舌禿筆以倡之，決不能棄去者也。而所以喚起民族精神者，勢
不得不攻滿洲。」⁴⁵這年冬，中國在東京的一批留學生成立的青年會（少
年中國之意），即明白揭示以民族主義為宗旨，以破壞主義為目的。⁴⁶同
年冬，一批杭州中學堂退學的學生在上海創辦的《新世界學報》，亦揭
民族主義，駁擊立憲，就因為「立憲與民族主義，有絕大之反對存焉。」⁴⁷
庚子以後，知識界的革命言論，對於民族主義的闡述，幾成為一時
的風尚。有的就國內滿漢種族問題，而抱不平之鳴者；有的則據帝國主
義之侵略，而提出民族之危機者。其抱滿漢之不平者，有如《國民報》

之《亡國篇》有云：

> 彼鞑靼之入我中國也，其始既橫加殺戮，慘不忍聞；其繼也分
> 其醜類，遍我中國，名之曰駐防。夫駐防云者，則豈不以防我漢族
> 哉？……彼有恆言曰：吾寧以家產付之鄰友，而斷不與我家僕也。[48]

　　其據世界帝國主義之侵略而提出民族危機者，約在一九〇〇年間即
有一部分留學生在橫濱辦有《開智錄》雜誌，[49] 中有《論帝國主義之發
達及二十世紀之前途》一文，對中國近代民族主義之運動，實具重要意
義。此文指出「今日之世界，是帝國主義最盛，而自由（Indepen-
dence）敗滅之時代也」。其原因，此文指出有四：一、物理學之發
明；二、人種之膨脹；三、強弱之不齊；四、列強革命之後。更就列強
之現勢觀之，俄、法向來是帝國主義；日本之政策，是唯歐洲之趨勢是
視；美國自立國以來，向守共和不侵略之主義，但近數年來吞古巴，併
夏威夷，敗西班牙，服菲律賓，又近加入聯軍以攻中國，以與列強競爭
於世界舞臺之上，已棄華盛頓開國之傳統矣。英國自南非兩共和國起而
獨立，不惜以全力陷於戰爭之地位。近年漸收勝利之功，政府黨益隨之
而得勢。南非一役，實助英國帝國主義之發達。德國自敗法國之後，由
一不振之小邦，一躍而入於世界之舞臺，工商學術，真可爭衡英美，幾
有後來居上之勢。數十年來，養精蓄銳，其躍躍欲試，拋棄鐵血宰相俾
斯麥之策，而銳意於謀取殖民地，其帝國主義，益有盛矣。然則所謂帝
國主義之侵略目標為何？勢相爭馳於太平洋西岸之大陸。中國何去何
從，是甘居黑暗地獄？還是昂頭光明樂土？正是面臨抉擇的時機了。[50]
　　內有滿漢種族之不平，外有帝國主義之侵略，以及西方思想的啟
發，中國知識界漸多覺醒，而為民族主義運動之鼓吹。尤以東京留學生
之刊物自一九〇二年以後，對於近代民族主義的理論，有相當分量的介
紹。如湖南留學生所辦之《遊學譯編》載有《民族主義之教育》一文，
係根據日人高村世雄之論，以為救國之術，在振起國民之精神，養成國
家之思想。復引述西方革命史實，提倡民族建國主義，即以種族為立國
之根據地。[51] 湖北留學生所辦的《湖北學生界》，在其創刊《敘論》的

第一句即云：「自民族主義一變而為帝國主義，亞洲以外之天地，一草一石，無不有主人翁矣。」[52]其第五期有《中國民族主義第一人岳飛》，係就中國歷史舉出例證，以闡述中國的傳統民族意識。[53]浙江留學生的《浙江潮》第一期，即有《民族主義論》一文，認為「今日者，民族主義發達之時代也，而中國當其衝。故今日而再不以民族提倡於中國，則吾中國乃真亡矣。」[54]此外如江蘇留學生的《江蘇》，亦以民族主義之鼓吹的文字為多，其討論民族主義方面的專文則有《民族精神論》及《民族主義》等文。[55]繼《江蘇》之後者，有《二十世紀之支那》及同盟會在東京的言論機關——《民報》；其他在國內外之宣傳民族主義的報刊和著作，實不下百數十種之多。其中尤以《民報》對近代民族主義的闡述，則更有條理系統及學理的根據。

中山的民族主義理論，截至同盟會成立之時，已大體完成。其基本的原則，仍是興中會初創時期的「驅除韃虜，恢復中華」。其在一九〇〇年以後至同盟會成立前，有關民族主義理論的著述，雖然不多，但卻有兩篇極重要的言論，足以代表其辛亥革命以前的民族主義觀點，一為一九〇一年所發表《支那保全分割合論》；一為一九〇四年所發表的〈中國問題的真解決〉。前者發表於東京江蘇留學生的雜誌《江蘇》。[56]其時中國當庚子（一九〇〇）聯軍之役以後不久，列強盛倡「分割」或「保全」中國之說，中山乃就兩說加析論，認為「兩無適可」。他認為就中國國勢而論，無可「保全」之理；就中國民情而言，又無可「分割」之理。

何以中國無可「保全」之理呢？中山以為：「凡國之所以能存者，必朝野一心，上下一德，方可圖治。」但中國國制，自秦滅六國，屬行專制，歷代因之，視國家為私產。故國自為國，民自為民；尤其滿清入主中原，政府與人民之隔膜更甚。縱屬漢人中號稱「通達治體、力圖自強」的大吏如湖廣總督張之洞、兩江總督劉坤一輩，欲圖保全，亦無能為力。儘管彼等治內土地之廣與人口之眾，有為列強中多所未及者；論其權限，可以自行徵稅和練兵，儼然成為一國專制之「君主」。彼等有此優越條件，不但不能發奮為雄，並肩列強；而且不足以救亡防亂。其

癥結所在，就是由於「民心之不附，治效之無期」；至於滿吏，更是無
能為力了。這並不是他們不想保全，而實在是由於勢所未能。

　　至就中國民情而言，何以又無「分割」之理呢？中山認為漢人失國
二百餘年，圖謀光復之舉，實已不止一次；方今清廷削弱，天下共棄，
忠義愛國之士，莫不待時而起，以圖光復。況今天下交通，文明大啟，
自由民主之風日盛，國人更思奮發獨立。且中國國土的統一，已有數千
年的歷史，中間雖有分離的時期，但多為時不久，又合而為一。這是中
國民族有統一之形，而無分割之勢。如果列強強制分割這一風俗齊一和
性質相同的中國民族，必定召致誓死的反抗。因此以民情而論，中國又
無可「分割」之理。

　　綜上所論，中國「保全」既無良策，「分割」又不可能，究竟如何
才能解決中國問題呢？中山以為唯有聽之中國人民，因其國勢，順其民
情，由中國人民自己負責，再造一個新中國。[57]

　　《中國問題的真解決》一文，一九〇四年秋在美國以英文發表。除
與前篇同樣列舉清廷的虐政，並說明其改革的無望外，特別強調以下兩
點：第一、當此新帝國主義時代，列強分割非洲剛畢，方集視線於遠
東。中國此時既不能自保，則自然成為列強逐鹿的目標，結果因列強利
益的衝突，而引起國際危機，當前日俄戰爭的發生便是實證，中國的不
能自保，以致在外交上的行為常「足擾世界上勢力平均之局」，實因
「滿洲政府腐敗黑闇至於極端」之故。第二、滿洲政府因非中國政府，
其統治中國，除用嚴刑殺戮外，還要愚中國之民智，消滅中國人的愛國
精神，阻止中國人與外人交接，不讓他們受進步文明的感染。所以如拳
匪之亂，以素不排外的中國人而有此等狂妄之舉，實是滿洲人鼓動排外
的結果，其責任應歸諸滿洲政府。因此，欲使中國能有造於世界和平，
而不令再有如日俄戰爭等中國問題發生，以致擾亂世界和平，則唯有在
中國更造一文明的新政府，以代替舊政府；並改變滿洲往日的專制政
體，使中國成為共和政體——中華民國。[58]

　　因此，《同盟會革命方略》中關於民族主義革命的目標，仍與興中
會的目標相同，即驅除韃虜、恢復中華，前者在「覆彼政府，還我主

權」。後者在「驅除韃虜之後,光復我民族的國家」。[59] 上項目標亦列入〈民報之六大主義〉中的一、四兩項,即「傾覆現今之惡劣政府」與「維持世界真正之平和」。前者為民族主義的對內部分,後者為對外部分,但兩者卻有極密切而不可分之關係,因為:

> 是故滿洲去,則中國強;中國強則遠東問題解決;遠東問題解決,則世界真正之和平可睹。而滿洲今日實為之梗也。故曰吾人所以傾覆政府者,直接為國民幸福,間接為世界平和也。[60]

三、民權主義的發生與形成

民權主義的意義,在中山先生各篇的著述中,曾有多次不同的說法,然其基本觀點,則為主權在民,在求人民政治地位之平等。茲擇其簡要者列舉如下:

> 民權主義,就是政治革命的根本。[61]
> 民權主義,為排斥少數人壟斷政治之弊害。[62]
> 民權主義,即是掃除政治之不平。[63]
> 把政治上的主權,拿到人民手裡,才可以治國,才叫做民治。這個民治的道理,就叫做民權主義。[64]
> 民權主義,即人人平等,同為一族,絕不能以少數人壓多數人。人人有天賦之人權,不能以君主而奴隸臣民也。[65]
> 推翻滿清,改革專制政體,變成共和,四萬萬人都有主權來管理國家大事。這是古人所說的公天下的道理,即為民權主義。[66]
> 民權主義,就是拿本國的政治弄成到大家在政治上有一個平等的地位,以民為主,拿民來治國。[67]

中山首次使用「民權主義」一詞,見於一九〇五年十一月二十六日之《民報》發刊詞。而其使用「民權」一詞,則早在一九〇三年十月間。[68] 在此之前,或稱共和主義。[69] 惟其民權思想之發生,或早於排滿之民族思想。中山嘗謂:「先有了一種建設的計畫,然後去做破壞的

事，這就是革命的意義。」[70] 又云：「民主政體者，建設也。」[71]

中山民權思想，應起源於其少年時期提倡鄉里之改革。此種改革之提倡，與其後來之主張地方自治以固民權之基礎，[72] 在理論上均前後相貫而一致。中山提倡改革，實自一八八三年從檀香山就學以後回到故鄉翠亨村的時候。他向村民宣傳改革時曾謂：「彼清吏者，日事勒索，捐稅重重，果曾為地方謀何等福利乎？學校之興建，無有也；橋樑道路之修築，亦無有也。」[73] 又中山後來告知他的日本友人宮崎寅藏，謂其自檀香山回到鄉里後，向鄉民述及在夏威夷的所見所聞，頗受鄉民們的歡迎，參與鄉政之事，更多採取他的意見，如改修道路，在街道點夜燈；為防禦盜賊，以輪流方式，用壯丁設置夜警隊等。[74] 上述所有事務，均為其後來的地方自治中之重要的工作。中山少年時代熱心於地方之改革或公益的活動，顯然是受到夏威夷環境及其當地學校教育的影響。例如在他就讀檀香山的意奧蘭尼學校時，他對於校中的救火會很有興趣，他想起了他的故鄉，因對於消防一點都不預備，一有火災，就要大起恐慌。同時他在校中學習兵式體操，也非常熱心，懂得了軍事學，不但有益於他後來的革命事業，[75] 同時也使他回到鄉里組織和訓練壯丁來設置夜警隊，有了這方面的知識和能力。

從一八八三年到一八九二年間，中山在香港求學時期，每於課餘出遊，見得香港之政治好，街道好，衛生與風俗無一不好。比諸香山，大不相同，因此更觸動他改革鄉里的熱心。在其假期返鄉期間，與鄉里父老斟酌改革之法，如修橋、造路等，為小規模之改良工作，並由其本人發起，親自灑掃街道，得到村內多數少年的贊助，極有進步。他又往見香山知縣，建議仿效香港整頓地方。[76] 最顯著者，為一八八九年他在香港西醫書院就學時期，曾致書鄉紳鄭藻如，建設改革鄉里，主張振興農桑、勸戒鴉片、普及教育。這些改革，先從一縣做起，進而推全國。[77] 凡此均足顯示中山在香港西醫書院時即有地方自治思想。[78] 與他後來主張以縣為自治單位的理論，都是前後相承的。他以為：「立國根本在人民先有自治能力。所以地方自治為最重要之事。現應從一鄉一區推而至於一縣一省一國，國家才有希望。」[79] 這種由下而上的改革，正是建立

民權的基礎。

中山的民權制度之提出，首次形諸文字者，一般認為是一八九四年十一月二十四日在檀香山成立興中會時的入會誓詞中的三條政綱之一的「創立合眾政府」一項。次年二月二十一日香港興中會成立時入會誓詞亦如之。[80]由於該項誓詞沒有文件的證明，因此有人認為這個誓詞是後來逐步提出的，然後由史學家假定它有「追溯效力」（Retroactive effect）。依此見解，該項誓詞未必是在香港提出的，而在夏威夷更不可能提出了。[81]惟《孫逸仙與中國革命之起源》一書作者史扶鄰氏（Harold Z. Schiffrin）認為該項誓詞的來源，可以追溯到夏威夷，是有相當理由的。首先，在籌備成立興中會的幾個月內，夏威夷已經變成了一個共和國，新憲法在一八九四年七月生效。中山和一些具有政治覺悟的華僑，對此共和國的誕生及其政治的改變，自會有所感發。此外，共和政府或共和國的中文說法，在誓詞中是稱「合眾政府」，而非一九〇三年以後所使用的「民國」。「合眾」這一用詞就是「聯邦」（Federation）或「聯合」（Union）的意思，其時中文對「United States of America」的表達是「美利堅合眾國」。可知中山的「合眾政府」是以美國的共和形式為藍本的。因此有理由相信中山是在夏威夷最先受到美國的影響。[82]史氏這一見解是非常客觀而有根據的。即以中山的長兄德彰而論，德彰往日思想頑固，側重保守，但自一八九三年夏威夷土人大舉革命，土王被迫退位，遂改君主制為共和制，彼之心理為之一變。故當中山至夏威夷組織興中會，以謀傾覆異族政府，改為民主政治，德彰竟嘉其志大言大，首贊成之，且畫撥財產一部為助，復致書檀埠親友共襄盛舉。[83]

檀香山和香港的興中會宣言（章程）內容，所表現的政綱，非如誓詞那樣的明確。對於共和政體，隻字未提；甚至反滿的目標，也只是作了暗示，這可能是出於安全的考慮。[84]雖然如此，但章程中所規定的職員產生和議事的程序，則採取了民主的方式。其職員的產生，則用「公舉」的方式，如檀香山興中會章程第二條規定：「本會公舉正副主席各一位，正副文案各一位，管庫一位，值理八位，差委二位，以專司理會中事務。」[85]香港興中會章程第四條規定：「本會按年公舉辦理員一

次，務擇品學兼優，才能通達者。推一人為總辦，一人為幫辦，……十人為董事，以司會中事務。」[86]其議事程序方面，檀香山興中會是採取少數服從多數的方式，其第八條規定：「凡會內所議各事，當照捨少從多之例而行。」[87]香港興中會則採多數公議方式，其第四條後段規定：「凡舉辦一事，必齊集會員五人，董事十人，公議妥善，然後施行。」[88]香港興中會總辦（會長）之選舉，曾經過激烈的競爭。一八九五年十月十日，眾以發難在即，乃投票選舉會長，名之曰「伯理璽大德」（President之音譯），此職即起事後之合眾政府大總統也。選舉時，楊衢雲要求此席甚力，中山不欲因此惹起黨內糾紛，表示謙讓，結果此席為楊所得。[89]選擇「伯理璽大德」這個英文「總統」的音譯名詞，表明了西方共和政體對他們的吸引力。[90]

《香港興中會章程》中能夠顯示出其民權思想者，則為第二條後段所云：「聯智愚為一心，合遐邇為一德，群策群力，投大遺艱，則中國雖危，庶可挽救。所謂『民為邦本，本固邦寧』也。」[91]此「民為邦本」即為中山從事革命，以為中國非民主不可的理由之一，他說：「即知民為邦本，則一國以內人人平等，君主何復有存在之餘地。此自學理言之者也。」[92]

民權主義者，與專制政體相對抗，也是極端反對專制政體而不能與之並容的。[93]中山之公開反對滿清政府的腐敗與專制，是一八九七年初在倫敦所發表的兩篇英文文章，一為《倫敦被難記》，一為《中國之現狀與未來》。他攻擊滿清專制黑暗，人民沒有發言權，沒有自由，沒有保障；行政官吏握有司法全權，行政腐敗，沒有法制。他說：「至中國現行政治，可以數語賅括之曰：無論為朝廷之事，為國民之事，甚至為地方之事，百姓均無發言或與聞之權。其身為官吏者，操有審判之全權；人民身受冤枉，無所籲訴；且官場一語，等於法律。上下相蒙相結，有利則各飽其私囊，有害則各委其責任。貪婪勒索之風，已成習慣，賣官鬻爵，賄賂公行。」這是由於「中國政體專制已久」之故。[94]因此，倘若不能把目前極度腐敗的滿清政府徹底推翻，並建立一個純由中國本部人民自行統治，並在初期數年內藉重歐洲國家的建設與協助的

良好政府，則任何改良政治的理想，均無法實施。[95]這是中山首次以其本人名義，向國際公開的反對專制政體而主張建立民主政制的表示。

　　中山更明確的對民主共和主張的說明，是他在一八九七年秋與宮崎寅藏的談話，指出中國遠古時期即有共和的神髓，人民即有自治的能力與習慣。他說：「共和者，我國治世之神髓，先哲之遺業也。我國民之論古者，莫不傾慕三代之治，實能得共和之神髓而行之者也。」[96]所謂三代共和之神髓，即是民權思想，可參看中山後來如下的解釋：「中國古昔有唐虞之揖讓，湯武之革命，其垂為學說者，有所謂『天視自我民視，天聽自我民聽』；有所謂『聞誅一夫紂，未聞弒君』；有所謂『民為貴，君為輕』，此不可謂無民權思想矣！然有其思想而無其制度，故以民立國之制，不可不取資於歐美。」[97]這一觀點，正是他早在一八九六年十月間在倫敦所表示的：「擬驅除殘賊，再造中華，以復三代之規，而步泰西之法。」[98]

　　關於中國人具有自治的能力與習慣方面，他告知宮崎說：「試觀（中國）僻地荒村，舉（凡）無有浴清虜之惡德而消滅此（共和）觀念者，彼等皆自治之民也。敬尊長，所以判曲直；置鄉兵，所以禦盜賊；其他一切共通之利害，皆人民自議之而自理之，是非現今所謂共和之民者耶？苟有豪傑之士，起而倒清虜之政府，代敷善政，約法三章，慰其饑渴，庶愛國之志可以興奮，進取之氣可以興矣。」[99]中山這一說明，與他少年時期，從事鄉里改革的觀點，正是脈絡相通前後一致的。一九○三年他在檀香山所發表的〈駁保皇報〉中亦重申此一觀點，他引中國鄉族之自治，如自行斷訟，自行保衛，自行教育，自行修理道路等事，雖不及今日西政之美，然可證中國人稟有民權之性質，以駁斥保皇派所謂「中國人無自由民權之性質」之說。[100]此一觀念，正是他後來制訂同盟會革命方略中「約法之治」的依據。

　　中山以為中國歷史上之革命，其混亂時間所以延長者，皆由人各欲效制自為，遂相爭相奪而不已。行民主之制，則爭端自絕，此就將來建設而言之者也。因此，他之民權主義，第一決定者為民主，第二之決定則以為民主專制必不可行，必立憲然後可以圖治。[101]本此觀念，所以他

告知宮崎云：

> 夫共和政治，不僅為政體之極則，且適合於中國國民，而又有
> 革命上之便利者也。觀中國古來之歷史，凡經一次之擾亂，地方豪
> 傑，互爭雄長，互數十年，不幸同一無辜之民，為之受禍者，不知
> 幾許？其所以然者，皆由於舉事者無共和之思想；而為之盟主者，
> 亦絕無共和憲法之發布也。[102]

中山上項觀念，不僅是其興中會誓詞中「創立合眾政府」之意義，
也是他後來提出「創立民國」和「由平民革命，建國民政府」的理論依
據。例如他在一九〇六年十二月二日的講詞中有云：

> 凡是革命的人，如果存有一些皇帝思想，就會弄到亡國。因為
> 中國從來當國家做私人的財產，所以凡有草昧英雄崛起，一定彼此
> 相爭；爭不到手，寧可各據一方，互不相下，往往弄到分裂一二百
> 年，還沒有定局。今日中國正是萬國眈眈虎視的時候，如果革命家
> 自己相爭，四分五裂，豈不是自亡其國！[103]

以上兩詞，前後相距十年，所用名詞雖有不同，而其意義和觀點，
卻完全一致。可見中山民權主義的理論在一八九七年與宮崎的談話；甚
或開始使用「創立合眾政府」時，顯然已定型了。[104]中山在一九〇六年
冬所制訂的《同盟會革命方略》，關於「建立民國」政綱的說明，與其
十年前和宮崎談話的觀點，也可以說是完全一致的。方略中「建立民
國」政綱的說明如下：

> 今者由平民革命，以建國民政府，凡為國民皆平等以有參政
> 權。大總統由國民公舉，議會以國民公舉之議員構成之，制定中華
> 民國憲法，人人共守。敢有帝制自為者，天下共擊之。[105]

中山民權主義理論的精義，含直接民權與間接民權。前者分為四
權，以地方自治為基礎，自民國五年以後始提出之。[106]同盟會時期以前
的地方自治，僅有「選舉」一權，行於「約法之治」。後者分為五權，

行於「憲法自治」。[107]中山的自治思想,一方面是根據中國鄉里的傳統,已如前述;同時也是參考美、法革命的經驗。中山以為美、法革命以後的「治亂得失」,是大不相同的,他說:「試觀民國以前之大革命,其最轟轟烈烈者,為美與法。美國一經革命而後,所定之國體,至今百年而不變。其國內除黑奴問題生出國內南北戰爭一次而外,餘無大變亂。誠可謂一經革命而後,其國體則一成不變,長治久安,文明進步,經濟發達,為世界之冠。而法國一經革命之後,則大亂相尋,國體五更,兩帝制而三共和,至八十年後,窮兵黷武之帝為外敵所敗,身為降虜,而共和之局乃定。較之美國,其治亂得失,差若天壤。」兩者革命的理想既同,而其結局為何有如此的差別呢?中山以為由於兩者地方自治的基礎之不同的原故。他說:美未獨立以前,十三州已各自為政,而地方自治已極發達。故其立國之後,政治蒸蒸日上,以其政治之基礎,全恃地方自治之發達也,至於法國,雖為歐洲先進文明之國,但國體向為君主專制,而其政治向為中央集權,無自治之基礎。講到中國的缺憾,悉與法同,而人民之知識,政治之能力,更遠不如法國。因此,他要創一過渡時期作為補救。在此時期,行約法之治,來訓導人民,實行地方自治。[108]

中山約法之治的見解,其完整而有體系者,在一九〇六年一月同盟會出刊的《民報》第二期中已見之。其精神所在,也是要由下而上的建立民權基礎,他說:

革命以民權為目的,而其結果,不逮所蘄者,非必本願,勢使然也。革命之志,在獲民權;而革命之際,必重兵權,二者常相牴觸者也。使其抑兵權歟?則脆弱而不足集事;使其抑民權歟?則正軍政府所優為者,宰制一切,無所掣肘,於軍事甚便,而民權為所掩抑,不可復伸,天下大定,欲解軍政府解兵權,以讓民權,不可能之事也。……察君權民權之轉捩,其樞機所在,為革命之際,先定兵權與民權之關係。蓋其時用兵,貴有專權,而民權諸事草創,資本未粹,使不相侵,而務相維,兵權漲一度,則民權亦漲一度,

逮乎事定，解兵權以授民權，天下晏如矣。定此關係，厥為約法。
革命之始，必立軍政府。此軍政府既有兵事專權，復秉政權，譬如
既定一縣，則軍政府與人民相約，凡軍政府對於人民之權利義務，
人民對於軍政府之權利義務，其犖犖大者，悉規定之。軍政府發命
令組織地方行政官廳，遣吏治之；而人民組織地方議會，其議會非
遽若今共和國之議會也，第監視軍政府之果循約法與否，是其重
職。他日既定乙縣，則甲縣與之相聯，而共守約法；復定丙縣，則
甲乙縣又與丙縣相聯，而共守約法。推之各省各府亦如是。使國民
而背約法，則軍政府可以強制；使軍政府而背約法，則所得之地咸
相聯合，不負當履行之義務，而不認軍政府所有之權利。如是則革
命之始，根本未定，寇氛至強，雖至愚者，不內自戕也。洎乎成
功，則十八省之議會，盾乎其後，軍政府即欲專擅，其道而無繇。
而發難以來，國民瘁力於地方自治，其繕性操心之日已久，有以陶
冶其成共和國之資格。一旦根本約法，以為憲法，民權立憲政體，
有磐石之安，無漂搖之慮矣。[109]

中山首次提出中華民國的憲法為「五權分立」的主張，約在一九〇
五年春。形諸於當時文字者，則見於一九〇六年十二月二日在東京舉行
《民報》週年紀念會的演講，[110]即後來一般所謂的「五權憲法」。早期
稱共和憲法或民主立憲。前者見一八九二年與宮崎寅藏之談話，[111]後者
見一九〇三年在檀香山之《駁保皇報》。[112]後者的年代，雖已提出「創
立民國」的政綱，[113]但仍限於「三權分立」的主張。如一九〇四年夏他
在舊金山為致公堂重訂的新章中，在其「權限」一章規定：「本堂事權
分為三等：一曰議事權，一曰行事權，一曰判事權。而總權則集於堂友
之全體。」以次各條則詳列議事、行事、判事各權的內容及其掌理的人
員，則皆獨立行使其職權。[114]一九〇五年春，中山由美國至歐洲組織留
學生加入革命時，乃揭櫫其所懷抱之三民主義、五權憲法以號召之。[115]
可知中山五權憲法思想的產生，顯為一九〇四年在美國考察所得的結
果。蓋是年三月，他由夏威夷至舊金山，偕致公堂負責人黃三德沿南部

鐵路,遊歷各埠,一面向華僑宣傳革命,同時考察美國政情。至十二月十四日離開紐約轉往歐洲。[116] 在紐約,曾發表《中國問題的真解決》(*The True Solution of the Chinese Question*)一文。指出美國是「西方文化的先鋒」,他很願望跟隨著美國來建造一個「嶄新的政府」。[117] 並且講到「建造一個新政府的工作」,也早已規畫出一個周密的計畫了。把這個不合時宜的韃靼帝國,要改造為「中華民國」(Republic of China)。[118] 這是中山首次以英文提出「中華民國」國號之始。[119] 中國國號「中華民國」的提出,則在東京成立同盟會之時。[120] 而見諸於文字者,則為一九〇六年所制訂的《同盟會革命方略》。方略中的《軍政府宣言》曾指出要「制定中華民國憲法,人人共守」。[121] 這年十二月二日,中山在東京舉行的民報週年紀念會上的演講提出「將來中華民國的憲法,是要創一種新主義,叫做五權分立。」[122] 此五權分立的雛形,曾見於《中國同盟會會務進行之秩序表》中的「憲法自治」,分行政、議政、審判、考試、監察五項。[123]

中山考察美國政情,曾以「最高上的眼光同最崇拜的心理去研究美國憲法」。但研究的結果,認為美國的憲法,不完備的地方還是很多,而且流弊也很不少。因此就美國的行政、立法、裁判三權憲法加以補救,採取中國傳統的考試和監察兩權,而成五權憲法。[124] 他當時指出:

> 兄弟歷觀各國的憲法,有文憲法,是美國最好;無文憲法,是英國最好。英是不能學的,美是不必學的。英的憲法,所謂三權分立,行政權、立法權、裁判權,各不相統,這是從六、七百年前由漸而生,成了習慣;但界限還沒有清楚。後來法國孟德斯鳩將英國制度作為根本,參合自己的理想,成為一家之學。美國憲法,又將孟氏學說作為藍本,把那三權界限更分得清楚。在一百年前,算是最完美的了。[125]

百餘年來,美國憲法曾數經修正,但是中山認為:考試和監察權的未能獨立,總是英、美政治制度的缺點。十九世紀中葉,中國的考試制度,經英國東印度公司傳入英國,英國由此開始建立其文官考試制度。

至同世紀末葉，美國亦開始採取文官考試制度。雖經英、美的考試制度祇用於下及官吏，而且仍隸屬於行政部門。所以他認為仍不能完全補救選舉和任官的流弊。同樣的，他認為監察權附屬於立法機關的結果，也是流弊滋多。例如美國糾察權歸議院掌握，往往擅用此權，挾制行政機關，常常成為議院專制；除非有雄才大略的大總統，才能達到行政獨立之目的。因此，求考試權之獨立，以除卻擇舉任官的「盲從濫選及任用私人的流弊」；求監察權之獨立，在防止議院的專制。至於中國的考試和監察兩權，雖是專制時代的產物；但用於民權共和時代，正是兩權的發皇光大之時。[126]

　　中山的約法之治和憲法之治，除列入《同盟會革命方略》外，《民報之六大主義》的第二項「建設共和政體」，亦曾宣稱中國革命之後所採取的「民權立憲政體」，非獨不同於貴族，抑與民權專制者亦大有別也。為了「慮夫革命之際，兵權與民權相牴觸而無以定之，則孫逸仙先生之言約法精矣。」[127]

四、民生主義的發生與形成

　　民生主義的意義，在孫中山各種著述中，曾有多次的說明。用詞雖有不同，但其基本的觀點，則為解決社會問題。其積極作用，在謀人民經濟地位之平等；其消極作用，在防止少數資本家之經濟壟斷。例如他說：

　　　　夫吾人之所以持民生主義者，非反對資本，反對資本家耳，反對少數人占經濟之勢力，壟斷社會之富源耳。[128]

　　　　民生主義，為社會主義，亦即經濟革命。謂社會上之財產，須平均分配，不為一般資本家所壟斷也。[129]

　　　　民生主義，則為打破社會上不平等之階級也。[130]反之，就是弄到人民生計上、經濟上的平等。[131]

　　　　民生主義，就是要人人有平等的地位去謀生活；人人有了平等地位去謀生活，然後中國四萬萬人才可以享幸福。[132]

　　以上均在民元以後的解釋，與民前的闡述尚屬一致。惟民前的民生主義、社會主義、及平均地權三說，經常被視為同義而互用。如同盟會誓詞用「平均地權」，而民報發刊詞及一九一○年在南洋《改訂同盟會章程》用「民生主義」，《民報之六大主義》用「土地國有」。[133]

　　民生主義最要之原則，不外二者，一曰平均地權，二曰節制資本。[134]然民前的民生主義，只言平均地權，而對資本家節制的主張之提出，始於民國元年（一九一二）四月一日在南京對同盟會會員的演講。[135]惟就中山有關著述，對民生主義內容的闡揚則包羅至廣。所謂民生，就是人民的生活，社會的生存，國民的生計，群眾的生命。[136]凡用來討論解決這些問題的理論和辦法，都應屬於民生主義的範圍。有時中山指出民生主義有四大綱，如資本、土地、實業鐵路、教育四項問題。[137]有時則謂民生的需要，除食、衣、住、行四項外，尚有育、樂二項。[138]如就民生主義的內容來探討中山此項思想的來源，與其少年時期的鄉里改革及其以後政治改革的意見，自有其一脈相聯的關係。如中山少年時期在鄉里提倡修道路、設警衛，以及建議鄭藻如振興香山的農桑及普及教育；一八九二年所撰的《農功》篇；一八九四年上李鴻章書，所提出的人盡其材、地盡其利、物盡其用、貨暢其流的四大綱領及其辦法；還有香港《興中會宣言》中提倡「立學校以育人才，興大利以厚民生」等，均是後來民生主義中的重要內容。

　　然視民生主義為一種改革社會制度的主義，是中山此種思想上的變化，乃見於他一八九七年從歐美回東以後。其變化明白的反應，則是從香港興中會誓詞而至東京革命軍事學校誓詞的變化。前者是在一八九五年，內容為「驅除韃虜，恢復中華，創立合眾政府」；後者是在一九○三年，內容為「驅除韃虜，恢復中華，創立民國，平均地權。」[139]平均地權政綱的提出，顯示中山的三民主義已粗具梗概。[140]這一變化，應該追溯到他在倫敦蒙難後留歐的一段期間——一八九六年十月到一八九七年七月。他說：「倫敦脫險後，則暫留歐洲，以實行考察其政治風俗，並結交其朝野賢豪，兩年之中所見所聞，殊多心得，始知徒致國家富強，民權發達，如歐洲列強者，猶未能登斯民於極樂之鄉也。是以歐洲

志士猶有社會革命之運動也。予欲為一勞永逸之計，乃採取民生主義，以與民族、民權問題同時解決，此三民主義之主張所由完成也。」[141] 這段期間中，他主要是在英國。大部分的時間，埋首於大英博物館，潛心於各家社會主義學說的研究。他大概研究了馬克思（Marx）、亨利喬治（Henry George）、穆勒（Mill）、孟德斯鳩（Montesquieu）以及其他的人。另外他也接觸了許多人物，其中包括一些俄國政治流亡者。在這些俄國人中，伏庫浮斯基（Felix Volkhovsky，一八四六～一九一四）顯然是其中之一。他是英國「俄羅斯自由之友會」的機關刊物《自由俄羅斯》月刊的編輯。他們是中山所遇到的第一批外國革命者。對中山來說，定會受到啟發與鼓勵。人物的接觸，加上他潛心的研究，使他對歐洲的政治傾向有了新的理解。在他留英的九個月後離開時，他認識到工業革命並沒有使西方社會所有的人獲得好處。在他的周圍，所見所聞，到處都是正在到來的騷動和階級衝突的徵兆；英國的社會主義者如費邊分子（Fabians）、美國的民粹派（Populists）和單一稅論者，所有這些人都在抗議不公平的財富分配。工會盛行，罷工迭起；甚至非社會主義的政府也在通過社會立法，朝著社會主義方向變革，或者國家對經濟秩序進行更多的干預，現在看來是不可避免的了。[142] 當時英國的社會問題，給予中山的印象，是非常深刻的，十年之後曾在東京的一項集會中指出：

> 統計上，英國財富多於前代不止數千倍；人民的貧窮，甚於前代也不止數千倍，並且富者極少，貧者極多，這是人力不能與資本相抗的緣故。英國富人，把耕地改做牧地，或變獵場，所獲較豐，且徵收容易，故農業漸廢，土地不足。貧民無田可耕，都靠做工餬口，工業卻全歸資本家所握，工廠偶然停歇，貧民立時饑餓。祇就倫敦一城算計，每年冬間工人失業的常有六、七十萬人，全國更可知。英國大地主威斯敏士打公爵，有封地在倫敦西偏，後來因擴張倫敦城，把那地統圈進去，他一家的地租，占倫敦地租四分之一，富與國家相等。貧富不均，竟到這地步。平等二字，已成口頭空話了。[143]

　　因此，他認為社會問題，在歐美是積重難返，在中國卻還在幼稚時代，但是將來總會發生的，到那時候收拾不來，又要弄成大革命了。為了防患未然，所以中國在實行民族革命、政治革命的同時，還要設法改良社會經濟組織，防止將來的社會革命。[144]這是他經過研究和考察歐美社會問題所提出民生主義的由來。至當時中山所行民生主義的辦法，即為平均地權。他說：「兄弟所最信的是定地價的方法，比方地主有地價值一千元，可定價為一千，或至多二千，就算那地將來因交通發達，價漲至一萬，地主應得二千，已屬有益無損。贏利八千，當歸國家。這於國計民生，皆有大益。少數富人把持壟斷的弊竇，自然永絕。這是最簡便易行之法。」不過這種辦法，要在歐美實行，已很困難，因為「歐美各國地價已漲至極點，就算要定地價，苦於沒有標準，故難實行。」但中國的情況就不同了，因為「中國內地文明沒有起步，地價沒有增長，倘若仿行起來，一定容易。」至於此法行之以後，對於國家和人民將會有何等利益呢？他說：

　　　　行了此法之後，文明越進，國家越富，一切財政問題，斷不至難辦。現今苛捐盡數蠲除，物價也漸便宜了，人民也漸富足了。把幾千年捐輸的弊政，永遠斷絕。漫說中國從前所沒有，就歐美日本雖說富足，究竟人民負擔租稅，未免太重。中國行了社會革命之後，私人永遠不用納稅，但收地租一項，已成地球上最富的國。[145]

　　中山上項主張，係來自亨利喬治的單稅法（Single Tax）。他在民國元（一九一二）年四月間曾經指出：「甚欲採擇顯理佐治氏（亨利喬治）之主義施行於中國。」[146]亨利喬治出生於美國，但他在英國的聲譽和影響，較之他在美的地位更有過之無不及。一八七九年他的名著《進步與貧窮》（*Progress and Poverty*）出版，三年之間，在英國銷行十萬冊。其時英國的社會主義者，大多是亨利喬治的皈依者。他之理論之所以受到英人熱烈的歡迎，主要是他倡導的單稅法，正迎合當時英國的時代需要。一八九七年，中山旅居倫敦時，即已接觸亨利喬治的著述了。[147]中山對於亨利喬治的生平、著述及其影響，亦曾有如下之介紹：

　　美人有卓爾基亨利（Henry George）者，一商輪水手也，赴舊金山淘金而致富。創一日報，鼓吹其生平所抱之主義，曾著一書，為名進步與貧困，其意以為世界愈文明，人類愈貧困。蓋於經濟均分之不當，主張土地公有。其說風行一時，為各國學者所贊同。其發闡地稅法之理由，尤為精確。遂發生單稅社會主義之一說。[148]

　　中山於一八九七年七月離英東歸，經加拿大僅作短期停留，而於八月中抵達日本。一直到一九〇二年底絕大部分的時間，都是留在日本。其後從一九〇三年到一九〇七年之間，雖數度離開日本，然多數的時間，仍是留在橫濱與東京之間。曾與日本方面改革志士和中國留日學界有廣泛的接觸，在思想理論方面，亦有相互交流之處。大約在一八九九年間，中山曾與梁啟超在橫濱討論到革命的手段及土地國有等問題。對於土地問題，當時中山主張：「土地國有，必能耕者而後授以田，直納若干之租於國，而無復一層地主從中腴削之，則（耕者）可以大蘇。」當時梁氏甚贊其說，謂其所說：「頗有合於古者井田之意，且與社會主義之本旨不謬。」[149]又約在一九〇二年間，中山曾與章炳麟討論到土地問題，主張均土地而不主張均工商之貧富。在章氏所著《訄書》的《定版籍》一章中記有中山如下的一段談話：

> 兼並不塞而言定賦，則治其末已。夫業主與傭耕者之利分，以分利給全賦，不任也。故取於傭耕者，率參而二。古者有言，不為編戶一伍之長，而有千室名邑之役。夫貧富斗絕者，革命之媒。雖然，工商貧富之不可均，材也。……以力成者其所有，以天作者其所無。故買鬻者庚償其勞力而已，非能買其壤地也。夫不稼者不得有尺寸耕土。故貢轍不設，不勞收受，而田自均。[150]

　　上文的意思是說凡是個人的勞力、智力的所得，皆不可均；反之，凡非因個人勞力、智力所得的財富，而屬於天然者，皆應均之。而工商是屬於前者，土地是屬於後者。故其當時的民生主義，只言平均地權，其意義即是在此。此項觀點，與當時的「日本土地復權同志會」所持之

理由與原則極為相似。該會的組織者有宮崎民藏，即中山的日本友人宮崎寅藏之五兄，也是亨利喬治的熱誠信徒。[151]

同盟會的早期《民報》曾刊載該會的〈主意書〉。書中指出：

> 土地者，非人力之所造，乃依天然力而成者。無論誰氏，對於非己力所成之天然物，絕不得排除他人之共同享有權；且無排除之權能及理由。故曰土地之利用，為人類所當平等享受者，乃天賦之權利，萬世不易之正道也。[152]

該會所列原則為：「以人工造成者歸勞力者享有，天然力生成者歸人類平等均有。」[153]這一原則，正是中山對章炳麟所說的：「以力成者其所有，以天作者其所無。」

中山首次提出「平均地權」政綱，是在一九〇三年七、八月間於東京青山所創辦的革命軍事學校學生之入學誓詞，[154]亦即後來同盟會的政綱。他對「平均地權」最早說明的文獻，為一九〇三年十二月十七日在檀香山有一長函，答覆一位同志所詢關於社會主義問題。節錄如下：

> 弟（中山先生自稱）所主張，在於平均地權，此為吾國今日可以切實施行之事。近來歐美已有試行之者；然彼國勢已為積重難返，其地主之權直與國家相埒，未易一蹴改革。若吾國既未以機器施於地，作生財之力，尚恃人功，而不盡操於業主之手。故貧富之懸隔，不似歐美之富者富可敵國，貧者貧無立錐。則我之措施，當較彼為易也。夫歐美演此懸絕之慘境，他日必有大衝突，以圖適劑於平。……則歐美今日之不平均，他時必有大衝突，以趨劑於平均，可斷言也。然則今日吾國言改革，何故不為貧富不均計，而留此一重罪案，以待他日更衍慘境乎？此固仁者所不忍出也。[155]

上述文獻距《民報》發刊詞之提出民生主義約早二年，其內容則較發刊詞之言民生主義為詳細；其較一九〇六年十二月在《民報》週年紀念儲講《三民主義與中國民族之前途》中之民生主義，更早三年。惟上述文獻尚用「社會主義」一詞。至何時改用「民生主義」？一般皆謂始

於《民報》發刊詞。但據劉成禺的記述，決定使用「民生主義」一詞，是一九〇四年夏在舊金山時所商定的。[156]惟正式的成為同盟會政綱並加以闡述者，先見於〈民報之六大主義〉，再見於〈同盟會革命方略〉，前者稱「土地國有」，後者仍稱「平均地權」。然在理論上進一步的充分發揮者，則繼中山先生講《三民主義與中國民族之前途》之後有「民意」（胡漢民）在《民報》所發表的《告非難民生主義者》長文。在此之前，則有馮自由在香港《中國日報》所發表的《民生主義與中國政治革命之前途》。[157]兩文皆自稱係本諸中山的意見而作，也應能大體代表中山的思想。[158]《同盟會革命方略》關於「平均地權」的說明，文雖簡短，應是中山此一時期民生主義理論的結論。其文有云：

> 文明之福祉，國民平等以享之。當改良社會經濟組織，核定天下地價。其現有之地價，仍屬原主所有。其革命後社會改良進步之增價，則歸於國家，為國民所共享。肇造社會的國家，俾家給人足，四海之內，無一夫不獲其所。敢有壟斷以制國民之生命者，與眾棄之。[159]

此二、三、四三文原載教育部主編《中華民國建國史》第一篇《革命開國》。民國七十四年（一九八五）國立編譯館出版。原題為〈孫中山先生的革命思想〉。

---

1 王德昭《同盟會時期孫中山先生革命思想的分析研究》，見吳相湘主編《中國現代史叢刊》（臺北：正中書局，民國四十九年），第一冊，八三頁。

2 孫文《發刊詞》，《民報》，第一號，一～二頁。西元一九〇五年十月二十日印刷，十一月二十五日東京「郵便物認可」。（國民黨黨史會影印本）第一號發行日期據曼華（湯增璧）：《同盟會時代民報始末記》，影印本前錄，一四頁。

3 馮自由《二民主義與三民主義》，《革命逸史》，第二集，一四一頁。馮之此說，待考。

4 左舜生《辛亥革命》，《中國近代史四講》（香港：友聯出版社，一九六二），二五九～二九六頁。

5 《孫文學說》，第八章，《國父全集》，第一冊，四九四頁。

6 羅香林《國父家世源流考》四一～四二頁。

7 蔡元培《釋仇滿》，見一九〇三年四月十一、十二日《蘇報》（上海）。收入《黃帝魂》，四〇頁。一九〇四年出版。以上兩書均見國民黨黨史會影印本。

8 《國父年譜》，上冊，一七三～一七四頁。

9 《致公堂重訂新章要義》，一九〇四年於舊金山，見《民報》，第一號，一三〇頁。

10 胡漢民《述侯官嚴氏最近政見》，見《民報》，第二號，二五七總頁，一九〇六年一月東京出版。

11 蔡元培前文；《黃帝魂》，四〇頁。

12 陳星台（天華）《絕命書》，《民報》，第二號，二六二總頁。

13 《自傳》，《國父全集》，第二冊，二頁。

14 《民族主義》第三講，《國父全集》，第一冊，三二頁。

15 王曾才《西洋近代史》（臺北：正中書局，民國六十八年），二八七～二八八頁。

16 吳相湘《天演宗哲學家嚴復》，《民國百人傳》（臺北：傳記文學社，民國六〇年），第一冊，三四一、三四五～三四六頁。

17 胡漢民《述侯官嚴氏最近政見》，《民報》，第二號，二四五總頁。

18 《重訂致公堂新章要義》，一九〇四年，《國父全集》，第二冊，八八六頁。早期發表之件見《民報》，第一號。

19 《中國國民黨第一次全國代表大會宣言》，民國十三年一月三十一日，《國父全集》，第一冊，八八一頁。

20 《國父年譜》，上冊，六〇頁。

21 同 20，六四頁。

22 《中國革命史》，民國十二年，《國父全集》，第二冊，一八一頁。

23 《三民主義與中國民族之前途》，一九〇六年十二月二日《民報》週年紀念大會致詞。《國父全集》，第一冊，二〇〇～二〇一頁。

24 《改造新國家當實行三民主義》，民國十一年一月四日。《國父全集》，第二冊，五〇八頁。

25 《檀香山興中會成立宣言》，一八九四年十一月二十四日，《國父全集》，第

一冊，七五五頁。

26 同 25。

27 《香港興中會宣言》，一八九五年二月二十一日，《國父全集》，第一冊，七五
六～七五七頁。

28 《孫文學說》，第八章，指出海外各地華僑在興中會早期多以風氣蔽塞，聞革
命而生畏。華僑如此，內地更難傳播革命主義。《國父全集》，第一冊，四九
二～四九四頁。

29 《國父年譜》，上冊，七二～七三頁。

30 同 29。

31 《自傳》全文見《國父全集》，第二冊，一～二頁。文末註有「See London and
China Telegraph, 26, Oct, 1896」原件藏國民黨黨史會。影件見《國父墨蹟》（臺
北：國父百年誕辰紀念會，民國五十四年），一～八頁。

32 同 31。

33 《中國必革命而後能達共和主義》，一八九七年八月，《國父全集》，第二冊，
七七五～七七六頁。

34 H. Z. Schiffrin: *Sun Yat-sen and the Origins of the Chinese Revolution*, p. 3.

35 《大亞洲主義》，民國十三年十一月二十八日，《國父全集》，第二冊，七六
三～七六四頁。

36 王德昭前文(1)，《叢刊》，第一冊，一三〇～一三一頁。

37 《孫文學說》，第八章，《國父全集》，第一冊，四九六頁。

38 同 37。

39 馮自由《東京國民報》，《革命逸史》，第一集，一四三頁。

40 《發刊詞》，《國民報彙編》，一頁。甲辰（一九〇四年）六月，民族叢書社
發行，國民黨黨史會影印。

41 馮自由前書，一四五頁。

42 在孫中山的文獻中，最早開始使用「民族主義」一詞者，見一九〇四年在舊金
山《重訂致公堂新章要義》。

43 見《清議報》，第九五冊，一、四頁。據吳永芳：《近代中國民族主義的起源
及其意義》，政治大學《研究生》，第二十期，八〇頁，民國七十一年出版。

44 同 43。原文據《新民叢報彙編續刊》，第一冊，二三頁。

45 丁文江《梁任公年譜長編》上冊（臺北：中華書局，民國六十一年），一五七
頁。

46 馮自由《壬寅東京青年會》，《革命逸史》，第一集，一五一頁。

47 王德昭前文1，《叢刊》第一冊，一二四頁。原註（一三二頁），引《新世界學報》，第九期（一九〇二年十二月三十日，上海），三四～三五頁文云：「自戊戌禍變後，而民族主義又於是乎漸伸」，又「我竊不解當世士君子，朝持一議曰立憲，夕持一議曰立憲，夫立憲與民族主義，有絕大之反對存焉。」

48 《亡國篇》，《國民報彙編》，二六頁。

49 《開智錄》為鄭貫一約馮自由、馮斯欒所創辦，發揮自由平等之理，為半月刊，假橫濱《清議報》為發行及印刷機關，出刊半年即止。見馮自由《橫濱開智錄》，《革命逸史》，第一集，一四二頁。

50 《群報撮華》一七八～一八二頁。《清議報全編》，卷二五，橫濱新民社印（約一九〇二年間），此文約在一九〇一年發表，國民黨黨史會影印。

51 張玉法《清季的革命團體》（臺北：中央研究院近代史研究所，民國六十四年），一五～一六頁。湖南《遊學譯編》創刊於一九〇二年十一月。

52 《湖北學生界》，第一期〈敘論〉，一頁。一九〇三年二月東京發行，國民黨黨史會影印。

53 《中國民族主義第一人岳飛》，《湖北學生界》，第五期，五五頁，一九〇三年六月。

54 《民族主義論》，《浙江潮》，第一期，二頁，一九〇三年二月東京發行，國民黨黨史會影印。

55 張玉法前書，二〇～二二頁。《江蘇》創刊於一九〇三年四月，國民黨黨史會影印本。

56 此文發表於《江蘇》，第六期，一九〇三年八月一日，收入《國父全集》。黃彥編《孫文選集》廣東人民出版社出版，二〇〇六年，中冊，經考訂，此文在一九〇一年十二月二十日發表。

57 《支那保全分割合論》，《國父全集》，第一冊，五六～六一頁。《孫文選集》，中冊，一二八～一三一頁。

58 王德昭前文，《叢刊》，第一冊，一四三～一四四頁，原書據《中國問題的真解決》一文摘要而來。全文見《國父全集》，第二冊，六七～七四頁。

59 《同盟會革命方略——軍政府宣言》，《國父全集》，第一冊，二八五～二八六頁。

60 胡漢民《民報之六大主義》，《民報》，第三號，一六頁，一九〇六年一月二十二日東京發行。

61 《三民主義與中國民族之前途》，一九〇六年十二月二日，《國父全集》，第二冊，二〇一頁。

62 《提倡民生主義之真義》，民國元年四月三日，同前書，二二〇頁。

63 《修改章程之說明》，民國 9 年十一月四日，同前書，三九六頁。

64 《三民主義為造成新世界之工具》，民國十年十二月七日，同前書，四六一頁。

65 《欲改造新國家當實行三民主義》，民國十一年一月四日，同前書，五〇八頁。

66 《打破舊思想要用三民主義》，民國十二年十二月二日，同前書，五六九頁。

67 《同胞都要奉行三民主義》，民國十三年五月三十日，同前書，六八九頁。

68 《敬告同鄉論革命與保皇之分野書》，《國父全集》，第三冊，二七頁。此書在檀香山隆記報發表，應在一九〇三年十月間。全集寫在「八月」，誤。

69 見一八九七年九月在橫濱與宮崎寅藏之談話，《國父全集》，第二冊，七七七頁。

70 《改造中國之第一步》，民國八年十月八日，同前書，三八二頁。

71 《駁保皇報》，一九〇三年十二月，同前書，六四頁。

72 中山於民國五年七月講〈自治制度為建設之礎石〉時曾說：欲行民權，必先辦自治；自治者，民國之礎也。同前書，三五八頁。

73 《國父年譜》，上冊，三〇頁；原據林百克《孫逸仙傳記》，第二十二章。

74 宮崎滔天《孫逸仙傳》，陳鵬仁譯著《宮崎滔天論中山與黃興》，七頁。

75 林百克《我怎樣認識國父孫先生》，《孫逸仙傳記》，四四七頁。

76 《革命思想之產生》，《國父全集》，第二冊，五一五頁。

77 致鄭藻如書，一八八九年。《孫文選集》，中冊，一～三頁。

78 羅香林《國父之大學時代》，六一頁。

79 《改造中國之第一步》，《國父全集》，第二冊，三八一頁。

80 《國父年譜》，上冊，六〇、六四頁。檀香山興中會誓詞，年譜原據馮自由《華僑革命開國史》（商務印書館，民國四十二年），二六頁；香港興中會誓詞，年譜原據馮氏三種著作：《中華民國開國前革命史》，上冊；《中國革命運動二十六年組織史》第九年；《興中會組織史》，《革命逸史》，第四集，九頁。

81 薛君度《黃興與中國革命》，二九頁。見 Schiffrin: *Sun Yat-sen*, p.43.引註。

82 Schiffrin: *Sun Yat-sen*, p. 43.

83 馮自由《孫眉公事略》，《革命逸史》，第二集，二～三頁。

84 Schiffrin: *Sun Yat-sen*, p. 53.

85 《檀香山興中會成立宣言》，《國父全集》，第一冊，七五五頁。

86 《香港興中會宣言》，同前書，七五七頁。

87 同 85，七五六頁。

88 同 86。

89 馮自由《中國革命運動二十六年組織史》第九年，見《革命之倡導與黨的建立》，五一六～五一七頁。關於香港興中會會長選舉之經過，另有不同記述，一謂中山當選後，楊藉要挾中山讓之。見《國父年譜》，六九頁。另據謝續泰之《中華民國革命秘史》記述：票選黃詠商為會長，黃辭，眾舉楊承其乏。

90 Schiffrin: *Sun Yat-sen*, p. 69.

91 同 86。

92 《中國革命史》，《國父全集》，第二冊，一八二頁。

93 《政黨之要義在為國家造幸福為人民謀樂利》，民國二年三月一日，同前書，三三三頁。

94 《倫敦被難記》，同前書，四～五頁。

95 《中國之現狀與未來》，同前書，四一頁。

96 《中國必革命而後能達共和主義》，同前書，七七五頁。

97 《中國革命史》，同前書，一八二頁。

98 《自傳》，同前書，一頁。

99 同 96。

100 《駁保皇報》，一九〇三年十二月，同前書，六四頁。

101 《中國革命史》，同前書，一八二頁。

102 同 96，七七六頁。

103 《三民主義與中國民族之前途》，同前書，二〇一～二〇二頁。

104 中山在《民權主義》第一講中指出：為了免去大家想做皇帝的心理，故在發起革命時（當指興中會成立時），便主張民權，決心建立一個共和國。見《國父全集》，第一冊，七九頁。

105 《同盟會革命方略──軍政府宣言》，同前書，二八六頁。

106 中山首次提出直接民權，見《中華民國之意義》，民國五年七月十五日。《國父全集》，第二冊，三五二頁。同年七月十七日再暢論地方自治與四種制度，見《自治制度為建設之礎石》，同上書，三五八頁。

107 《中國同盟會會務進行之秩序表》，見《革命文獻》，第二輯，二四一～二四二總頁。

108 《孫文學說》，第六章，《國父全集》，第一冊，四六六～四六七頁。

⑩ 汪精衛《民族的國民》（其二），《民報》，第二號，二〇～二二頁，一九〇
六年一月東京發行。

⑩ 《三民主義與中國民族之前途》，《國父全集》，第二冊，二〇五頁。

⑪ 《中國必革命而後能達共和主義》，同前書，七七六頁。

⑫ 《駁保皇報》，同前書，六五頁。

⑬ 中山提出「創立民國」政綱，始於一九〇三年八月在東京青山成立軍事學校之
學生入學誓詞。一九〇四年夏在舊金山重訂致公堂新章之綱領第二條亦用之。

⑭ 《致公堂重訂新章》，《民報》，第一號，一三四～一三六頁。並見《國父全
集》，第二冊，八八九～八九〇頁。

⑮ 《孫文學說》，第八章，同前書，第一冊，四九七頁。

⑯ 中山這年在美行程，見許師慎：《「國父全集」未刊載之重要史料》，《研究
中山先生的史料與史學》（臺北：中華民國史料研究中心，民國六十四年），
一六八頁。

⑰ 《中國問題的真解決》，《國父全集》，第二冊，七四頁。中山於民國九年十
一月四日《修改章程之說明》云：「一九〇四年，我和王寵惠在紐約曾談到五
權憲法，他自贊成」。同前書，三九六頁。

⑱ 同前註，七三頁。

⑲ 英文原文「Repulic of China」（見《國父全集》，第五冊，英文本，一二〇頁）
譯為「中華民國」，取瞿世鎮所譯之《中國問題的真解決》，民十七年譯。見
同前書，七四頁註文。惟此文早期的譯本（一九〇四年胡漢民、胡毅生在橫濱
合譯）則譯為《支那共和之政體》，見同前書，七九頁。

⑳ 《孫文學說》，第八章，《國父全集》，第一冊，四九八頁。

㉑ 《同盟會革命方略──軍政府宣言》，同前書，二八六頁。

㉒ 《三民主義與中國民族之前途》，《國父全集》，第二冊，二〇五頁。此演講
詞曾刊於《民報》，第十號，一九〇六年十二月二十日東京出版。

㉓ 見《革命文獻》，第二輯，一〇二頁。

㉔ 《五權憲法》，民國十年七月，《國父全集》，第二冊，四一三～四一四頁。

㉕ 《三民主義與中國民族之前途》，同前書，二〇五頁。

㉖ 王德昭前文，《叢刊》，第一冊，一一七～一一九頁。原文引據各項資料及中
山的著述，略。

㉗ 胡漢民《民報之六大主義》，《民報》，第三號，一〇～一一頁。

㉘ 《提倡民生主義之真義》，民國元年四月三日，《國父全集》，第二冊，二一

九頁。

129 《軍人精神教育》，民國十年十二月十日，同前書，四七八頁。

130 同 129，四九四頁。

131 《同胞都要奉行三民主義》，民國十三年五月三十日，同前書，六八九頁。

132 《農民大聯合》，民國十三年八月，同前書，七一五頁。

133 王德昭前文，《叢刊》，第一冊，一六〇頁。

134 《中國國民黨第一次全國代表大會宣言》，《國父全集》，第一冊，八八三頁。

135 《民生主義與社會革命》，民國元年四月一日，《國父全集》，第二冊，二一五頁。

136 《民生主義》第一講，《國父全集》，第一冊，一五七頁。

137 《民生主義有四大綱》，民國元年十二月九日，《國父全集》，第二冊，三一九頁。

138 蔣中正《民生主義育樂兩篇補述》，第一章序言，《國父全集》，第一冊，二二三頁。

139 王德昭前文，《叢刊》，第一冊，一六〇頁。

140 Schiffrin:Sun Yat-sen, p. 309.

141 《孫文學說》，第八章，《國父全集》，第一冊，四九四頁。

142 Schiffrin: *Sun Yat-sen*, pp. 135-136.

143 《三民主義與中國民族之前途》，《國父全集》，第一冊，二〇三～二〇四頁。

144 同 143，二〇二頁。

145 同 143，二〇四～二〇五頁。

146 《政治革命之後宜繼以和平的社會革命》，民國元年二四月四日，同前書，七九六頁。

147 吳相湘《孫逸仙先生》，一八七～一八八頁。

148 《社會主義之派別及方法》，民國元年十月十一日，《國父全集》，第二冊，二八九～二九〇頁。

149 張朋園《梁啟超與清季革命》（臺北：中央研究院近代史研究所，民國五十三年），一二三頁。原書引自《新民叢報》，八六號，三三頁。並見《民報》，第十二號，一二一頁，原梁氏之原文。民意：〈告非難民生主義者〉。

150 章炳麟《定版籍》四十二，《訄書》（國民黨黨史會影印，一九〇四年出版），一四四頁。本文據《國父年譜》，一四四頁，及《國父全集》，第二冊均有收錄。

[151]　吳相湘前書，一九一頁。

[152]　《日本土地復權同志會主意書》，《民報》，第二號，來稿，二頁。

[153]　同 152，四頁。

[154]　《國父年譜》，上冊，一六六頁。

[155]　《述平均地權與在檀苦戰保皇黨致國內同志函》，《國父全集》，第三冊，二九頁。原始文獻見一九〇四年四月二十六日，上海《警鐘日報》。國民黨黨史會影印。

[156]　蔣永敬《興中會時期革命言論之演進》，《革命與抗戰史事》，五四～五五頁，民國六十八年，商務印書館出版。原據劉成禺：《先總理舊德錄》，《國史館館刊》，創刊號，民國三十二年十二月，南京出版。

[157]　此文轉載《民報》，第四號，九七～一二二頁，一九〇六年五月一日發行。

[158]　王德昭前文，《叢刊》，第一冊，一六〇頁。

[159]　《同盟會革命方略——軍政府宣言》，《國父全集》，第一冊，二八六頁。

第五章
興中會時期革命言論之演進

一、前言

　　興中會自成立（甲午年，光緒二十年，一八九四年十一月二十四日）到改組為中國同盟會（乙巳年，光緒三十一年，一九〇五年八月二十日），其間為時將近十一年。在此期間的革命運動，可分為兩個階段，前一階段為自甲午到庚子（一八九四～一九〇〇）年，後一階段為自辛丑到乙巳（一九〇一～一九〇五）年同盟會成立前為止。前一階段的革命運動以立憲及起義為主，如檀香山、香港、橫濱及臺灣等地興中會之建立；及乙未（一八九五）廣州起義，庚子（一九〇〇）惠州之役。後一階段的革命運動則以言論為主，即藉口頭或文字，以傳播革命思想，鼓動革命風潮。但就革命的情勢及其影響而言，後一階段實較前一階段為普遍而深遠。惟前一階段亦並非沒有革命言論，不過發表與倡導者的人數不多，除孫中山及其少數同志外，一般知識分子對於革命言論多取畏避的態度。而後一階段的革命言論，則多出自知識分子的自發自動。此為兩者顯著不同之處。

二、孫中山在興中會成立前之革命言論

　　孫中山開始革命言論，實自乙酉（光緒十一年，一八八五）中法戰敗起，因鑒於清廷顢頇無能，海防不修，終至屈辱求和，使安南淪為法之保護國。如中山自述：「予自乙酉中法戰敗之年，始決傾覆清廷、創

建民國之志。由是以學堂為鼓吹之地,借醫術為入世之媒,十年如一日。」¹這裡所指的十年,便是從乙酉到甲午(一八八五～一八九四)年之間。前八年(一八八五～一八九二)是求學時期,後二年(一八九三～一八九四)是行醫和北上京津及深入長江流域考察時期。

　　孫中山於乙酉年自檀香山回國後,即於次年(一八八六)肄業於廣州博濟醫院(Conton Hospital)附設醫科學校。繼轉入香港西醫書院(College of Medicine for Chinese, Hong Kong)(一八八七～一八九二)。在醫學校談論革命,主要目的在結交革命同志。不過在這數年之內,僅結交鄭士良、陳少白、尤列(少紈)、楊鶴齡、陸皓東等少數幾位同志。結交鄭士良係在廣州,據中山自述:「當予肄業廣州博濟醫學校也,於同學中物識有鄭士良號弼臣者,其為人豪俠尚義,廣交遊,所結納皆江湖之士,同學中無有類之者。予一見則奇之,稍與相習,則與之談革命。士良一聞而悅服;並告以彼曾投入會黨,如他日有事,彼可為我羅致會黨,以聽指揮云。」結交陳少白等,係在香港,如中山自述:「予在廣州學醫甫一年,聞香港有英文醫校開設,予以其學課較優,而地較自由,可以鼓吹革命,故投香港學校肄業。數年之間,每於學課餘暇,皆致力於革命之鼓吹。常往來於香港、澳門之間,大放厥詞,無所忌諱。時聞而附和者,在香港祇陳少白、尤少紈。楊鶴齡三人。而上海歸客則陸皓東而已。若其他之交遊聞吾言者,不以為大逆不道而避之,則以中風病狂相視也。」²

　　孫中山自香港西醫書院畢業後,先後在澳門及廣州行醫,實為革命運動之開始。³這時同志尤列假得廣州城南廣雅書局內抗風軒為同志談話之所,經常參加的有孫中山與程耀宸、程奎光、程璧光、陸皓東、魏友琴、鄭士良、尤列、陳少白、周昭岳等。這中間也常有辯論,以求得意見的一致。例如陸皓東以為外患日迫,重在治標;而中山則主張傾覆滿清政府,重在治本。兩人連日辯難,而陸終從中山之議。⁴

　　故知孫中山在興中會成立前的革命言論,多為口頭的談論或辯論。至於文字方面的言論,有一八九○年致鄭藻如書,以及在鄭觀應《盛世危言》中的《農功篇》。⁵還有一八九四年的上李鴻章書。儘管這三篇

文字，有被視為主張維新的言論。但在孫中山的心目中，「革命」與「維新」是一體兩面，相輔為用的。所謂「改革之思想，乃革命之起點也。」[6]惟本文所指革命言論則不包括「維新」的在內。

三、興中會前期的革命言論

　　從甲午（一八九四）年十一月興中會成立起，到庚子（一九○○）年十月惠州之役止，為興中會前期的革命運動。雖有兩次起義，但也是革命進行最艱困的時期。其艱困的原因，則是一般人對於革命言論缺乏同情與信心。例如孫中山在甲午年十月自上海到檀香山創立興中會，欲糾合海外華僑，以為革命之助。但由於風氣未開，人心錮塞，儘管在檀竭力鼓吹，但應者寥寥。僅得鄧蔭南與其胞兄孫德彰兩人願傾家相助。其他贊同的，亦不過親友二十多人。[7]這時檀香山的華僑，則在兩萬人左右。[8]經過約半年的時間，檀香山的興中會員增至一百餘人。第二年（一八九五）二月二十一日在香港建立的興中會，前後加入的會員有四十餘人。[9]

　　根據另一項統計，自興中會成立到廣州起義（一八九五年十月）以前，會員人數可考的計為一五三人，在檀香山加入的一一二人，橫濱一人，香港七人，廣州二十九人。七十三人為香山人，其餘多為廣東人。僅兩人為他省人，一為福建，一為湖南。以職業分：商人六十九、工人三十九，白領工作者十，軍人五，農人四，教師四，醫師三，學生二，傳教師（中國人）二，銀行家一，新聞記者一，秘密會黨十三。上項職業分配，足以顯示興中會員在當時中國傳統社會的聲望不高，且多從事新式職業及接受西方教育及訓練者，如醫師、英語教師、雇員、技術人員及年輕的新式軍人。其中領袖人物如孫中山及楊衢雲等，多居住在國外。唯一困難，即缺乏言論界的文學寫作人才。[10]所以當時負責言論的，或能起草宣言文告的，除中山本人外，同志中僅有陳少白及朱淇少數人。這種情形一直到庚子惠州之役仍然如此。如中山所云迄於庚子，會員稍稍眾，然士林中人，為數猶寥寥焉。[11]

　　廣州起義失敗以後，革命的進行更為困難，而其主要原因，還是在

言論方面難以發生影響作用。丙申（一八九六）年初，孫中山重遊檀香山，復集合同志，以推廣興中會。然已有舊同志因失敗而灰心者，亦有新聞道而加入者；惟卒以風氣未開，進行遲滯。遂決定赴美國，以聯絡彼地華僑。但美洲華僑風氣蔽塞，較檀香山為尤甚。同年六月，中山由舊金山登岸，橫過美洲大陸至紐約市，沿途所過多處，或留數日或十數日，所至皆說以祖國危亡，清政腐敗，非以民族根本改革，無以救亡；而改革之任，人人有責。然而勸者諄諄，聽者終歸藐藐。其歡迎革命主義者，每埠不過數人或十餘人而已。十月，由美抵達倫敦，適遇倫敦蒙難。脫險後，仍留倫敦，以研究歐洲政治風俗。其時歐洲尚無留學生，又少華僑，雖欲為革命之鼓吹，其道無由。乃於丁酉（一八九七）年八月至日本橫濱。因其地有華僑萬餘人，然其風氣之錮塞，聞革命而生畏者，則與他處華僑無異也。至於國內之人，聞革命排滿之言而不以為怪者，只有會黨中人。然彼眾皆知識薄弱，團體散漫，憑藉全無，只能以之為響應，而不能用為原動的力量。[12]

　　從乙未（一八九五）年十月以後到庚子（一九〇〇）年的興中會員，除檀香山及美洲外，有姓名可查的，僅為一〇〇人，其中日人六名，英人一名。以加入地點分：在橫濱者十七，南非十二，東京二，臺灣三，香港二十，廣州十八，惠州十五，其他十三。以職業分：商人三十一，工人十一，學界十，教士五，會黨二十二，雇員一，軍人一，化學師一，紳士一，和尚二，其他十五。此五年之間，不僅入會人數不多；且原有革命基地檀香山及橫濱，亦為康有為之保皇會所奪。兩地興中會員，多數變為保皇會員。

四、康梁之變法與保皇的言論及其聲勢

　　反觀同時期康有為與梁啟超的變法及保皇言論，其發達與影響，遠超過革命言論。康之主張變法，早在光緒十四（一八八八）年即已開始，並即從事講學、著書，提倡改革。光緒二十（一八九五）年春，清廷因中日戰爭失敗，簽訂《馬關條約》之際，一時人心憤激，康有為適與其徒梁啟超在北京參加會試，康乃命梁發動廣東留京的舉人一百九十

人上書拒絕議和，首先附和者為湖南，其他各省人士也極憤發。康見士氣可用，乃草擬一長達萬餘言的上皇帝書，痛陳改革救亡辦法，簽名者有六〇三人，是為有名的「公車上書」。光緒帝雖不曾看到他的上書，但此書流傳至廣，讀到的人很多，上海且有《公車上書記》的印行。康有為鼓吹變法，即在北京創刊《中外紀聞》，及組織強學會，聲勢浩大。同時湖南、江蘇、廣東等省人士亦自動起而組織學會，創辦學校，刊行報紙。以鼓吹維新變法者，多到五十處以上，其地域乃擴展及於澳門、新加坡，及日本的橫濱。報刊影響之大，以一八九六年秋在上海的《時務報》為最；學校影響之大，以一八九七年冬在長沙的時務學堂為最。這兩者均為梁啟超所主持，梁的聲名因此噪起，康梁並稱，也就起於此時。[13] 光緒二十三（一八九七）年十二月，德國強奪膠州灣的事件發生，舉國人士又大為震撼，康又趕往北京上書痛陳改革，並於次年（一八九八）三月在北京倡立保國會。不久，光緒帝終於採納康的變法主張，推行「新政」，是為「百日維新」。康的變法聲勢，至是登峰造極。

　　當時康有為的維新變法，何以能發生號召作用？據李劍農之分析：是因為康的主張很合於當時的環境，第一、當時中國政治界的潛勢力，以經生文人的士大夫階級為中心。因甲午（一八九四）戰敗而發生一點反省的人，也只有這一個階級。康有為新由舉人得中進士（一八九五），是這個階級裡的新貴，又是經生文人，並且能作激昂慷慨，洋洋灑灑，上皇帝的萬言書，所以就得到這個階級人士的賞識了。第二、當時中國人的政治思想，在下層的平民，對於皇帝認為天之子，是神聖不可侵犯的；至於經生文人的士大夫階級，受了幾千年來名教學說的浸漬，對於皇帝，尤其不敢妄起不敬的念頭。即如吳敬恆所說的：「其時我雖然也進了一步，從溫和的維新黨，變作了激烈的維新黨，我終還忘不了光緒皇帝。」在這樣的環境下，當時國內維新運動的領導權，就自然要落到康的掌握中了。[14] 戊戌（光緒二十四年，一八九八）九月，政變發生，光緒帝的「新政」被推翻。康有為及梁啟超等逃亡到日本。日本人士如犬養毅及宮崎寅藏等為促成康梁與孫中山合作，曾進行勸說活

動。終因康之堅持保皇主張,雙方合作事終無結果。康於己亥(一八九九)年春遊美洲,初在英屬加拿大之溫哥華(Vancouver)、域多利(Victoria)兩埠發起保救大清光緒皇帝會(簡稱保皇會)。華僑聞彼曾受清帝密令起兵勤王之衣帶詔,多入彀中。溫埠首先成立保皇會,域埠繼之。未幾舊金山、紐約、芝加哥、沙加緬度(Sacramento)、檀香山各地保皇會相繼成立,會中職員多屬致公堂分子。[15] 日本、南洋及澳洲各埠,也先後有保皇會之設立。其機關報有橫濱《清議報》、《新民叢報》、神戶《亞東報》、新加坡《天南新報》、檀香山《新中國報》、舊金山《文興報》、紐約《維新報》、澳洲《東華新報》等。革命黨對之,實相形見絀。因是素恃為興中會基地之橫濱、檀香山二處,竟為保皇會所奪。[16]

橫濱方面,孫中山自乙未(一八九五)年十月廣州起義失敗後,常把橫濱作二次活動的策源地。當時橫濱興中會員約百餘人,[17] 多屬著名僑商。一八九七年冬,橫濱僑商鄭汝磐、馮鏡如等發起組織華僑學校,欲由祖國延聘新學之士為教師,以此就商於孫中山,中山以興中會缺文士,乃薦梁啟超充任,並代定名為中西學校。鄭持中山介紹函赴上海,謁康有為於途次。康以梁氏正主持《時務報》,薦徐勤承乏並助以陳默菴、湯覺頓、陳蔭農等,皆康門優秀也。康且將中西學校更名為大同學校。徐勤既抵橫濱,初與孫中山及陳少白時相過從,討論時政,融洽無間。迨戊戌(一八九八)夏秋間,清帝光緒銳行新政:康有為驟獲顯要,以帝師自居;徐勤等皆彈冠相慶,慮為革命黨株連,有礙仕版,遂漸與中山及陳少白疏遠。[18] 且徐勤等因為占得學校的地位,常與僑商往來,慢慢的把僑商拉攏

過去了。戊戌政變後,康梁亡命到日本,中山與陳少白以為同是因國事而失敗之人,親往慰問。但康以帝師自任,託故不見。不久,橫濱就有保皇會出現,僑商中的興中會員大半跑到保皇會裡面去了;大同學校並發現「不許孫文到校」的標語。[19]

保皇會在海外各地華僑社會中之擴張,主要是憑藉言論。康梁自政變亡命日本後,即於當年(一八九八)十二月二十三日在橫濱發刊《清

議報》，大倡保救光緒之說。梁任總撰述，麥孟華、區榘甲等佐之。出版數月，除歌頌光緒聖德及攻擊西太后、榮祿及袁世凱諸人外，幾無其他文字。所載譚嗣同的《仁學》，及譯述日本柴四郎著《佳人奇遇記》，內有排滿論調，為康所見，遽命撕毀重印；且誡梁勿忘光緒帝聖明，後宜謹慎從事云云。及康離日本，梁及區等漸與中山及陳少白相往還，意氣日盛，梁有高唱自由平等學說；區亦有文闡揚湯武革命，語極動聽。事為康氏所悉，深恐彼等改絃易轍，於其不利，遂令梁赴檀香山創設保皇會，區赴舊金山主持《文興報》。而使麥孟華專任《清議報》筆政，凡有革命自由獨立等名詞，一律禁止登載。[20]

檀香山興中會之被保皇會所奪，就是梁啟超於己亥（一八九九）年底到達檀香山以後的事。梁赴檀之前，曾與孫中山相約共同為救中國而奮鬥。因檀島為興中會發源地，華僑之有聲望者，多為興中會員或中山親友。梁因託中山作書介紹同志，中山坦然不疑，便作書介紹其兄孫德彰及其他諸同志。梁到檀後，即拿介紹信去會興中會員李昌、鄭金、何寬、卓海諸人，很受歡迎；又到茂宜島（Maui）去訪德彰，更受優待。梁在檀數月，漸漸倡議組織保皇會，向僑商說：名為保皇，實即革命。僑商因為他是中山介紹而來，也就相信；並且捐集巨款，為康梁之「勤王」經費。後來中山得知，作書責梁失信，但已無可如何了。於是檀島的興中會員也大半變作保皇會員。[21]梁之侵奪檀島興中會，所取手段既非正大光明，但亦深恐一旦揭穿內幕，而難以收拾。如庚子（一九〇〇）年四月梁自檀島致康有為書云：

> 此間（按指檀香山）保皇會得力之人，大半皆中山舊黨（原注：此間人無論其入興中會與否，亦皆與中山有交），今雖熱而來歸，彼心以為吾黨之人才勢力，遠過於彼黨耳。若一旦歸來，吾黨之人既已如此（原注略）；而彼黨在港頗眾，檀香山舊人歸去從彼者，如劉祥、如鄧從聖（原注：此人傾家數萬以助中山，至今不名一錢，而心終不悔，日日死心為彼辦事，闔埠皆推其才，勿謂他人無人也。）此間人皆稱之。彼輩一歸，失意於吾黨而不分，返檀必

為中山用。吾賠了夫人又折兵，……全局可以瓦解。[22]

五、革命言論機關的鼻祖 —— 香港《中國日報》

孫中山曾謂：自乙未（一八九五）初敗，以至於庚子（一九〇〇），此五年間，實革命進行最艱困的時期。蓋自失敗之後，國內之根據既失，而海外之鼓吹毫無效果。適於此時有保皇會之發生，其反對革命，反對共和，較之清廷為尤甚。實與革命運動以極大之障礙。故中山在己亥（一八九九）年秋冬間，除命史堅如入長江以聯絡會黨，命鄭士良在香港設立機關以招待會黨外，並命陳少白回香港創辦《中國日報》，以鼓吹革命。[23]此報創辦之意義，陳少白曾有記述：

> 《中國報》者，唯一創始之公言革命報，亦革命過程中一繼往開來之總樞紐也。自乙未（一八九五）年廣州事敗，同志星散，團體幾解。《中國報》出，以懸一線未斷之革命工作，喚醒多少國民昏睡未醒之迷夢，鼓吹中國乃中國人之中國之主義，戰敗康氏保皇之妖說，號召中外，蔚為大革命之風。不數年，國內商埠，海外華僑，聞風興起，同主義之報林立。而惠州之役（一九〇〇），固亦以中國報館為總機關之地也。[24]

香港《中國日報》實為革命言論機關之鼻祖。此報所有機器、鉛字，均由孫中山在橫濱購運。經數月之籌畫，至一八九九年十二月下旬乃告出刊。其社址設於香港士丹利街二十四號，少白任社長，初期助理筆政者有洪孝衷、陸伯周、楊少歐、陳春生、黃魯逸諸人。初以不審英人對華政策所在，未敢公然大倡革命排滿之說。半年後措詞始漸激烈。從前各地中文報紙，俱用長行直行排字，獨《中國日報》仿日本報式，作橫行短行，令讀者耳目為之一新。此報除日刊外，兼出十日刊一種，定名為《中國旬報》，附以鼓吹錄，專以遊戲文章、歌謠譏刺時政。是為中國報紙設置諧文、歌謠之濫觴。[25]

六、革命與保皇聲勢消長之分明

　　革命情勢之轉變，庚子與辛丑（一九○○～一九○一）年之交，實一重大關鍵。而其轉變之顯著的趨勢，則在言論界的表現。這也是革命與保皇聲勢消長的轉振點。庚子年，除在中國北方發生拳亂及八國聯軍侵入北京外，而革命與保皇兩派均在國內發動起義。保皇派發動的起義，是這年八月唐才常的漢口「勤王」（自立軍）之役；革命黨發動的起義，是十月間鄭士良的惠州之役。兩者雖同歸失敗，但其所生的影響卻完全不同。保皇會的聲勢從此逐漸下落，而革命的勢力卻從此逐漸抬頭。

　　因為庚子這年是一九○○年，是十九世紀的結束；次年辛丑是一九○一年，是二十世紀的開端。這一年間的轉變，如梁啟超在其《清議報一百冊祝辭》中說道：「十九世紀與二十世紀交點之剎那頃，實中國兩異生相搏、相射，短兵相接，而新陳嬗代之時也。」[26]梁氏雖然看出這是一個新舊勢力交替的年代；但這年代並非屬於他們保皇的時代，而正是革命時代的來臨。所以中山說道：

> 　　當初次之失敗也（一八九五），舉國輿論，莫不目予輩為亂臣賊子，大逆不道，咒詛謾罵之聲，不絕於耳。……惟庚子失敗之後，則鮮聞一般人之惡聲相加；而有識之士，且多為吾人扼腕嘆惜，恨其事之不成矣！前後相較，差若天淵。……而革命風潮，自此萌芽矣。[27]

　　革命風潮之萌芽，實自東京留學生開始。其思想言論，漸集中於革命問題。最初趨向革命言論之留學生，多數與保皇會有關。蓋彼等鑒於國內情勢的轉變，對清廷的失望，深感保皇主張，已不適合時代的要求，乃不得不與保皇派之言論分道揚鑣。其最顯著的事例，可以鄭貫公（道）等之《開智錄》，與秦力山等之《國民報》為代表。

　　鄭貫公為廣東香山人，幼年東渡日本。戊戌（一八九八）年就讀於徐勤等主持之橫濱大同學校。次年，梁啟超在東京設立高等大同學校，

鄭及馮自由、秦力山、蔡艮寅（鍔）、馮斯欒、范源廉、唐才質等二十餘人均為學生。庚子冬，鄭就《清議報》助理編輯。時主持該報筆政者為康徒麥孟華，大受康之挾制，稍涉急激之文字俱不許登載，諸記者咸以為苦，而莫敢攖其鋒。《清議報》之發行至為普遍，凡南洋、美洲各埠有華僑之地，即有保皇會，亦即《潮議報》之代銷處。鄭以華僑中保皇之毒至深，仍倡設《開智錄》半月刊，發揮自由平等天賦人權之理，欲以革命學說灌輸海外保皇會員。特邀馮自由及馮斯欒同任撰述，即假《清議報》為印刷及發行機關，以是凡有《清議報》銷流之地，即莫不有《開智錄》。保皇會在美之梁啟田特移書橫濱保皇會告變，《清議報》經理馮紫珊將鄭免職。時孫中山寓橫濱，與鄭及馮自由等早有往還，乃介紹鄭於陳少白，使任香港《中國日報》記者，此辛丑（一九○一）春間事也。鄭至香港，乃盡量闡發其新名詞及新思想，《中國日報》以及香港新聞界旗幟為之一新，大受讀者歡迎。港中青年慕鄭之名，多願與之結交。[28]

　　秦力山湖南長沙人。光緒二十三（一八九七）年長沙時務學堂成立，延梁啟超及唐才常等執教。秦與林錫圭、蔡艮寅等同為高材生；一八九九年並從梁就讀東京高等大同學校；結識孫中山，漸傾向革命。這時秦並任《清議報》筆政，發抒政論，文名漸顯。庚子唐才常「勤王」之役，秦負大通發難之責。失敗後赴新加坡，訪康有為及邱菽園，計畫再舉，因而盡知「勤王」軍之失敗，罪在康之擁資自肥，以致貽誤失事。遂對康宣布絕交，憤然再渡日本。[29]與留學生沈翔雲、戢元丞、唐才質、衛律煌、楊廷棟、楊蔭杭、雷奮、王寵惠、張繼等創辦《國民報》，於辛丑（一九○一）年五月十日發刊，月出二冊，大倡革命排滿學說，措詞激昂，開留學界革命言論之先河。此報僅出四期而止。[30]

　　這位曾是康梁門人、勤王軍將的秦力山，也是壬寅（一九○二）前孫中山與留日學生界結交的一個重要媒介。章炳麟和張繼都因秦之介紹而與中山締交。[31]章炳麟曾云：「時香山孫公方客橫濱，中外多識其名者，而遊學生疑孫公驍桀難近，不與通。力山獨先往謁之。會予亦至。孫公十日率一至東京，陳義斬斬，相與語，甚歡。知其非才常（唐）輩

人也。諸生聞孫公無佗獷狀，亦漸與親。種族大義，始震播橫舍間。」[32] 至少一部分留日學生的觀感，已以身為康梁黨人為可恥。如陳天華《覆湖南同學諸君書》中有云：「夫康梁何人也，則留學生所最輕，最賤，而日罵之人也。今以為是康梁之黨，則此冤枉真不能受也。」[33]

其實梁啟超本人當壬寅、癸卯（一九○二～一九○三）年間，也在《新民叢報》和《新小說》中，大倡革命自由之說。梁於辛丑（一九○一）年末《清議報》停刊後，即於次年壬寅元旦發刊《新民叢報》，言論之激烈，遠超過他在己亥（一八九九）年主持《清議報》時代。每期都有革命言論，以至與康鬧至幾至公開決裂。尤其壬寅年的春夏間，保皇會員中有很多人因為痛恨清廷自兩宮迴鑾以來，仍無變法的誠意和決心，紛紛主張革命自立。而梁便是提倡最力的一人。[34] 這年十月，梁致康的信中有云：

> 今日民族主義最發達之時代，非有此精神，決不能立國。弟子（梁自稱，下同）誓焦舌禿筆以倡之，決不能棄去者也。而所以喚起民族精神者，勢不得不攻滿洲。日本以討幕為最適宜之主義，中國以討滿為最適宜之主義。弟子所見，謂無以易此矣。滿洲之無可望久矣。今日望歸政，望復辟，夫何可得？即得矣，滿朝皆仇敵，百事腐敗已久，雖召吾黨歸用之，而亦決不能行其志也。先生（指康，下同）懼破壞，弟子亦未始不懼；然以為破壞終不可得免，逾遲則逾慘，毋寧早耳！且我不言，他人亦言之，豈能禁乎？不惟他人而已，同門中猖狂言此有過弟子十倍者。先生特未見《文興報》（按即舊金山保皇會機關報）耳，徐（勤）區（榘甲）在《文興》所發之論，所記之事，雖弟子視之猶為驚慄。其論廣東宜速籌自立之法一篇，稿凡二十七續，滿賊清賊之言，盈篇溢紙。檀香山《新中國報》（保皇會報）亦然。《新民報》之含蓄亦甚矣。[35]

由於梁之思想言論趨向革命，與其師康有為頗有決裂之勢。康於癸卯（一九○三）年一月十一日復梁氏之書有云：

　　自汝言革（命）後，人心大變大散，幾不可合。蓋宗旨不同，
則父子亦決裂矣。自唐才質往雪梨後，我累與該埠書，皆不復，今
一年音問絕矣。我始欲攻唐（才質），又礙於汝所遣往。今則已為
唐化，無可復言。故汝雖不攻我，而攻我多矣。我為此懼。不知汝
如何？抑尚以為公私當分，言革可救中國乎？同黨因之分裂，尚何
救國之可言也！[36]

　　梁之趨向革命言論，胡漢民在其《近年中國革命報之發達》一文中
曾有論及，謂：「其時梁啟超稍稍悟悟保皇之非，則亦廢《清議報》而為
《新民叢報》，隱然附和《國民報》之宗旨，亦頗言民族主義，而主張
破壞，不復斷斷然辨虜家母子之善惡。視《清議報》如出兩人手。」[37]
梁於癸卯（一九〇三）年遊歷美洲，年底返日本，自是不再言革命。其
原因，中山早在這年秋離日本去檀香山，梁之放棄革命排滿言論尚未彰
著之時，即曾指出梁之所以口言革命，不過因為「目擊近日人心之趨
向，風潮之急激，毅力不足，不覺為革命之氣所動盪，偶爾失其初心，
背其宗旨，……非真有反清歸漢，去暗投明之實心也。」[38]梁後來曾自
述他轉變的原因說：「啟超既日倡革命排滿共和之論，而其師康有為深
不謂然，屢責備之，繼以婉勸，兩年間函札數萬言。啟超亦不慊於當時
革命家之而為，懲羹而吹虀，持論稍變矣。然其保守性與進取性常交戰
於胸中，隨感情而發，所執往往前往矛盾。嘗自言曰：不惜以今日之
我，難昔日之我。世多以此為詬病，而其言論之效力亦往往相消，蓋生
性之弱點然矣。」[39]

七、東京留學界革命言論的興起

　　儘管梁啟超放棄革命排滿的主張，但東京留學界的革命言論，和革
命風潮的傳播，仍有進無已。此顯與中國留學生之不斷增加極有關係。
中國留日學生在己亥、庚子（一八九九～一九〇〇）年間約百餘人。辛
丑（一九〇一）增加百餘名。壬寅（一九〇二）則增加四百餘名。[40]至
乙巳（一九〇五）年，竟驟增至七、八千人。[41]而東京留學生之革命言

論亦自壬寅年以後為更盛。並由革命言論而漸結革命團體。

　　東京留學生之革命言論除辛丑（一九〇一）年之《國民報》外，其發生較早者即為是年春之廣東獨立協會，為留日粵籍學生鄭貫公、馮斯欒、李自重、王寵惠、馮自由、梁仲猷等所組織。主張廣東向清政府宣告獨立之說。留日華僑加入者大不乏人。孫中山時居橫濱，贊助頗力，粵籍留日學生與中山發生關係即自此會開始。[42] 其次為壬寅年三月章炳麟、秦力山、馮自由、馬君武等發起「支那亡國紀念會」，附和者頗不乏人。同年冬，留學生復有青年會之組織，實即少年中國之意，為仿效「少年義大利」而來。明白示以民族主義為宗旨，以破壞主義為目的，認為「異族政府之不足有為」，而主張革命。[43] 發起人有葉瀾、董鴻禕、張繼、秦毓鎏等二十餘人。至癸卯（一九〇三）夏，會員多已從事拒俄義勇隊。此會編譯之新學書籍有《法蘭西大革命史》及《中國民族志》等數種。[44]

　　癸卯元旦各省留學生在留學生會館舉行新年團拜，到會千餘人，清駐日公使蔡鈞亦到。留學生馬君武、劉成禺先後演說滿洲吞滅中國之歷史，主張非排除滿族專制，恢復漢人主權，不足以救中國。慷慨激昂，滿座鼓掌。滿宗室長福起而駁之，為眾呵斥而止。事後劉成禺被開除留日學籍，長福由蔡鈞力保得充橫濱領事。[45] 是年四月，俄國為自東三省「撤兵」問題，向清廷提出密約，直欲迫清廷承認東三省為其勢力範圍。留學生聞之大憤，乃開大會於東京神田錦輝館，到各省留學生五百餘人，決議組織拒俄義勇隊，赴前敵拒俄，致電北洋大臣袁世凱請求出兵，並電上海各團體請求響應。義勇隊旋改稱為「學生軍」。因日本之干涉，又改稱為「軍國民教育會」。上海亦成立分會，互為策應，聲勢極盛。[46] 此事對國內外之革命風潮，有極大之影響。如長沙華興會之成立，即與此事有密切之關係。而留學生對孫中山革命之向心力，從此益趨增強。例如這年七月中山自安南返抵橫濱後，留學生來訪者尤多，一時東京橫濱道上往還頻繁，中山寓所，座客常滿。其經常來訪者有廖仲愷夫婦、馬君武、胡毅生、黎仲實、程家檉、劉成禺、葉瀾、李書城等數十人。中山因囑彼等物識有志學生，結為團體，以任國事。其後同盟

會之成立多有力焉。同時中山開辦一所革命軍事學校於青山,學生有黎
仲實等十四人。其入學誓詞為「驅除韃虜,恢復中華,創立民國,平均
地權。」此即以後同盟會之誓詞。[47]

　　自留學生拒俄義勇隊發生後,各省留學生之有志者紛紛創辦雜誌,
多以發揚民族主義為號召,如《江蘇》、《浙江潮》、《湖北學生界》
(五期後改為《漢聲》)等刊物。[48]至其他革命專著,亦多陸續出現,
如《黃帝魂》、《孫逸仙》、《太平天國革命史》等。尤以上海為多。

八、上海及國內各地之革命言論

　　國內革命言論實以上海為中心,初受東京留學生之影響,並漸影響
國內東南地區如浙江、安徽,以及海外華僑。至華中、華南各省,大多
受東京留學生之影響。其最突出者,則為北京發生轟動一時之沈藎案,
及京師大學堂之拒俄言論。上海之有革命言論,以壬寅(一九○二)年
《大陸報》為始;而以癸卯(一九○三)年之「蘇報案」為高潮。其後
革命言論亦不斷湧出。《大陸報》實繼東京《國民報》之緒統。《國民
報》於辛丑(一九○一)年在東京發行後,每期輸入上海者逾二千分,
影響東南各省青年,為力至鉅。惟此報僅出四期即以款絀停刊。其創辦
人之一戢元丞即於次年(一九○二)與日人下田歌子合資創設作新社於
上海,專以譯著新學書籍及販賣科學儀器為事,同時復刊行《大陸報》
月刊。言論雖不及東京《國民報》之激烈,而排斥保皇之說尤有過之。
司筆政者亦多《國民報》原人,如秦力山、楊蔭杭、楊廷棟、雷奮等;
更加入陳冷等數人。[49]這年上海並有《新世界學報》的發刊,其言論曾
指出「立憲與民族主義,有絕大之反對存焉」,認為中國不亡之機,在
民族主義之漸伸。此報為杭州中學堂師範班的退學學生所創辦。[50]

　　《蘇報》言論之傾向革命,乃是癸卯年初之開闢《學界風潮》一欄
發其端。在此之前,尚是保皇論調。[51]其革命言論之發生,實源於上海
南洋公學學生二百餘人在壬寅年十一月十六日發生集體退學之風潮,是
中國教育會負責人蔡元培、黃宗仰等之助,成立愛國學社以容之。教員
有章炳麟、吳敬恆、章行嚴、陳去病等。學社師生議論時政,放言無

忌，隱然成為東南各省學界之革命大本營。[52]癸卯正月，因學社幫忙之人徐敬吾的建議，每禮拜借張園安愷第開演說會，倡言革命。其演說詞即由《蘇報》刊載，自是《蘇報》即成為愛國學社之言論機關。故癸卯年正至五月間，上海之空氣，已弄成不安之現象。六月一日以後，《蘇報》進一步的革新內容，於是言論更趨激昂。這天論說題為《康有為》，其中有「革命之宣告，殆已為全國之所公認，如蘇案之不可移」等語。[53]從此革命排滿言論即不斷出現，尤以《讀革命軍》及《駁康有為政見書》等文影響最大。且日本留學界，亦有種種刊物響應。五月間，留學生張繼與鄒容等由東京回抵上海，鄒初住愛國學社，出《革命軍》一書，眾皆悅讀。[54]此書由章炳麟作序，上海大同書局出版。六月九日，《蘇報》刊有《讀革命軍》一文以闡揚之，並為文介紹《革命軍》。此書出版後，中外為之轟動。章炳麟所著《駁康有為政見書》亦同時出版，與《革命軍》相呼應。《駁康書》的文字，《蘇報》亦在六月二十九日加以選錄。第二天（六月三十日），即因清廷之指控，章在愛國學社被租界巡捕逮捕。鄒也在七月一日自動到捕房投案。七月七日，《蘇報》及愛國學社均被封。這便是當時轟動中外的所謂「蘇報案」之發端。[55]此案經交涉及審訊經年，章被判監禁三年，鄒二年。鄒在出獄前病故，而其《革命軍》一書，對革命影響力量之大，實難加以估計。例如吳樾之在乙巳（一九〇五）年九月二十四日在北京火車站炸殺清廷出洋考察五大臣失敗而自燬一幕的壯舉，即受此書之影響。吳在其遺書中有云：「友人某君授予《革命軍》一書，三讀不置。適是時奉天被占，各報傳警，至是而知國家危亡之在邇，舉昔卑汙之思想，一變而新之。」[56]中山曾謂：「鄒容著有《革命軍》一書，為排滿最激烈之言論，華僑極為歡迎。其開導華僑風氣，為力甚大。」[57]

《蘇報》雖被查禁，但在三十二天以後，上海又出現了《民國日日報》，其宗旨與《蘇報》同。清廷鑒於「蘇報案」交涉的棘手，只能禁人買書。結果禁者自禁，看者自看。此報因內訌而停刊。繼有《俄事警聞》（後改《警鐘日報》）之發行。都是繼承《蘇報》的系統。[58]從壬寅到乙巳（一九〇二～一九〇五）同盟會成立前的數年之間，上海革命

報刊之發行計有十種之多；而專著則有二十九種之多。[59]

　　浙江之有革命言論，初受東京留學生之影響，繼因上海「蘇報案」之發生而進展更速。其最早倡言革命者，為癸卯（一九○三）年孫翼中所主持的《杭州白話報》。孫原為杭州求是書院教習，壬寅（一九○二）年赴日留學，曾入東京青年會，並與蔣智由等辦《浙江潮》雜誌。癸卯夏返國，主持《杭州白話報》，倡言革命，為清吏所忌。後欲繫之於獄，孫逃走得免。上海「蘇報案」起，金華志士張恭、劉琨、盛俊等亦辦一旬刊，名曰《萃華報》，清吏欲禁之，改換門面得免。其後（一九○五），嘉興敖嘉熊用白話文編《新山歌》一書。敖為上海愛國社學生。該社解散後，回嘉興倡設演說會及教育會，暗中鼓吹革命。《新山歌》為運動下級社會之宣傳品，在浙曾引起黨案。[60]

　　安徽之發生革命言論，為留日學生陳由己（獨秀）於癸卯五月與張繼、鄒容同行回國後，陳於這年五月二十一日約集皖省學界開演說會於安慶藏書樓，並即組織愛國會，發行《愛國新報》。此舉實為響應拒俄運動，而與上海愛國學社連成一氣。並有創設「國民同盟會」之議。[61]

　　湖南之革命言論，亦受東京留學生拒俄運動之影響。癸卯六月，東京之軍國民教育會推舉「運動員」回國運動，湖南留學生黃軫（興）及陳天華被推回湘。經上海攜有鄒容之《革命軍》，及陳天華所著之《猛回頭》二書，在兩湖散布。而以學校為宣傳革命之所。[62] 這年十一月四日，黃等組織華興會於長沙，與湖北學界革命運動連成一氣。

　　湖北學界之發生革命言論，亦受東京留學界之影響。較早者為吳祿貞於壬寅年三月自日本士官軍校畢業後，[63] 先後執教於湖北將弁學堂及普通中學堂，曾於武昌花園山天主教堂設祕密機關，聯絡同志，翻印《猛回頭》、《警世鐘》、《黃帝魂》等革命書籍，易名為《富言》、《群學肄言》，散布到軍學各界。當時武昌學生，因受清廷對俄外交失敗的刺激，革命排滿思想大盛，因之加入花園山組織的人，非常踴躍。癸卯年，湖北當道乃採分化辦法，大批遣派學生出洋留學，激烈的如朱和中等派往歐洲；和平的如李書城等派往日本。從此花園山的同志為之星散。[64] 甲辰（一九○四）年六月，湖北學界復有武昌科學補習所革命

團體之成立，實為長沙華興會之支部。[65]

　　革命發源地之廣東，自孫中山乙未（一八九五）年起義失敗後，革命言論一度消沉。一直到己亥（一八九九）年末，《中國日報》在香港發刊，抨擊滿清惡政，粵人紛紛購讀，尤以政界銷路為多。廣州各報遂亦漸以提倡新學為言。[66]庚子（一九〇〇）年冬，史堅如炸清兩廣總督德壽不成殉難，廣州《嶺海報》主筆胡衍鴻（漢民）正以鼓吹新學聞於社會，彼與學界人士鈕永建、吳敬恆等談史堅如之壯烈犧牲，惟同聲太息而已。[67]壬寅（一九〇二）五月，吳敬恆率廣東學生二十六人東渡日本留學，以力爭保送學生入軍事學校事，與清駐日公使蔡鈞發生衝突，吳被迫回國去上海。廣東學生隨之退學回粵者有胡衍鴻等數人。胡回粵仍任《嶺海報》主筆，曾與廣州《亞洲日報》主筆謝英伯相約，合力攻擊保皇派《羊城報》之「非女權論」。故其時廣州守舊派頗有以胡屬於革命黨，而向粵督陶模舉發者。[68]惟胡離開廣州就任梧州中學教習後，《嶺海報》則傾向保皇，而與香港《中國日報》為敵。由於地理環境的接近，其時廣州言論以受香港之革命報紙的影響為多。如癸卯年以後鄭貫公在香港先後發行之《世界公益報》、《廣東報》、《有所謂報》，其闡揚民族主義，不亞於《中國日報》。一時革命言論之聲勢，為之大張，粵中風氣頓開。[69]

　　雲南學界之有革命言論，起於甲辰（一九〇四）年昆明人楊振鴻遊學日本，寄回《告滇中父老書》。學生中具熱血者讀楊書後，髮指眥裂，痛恨清廷斷送滇省。遂有李伯東、李鴻翔等設立誓死會，誓與滿清偕亡之意。雲南革命思想，發軔於此。次年，楊又自日本寄回《革命軍》一書給誓死會，李伯東等暗中宣傳。排滿思想，遂以日熾。[70]

　　貴州之革命言論，始於張百麟癸卯冬歸自日本。張於壬寅赴日留學，入早稻田大學法政速成科。次年秋在日晉見孫中山。冬返黔，初與蒲少先、黃澤霖組織自新學社，印革命書籍及民主政治學說摘要，潛贈同情革命人士。組織日益擴大。迄於丁未（一九〇七）年冬改組為貴州自治學社，而成貴族革命之總機關。[71]福建最早倡言改革者閩侯人鄭權。因受當時所謂新學影響，初以匈牙利之愛國者噶蘇士自況；並與友

人鄭蘭、蔡人奇謀改革，各以義大利之建國三傑相勉勵。[72]辛丑（一
九〇一）年，鄭入江南水師學堂，與趙聲、秦毓鎏等友好，創知恥學
社，研究理學。壬寅年初，自南京回閩，著有《瓜分慘禍預言記》及
《福建之存亡》等書。並與鄭祖蔭、林斯琛等藉孔子誕辰日大開演說
會。旋在福州組織益聞社，是為閩中社團之嚆矢；即暗為革命同志之機
關。其後續有益聞學堂、侯官

　　高等小學堂、長樂益群社之設，均為宣傳革命之所。至乙巳（一
九〇五）年春，而有漢族獨立會之設，實為各社團各學校中最急進分子
之組合。其負責人仍為鄭權。[73]其中堅分子如李樹藩、方聲濤等，亦多
為留日學生。[74]沈藎在北京被慘殺，與當時之拒俄運動有密切之關係。
沈為湖南長沙人。庚子唐才常「勤王」軍之役，沈負新堤發難之責。事
敗潛入北京，謀中央革命，居京二年，任日本某報記者。癸卯四月，俄
國為東三省撤兵問題，向清廷提出密約七條，清廷將允之。沈偵得密約
內容，揭諸日本報端，留學生憤而組織拒俄義勇隊，中外輿論亦攻訐清
廷。[75]同時京師大學堂學生亦發生拒俄言論，上書管學大臣請代奏拒
俄；並致書鄂垣各學堂，措詞激昂。上海《蘇報》並為刊載。[76]《蘇
報》為此特載《祝北京大學堂學生》一文，指出：「頃聞北京大學堂學
生，結秘密會社，與海內外志士聯絡，希圖革命。那拉氏聞之，召滿洲
某親王於頤和園，令其察辦。而學生數人被執，殊為慷慨，毫無卑屈之
色。吾聞之，不覺頓足大呼曰：中央革命軍將於是起乎！」[77]復因上海
「蘇報案」發生，清廷震恐，謀興大獄。遂於七月十八日在北京東華門
外將沈藎逮捕。二十二日，交刑部審訊。沈自稱為流血黨。既定讞，西
后命捶斃於獄。三十一日行刑，以竹鞭捶之，至四小時之久，血肉橫
飛，慘酷萬狀，而未至死，復以繩勒斃。中外報章多責清廷之野蠻暴
戾，革命思潮益為澎湃。[78]

九、海外各埠華僑之革命言論與保皇之失勢

　　海外各地華僑社會在庚子（一九〇〇）年前後，幾為保皇會的勢力
範圍，革命黨幾無立足之餘地。壬寅（一九〇二）以後，因受東京留學

界及上海學界革命言論之影響，海外華僑亦漸傾向革命。茲就美洲及南洋各埠華僑傾向革命言論情形分述如次：

檀香山為興中會策源地，興中會員程蔚南早在甲午、乙未（一八九四～一八九五）年間興中會創立時，即辦有《隆記報》（《檀山新報》）。其主筆許直臣亦為興中會員。惟當時以華僑思想錮塞，故此報全屬商業性質，毫無革命色彩。己亥（一八九九）年冬，康有為派梁啟超、陳繼儼（儀侃）到檀開設《新中國報》，大倡保皇，《隆記報》無法向之抵抗。至癸卯（一九〇三）年九月，孫中山由日至檀，以《新中國報》反對革命甚力，乃將《隆記報》改作黨報。以主筆乏人，乃親撰長文駁斥保皇之謬說，先後在《隆記報》發表《敬告同鄉論革命與保皇之分野書》及《駁保皇報》等文。[79]並在各島向華僑演說革命，及散發鄒容之《革命軍》一書，極受華僑歡迎。如這年十二月十七日中山曾有一函述其在檀言論情形云：「來檀時，攜有一書（按即《革命軍》），此書感動皆捷，其功效真不可勝量。近者求索紛紛，而行篋已罄。歡迎如此，旅檀之人心可知；即昔日無國家種界觀念者，亦因之而激動，歷史上民族之感慨矣！」[80]同時又有一函致住在橫濱之黃宗仰述其在檀掃除保皇勢力云：「弟刻在檀與保皇大戰，四大島中已肅清二，餘二島想不日可以就功。非將此毒鏟除，斷不能做事。」[81]《隆記報》既改為黨報，中山乃為延聘香港《中國日報》記者陳詩仲為主筆，因未獲美國駐港領事之簽證；且陳因新加坡《圖南日報》之聘往任總編輯。故《隆記報》暫由許直臣任主筆。一年後，始聘得張澤黎為記者，與保皇會之《新中國報》記者梁文興大開筆戰，數年不休。至丁未（一九〇七）年，《隆記報》改組為《民生日報》。[82]

舊金山之華僑社會，在己亥、庚子（一八九九～一九〇〇）年間保皇會在美洲最盛時期，康之門徒徐勤、梁啟田始創《文興報》於舊金山，大倡保皇之說。其後區棐甲前往主持《文興報》，論證，一變。區原籍廣東歸善，其鄉人多入三合會，區亦側身會籍。故到舊金山後與致公堂大佬黃三德及英文譯員唐瓊昌往還頗密。因區之建議，黃等於辛丑（一九〇一）年創辦《大同日報》為洪門喉舌。唐為經理，區為總編

輯。區雖屬保皇，但其言論頗近革命，曾以「太平洋客」筆名在《大同
日報》撰一長文，鼓吹廣東獨立，主張粵省脫離清廷，刊至數十續，大
為僑眾歡迎，橫濱《清議報》曾印為單行本，題署《新廣東》，風行一
時。甲辰（一九○四）年三月底，孫中山由檀抵舊金山，為清領事何佑
及保皇會人員構陷，阻其上岸。賴致公堂黃三德及唐瓊昌之助，始獲自
由留美。區於己亥年在橫濱時嘗與梁啟超訪中山高談革命，故屬舊交。
及聞中山在美登陸，以挾同黨檀香山《新中國報》筆戰之嫌，遂藉《大
同日報》攻擊中山，譏致公堂黃三德等歡迎中山之不智。黃等初尚勸區
與中山合作，共復漢屈#至是亦對區不滿，乃令其辭去《大同日報》總
編輯之職，並請中山薦人承之，因介紹劉成禺接任。劉到職後，《大同
日報》即大倡革命。美洲華僑革命思想之激盪，頗受此報之影響。[83] 孫
中山在舊金山復翻印《革命軍》一萬一千冊，分寄美洲及南洋各地華
僑，印費及郵費由致公堂及伍盤照之《中西日報》負擔。同年夏，中山
為致公堂重訂章程，使合革命宗旨。其第二條有云：「本堂以驅除韃
虜，恢復中華，創立民國，平均地權為宗旨。」並偕黃三德赴美國各
地，宣傳革命。[84] 這年六月十日，中山自加州致函黃宗仰述其在美掃除
保皇情形云：「弟近在苦戰之中，以圖掃滅在美之保黨。已到五、六
處，俱稱得手。今擬通遊美地有華人之處，次第掃之。大約三、四個月
後，當可就功。」[85] 其時美洲華僑對革命言論之反應，梅喬林、李綺菴
曾有記述：

> 己亥年，保皇黨在美洲隨處設會，大肆活動，華僑多趨向之。
> 然亦有華僑以為外人盛倡瓜分中國，實滿清無道召之，惟恐革命之
> 不速，遑論保皇也！迨庚子聯軍破北京，同時又有鄒容《革命軍》
> 一書，傳到外洋，爭相購閱。時人心奮興，輿論沸騰，華僑有志之
> 士，知非追隨中山先生革命，不足以救祖國之危亡。於是華僑之革
> 命思想日熾。[86]

中山曾謂：「海外華僑亦漸受東京留學界及內地革命風潮之影響，
史予漫遊所到，凡有華僑之處，莫不表示歡迎。較之往年大不同矣。」[87]

　　南洋各地華僑思想，素稱閉塞。己亥（一八九九）年康有為設保皇會於新加坡，以該埠閩籍巨商邱菽園為南洋分會長。邱為福建名孝廉，物望頗隆，辦有《天南新報》，實保皇會在南洋之言論機關。辛丑（一九○一）年興中會員尢列至新加坡，向當地義興會（即三合會）會員及農工界宣傳革命，繼設中和堂以收攬下層社會，參加者均農工方面。商界中表同情者僅陳楚楠、張永福二人。癸卯（一九○三）年，上海「蘇報案」起，陳、張兩人致電上海英領事，要求勿引渡章炳麟、鄒容二人於清廷，以重人權。是為南洋華僑贊同革命之第一聲。陳復籌資翻印《革命軍》五千冊，改名《圖存篇》，散播南洋各地；並設法輸入閩粵各縣。是年秋冬間，兩人出資籌辦《圖南日報》，於甲辰（一九○四）年出刊。其總編輯初由尢列介紹鄭貫公擔任，鄭以籌辦《廣東報》，乃薦陳詩仲自代。鄭、陳均香港《中國日報》記者。此報發行後，各僑商視為大逆不道，嚴禁子弟夥友購閱，訂閱者僅三十餘分。半年後，人心漸歸附，乃由原印一千分增印至二千數百分。此報發行至乙巳（一九○五）年冬，以虧負甚多而停刊。[88]

　　緬甸首府仰光有保皇分會，為甲辰年康有為自印度遊緬時所成立，以莊銀安為分會長，並辦《仰光新報》為其言論機關。乙巳（一九○五）年六月，秦力山自香港到仰光，歷陳康梁棍騙華僑情形，莊豁然覺悟，遂宣布脫離保皇會關係。秦因著《革命箴言》二十四章，凡六萬餘言，在《仰光新報》逐日發表，全緬僑眾大為感奮。惟刊至十六章，為該報守舊之董事所反對，竟將其餘八章強行燬滅，讀者莫不引為憾事。[89]

　　至南洋其他地區如暹羅、馬來亞、爪哇等地，至同盟會時期革命言論乃大盛。歐洲華人之趨向革命，以鄂籍留學生為主。癸卯（一九○三）冬，鄂省當道以學界倡言革命，乃擇其中較激烈者遣派歐洲留學，於是朱和中等赴德；賀之才等赴比。其後續有多人赴德、比、法等國。甲辰（一九○四）年，孫中山在美，因劉成禺之介紹，留歐學界歡迎中山渡歐組織革命團體。乙巳（一九○五）年春，中山首抵比利時首都布魯塞爾，與留學生胡秉柯、賀之才、朱和中等會晤，討論革命方略及建國事業，乃揭示三民主義、五權憲法以號召之。辯論多次，意見接近。

於是開第一次會於比京，加盟者三十餘人；開第二次會於柏林，加盟者
二十餘人；開第三次會於巴黎，加盟者亦十餘人。[90]是為東京中國同盟
會之先聲。

十、革命言論之內容（一）──民族主義

中山曾謂：「余之從事革命，建主義以為標的，定方略以為歷
程。」又云：「求舉國之人民，共喻此主義，以身體而力行之，於是有
宣傳。」[91]故革命言論，實即宣傳主義與說明方略。興中會時期對主義
之宣傳與方略之說明，雖不若後來同盟會時期之完備而有系統，但同盟
會之言論，實由興中會的言論演進而來。換言之，如無興中會時期之持
續不斷的和無遠弗屆的革命言論，亦不可能有同盟會時期之蓬勃的革命
運動。

孫中山之革命主義──民族、民權、民生三大主義，其產生之經
過，據中山自述在其倫敦蒙難脫險後，即一八九六年下半年到一八九七
年上半年在歐考察時，即採取民生主義，以與民族、民權兩主義同時解
決。此即三民主義所由完成。[92]但其公開發表三民主義的文章，則在乙
巳（一九○五）年十一月二十六日的《民報》發刊詞，這是同盟會成立
以後的事。不過根據有關文獻，中山和其他革命黨人以及學界人士在興
中會時期的言論，不獨對於民族和民權兩主義有充分的發揮，即民生主
義及其有關內容，也曾有所討論或發表。茲就民族、民權（含方略）、
民生三大主義的順序，探求其發生與演進。

興中會有關民族主義的最早文獻，當是甲午（一八九四）年十一月
〈檀香山興中會章程〉中所說：「中國積弱非一日矣，……近之辱國喪
師，強藩壓境。堂堂華夏，不齒於鄰邦；文物冠裳，被輕於異族。」這
是指當時中日戰爭，中國敗局已定；但以中國條件而言，尚大有可為，
因此〈章程〉續云：「以四百兆蒼生之眾，數萬里土地之饒，固可發奮
為雄，無敵於天下。」但不幸由於「庸奴誤國，荼毒蒼生，一蹶不振，
如斯之極！」這當指滿清政府而言。而且中國遭受「蠶食鯨吞，已效尤
於接踵；瓜分豆剖，實堪慮於目前。」因此創立興中會的目的，就是

「協賢豪以共濟，抒此時艱，奠我中夏。」簡言之，就是集合有志之士，來拯救中華民族的危亡。興中會誓詞中更指出「驅逐韃虜，恢復中國」。[93] 次年（一八九五），香港興中會誓詞將「恢復中國」，改為「恢復中華」。[94] 意義更為明確。故《興中會章程》及誓詞中所含民族主義之意義，不僅對內要求民族平等，而且對外要求民族獨立。以後之民族主義無論如何發揮，均不超出此原則。

乙未（一八九五）年十月，廣州起義失敗，陸皓東被捕殉難。其供詞中有云：「與同鄉孫文同憤異族政府之腐敗專制，……外人之陰謀窺伺。憑弔中原，荊榛滿目。每一念及，真不知涕淚之何從也！」又云：「滿清以建州賊種，入主中國，奪我土地，殺我祖宗，擄我子女玉帛，……揚州十日，嘉定三屠；與夫兩王入粵，殘殺我漢人之歷史，猶多聞而知之，……要之，今日非廢滅滿清，決不足以光復漢族。……」[95] 這真是一篇有血有淚的民族獨立宣言！

一八九六年十月，孫中山在倫敦脫險後，曾應劍橋大學教授翟爾斯（Herbert Giles）之請，寫一簡短《自傳》，說明中國「自清虜入寇，明社坵墟。中國文明，淪於蠻野。從來生民禍烈，未有若斯之亟也。」因此他要「出萬死一生之計，以拯斯民於水火之中，而扶華夏於分崩之際也。」[96] 這是中山首次向國際人士說明其革命主張。

一八九七年秋，中山抵達橫濱，日本志士宮崎寅藏來訪。叩以革命宗旨，中山首即申述民族大義，告以「清虜執政，茲三百年矣，以愚弄漢人為治世第一之要義。」又謂：「方今世界文明，日益增進。國皆自主，人盡獨立；獨我漢族，每況愈下，瀕於危亡。」因此他要「推翻逆朝，力圖自主。」[97]

戊戌（一八九八）以前，中國知識分子之言民族主義而要求漢人自主者，亦祇孫中山及興中會中人。但自戊戌政變以後，民族主義於是乎漸伸。[98] 國內漸有學生東渡日本留學，部分學生因受新學的影響，及對清廷改革的失望，漸傾向於民族革命思想。其時留學生與中山接觸最早的，有沈翔雲、戢元丞、吳祿貞等，稍後則有秦力山、林錫圭、李炳寰、蔡艮寅、田邦璿。蔡忠浩等多人。大多由沈翔雲之介紹而往訪中

山，討論革命。庚子（一九〇〇）唐才常自立軍之役，留學生參加者二十餘人。[99]其中亦有革命黨人如吳祿禎、容星橋等。惜唐受康梁影響，揭櫫「勤王」旗幟，周旋保皇與革命之間，因有「民族大義」與「君臣之義」之衝突。其組織之正氣會（旋改稱自立會）宣言中既有「非我種類，其心必異」，又有「君臣之義，如何能廢」之言，因招革命派之反對，於是畢永年及章炳麟與唐分離。[100]此為革命與保皇在思想上首次之發生衝突。

庚子以後，東京留學界及上海學界的革命言論，對於民族主義的闡述，幾成為時尚的言論。有的根據中國傳統的民族思想；有的根據西方的民族革命學說。根據中國傳統思想的，如《國民報》之《亡國篇》有云：

> 彼韃靼之入我中國也，其始既橫加殺戮，慘毒不忍聞，其繼也分其醜類，遍我中國，名之曰駐防。夫駐防云者，則豈不以防我漢族哉？不使之自謀其生，而坐食我膏腴；婚姻有滿漢，官階有滿漢，夫豈惟此，粵亂（指太平天國）之起也，以漢攻漢，疊尸山積，而所保者滿洲也；團匪（指義和團）之起也，以漢攻夷，血流津京，所保者滿洲也。且二百兆之償，取我漢民之錢，以保彼宴游之地。臺灣之割，夷我漢種之人，以保彼根本之地。今日又至矣。勝敗惟漢之是禍，而滿人坐享其利。……彼有恆言曰：吾寧以家產付之鄰友，而斷不與我家僕也。[101]

章炳麟為國學之殿將，精研國學，以發揚民族主義。壬寅（一九〇二）三月在東京發起「支那亡國二百四十二年紀念會」宣言中列舉歷史上反清的民族英雄，有云：「願吾滇人，無忘李定國；願吾閩人，無忘鄭成功；願吾越（浙）人，無忘張煌言；願吾桂人，無忘瞿式耜；願吾楚人，無忘何騰蛟；願吾遼人，無忘李成梁。」[102]同時，由於他深感漢族亡國之痛，力倡光復主義，故有《訄書》之作，以見其志。[103]

癸卯（一九〇三）元旦，留日學生新年團拜，馬君武、劉成禺演說革命排滿，有滿學生良弼、長福二人，聞而大懼，三日不食，作書數十

通，以致滿人當道，使速備漢。上海《蘇報》為此發表社論，題為「異哉滿學生！異哉漢學生！」[104]

　　從此排滿言論日盛；更有一些排滿的專著，不斷出現。如章炳麟的《駁康有為政見書》，楊守仁的《新湖南》，鄒容的《革命軍》，陳天華的《猛回頭》和《警世鐘》，吳樾的《暗殺時代》，吳之銓的《孔孟心肝》等，大都是抱著排滿的狹義民族主義。[105]

　　關於西方民族主義思想之輸入中國，約在十九世紀之末。較早者有如李提摩泰（Timothy Richard）譯的《泰西新史攬要》，王韜著的《法國志略》等書。[106]留學界較早介紹和鼓吹西方民族主義思想者，有橫濱之《開智錄》，及東京之《國民報》。《開智錄》中《論帝國主義之發達及二十世紀世界之前途》一文，對中國近代民族革命運動，實具重要意義。此文指出：「今日之世界，是帝國主義最盛，而自由（Independence）敗滅之時代也」。至其原因，此文指出有四：一、物理學之發明；二、人種之膨脹；三、強弱之不濟；四、列強革命之後。更就列強之現勢觀之，俄法向來是帝國主義。日本之政策，是唯歐洲之趨勢是視。美國自立國以來，向守共和不侵略之主義，但近數年來吞古巴，併夏威夷，敗西班牙，服菲律賓，又近加入聯軍以攻中國，以與列強競爭於世界舞臺之上，已棄華盛頓開國之傳統矣。英國自南非兩共和國起而獨立，不惜以全力陷於戰爭之地位。近來漸收勝利之功，政府黨（保守黨）益隨之而得勢。南非一役，實助英國帝國主義之發達。德國自敗法之後，由一不振之小邦，一躍而入於世界列強之舞臺，工商學術，直可爭衡英美，幾有後來居上之勢。數十年來，養鋒蓄銳，其躍躍欲試，拋棄鐵血宰相俾斯麥之策，而銳意於謀取殖民地，其帝國主義，益有盛矣。然則所謂帝國主義之侵略目標為何？勢相爭馳於太平洋西岸之大陸。中國何去何從，是甘居黑暗地獄？還是昂頭光明樂土？正是面臨抉擇的時機了。[107]

　　《國民報》在〈二十世紀之中國〉時論中有云：

　　　　我今日即不念亡國之慘，亦當外鑒當世，而蹶然興起矣！夫十

八世紀之末，十九世紀之初，歐洲數強國，其民之受壓制束縛，奴
隸牛馬，暴虐殺戮，固無異於中國之今日也，然卒不逾半世紀，而
竟脫壓抑束縛之禍，奴隸牛馬之役，暴虐殺戮之慘，皆成新造獨立
之雄邦者，豈非自一二傑士，昌明公理，大聲疾呼，起通國之民
心，勃然奮發而致之者乎？然則我國民可以興矣！[108]

其後之《遊學譯編》、《浙江潮》及《江蘇》等刊物，對西方民族
主義均有相當分量的介紹。如《遊學譯編》中《民族主義之教育》一
文，係根據日本人高村世雄之論，以為救國之術，在振起國民之精神，
養成國家之思想。文中復引述西方革命史實，提倡民族建國主義；即以
種族為立國之根據地。[109]《浙江潮》有《民族主義論》一文，認為「今
日者，民族主義發達之時代也；而中國當其衝。故今日而再不以民族提
倡於中國，則吾中國乃真亡矣。」[110]《江蘇》有《民族精神論》及《民
族主義》等文，尤以《民族主義》一文強調民族主義在建立民族國家中
的重要性，有云：「學說之有勢力于世，且有益于世者，未有如民族主
義之甚者也。滿基尼（Giusepe Mazzini，一八〇五～一八七二）倡於意
而意統一；威龍求利倡于德而德聯邦。今則政治家無不定為國是，而實
行其政策焉矣。」[111]

其在上海革命言論中之言西方民族主義者，《蘇報》亦多警闢之
論。如癸卯（一九〇三）二月二十八日社論有云：

至十九世紀競爭之風潮者，誰乎？民族主義為之也。其上焉
者，若德意志之聯邦，若意大利之統一；其次焉者，若匈牙利之自
治，若希臘人之獨立；其下焉者，若飛獵賓之戰美，若脫蘭斯之抗
英。雖成敗不同，而其為民族主義所驅使則一也。風潮所趨，漸及
東亞。二十世紀之中國，為民族競爭之一大舞臺，無疑也。[112]

民族主義之發生，其根據中國傳統的民族思想，因無待於外鑠，故
易為一般人所接受。雖不免流於狹義的排滿思想，然在當時現實的政治
情況下，實為鼓動革命風潮最有力的武器。其引入西方的民族革命學

說，對於中國國民革命運動，更具有現代的意義。

十一、革命言論之內容（二）——民權主義

在興中會時期革命言論中，最早提出民權思想或制度的文獻，當以甲午（一八九四）年十一月《檀香山興中會章程》中所云：「我中華受外國欺凌，已非一日，皆由內外隔絕，上下之情罔通，國體抑損而不知，子民受制而無告。苦厄日深，為害何極！茲特聯絡中外華人，創興是會，以申民志，而扶國宗。」誓詞中更規定「創立合眾政府」。[113]意即仿行美國民主共和制度。

一八九七年八月，孫中山答宮崎寅藏之訪問，其對中國革命所採取之政治制度有云：「且夫共和政治，不僅為政體之極則，且適合於中國國民，而又有革命上之便利者也。」這正是中山的革命方略重要之處，因為他認為中國歷史上每經一次擾亂，各方豪傑，便互爭雄長，往往數十年戰禍不已。其所以如此，即由於舉事者無共和之思想，亦絕無共和憲法之發布」。中山以為行共和之革命，在聯邦共和之名義下，公推夙著聲望之人士，使為一邦（省）之長，然後建中央政府以馭之。如此既免割據之紛擾；且可達到共和政治革命之便利。[114]

庚子（一九〇〇）年六月，中國北方發生拳亂，香港興中會人員經由香港總督卜力（Henry Blake）之介，勸兩廣總督李鴻章與孫中山合作，以謀獨立。興中會擬訂《平治章程》六條，以為建立獨立政府之依據。擬在南京或漢口建立中央政府，舉民望所歸之人為首領，設立議會，制定憲法。各省立一自治政府，其首長由中央政府選派。省設省議會，議員由各縣推舉。[115]此一章程，雖較遷就時現實環境，亦為興中會對於共和制度一項具體的規畫。

其後東京留學界所提倡之民權主義，大多以西方民權思想為依據。如《國民報》在〈二十世紀之中國〉一文中有云：

久居是邦，……或一探其政治，……吾知美必曰：脫英壓制，獨立而強；法必曰：傾君之專制，革命而強；英必曰：去貴族之箱

制，改革而強；意必曰：除奧之羈絆，自主而強；日必曰：覆幕府
之專政，維新而強。且必謂吾之所以能脫之、傾之、去之、除之、
覆之者，在種吾民革命之種子，養吾民獨立之精神。而可一言以蔽
之曰：民權而已。[116]

《國民報》中的《說國民》一文，要為東京留學生早期討論民權主
義之重要文獻。此文對「國民」之界說，則以權利、責任、自由、平
等、獨立五項條件為標準。具此五項條件者，方可稱之為國民，否則即
為奴隸。其論權利，則曰：「天之生人也，既與以身體自由之權利，即
與以參預國政之權利。」其論責任，則曰：「國民之所顧者，為同國同
種之事。」其論自由，則曰：「脫君權之壓制而一旦自由者，法國是
也；脫外權之壓制而一旦自由者，美國是也。故凡受君權之壓制，……
非國民也；凡受外國之壓制，……非國民也。」其論平等，則曰：「衝
決治人者與被治之網羅，則人人皆治人者，即人人皆被治者。」其論獨
立，謂能貧賤不移，威武不屈，富貴不淫。以此標準來衡量當時中國之
人，則不能謂之為「國民」。[117]

惟其時倡民權主義者，頗與民族主義相關聯。如前文《說國民》指
出：按物競天擇之理，則世界有國民之國，將群起染指於亞洲大陸極東
之地；按優勝劣敗之理，則以國民而伐奴隸之兵，奴隸安有不敢？以國
民而握奴隸之利，奴隸安有不窮？事實上，凡受外族壓制之民族，自無
民權之可言。故此文指稱：「曾見英國議院中有印度人之足跡乎？曾見
法國議院中有安南人之足跡乎？曾見日本議院中有臺灣人之足跡乎？」[118]

由於民族主義或被視為革命之根本問題，故當時民權思想方面的言
論，遠較言民族主義者為少；而言民生或社會問題者則更少。如《浙江
潮》一至十期約載重要論著二八八篇次，其中激發民族思想者四八篇，
鼓吹民族革命者一七篇；鼓吹民主思想者一〇篇；介紹西方社會主義和
社會黨者一一篇；其他二〇二篇。《江蘇》一至十二期約載重要論著三
八五篇次，其中激發民族思想者七二篇，鼓吹民族革命者四五篇；激發
民權思想者八篇；介紹西方社會主義及社會黨者二篇；其他二五八篇。[119]

　　當時亦頗有人以為中國人之程度，能否實行民權主義為疑問者。曾有人向東京《國民報》編者提出質問。謂該報「以平等公理，鼓舞華民，誠為當今之急務也。然有不能已於懷者，中國海外之民，如上海、美國、日本、南洋諸流寓者，已久耳濡目染，泰西平權之益，大有可望。無如中國內地之民，一旦使之有權，不惟無益於國，而且損於國也。何以言之？蓋內地之民，率皆愚蠢……日與洋人為敵，與維新為仇。」《國民報》以為：「自由平等，本屬天賦之權，為人類所固有而又放棄也者」；至海外華民，「不過銅臭之子耳，何足以高談政治？」內地之民排外思想，通之即成獨立之精神。京津拳亂，不過是頑固大臣所指使。至如何為民權之實施來「出一妙策？」《國民報》以為「吾輩於開智以外，無他責任矣」。[120]這一問題，直到興中會成立後，尚曾發生爭論。

十二、革命言論之內容（三）──民生主義

　　民生主義的主要內容為「平均地權」。孫中山述其倫敦脫險之後，即一八九六、七年間在歐考察時，乃完成民生主義。但「平均地權」一詞之開始使用，有謂在壬寅（一九○二）年中山成立河內興中會分會時，即把誓詞改為「驅除韃虜，恢復中華，創立民國，平均地權。」[121]不過一般的說法，均謂癸卯（一九○三）年在日本開辦革命軍事學校時始有此誓詞。次年（一九○四）夏在舊金山《重訂致公堂章程》亦用之。

　　中山最早與人討論到土地問題而有文獻足徵者，當推梁啟超記其己亥（一八九九）年在橫濱曾與中山討論到革命的手段及土地國有等問題。當時中山主張推倒滿清，建立民國；對於土地，採國有制度，直接授田，直接納稅。梁對於土地問題，甚贊中山所見「頗有合於古者井田之意，且與社會主義之本旨不謬。」[122]

　　壬寅（一九○二）年，章炳麟至日本，晤孫中山，與語大悅。章留日凡三閱月，常與中山討論革命問題。返國著有《訄書》，中有〈定版籍〉一章，記兩人討論土地問題。其記中山的談話，略謂貧富的懸殊，

實為革命之媒介。惟工藝界的貧富不可以平均，因為彼等所得之多寡，是按其材力之巧拙而定。故只能從土地著手。因土地屬於天然之物，而非屬於材力。凡不自行耕種的，不得有土地。地上之物，凡以勞力所成者得為其所有；為天然所作者不得占有。故土地之買賣，只能償其勞力所得，而不能買其土地也。因此，不耕者不得有尺寸耕土，縱使不設賦稅，不勞收受，而田自均。章對中山的意見，大為贊同，他認為田不均，雖差降賦稅，人民仍不能安居樂業；雖有財貨之貯藏，也不足以養民。此文最後列有「均田法」四條，顯為兩人討論的結果。[123]

　　近年有一重要文獻的發現，即為孫中山癸卯（一九○三）年十二月十七日在檀香山有一長函答覆一位同志所詢社會主義，並論及「平均地權」之意義。文見上一章的節錄，此處從略。[124]

　　上述文獻距《民報》發刊詞之提出民生主義約早一年，其內容則較發刊詞之言民生主義為詳細；其較丙午（一九○六）年十二月二日在《民報》週年紀念會演講《三民主義與中國民族之前途》中之民生主義，提早兩年。惟癸卯年十二月十七日函中尚稱用「社會主義」一詞，至何時改用「民生主義」？據劉成禺記述：中山甲辰（一九○四）年夏在舊金山時，曾論及設會，必先有主義，因謂：「林肯主義曰：For the people, By the people, Of the people，所謂民治、民有、民享。孟魯主義曰：美洲人不干與美洲以外，亦不容非美洲人干與美洲。主義愈簡單明瞭，愈生效力。此漢高祖約法三章之主義，乃戰勝項羽。今設同盟會，黨綱宣言，予意願提出三民主義，一曰民族，此中國排滿革命主義；二曰民權，此世界建設民主政治主意；至於現代國家社會主義，社會經濟政策，歐美風靡，他日必為世界人民福利最大問題。無適當名詞，不能沿用民享。當討論之。」劉進言曰：「中國俗語，事不過三，所謂智仁勇；所謂土地、人民、政事；君子三畏、三變；正德、利用、厚生。至若日本以三矢告廟；林肯以三民宣言。先生開黨，首定三民，亦約法三章也。」中山推案起曰：「得之矣！第三主義，定為民生。主意本汝言厚生意也。意義包括宏大，俄之虛無共產，德之國家社會政策，英美法之社會主義，皆在民生主義涵蓋之下。推廣之，將成世界主義矣。」[125]

這是一段頗為生動的對話。

　　劉之記述，以癸卯（一九〇三）年十二月十七日之函尚無「民生主義」一詞證之，尚合事實。故中山在乙巳（一九〇五）年春到歐洲組織留學生革命團體時，乃揭示他生平所懷抱之三民主義、五權憲法以號召之。[126]至當時留學界書刊中之介紹或討論平均財富之有關思想和主張的，亦都稱為社會主義。而且這方面的言論更較民權主義的為少，如《浙江潮》介紹西方社會主義和社會黨的文字，只占其總篇次的百分之三‧八；《江蘇》只占其總篇次的百分之〇‧五二。而且介紹社會主義亦如介紹民權思想一樣，都是在一般革命言論中順便提及的，很少以社會主義為題，來作廣泛而深入的討論。[127]

　　東京留學生之革命言論中介紹或討論社會主義或問題者，仍以《國民報》為較早。在其《說國民》一文中，曾有一段文字論及外國勞工問題，內容如下：

　　　　外國工人，有立會、演說、開報館、倡社會之說者，我國有之乎？曰無有。外國工人，有合各國之工人，於倫敦立一大會，議定各法，以保護工業者，我國有之乎？曰無有。外國工人，有干涉國政，倡自由之說，以設立民主國為宗旨者，我國有之乎？曰無有。[128]

　　其後鄒容《革命軍》一書亦採用此段文字，惟稍變其詞句。[129]比較突出的是載於《浙江潮》的兩篇文字，一為第二期的《斯拉夫人種與條頓人種之競爭》一文，提出了民族、自由、社會三主義。謂歐洲各民族之獨立與革命，除民族、自由二主義外，「又有社會主義者勃興於其間。社會主義者何？均貧富問題也。」另一篇為第六期的〈最近三世紀大勢變遷史〉一文，提出社會、自由、博愛三主義，謂「法國革命之大震動，波及於歐羅巴全洲，有直接之影響。當其主腦曰社會的平等也，曰政治的自由也，曰四海同胞之大主義也。此理想，此主義，遂刺激於世界國民之腦。其功德遂飛揚社會政治之實際界，永無沒時。」[130]要之，其時留學界書刊中之言社會主義，尚屬片段的，皮毛的，無條件系

統之可言。

十三、結論

　　興中會時期的革命言論，足以反映當時中國一般知識分子的願望。其發生之背景與演進，常因外力侵略之加緊而加深其程度與速度。如乙酉（一八八五）年之中法戰爭，安南淪為法之保護國，使孫中山決志傾覆清廷，開始革命言論。甲午（一八九四）年之中日戰爭，中國失敗，清廷之腐敗益趨顯著，中山乃創立興中會，策動廣州起義，使革命言論見諸行動。同時康有為之變法運動，亦在國內興起，一般經生文人多趨向之，蓋對滿清尚抱改革之希望。戊戌（一八九八）政變以後，康有為、梁啟超挾其變法維護運動之聲望，在海外華僑社會中倡立保皇會，一時聲勢甚盛。革命黨此時在華僑社會中幾無立足之地。迨庚子（一九〇〇）拳亂，聯軍占據津京，清太后及光緒帝之出走，繼辛丑（一九〇一）和約之簽訂，清廷威望盡失。於是全國有志之士，知非推翻清廷，不足以救亡；加以留日學生之漸增，受西方思想之影響，證諸本身之感受，革命言論因以漸盛。癸卯（一九〇三）年東京留學生之拒俄運動，上海「蘇報案」之發生，國內外革命言論，益趨激烈。康梁在海外之保皇號召遂趨沒落。此一背景與趨勢，實奠定乙巳（一九〇五）年八月中國同盟會成立之基礎。

　　就興中會時期革命言論之內容而言，由於革命之對象，首在推翻清廷之統治；而清廷之必須推翻，實其本身既被視為「異族」，復以無能應付外來之侵略；且被要求推翻之清廷，屬於專制政體。因此民族與民權，乃為首先被提出之革命主義。其後學界之革命言論，一面根據中國傳統思想，以求適合國情；[II]一面根據西方學說，以應世界潮流。至民生主義之提出，雖在其後，但更具時代之意義。故此三大主義，乃形成革命言論之內容。中山倡之於先，學界自動應之於後，前後呼應，持續不斷，所到之處，沛然形成革命力量。故中國同盟會之產生，乃有水到渠成之勢。

原載《中華學報》，第一卷第二期，一九七四年七月出版

1　《孫文學說》第八章，《有志竟成》（以下簡稱《有志竟成》），見《國父全集》（臺北：國民黨中央黨史會，民國六十二年六月），第一冊，四九一頁。

2　同 1。

3　同 1。

4　羅家倫編《國父年譜》（臺北：國民黨中央黨史會，民國五十八年，增訂本），上冊，五五頁。

5　Harold Z. Schiffrin, *Sun Yat-sen and the Origins of the Chinese Revolution*. pp. 27-28, University of California Press, 1970。一八九〇年孫中山致鄭藻如書大意，主張利用西方的經驗來改進農桑，及抵制鴉片，並提出普及教育及緩和經濟的窮困。其普及教育的主張，在發達學校以培養人才；婦女及兒童均須讀書識字。他認為人才不足，風習不良，則國家不能強盛。

6　吳相湘《孫逸仙先生》（臺北：文星書店，民國五十四年），第一冊，九八頁。

7　《有志竟成》，《國父全集》，第一冊，四九一頁。

8　李長傅《中國殖民史》（臺北：臺灣商務印書館，民國五十五年），二二五頁，謂檀香山各島至一八八六年共有中國人二萬，又二七三頁謂一八九七年華工入境者共七、三六四人。

9　吳相湘《孫逸仙先生》，第一冊，一〇四～一〇五頁。

10　H. Z. Schiffrin, *Sun Yat-sen and the Origins of the Chinese Revolution*. pp. 45-55.

11　《中國革命史》，《國父全集》，第二冊，一八五頁。

12　《有志竟成》，《國父全集》，第一冊，四九二～四九四頁。

13　左舜生《戊戌維新》，《中國近代史四講》（香港：友聯出版社，一九六二年），九五～一〇三頁。

14　李劍農《中國近百年政治史》（臺北：臺灣商務印書館，民國六十三年，第十版），上冊，一七五～一七六頁。

15　馮自由《革命逸史》（以下簡稱《逸史》，臺北：臺灣商務印書館，民國五十八年，臺一版），第一集，二〇〇頁。

16　同 15，一七頁。

17　有姓名可查者僅十七人，見《逸史》（四），四四～五八頁。

18　《逸史》（一），七二頁。

19　李劍農《中國近百年政治史》，上冊，二〇九頁；丁文江《梁任公年譜長編》（臺北：世界書局，民國五十一年），上，八三～八四頁。

20 《逸史》（一），九二～九三頁。

21 李劍農《中國近百年政治史》，上冊，二〇九～二一〇頁。

22 丁文江《梁任公年譜長編》，上，一二四頁。

23 《有志竟成》，《國父全集》，第一冊，四九四～四九五頁。

24 陳少白《興中會革命史要》，見《中華民國開國五十年文獻》（臺北：中華民國開國五十年文獻編纂委員會，民國五十二年），第一編第十冊〈革命之倡導與發展〉，四九九頁。以下簡稱《開國文獻》一～十。

25 馮自由《中國革命運動二十六年組織史》，見《開國文獻》一～十，五〇〇頁。

26 李劍農《中國近百年政治史》，上冊，二二〇頁。

27 《有志竟成》，《國父全集》，第一冊，四九六頁。

28 《逸史》（一），一二五～一二六頁。

29 同 28，一二八～一三一頁。

30 同 28，一四三～一四五；《國民報》彙編，一九〇四年六月印（民國五十七年黨史會影印出版，列為《中華民國史料叢編》）。

31 張繼〈回憶錄〉，見《張溥泉先生全集》，下，二三三頁。

32 章炳麟《秦力山傳》，見《革命人物誌》（臺北：國民黨中央黨史會，民國五十九年），第四集，四八～四九頁。

33 上海《蘇報》（一九〇三年六月十四日）。

34 張朋園《梁啟超與清季革命》（臺北：中央研究院近代史研究所，民國五十三年），一五六頁。

35 丁文江《梁任公年譜長編》，上，一五七頁。

36 同 35，一六六頁。

37 胡漢民《近年中國革命報之發達》（新加坡《中興日報》，一九〇九年一月十九日），見《開國文獻》一～十二，七二九頁。

38 《敬告同鄉論革命與保皇之分明書》（一九〇三年八月），《國父全集》，第三冊，二六頁。

39 張朋園《梁啟超與清季革命》，一六七頁。

40 據房兆楹輯《清末民初洋學生題名錄初輯》（以下簡稱《洋學生名錄》，臺北：中央研究院近代史研究所，民國五十一年）；光緒二十四年（一八九八）七十八名，二十五年（一八九九）增六十二名，二十六年（一九〇〇）十三名，二十七年（一九〇一）一〇七名，二十八年（一九〇二）四五七名。二十九年（一九〇三）僅增二十六名，此年資料顯然不全。

41 王德昭《同盟會時期中山先生革命思想的分析研究》（以下簡稱「王德昭文」），見《中國現代史叢刊》（臺北：正中書局，民國四十九年），第一冊，七三頁。

42 《逸史》（一），四六頁。

43 《秦效魯先生事略》（錫金光復會同仁編印），見「王德昭文」引用。

44 《逸史》（一），一五一～一五二頁。

45 馮自由《中華民國開國前革命史》（一），見《開國文獻》一～十，七五頁。

46 羅家倫《國父年譜》，上冊，一五六～一五七頁。

47 同 46，一六五～一六六頁。

48 《逸史》（一），一九二頁。

49 《逸史》（二），七七頁。

50 「王德昭文」《中國現代史叢刊》（一），一二四、一三二頁。

51 同 50，一二三頁。

52 《逸史》（二），七九頁。

53 《蘇報案紀事》（臺北：國民黨中央黨史會，民國五十七年，影印本）。

54 《吳敬恆（稚暉）談蘇報案》，見《開國文獻》一～十，六〇三～六〇四頁。

55 《蘇報案始末》，同 54，五三一～五三三頁。

56 《逸史》（三），一九九頁。

57 《有志竟成》，《國父全集》，第一冊，四九七頁。

58 《蘇報案始末》，同 54，五三九頁。

59 張玉法《興中會時期的革命宣傳》（原稿）。以下簡稱「張玉法文」。

60 馮自由《浙江志士與革命運動》，見《開國文獻》一～十，四〇九～四一一頁。

61 上海《蘇報》（一九〇三年五月二十五日），見《開國文獻》一～十，四二三～四二四頁；並見吳相湘：《民國百人傳》（臺北：傳記文學社，民國六十年）（三），八七頁。

62 李雲漢《黃克強先生年譜》（臺北：國民黨中央黨史會，民國六十二年），五八～五九頁。

63 房兆楹《洋學生名錄》，四八頁。

64 國民黨黨史會《吳祿貞傳》，見《革命人物誌》（臺北：國民黨中央黨史會，民國五十八年）（二），二二七頁。

65 李雲漢《黃克強先生年譜》，六五頁。

66 《逸史》（一），一六七頁。

67 吳敬恆《中山先生年系》，見《開國文獻》一～九，二三五頁。

68 蔣永敬《胡漢民先生年譜稿》，見《中國現代史叢刊》（臺北：正中書局，民國五十年），第三冊，九二頁。

69 《逸史》（一），一六八頁。

70 鄒魯《同盟會雲南支部之活動》，見《開國文獻》一～十二，一二七～一二八頁。

71 《張百麟傳》，見《革命人物誌》（臺北：國民黨中央黨史會，民國五十九年）（四），三三三～三三五頁。

72 義大利三傑者，即瑪志尼、加里波的、加富爾三人。當時梁啟超之橫濱《清議報》（第三十五冊）有《少年中國說》，介紹義大利三傑，尤推重瑪志尼。見張朋園《梁啟超與清季革命》，一一八頁（20）。鄭之倡言改革，顯然受此等新學之影響。

73 《福建光復前革命運動之各社會》，見《開國文獻》一～十二，六八～七二頁。

74 〈李樹藩傳〉，見《革命人物誌》（三），一四一頁。《方聲濤傳》，見《革命人物誌》（二）二一六～二一七頁。

75 羅家倫《國父年譜》，上冊，一六七頁。

76 《京師大學堂學生上管學大臣書》，見一九○三年五月十五日《蘇報》；《致鄂垣各學堂書》，見同年五月二十日《蘇報》（民國五十七年黨史會影印）。

77 此文見《黃帝魂》，一一七頁（國民黨黨史會影印）。原載《蘇報》（一九○三年六月六日），為自然生（張繼）所作。

78 同 75。

79 文見《國父全集》，第三冊，二五～二七頁，及第二冊，六二～六七頁。

80 《國父全集》，第三冊，三十頁。

81 同 80，三一頁。

82 《逸史》（四），一三五～一三六頁。

83 《逸史》（一），二○○～二○一頁，及《逸史》（四），一三六～一三七頁。

84 羅家倫《國父年譜》，上冊，一七九～一八一頁。

85 《國父全集》，第三冊，三二頁。

86 梅喬林、李綺菴〈開國前美洲華僑革命史略〉，見《開國文獻》一～十二，四三六頁。

87 《有志竟成》，《國父全集》，第一冊，四九七頁。

88 《逸史》（三），一八三～一八七頁，及《逸史》（四），一四五～一四六頁。

89 《逸史》（四），一四八頁。

90 羅家倫《國父年譜》，上冊，一八七～一八九頁。

91 《中國革命史》，見《國父全集》，第二冊，一八四頁。

92 《有志竟成》，《國父全集》，第一冊，四九四頁。

93 羅家倫《國父年譜》，上冊，六〇～六一頁。

94 同 93，六四頁。

95 同 93，七二頁。

96 《自傳》，《國父全集》，第二冊，一頁。

97 《國父全集》，第二冊，七七五頁。此項談話並見《黃帝魂》中《孫逸仙與白浪庵滔天之革命談》，一一九頁。

98 見「王德昭文」引自《新世界學報》，第九期（一九〇二年十二月三十日，上海），《中國現代史叢刊》（一），一三二頁。

99 《逸史》（一），一二一頁。

100 馮自由《中華民國開國前革命史》（一），見《開國文獻》一～十，二八四頁。

101 《國民報》彙編，二六頁（國民黨黨史會影印）。

102 羅家倫《國父年譜》，上冊，一四三頁。

103 章炳麟《訄書》（臺北：國民黨中央黨史會，民國五十七年，影印本）前言（一九〇二年）。

104 文見《蘇報案紀事》，九六～一〇一頁（國民黨黨史會影印）。

105 「張玉法文」。

106 同 105。

107 文見《群報撮華》（橫濱：新民社，一九〇二），一七八～一八二頁（國民黨黨史會影印）。

108 《國民報》彙編，三七～三八頁。

109 文見《遊學譯編》，第十冊，一～九頁（國民黨黨史會影印）。引自「張玉法文」。

110 文見《浙江潮》，第一期，二頁（國民黨黨史會影印）。引自「張玉法文」。

111 文見《江蘇》，第七期，三〇頁（國民黨黨史會影印）。引自「張玉法文」。

112 「張玉法文」。

113 羅家倫《國父年譜》，上冊，六〇～六一頁。

114 《國父全集》，第二冊，七七六頁。

115 羅家倫《國父年譜》，上冊，一一八～一一九頁。

116 《國民報》彙編，三六頁。

117 同 116，八～一一頁。

118 同 116，一五～一七頁。

119 張玉法〈清季革命運動的背景〉，見《中國現代史專題研究報告》（臺北：中華民國史料研究中心，民國六十年）（一），八四頁。

120 《國民報》彙編，二〇八～二〇九頁。

121 「張玉法文」。據張文原註，係據其碩士論文：Chang Yu-fa, *The Effects of Western Socialism on the 1911 Revolution in China*, M. A. Thesis, Columia University, pp. 42-43.

122 張朋園《梁啟超與清季革命》，一二三頁。原引據《新民叢報》，第八六號，三三頁。

123 章炳麟《訄書》，一四四～一四六頁。

124 見上一章，四、《三民主義理論的形成》。全文見《國父全集》，第三冊，二九頁。此函原見上海《警鐘日報》（一九〇四年四月二十六日）。發現者為陶英惠，見陶之〈國父全集遺漏的一封信〉（《中華文化復興月刊》，二九號，民國五十九年八月一日，臺北）。

125 劉成禺《先總理舊德錄》，見《國史館館刊》，創刊號，四五～四六頁。（民國三十六年十二月，國史館出版）。

126 《有志竟成》，《國父全集》，第一冊，四九七頁。

127 「張玉法文」。

128 《國民報》彙編，一三頁。

129 鄒容《革命軍》採用《國民報》之《說國民》的文字頗多。《國民報》對鄒容之革命思想，有重大之影響。

130 「張玉法文」。

131 倡民族主義之說，固有根據中國傳統思想；而倡民權主義，亦有根據中國傳統思想，如孫中山一八九七年與宮崎寅藏談中國國民適合共和政治，即據「三代之治」。其他論民權思想者，亦有引孟子「君輕民貴」之說者，如《國民報》叢論有《民權》一文，即云：「今人言民權者，每引孟子以為依傍。」（見《國民報》彙編，一七九頁）。

第六章

同盟會《民報》中的
革命起義之理論與方法

一、前言

在清季倒滿革命運動的過程中，革命的倡導者孫中山曾將此一革命運動的內容，列為立黨、宣傳、起義三大要項。皆以革命主義為依歸。即立黨所以求主義之「同趨」，宣傳所以求主義之「共喻」，起義所以求主義之「實現」。其所謂起義者：「必先破壞而後有建設。」[1] 此三項工作，除宣傳須公開的進行外，而立黨與起義，均為祕密的活動。然而由於當時主張君主立憲而不贊同革命的梁啟超氏對革命運動所作之批評與非難；其中亦多涉及革命起義問題。革命黨為使革命運動免受不利影響起見，乃起而與之辯論和解釋。因此對於革命起義的理論和方法，多所發揮。雙方雖各為其本身之立場而辯護，但一九一一年辛亥革命發生時，兩方所指陳的現象，都曾先後或多或少見諸事實。[2] 至革命黨當時負起此項辯釋任務者，則以《民報》為主。

《民報》，是中國同盟會（簡稱同盟會）的機關報，為一月刊，一九〇五年十一月創刊於日本之東京，發行至二十四期時於一九〇八年十月被封。一九一〇年一至二月又祕密出版了兩期，共為二十六期。《民報》發行之後，即與立憲派梁啟超在日本橫濱早已出刊的《新民叢報》發生論戰。而以一九〇六年至一九〇七年間為論戰最盛時期。其論戰範

圍涉及革命起義方面者，認為此一暴動流血的行動，是否會造成「以暴易暴」的現象，或重踏歷史上的長期內亂與召致外族勢力入侵的覆轍問題，此為雙方爭論之焦點。從而涉及革命的目的與手段問題。《民報》方面以為歷史上革命所以產生長期內亂與外力入侵之不良現象，乃是革命目的所使然，而非革命手段所形成。起義或破壞，乃革命之手段；主義或建設，乃革命之目的。如改良其目的而與手段一致，不但不致重踏歷史上革命不良現象的覆轍，且可吸收歷史上革命的經驗，加速革命的成功。因此，如何求取革命目的之改良而與手段相一致，乃為《民報》方面所要致力的重要課題。本文試就《民報》中有關這方面的言論，加以整合，來看《民報》對革命起義的理論與方法之探討。

二、中國歷史上革命之性質與現象

促起革命黨人在《民報》中對革命起義問題注意討論者，則為梁啟超氏在其主持之《新民叢報》中發表的《中國歷史上革命之研究》一文。梁氏就革命史的觀察，認為中外革命之性質有廣義與狹義之分。而廣義又可分為最廣義與次廣義。所謂最廣義者，即社會上一切無形有形之事物所生之大變動皆是也；所謂次廣義，即政治上之異動，與前次畫然成一新時代者，無論以和平得之以鐵血得之皆是也。所謂狹義的革命，即是專以兵力向於中央政府是也。至於中國數千年來歷史上的革命，則惟有狹義的革命。至當時《民報》方面之持極端革命論者，梁氏亦將之列為狹義革命的範圍，指為「惟心醉狹義的革命」。[3]

中國歷史上的革命，既惟狹義的革命，實具有七大惡的特色。即：「中國歷史上之革命，有私人革命，而無團體革命；有野心的革命，而無自衛的革命；有上等、下等社會革命，而無中等社會革命；革命之地段，較泰西為複雜；革命之時日，較泰西為長久；革命家與革命家自相殘殺；因革命而外族之勢力因之侵入。」以此之故，指革命為徒以生內亂，而無補於國家。[4]

以上七端，梁氏以為：「皆中國革命時代所必顯之現象也。」中國今後革命，能否免於歷史上革命之惡的特色，入於泰西文明革命之林？

梁氏認為似不可能。他認為當時中國的「革命之多數下等社會，其血管內皆黃巾闖獻之遺毒」；而「革命家自命之少數豪傑，皆以道德信義為蠱為毒，而其內部日日有楊（秀清）韋（昌輝）相搏之勢」。因此，他相信中國今後革命之所謂「七大特色」終不可免。[5]且今日內地之暴動，往往不免含有排外的性質；然此等暴動，可謂之自然的暴動，乃歷史上醞釀而成者也。[6]因此，內亂必將發生；各國將藉中國之內亂，加以干涉，進而瓜分中國。[7]

　　《民報》方面雖亦認為中國歷史上的革命有不良現象，但對革命性質問題，卻與梁氏有不同的看法。例如革命黨人陳天華在《民報》中發表的《中國革命史論》一文，將革命的性質分為國民革命與英雄革命兩類。所謂國民革命者，即：「革命而出於國民也，革命之後，宣佈自由，設立共和，其幸福較之未革命之前增進萬倍，如近日泰西諸國之革命是也。」所謂英雄革命者即：「革命而出於英雄也，一專制去，而一專制來，雖或有去舊更新之實，究之出於權術者多，出於真自由者少；或則群雄角逐，戰爭無已，相持至數十百年，而後始得定於一。幸福之得，不足以償其痛苦，中國歷來之革命是也。」[8]但中國歷史上的革命，亦並非一無是處；而泰西歷史上的革命，亦並非一無非處。陳氏認為：「中國自泰以降，革命者多崛起民間，於平民革命較近之。革命以後，雖無自由之享受，而亦無特別奴制。彼泰西因革命而得自由者，次等之貴族團體也，與多數之奴隸何與！」[9]

　　中國歷史上如秦漢之際的革命，其始未嘗不是國民革命，結果卻變為英雄革命。如陳氏所指：革命而出於多數人之意見者，可謂之國民之革命。秦末之際，勝廣發難，未數月而遍及天下，孔鮒以先聖之裔，抱器相從，義軍所指，曾無抵抗，則出於多數人之意見明矣。故亡秦之功，不得以歸之陳勝、吳廣、劉邦、項羽等輩，而應歸之於多數之共起亡秦者。故云：其始也，殆為國民之革命；顧一變而為英雄之革命，復見六國之紛爭，重來楚漢之劇戰，使丁壯苦於征役，老弱罷於轉輸，必數載而後已。其根本原因，則由於當時未聞共和之說，但有君主之制。夫既同時並起，勢均力敵，勢必互相角逐，非群雄盡滅，一雄獨存，生

民之禍不得已也。[10]

　　成則為王，敗則為寇，為中國歷史上英雄革命的常有現象。形成此種現象的原因，孫中山早在一八九七年進行革命之初，即曾與其日本友人宮崎寅藏言之。曾謂：觀中國古來之歷史，凡經一次之擾亂，地方豪傑，互爭雄長，互數十年。不幸同一無辜之民，為之受禍者，不知幾許！其所以然者，皆由舉事者無共和之思想；而為之盟主者，亦絕無共和憲法的發布。故各逞一己之兵力，非至併吞獨一之勢不止。因為有此傾向，即盜賊胡虜，極其兵力之所至，居然可以為全國之共主。[11]

　　《民報》方面將革命起義包括破壞與建設兩大部分。而以破壞為其手段，建設為其目的。中國歷史上之革命革命，多以顛覆舊政府，為其破壞之手段；而以帝制自為，為其建設之目的。其所產生之現象，則為破壞易而建設難。即前者用力少為時短；後者用力多為時亦長。此種現象，可以汪精衛在《民報》發表之《駁革命可以生內亂說》一文所舉秦末、新莽末、隋末、元末四個時期的革命為例。此四時期之革命，其顛覆舊政府之時與力，遠不及爭帝之時與力之甚。說明如下：

　　秦末自陳勝、吳廣起兵而至劉邦入關亡秦，為時一年餘。自秦滅而楚漢相爭，項羽走死，前後凡四年。是滅秦之時短，而楚漢相爭之時日長也。且秦亡以前，其足稱劇戰者，惟章邯與項梁、項羽之相遇而已；至楚漢之爭，幾瘁全國之力，以供二雄角逐之資。故其用力亦多。是秦末之革命所以內亂若是之亟者，非破壞之手段所使然；實由項、劉諸人之建設目的，不外帝制自為所使然。故項之言曰：彼可取而代之；劉之言曰：大丈夫當如是也。此乃爭王爭霸之流毒也。新莽末自劉縯、劉秀起兵，而至三輔豪傑共誅王莽，相距一年餘。莽滅以後，光武定天下，前後凡十二年餘。其群雄角逐之時日，較之諸雄共誅王莽之時既久，而其用力更較滅莽為多。

　　隋末自楊玄感起兵以來，天下遂亂。但自李淵起兵奪位，前後不過一年。其亡隋後翦除群雄，為時五年餘。其亡隋也，一戰而得之；其翦除群雄，耗四海之力，與秦末、新莽末之革命，如出一轍。

　　元末之革命，稍稍變例。朱元璋起兵之始，即首先翦除群雄，而後

顛覆政府。如以時之長短言，其翦除群雄，計前後為時十四年；群雄既除，出兵滅元，為時僅一年餘。以用力之多少言，則用於亡元之力，不及翦除群雄所用之力的十分之一。

中國歷史上之革命，何以破壞易而建設難？破壞後又何以產生長期內亂？原因何在？汪氏亦曾指出：一朝之末，政府罪惡貫盈，復情見勢絀，而國民蓄怨鬱怒，待之既久，一旦爆發，勢莫能禦，故驅除之事，至為易易，所謂順天應人是也。至群雄之崛起，則非獨撥亂誅暴，且各抱帝王思想，故各不相下。其未起也，不可以合謀；其既起也，非惟不可以聯絡，且不免於相仇視。政府雖覆，喪亂滋多，天下紛紛，不定於一，則不可久。故漢高祖、漢光武、唐太宗、明太祖之汲汲翦除群雄，非徒為一身謀；即為天下計，亦不得不如是也。故革命之事業，非破壞之手段，足以生內亂；乃建設之目的，足以生內亂也。[12]

三、歷史上的發難之策與改進之方

歷史上的革命，雖去有諸多不良現象，但其利弊得失，可供革命作為參考借鑑者，亦所在皆是。如歷史上的顛覆政府用力少為時短，實為革命者所必須借重的經驗。此在孫中山進行革命之初，即在注意研究之中。其在一八九二年即曾指出：中國古來革命之歷史，實未有完全之方案，因有群雄割劇、互爭雄長之不良現象。今欲避免其缺失，惟有行疾雷不及掩耳之革命；且在革命同時，應使英雄各充其野心，使能「萬弩齊發，萬馬齊足」云云。[13]可見如何參酌歷史上的革命經驗，來進行其革命，早在其考慮之中。其較為具體的起義方案，較早見諸《民報》者，則為《革命橫議》：發難篇、第一。作者署名「撲滿」，究為何人，迄難定論。[14]其對革命起義的理論與方法之探討，對後來一九一一年之辛亥革命起義，可能具有深遠之影響。此文就歷史的陳跡，將革命發難（起義）之術，歸納為三策：一為扼吭，即覆其首都，建瓴以臨海內；二為負隅，即雄據一方，進戰退守；三為蠭起，即分舉響應，使舊政府土崩瓦解，權力委地。此三策，何者適宜於中國當時之革命？其分析如下：

　　扼吭之策，歐洲之革命軍多用之，如法之革命發難於巴黎；英之大革命，發難於倫敦。蓋首都為權力所集中，政治之樞紐，民賊之巢穴，於此發難，馘元惡，據魁柄，指揮而天下定。惟革命能否發難於首都，則視各國的環境而定，因英、法之革命，為市民的革命，市民生殖於都市，以之為根據地。故發難於首都，非其所擇，乃自然之事也。中國革命環境，與歐洲不同。中國革命，非市民的革命，乃是一般人民的革命。故扼吭之策，可以為革命的結局，而不適於革命的發難。徵諸歷史，秦漢以來，無發難於首都者。惟清嘉慶十八年，有一創舉，八卦教主李文成、林清，連數萬之眾，縱橫京師；然亦不幸孤入無援，功敗垂成。故凡革命軍之崛起，雖以進據首都為目標，然必先據形勢之地，藉屢勝之威，然後取之。其得之也，如摘成熟之果。未有發難之際，先從事於此事；然軍勢既盛，則不宜聽其苟存。蓋專制之國民，以君主為統治之主體；君主亡，而韓祚隨之。首都既夷，渠魁既殲，雖不滅亡，亦為偏安。劉邦入長安而秦亡，李自成入燕京而明亡。洪楊崛起，惟不知此，終致失敗。

　　負隅之策，歷史上所謂根據地也。歷史上之革命軍，有往來逐利，飄忽無定者，流寇多屬之；有據險要之地，以為根本者，革命軍多屬之。然流寇徒足以亂天下，不足以定天下。雄據形勢，進可戰，退可守，漢高之關中，光武之河內，明太祖之金陵，皆此道也。太平天國既下金陵，亟宜遣重兵回取兩粵，使南北首尾連貫，徵兵轉餉，相屬不絕；黃河以南，勢非清廷所有。然計不出此，輕棄始難根據之地，使清廷得以從容徵餉購砲於粵；湘、鄂得而失之，終使金陵為清軍所困。謀之不臧，敗亡之由也。是故發難之際，當有根據地；如只一方負隅，而無他方起應者，仍難操勝券。故扼吭之策，可為革命之成功，而非革命之始事；負隅之策，可為革命軍之根據，而非席捲囊括之大計。試稽中國歷史，凡一朝之末，其陷於敗亡者，莫不因革命軍之蠡起而蔓延。

　　蠡起之策，徵諸史實，大抵歷代之亡，除權貴篡位、藩鎮跋扈、外族入侵三者之外，皆亡於人民之革命；而人民之革命，皆非以一革命團體與一政府相角也。如秦、新莽、隋、元、明之亡，其革命團體常以千

百計，其顛覆政府之目的同。同時並舉，星羅棋布，蜂起蔓延，此仆彼興，西崩東應，曾不須臾，土崩瓦解之狀已成。是悉起天下之人，起而與政府為敵也。盈此結果，原因甚多，其最要者，厥有二端：其一，凡人莫不有人權思想。疾專制，樂自由，為人類之天性。中國自秦以來，專制之術日進，君之所以待其民者，無非鈐制束縛之策，受其害者，皆思反抗之。特其羅網嚴密，常敢怒而不敢言，然乘間抵隙，猶往往一觸而發。洎乎末造，主昏於上，吏暴於下，其害愈甚，而鈐束之術又不如昔，斯民懷百年膚受之痛，重以鋌而走險之心，一夫奮呼，萬眾響應，心理相翕，嘯聚至易。一、二年間，投袂而起者，先後相望，無論心腹形勝之地，或邊遠僻壤，如有其人，即有革命團體。彼政府者，雖操屠刀，其如魚爛何？

其二，凡專制政府，皆有非常之兵力以防家賊。革命軍初起，其眾新集，力本脆弱，臨以重兵，每易沮志。若四方蠭起，此策即窮。蓋兵以分而弱，以累戰而疲，一也。凡戰事以扼據形勝為要者，然天下鼎沸，觸處皆敵，無所謂形勝與險要，二也。凡遇亂事，必先護守完善之區數處，以為轉輸漕運之源，今則無復一片乾淨土以為依據，兵穰餉匱，其勢必竭，三也。民之為盜，由於官惡，兵之為暴，甚於為盜，民益憎兵而親盜，民心既去，兵威日墜，四也。以上四者，試觀秦、隋、元、明之末，無一而非因此致亡。

蠭起之策，雖足迅速的顛覆舊政府，但亦有兩大缺點。一為以暴易暴；二為分舉而不合謀。所謂以暴易暴者，乃以中國歷代之革命，只知惡專制而不知重民權。故其起事，咸抱帝制自為之志，其心以為我將以仁易暴，殊不知其根本思想，正與所欲撲滅之政府無異。所謂分舉而不合謀者，以中國歷史上的革命，其分舉響應，乃由時勢使然，而非由合謀。故其相遇，有衝突而無聯絡。蓋一朝之末，天怒人怨，革命之機，如炸藥待火而爆，隴頭輟耕之士，相顧而莫敢先發，如有首難者，必群起應之。此由社會心理之相同，非有人謀也。故其效果，祇能分政府之兵勢，及相倚以為聲援；欲其聯絡一體，同心同德，以撥亂反正，非所任也。[15]

　　蓋起之策，雖為顛覆舊政府最有效的方法，但其最大缺點，就是無法避免顛覆政府以後的長期內亂之不良現象。《民報》方面認為此不良現象，既由於帝制自為之建設目的所使然，今為正本清源之計，唯有革除帝制自為之建設目的，方可消除歷史上革命之不良現象。因此，孫中山在革命之初，即認定：「共和政制，不僅為政體之極則，且適合於中國國民，而又有革命之便利。」因為方今公理大明，既又實行共和主義，則以往歷史上革命之野蠻割據之紛擾，綿延數紀，而梟雄非分之想，乘機竊發，而殃及無辜的現象，必不致再發生了。[16]其後《民報》方面，對於歷史上革命發難之策缺點方面的改進，則是從形成缺點的根本原因著手。即將帝制自為之建設目的，代以共和政制之建設目的。使歷史上的英雄革命，代以今後的國民革命。故《民報》六大主義中的「建設共和政體」內容有云：「中國前此屢起革命，而卒無大良果，則以政體之不能改造。故有明之勝元，不滿三百年，而漢族復衰。而代之者，雖為同種人，而專制如舊，則必非國民心理之所欲也。」[17]而共和政體適足以解決歷史上屢起革命而無良果之困難。

　　為使發難蓋起之策不致發生以暴易暴之不良現象，則為樹立國民主義、民族主義，建民權立憲政治，以舉行自由、平等、博愛之實。[18]如此，中國歷史上的英雄革命，亦將一變而為國民革命。依《同盟會革命方略》中《軍政府宣言》所云：「前代為英雄革命，今日為國民革命。所謂國民革命者，一國之人，皆有自由、平等、博愛之精神，即皆負革命之責任，軍政府特為其樞機而已。」[19]

　　為改進蓋起之策的分舉而不合謀之缺失，今後則應實行合謀而分舉。其法有二：一為今之革命家皆當置民族主義、國民主義於懷抱，其有儲蓄野心者，視為天下之公敵。使革命家咸抱同一之宗旨，則不可以不合謀；二為革命軍之舉事，可以分起相應，至於革命軍之進行，則不可不統一。故必有通籌全局者，然後能為一有力組織之大團體。如是，則雖分舉，適以相濟，非以相軋，此尤非合謀不可。[20]此處所謂「大團體」，當指同盟會而言。按當時同盟會的組織，除東京本部為統一的通籌全局機構外；內地各省都有分會的組織，以為分舉的策動機關。此一

革命「大團體」成立的意義及其重要性,孫中山曾經指出:「成立革命
同盟會於東京之日,吾始信革命大業,可及身而成矣。於是乃敢定中華
民國之名稱,而公布於黨員,使之各回本省,鼓吹革命主義,而傳布中
華民國之思想焉。」[21]

　　這是求革命宗旨的同一,做到合謀而分舉的地步。故當孫中山籌組
同盟會之際,告知原屬華興會的一位重要成員宋教仁說:「中國現在不
必憂各國之瓜分,但憂自己之內訌,此一省欲起事,彼一省亦欲起事,
不相聯絡,各自號召,終必成秦末二十餘國之爭,元末朱(元璋)、陳
(友諒)、張(士誠)、明(玉珍)之亂

　　。此時各國乘而干涉之,則中國必亡無疑矣!故現今之主義,總以
互相聯絡為要。」又云:「方今兩粵之間,民氣強悍,會黨充斥,與清
政府為難者已十餘年,而清兵不能平之,此其破壞之能力已有餘矣。但
其間人才太少,無一稍可有為之人以主持之。」因此,孫中山以為:若
現在有數十百人出而聯絡之,主張之,一切破壞前後的建設,皆有人以
任之,一旦發難,立文明之政府,天下事從此定矣。[22]

四、文學鼓吹與武力實行

　　《民報》曰:「一國革命之進行也,循其進行之序,常可畫分為前
後兩期,前者曰文學鼓吹時期,後者曰武力實行時期。以前者為原因,
而生後者之結果。然而鼓吹時期,常有恃乎武事;實行時期,亦尚取資
於文學。蓋以文學為鼓吹者,心理之感召也;武力實行者,由感召而生
之意力也。二者相需,以成革命之事。」[23]又曰:「至於革命,則有豫
備時代,有實行時代。在豫備時代,所以瀹發其

　　心理,而使生愛情者,仍不外乎教育。若在實行時代,去專制之
苦,嘗自由之樂,夷階級之制,立平等之域,國民主義、民族主義,昔
存於理想,今現於實際。心理之感乎,速於置郵而傳命也。」[24]孫中山
之敘《民報》曰:「非常革新之學說,其理想輸灌於人心而化為常識,
則其去實行也近。」[25]故革命宣傳與革命起義實為一體之兩面,而皆以
革命主義為依歸。即前者在求主義之「共喻」;後者在求主義之「實

現」。²⁶革命軍之起，必在於國民主義、民族主義大昌明之時；其意謂主義之昌明，為革命崛起之原因；革命軍之崛起，為主義昌明之結果。²⁷

民族主義與國民主義昌明，則革命所需時日必不長。其理由，如《民報》之論洪楊之始起也，猶是帝制自為之思想；而其所揭以號召天下者，則為民族主義，一時從之而靡者，職是故也。而方其攻城略地，俘虜滿洲官吏，命之降，有不為屈者；曉以大義，則曰彼雖異族，吾既委贄為之臣，義當死之。當時授命者，最純潔之心理皆如此也。此因種族思想為君臣之義所剋滅者也。彼曾（國藩）胡（林翼）者，亦即此輩中之一人。彼豈不嘗讀王船山之書而服膺於黃宗羲之言論；然彼以為事君不敢有貳心，故當為之盡力。此在民族主義未昌明之日，無怪其然。即使民族主義昌明，而國民主義尚未入於人心，則彼猶將知忠君而不知愛國。如此二主義而昌明也，則曾、胡之在今日，吾可決其為革命中之一人也。若夫懷蓄私心，思屠同種以博富貴者，無足慮也。因天下有為義而死，有為名而死者，甚少為利而死者。是故國民主義、民族主義而大昌明，則反對革命者，祇滿洲人與其死黨，不足以當一碎。然則革命之時日必不長，一方扶義，萬里響應。合謀分舉，指顧而定。²⁸

為使今後革命免於沿歷史上之自然暴動而致產生不良現象，無論其破壞之手段或建設之目的，均須以革命主義為依歸。如胡漢民在《民報》中《與日本國民新聞論中國革命黨》一文指出：革命之生內亂及招瓜分與否，乃吾人夙所研究至熟者。簡括言之，大抵革命之事業，以建設為目的，以破壞為手段。破壞時所生之惡現象，謂之內亂；其良者謂之撥亂反正。其所以或良或惡，一由於建設之目的，二由於破壞之手段。所欲破壞之目的物，誠不適宜於社會；而所欲建設者反之，則其現象良而無惡。今之言革命者，所欲破壞者，異族鈐制之勢力也，專制之淫威也，社會經濟組織之不完全也，凡此皆不適於社會者也。而其所欲建設者，民族的國家也，民主立憲政體也，國家民生主義也。此本建設之目的以欲破壞，是其革命，當無惡果。反之，今中國之革命黨，其目的不在帝制自為，則顛覆政府之後，革命者必不致相爭。爭奪不生，則內亂不作。²⁹

　　且革命主義與革命起義之紀律，有密切之關係。因為革命之紀律，亦本於主義而發生。若其主義為帝制自為，則其紀律或寬仁大度，以收人心（如劉邦等）；或恣為殘酷，以慴民志（如張獻忠等）。其為民族主義與國民主義，則其紀律必本於自由、平等、博愛之精神，以為民主立憲之豫備，此即孫中山之約法是也。[30]約法者，乃民族主義、國民主義大昌明，應於國民心理而發生也。[31]亦革命時代之革命團體與人民相約者也。蓋此時革命團體尚未具備國家之資格，其與人民訂定約法，猶如國民與國民之關係。兩者關係，至於密切，其地位同、主義同，目的亦同。由是關係，乃生約法，以規律革命團體與國民之關係，使最終之結果，不悖於最初之目的，此與歷史上革命時所發生的自然暴動，迥然不同。[32]

　　故《同盟會革命方略》之《軍政府宣言》規定約法之治云：「每一縣既解軍法之後，軍政府以地方自治權，歸之其地方人民。地方議會議員及地方行政官吏，皆由人民選舉。凡軍政府對於人民之權利義務，及人民對於軍政府之權利義務，悉規定於約法。軍政府與地方議會及人民，各循守之。有違法者，負其責任。」[33]《新民叢報》方面以為：當革命軍起，在秩序破壞之時，舊法律全喪其效力，而新法律未定，固必發生社會衝突；縱有新法之訂立，而民未習，效力無由而強，斯時衝突之起，非借「腕力」，無以解決之；質言之，則能殺人者勝，見殺於人者敗。《民報》方面認為：約法雖非如法律之完備，而以之裁制衝突固有餘。革命軍起，既定一縣，一縣之舊法律喪其效力，即布約法代之以行。復定一縣，則復如之。寖假而得全國之半，皆布約法，戎馬倥傯之交，民皆引領，爭奪之禍必較少。且以中國人性率皆寧靜溫和，主動者又非亂民，義師所至，民亦簞食壺漿耳。若舊政府既倒之後，新政府代立，憲法始布，民雖未習，效力未強，而行之無弊，則亦相安無事。久之，其效力且過於舊法律。制其衝突，必非甚難。何至非借「腕力」而無從解決！[34]

　　革命起義，雖欲力求秩序之進行，但能否避免召致外人之干涉問題，《新民叢報》方面仍不免有所懷疑，以為革命軍起，本不致遭干

涉；惟仍不免自取干涉之道。即革命家固以排滿為目的，又兼有排外之目的。故革命之際，或蔑人國權，或侮人宗教，或加危險於外人之生命財產，於是乃召外人之干涉。《民報》方面認為此說若施之於義和團，則誠驗矣。惟彼所主張之革命則反是，至謂今日內地之暴動，往往不免含有排外性質；然此等自然的暴動，為歷史上醞釀而成，無益於國家，為今後革命所不取。且革命之急務，在就自然的暴動，加以改良，使之進化。其道在普及民族主義、國民主義，以喚醒國民之責任，使知負擔文明之權利義務。於是定共同之目的，為秩序之革命，然後救國之目的，乃可終達。既不參以排外之性質，當無自取干涉之理。[35]

革命雖不純恃武力，但武力實行時期，必賴之以顛覆舊政府。故革命之際，必重兵權。[36]且革命之事，未有與武裝軍人無關係者。蓋強權者與武力為緣，惟其挾有武力，故敢肆毒於民；亦惟將逞其毒，故益張皇武力。而人民蜷伏在下，本至微弱，及不堪於凌暴，乃不得已起而以武力相抗。就歷史上革命與武力之關係言：有以人民之武力而戰勝政府者；有為政府之武力所摧壓而不能起者；有政府之武力亦併合於人民而人民全占勝利者。故政府未有不失其武力而肯降伏或傾覆者。故武力對革命之重要性可知。[37]

在民族主義與國民主義未昌明之時代，初期倒滿革命起義，多恃會黨。因清世秘密諸黨會，皆緣起於明末遺民，其主旨在覆清扶明，故民族主義甚為溥及。然其缺點，為其內部組織仍為專制，階級甚嚴，於共和原理，民權思想，皆概乎未有所聞。[38]且根據當時實際經驗，會黨首領運用困難，會員亦多烏合之眾，只能用為臨時發難，而不能持久。故同盟會後期乃注意於軍隊之運動。[39]其用軍人從事起義的途徑有二：一由革命黨之自力所召集；二為運動清政府的軍隊，使之反正起義。[40]無論是用何種途徑成軍，但參與革命之軍人，均須效忠革命主義。《同盟會革命方略》之《招軍章程》規定：「凡有當國民軍軍人者，於入營之始，要親具誓表，宣誓之後，領回軍約收執。」其誓表內容：「第一，遵守國民軍宗旨：驅除韃虜，恢復中華，創立民國，平均地權。矢信矢忠，有始有卒。第二，服從國民軍軍律，如有違犯，甘受罪罰。」至清

朝兵勇來降國民軍者，入營之始，亦一概令填寫誓表，領收軍約。[41]自召軍隊，較能適合革命宗旨，便於指揮；但限於經費，成軍較難。運動政府軍隊，使與民黨合作，既可使政府失其所恃；革命黨亦無籌餉備械之困，收事半功倍之效。惟當時軍人亦常有凌踐平民背逆人道之舉動，為虎作倀者。但《民報》方面認為其「種族之感情，與平民無別。遇與旗兵雜處，未有不立起衝突者。然則導以真理，瀹其良心，未必……愚獷不化。亦視革命吸引之力何如耳。」[42]

　　運動清軍之反正，而能立致清廷之死命者，莫如促其握有兵權之地方總督、巡撫等輩贊助革命。彼等如能倒戈相向，則大事易成。尤其當時清廷重臣袁世凱其人，常為漢人光復希望之所寄。因有所謂「督撫革命」之說。此種思想，似亦潛入革命黨人之意識中。章炳麟曾在《民報》週年紀念會中力斥其害。認為如果依賴督撫革命，必將為督撫所利用，則革命更加困難。縱能成事，雖可解決種族問題，但不能改良政治。章氏聲稱：從古的革命歷史，凡自草莽崛起的，所用都是樸實勤廉的人士，就把前代弊政一掃而盡；若是強藩內侵，權臣受禪，政治總與前朝一樣，全無改革。因為帝王雖換，官吏依然不換，前代腐敗貪污的風俗，流傳下來，再也不能打掃。又謂：目下滿清政府正有中央集權之意，要把財政兵政，都歸幾個滿員掌握，外省督撫，不過留個空名，此正革命良機，因太平軍的失敗，

　　是靠著幾個督撫就地捐釐練兵之故。今督撫無權，正是革命軍之大利。[43]迨清廷移袁世凱之兵權歸之滿洲親貴鐵良之手，當世聞而咨惜，以為兵權復歸滿人掌握，良為漢族之不幸！但《民報》方面認為：無論兵權在袁或在鐵良，實質上並無差別。基本上都是為了擁護民賊鈐制家奴。今清廷以親貴任統帥，但一般軍官及士卒，皆為漢人。如無民族主義以為結合，誠可戢戢然如群羊之就牧；假令一旦回復其自立之性，則發動之權，固在於全軍之士卒，而不在於統帥之一人。匹夫攘臂，萬眾響應，為之統帥者，有濺血於軍旗而已。清既不能遍布所親於行伍，則此禍終不能免。人心果存，則清必無自存；民族光復，必由此道。[44]故同盟會末期對滿清軍隊之運動，祇注重於基層軍官及士兵。因其標統

（團長）以上，往往持重，尚未有革命思想也。[45]

　　武力實行如過重兵權，其弊迫將走上英雄革命之覆轍。縱廢帝制而行共和，將是武人專權之局，誠非革命之初衷。所謂革命之志，在獲民權；而革命之際，必重兵權，二者常相牴觸。如抑兵權，則脆弱而不足以集事；如抑民權，正是軍政府所優為者，因為宰制一切，無所掣肘，於軍事甚便，而民權為所掩抑，不可復伸。事後如欲軍政府解兵權以讓民權，迨非可能。故其革命，雖有高尚目的，而其結果，將不免仍蹈前轍。為防止軍權之擴張與民權之萎縮，其關鍵即在革命進行之際，必先定兵權與民權之關係。蓋起義時之用兵，貴有專權，而民權諸事草創，資格未粹，使不相侵，而務相維。兵權漲一度，則民權亦漲一度。及其事定，解兵權以授民權，天下晏如矣。定此關係，厥為約法。法之要義，為革命軍每光復一地，立軍政府與民相約，規定彼此之權利義務，組成地方議會。如國民有背約法，軍政府可以強制之；軍政府有背約法，地方議會可相聯合不承認軍政府之權力。因為際此革命之始，根本未定，寇氛至強，雖至愚者，不內自戕也。洎乎成功，則全國各省之議會盾乎其後，軍政府即欲專擅，亦勢所不能。至國民方面，自發難以來，瘁力於地方自治，陶冶其自治能力，一旦根據約法而立憲法，則民權立憲政體，有磐石之安，無漂搖之慮矣。[46]

五、結論

　　清季革命、立憲兩派，對革命與非革命問題之爭論，其來已久。然形成有系統之辯論，實自革命黨成立同盟會刊行《民報》始。其涉及革命起義問題之辯論，由歷史上革命之性質與現象，而至革命之手段與目的，以之判斷革命之後果，皆能言之成理，持之有效。立憲派方面以梁啟超之《新民叢報》為憑藉，依據歷史的陳跡，指出中國歷史上的革命性質，祇是狹義的專以兵力向於中央；而無西方的廣義革命能帶來社會與政治的變革，進而指出當時的革命黨亦唯醉心於此「狹義的」革命。而此狹義的革命，則為產生長期內亂，因而招致外力入侵，形成無可避免的不良現象。

　　同盟會《民報》方面對革命起義問題的言論最多者，則為汪精衛氏，他如陳天華、胡漢民、章炳麟、汪東等，亦有所論刊。孫中山之革命主義，實為其指導原則。《民報》方面認為中國歷史的革命性質，起始為多數人的國民革命，然其結果則變為少數野心家之英雄革命，因而產生不良現象。此乃帝制自為之建設目的所使然，而非顛覆舊政府之破壞手段所形成。至革命現象為良為惡，可由革命者慎自選擇。所謂良者，即撥亂反正；惡者，即為內亂。且中國歷史上的革命有一共同之現象：即顛覆舊政府時，用力少而為時短；新政權之建立與穩定，用力多而為時長。即破壞易而建設難。今後革命如將帝制自為之目的，改變為建設共和政體之目的，將英雄革命變為國民革命，既可消除歷史上內亂的原因，復可吸收其用力少為時短的成功經驗。使破壞易而建設亦不難。

　　就歷史上革命起義的經驗來看，其發難之術，大致可歸納為扼吭、負隅、蠭起三策。各策之功效，常以中外國情之不同而各異。中國歷史上有效之發難，多為蠭起之策；但其成功，多以負隅為根據，扼吭為結局。蠭起之策，雖可迅速而有效的顛覆舊政府，但亦有兩大缺點：一為以暴易暴；二為分舉而不合謀。為救正第一缺點，正本清源之道，仍是改帝制自為之目的，代以建設共和政體之目的；救正第二缺點，莫如合謀而分舉，其法即為結合所有的革命團體和個人，而組成一個通籌全局的大團體，在同一宗旨之下，做到合謀而分舉的起步。故當時同盟會之成立，除本部外，各地遍立分會，即為進行合謀分舉之計畫。一九一一年之辛亥起義與各省響應，從武昌起義而至清帝退位，南北統一，為時不過四個月。正是此一合謀分舉的效應。但其發難，祇做到蠭起與負隅，惜未到做到扼吭之結局。

　　文學鼓吹，在昌明革命主義，使生武力實行之結果，以竟革命之功。故革命軍之起，必在國民主義、民族主義大昌明之時，則革命所需時日必不長。所謂一方扶義，萬里響應，合謀分舉，指顧而定。此不僅可以縮短顛覆清政府之時日，且可使革命起義有紀律之進行，免於沿歷史上之自然暴動。內亂與瓜分之禍，自亦無由而生。

　　武力與起義成敗之關係，至於密切。故用軍隊起義，為革命所不可忽缺之手段。其用軍隊之途徑，不外由革命黨自招與運動清軍之反正。兩者各有利弊，而以後者較為便捷。運動清軍之反正，又有高、低階層之分。如能運動其掌握兵權之地方督撫如袁世凱其人者，誠可立致清廷之死命。故有所謂「督撫革命」之說。《民報》曾力闢其害。但此有害之局面，仍然出現於辛亥起義之際。同時，清廷顛覆之快與其軍人之蠭起反正，亦正如《民報》所預料者。

　　軍人參加革命起義，實亦不可避免造成兵權與民權之牴觸問題。革命黨人對此亦有警覺，故在《民報》中強調約法。《同盟會革命方略》中亦有「約法之治」的規定。以期調協兩者之關係，使能相輔相成，免踏英雄革命之轍。但辛亥起義之際，並未行此約法。雖帝制告廢，但「英雄」代之而興。革命後仍動亂如故。同盟會《民報》對革命起義問題之辯釋，依據歷史陳跡與其革命主義，自成系統的理論與方法。一方面確信可以免踏中國歷史上革命不良現象之覆轍；同時亦可吸收歷史上革命成功之經驗。惟其過度強調主義之功效，不免有「主義萬能」之失。

原載《中央研究院第二屆國際漢學會議論文集》，民國七十八〔一九八九〕年出版

1　《中國革命史》，民國十二年一月二十九日撰，《國父全集》（臺北：國民黨中央黨史會，民國六十二年），第二冊，一八四頁。

2　梁氏指陳革命後的現象，在民國成立以後「國事之非」，證明梁之「遠見」者，參見張朋園《梁啟超與清季革命》（臺北：中央研究院近代史研究所，民國五十三年，《近代史研究所專刊》十一），二三七頁。革命黨指陳的現象，見諸辛亥革命事實者，參見蔣永敬《同盟會民報的言論與辛亥革命》，《中華文化復興月刊》，十二卷一期，民國六十八年十月出版。

3　梁啟超《中國歷史上革命之研究》，《新民叢報》，第四六～四八號合刊。一九〇五年，橫濱出版。

4 梁啟超《中國歷史上革命之研究》所述七大惡的特色之摘要及綜述，見汪精衛《駁革命可以生內亂說》，《民報》，第九號，一九〇六年十一月，東京發行，一二七〇總頁。國民黨黨史會影印本，民國五十八年出版。

5 同3。

6 汪精衛《駁革命可以召瓜分說》，《民報》，第六號，一九〇六年七月發行。影印本八二三頁。

7 見梁啟超《申論種族革命與政治革命之得失》，《新民叢報》，第七六號。參見張朋園《梁啟超與清季革命》，二一三頁。

8 陳天華《中國革命史論（續）》，《民報》，第二號，一九〇六年一月發行。影印本二〇七總頁。

9 陳天華《中國革命史論》，《民報》，第一號，一九〇五年十一月發行。影印本六三總頁。

10 同8，二〇七～二〇八總頁。

11 《中國必革命而後能達共和主義》，一八九七年八月在日本與宮崎寅藏等談話。《國父全集》，第二冊，七七六頁。

12 汪精衛《駁革命可以生內亂說》，《民報》，第九號。一九〇六年十一月發行。影印本一二七〇～一二七五總頁。

13 《與宮崎寅藏之談話》，一八九七年八月，《國父全集》，第二冊，七七七頁。

14 朱浤源《同盟會的革命理論——民報個案研究》（臺北：中央研究院近代史研究所，民國七十四年，《近代史研究所專刊》五十），三五二頁，《民報撰稿人文章分類全表》所列《革命橫議》作者為「精衛」（當指汪精衛）。陳孟堅：《民報與辛亥革命（下）》（臺北：正中書局，民國七十五年），七六三頁，指《革命橫議》為胡漢民所撰。察文字語氣，汪撰較為可能。

15 撲滿《革命橫議》：發難篇、第一，《民報》，第三號，一九〇六年四月發行。影印本三七三～三八二總頁。

16 同11。

17 胡漢民《民報之六大主義》，《民報》，第三號，影印本三四一總頁。

18 同15，三八二總頁。

19 《同盟會革命方略——軍政府宣言》，一九〇六年制訂，《國父全集》，第一冊，頁二八五。

20 同15，三三三總頁。

21 《孫文學說》，第八章，《國父全集》，第一冊，四九八頁。

22 宋教仁《我之歷史》（日記），一九〇六年七月二十九日，《宋教仁先生文集》（臺北：國民黨中央黨史會，民國七十一年），上冊，五八頁。

23 《民報》‧《續刊辭》，《民報》，第二五號，一九一〇年二月發行。影印本三九〇七總頁。按此《續刊辭》為汪精衛所撰。

24 汪精衛《駁新民叢報最近之非革命論》，《民報》，第四號，一九〇六年四月發行，影印本四九二總頁。

25 《發刊詞》，《民報》，第一號，影印本一一一總頁。並見胡漢民〈民報之六大主義〉，《民報》，第三號，影印本三五四總頁。

26 同 1。

27 汪精衛《雜駁新民叢報》，《民報》，第十二號，一九〇七年三月發行。影印本一七五六～一七五七總頁。

28 同 24，影印本四九二～四九三總頁。

29 胡漢民《與國民新聞論支那革命黨書》，《民報》，第十一號，一九〇七年一月發行，影印本一七〇三～一七〇四總頁。

30 汪精衛《再駁新民叢報之政治革命論》，《民報》，第七號，一九〇七年九月發行，影印本九八一總頁。

31 同 24，影印本四九二總頁。

32 同 30，影印本九八一～九八二總頁。

33 《同盟會革命方略——軍政府宣言》，《國父全集》，第一冊，二八六頁。

34 汪東《正明夷（康有為）法國革命史論》。《民報》，第十一號，影印本一六三八～一六三九總頁。

35 汪精衛《駁革命可以召瓜分說》，《民報》，第六號，一九〇六年七月發行，影印本八二二～八二四總頁。

36 汪精衛《民族的國民》（其二），《民報》，第二號，一九〇六年一月發行，影印本一九二總頁。

37 胡漢民《就土耳其革命告我國軍人》，《民報》，第二五號，影印本三九三五～三九三六總頁。

38 《復北京蔡元培張相文論編纂民國史書》，民國八年一月十四日，《國父全集》，第三冊，五九〇頁。

39 胡漢民，《自傳》，《革命文獻》，第三輯，四〇一總頁。國民黨黨史會編印。

40 同 37，影印本三九三二總頁。

41 《同盟會革命方略——招軍章程》，《國父全集》，第一冊，二九二～二九三

頁。

42 同 37，影印本三九三三總頁。

43 民意（胡漢民）《紀十二月二日本報紀元節慶祝大會事及演說辭》，《民報》，第十號，一九〇六年十二月發行，影印本一五一四～一五一五總頁。

44 汪精衛《載灃之私其親》，《民報》，第二五號，影印本三九七〇～三九七一總頁。

45 同 39。

46 同 36，影印本一九二～一九四總頁。

第七章
孫中山與「三大政策」

一、前言

　　「三大政策」這一名詞，在半個多世紀以來，常為共產黨人親共人士作為譴責國民黨人不應該反共的憑藉。它的意義和由來，在國民黨和共產黨兩方各有不同的說法。一般而言，共產黨及其附從者將「三大政策」指為聯俄、聯共、扶助農工，是由國民黨總理孫中山在一九二四年改組國民黨時所確定的政策，且為孫中山新的或革命的三民主義之主要內容，亦為實行三民主義的唯一方法，而不容加以改變的。國民黨人則認為孫中山改組國民黨昉，雖有聯俄、容共的措施，以及農工方面的政策，並不能以此三者構成「三大政策」；因為除此三事外，還有許多其他政策和措施；更何況在國民黨的歷次宣言中或決議案中，以及孫中山的著述中，根本無此「三大政策」的名詞，而聯俄、容共，祇是一時的策略，不能與主義混為一談。

　　這一多年來爭論不已的問題，不僅始終為國民黨人所困擾，而一般人士也難以分辨「三大政策」之有無。為了澄清這一模糊不清的觀念及多年來的爭論，本文試就「三大政策」的意義與由來，孫中山聯俄、容共及其農工政策的本意，證以共產黨方面的說法，作一探討。

二、「三大政策」的意義與由來

　　在過去，共產黨人常說馬克思和列寧的理論如何幫助了孫中山；或

祇有他們才是三民主義的繼承者。他們提出了一種「革命的三民主義」的說法，以便其有別於「舊有」的三民主義，他們將聯俄、容共（他們稱為「聯共」）與農工「三大政策」，作為「革命的三民主義」的內容。[1] 這種說法，可以毛澤東在一九四〇年發表的《新民主主義論》為代表，他說：「新時代的革命三民主義，而新的或真正的三民主義，包含了聯俄、聯共以及扶助農工的三大政策。此三大政策欠缺任何一個，在新時代的三民主義即成虛偽或不完整。」[2] 近年又在重彈舊調。如一九八〇年出版之《孫中山年譜》謂一九二四年一月二十三日，中國國民黨第一次全國代表大會通過的大會宣言：「接受了中國共產黨所提出的反帝反封建主張，確立了聯俄、聯共、扶助農工的三大政策，把舊三民主義的發展為新三民主義。」[3]

隨著共產黨擁護「三大政策」者，可以宋慶齡與何香凝為代表。她們分別以孫中山與廖仲愷的「三大政策」之繼承者，不斷為「三大政策」作證。宋早在一九二七年八月武漢分共後，曾發表《赴莫斯科聲明》，聲明她自己仍然堅持聯俄、聯共、扶助農工的「三大政策」，指出「雖然有些人已經投靠了反動勢力與反革命，但是還有許多人將繼續忠於孫中山為指導與推進革命工作所制定的三大政策。」[4] 一九五六年十一月十一日，他們紀念孫中山九十誕辰時，宋也把「三大政策」解釋為「新的三民主義」。她在《回憶孫中山》文中說：

> 孫中山思想上的轉折，使他真誠地接受了國際工人階級和中國工人階級的援助，從而提出了聯俄、聯共、扶助農工三大政策。就在這個時候，孫中山重新解釋了三民主義的內容，即民族主義以反帝國主義為主要內容；民權主義是以人民民主為主要內容；民生主義是以耕者有其田為主要內容。[5]

中共也推崇她是孫中山政策的忠實執行者。在她一九八一年五月去世後，鄧小平在追憶宋的悼詞中，指出：「她（宋）堅決擁護孫中山先生在中國國民黨第一次全國代表大會宣言中重新解釋的三民主義，即聯俄、聯共、扶助農工的新三民主義。」[6] 並云：「一九二六年一月，宋

慶齡同志在中國國民黨第二次全國代表大會期間，堅決執行孫中山先生
的三大政策。」[7]鄧穎超更確定的指出：「一九二六年一月，國民黨第
二次代表大會在廣州召開，你（宋）站在主席臺上，發出莊嚴沈靜而又
斬釘截鐵般的呼聲。你義正詞嚴地呼籲，國民黨員要忠實執行孫先生的
新三民主義，執行聯俄、聯共、扶助農工的三大政策。」[8]

　　以上中共二鄧所陳，一謂孫中山的聯俄、聯共、扶助農工的新三民
主義，是根據國民黨一全大會宣言。實際上，此一宣言，公開多年，隨
處可見，其對三民主義的解釋，仍是孫中山以往的主張，並無什麼新舊
之分。所列政綱有對外政策七條，對內政策十五條，除有關農工政策之
規定仍係孫中山的民生主義政策外，並無所謂「聯俄」、「聯共」、
「三大政策」任何名詞的出現。[9]而且易為一般誤解的民生主義，孫中
山特於宣言發表後有一通告，特別提出：「本黨之民生主義，早以平均
地權、節制資本兩方面著於黨綱，自始至終，未曾增減。」[10]至謂宋在
國民黨二全大會中對「三大政策」的表示。今查宋在國民黨二全大會的
致詞原始紀錄，與二鄧所說，全不相關。更無所謂「三大政策」也。[11]

　　另一「三大政策」的擁護者何香凝亦曾指出：「一九二三年冬，孫
中山先生宣布改組中國國民黨，實行聯俄、聯共、扶助農工的三大政
策，國民黨中左派力量和廖仲愷極力贊助」；又云：「仲愷對於孫先生
聯俄、聯共、扶助農工的三大政策，是服膺到底的。」[12]何甚至說她還
記得孫中山對反對改組國民黨的人士說：「你們若不贊成（改組），我
將來可以解散國民黨，我自己一個人去加入共產黨。」[13]此項說詞，亦
有外國學者輾轉引用。例如一九八一年美國哈佛大學出版社出版的Dan
N. Jacobs, *Borodin—Stalin's Man in China* 一書即曾引用一名俄人的著
作，說孫中山對反對與共產黨合作的國民黨人說：「如果你們不與共黨
合作，如果國民黨員參加反對此項合作，我即棄絕國民黨而加入共產
黨。」[14]今據俄檔資料，孫中山確有此言。但就孫中山的親筆文件中，
亦有相反之言。例如孫中山在一九二三年十二月初親筆批答幾位同志對
容共問題有所質疑時說：「陳（獨秀）如不服從吾黨，我亦必棄之。」[15]

　　一般國民黨人雖承認有聯俄、容共、扶助農工的事實，但不認為即

能構成孫中山的「三大政策」。認為此一名詞，實為共產黨所造出的口號。例如胡漢民在清黨二週年時曾指出：在民國十六（一九二七）年正要清黨的時候，有人曾造出一種口號來，大喊總理孫先生有「三大政策」——聯俄、容共、扶助農工。扶助農工，確是孫先生所定的政策之一。孫先生在民生主義和第一次全國代表大會宣言中已經說得很明白。至於聯俄、容共不過是在政策之下的一件事，不能說它也是政策。孫先生在遺囑上說：「聯合世界上以平等待我之民族，共同奮鬥」，這比「聯俄」的意義廣大得多、根本得多了。蘇俄那時明曉得對於中國民族也是侵略壓迫，而且正在要破壞中國的國民革命，既非平等待我，更說不上聯合奮鬥，表面上不能揭穿，反而一口咬定國民黨應該「聯俄」。同時，共產黨更曉得不能容於國民黨，硬提出這個口號，一面抵制國民黨，一面做自己的護身符。他們以為既說「聯俄」、「容共」是總理的政策，國民黨同志便不能違背；如果違背了，就不是總理的忠實信徒。這實在太欺負我們了！[16]

胡氏之言，並未引起應有的重視；甚或被視為主觀的反共論調而受忽視。即如當年參與清黨的一位高級將領白崇禧將軍，四十年後在臺北接受口述歷史訪問時，還說：「民國十三年，中國國民黨改組時，總理提出聯俄、容共、農工三大政策。」[17] 白氏是一位傑出而反共的將領。尚誤信「三大政策」出自孫中山的提示，其他人士可想而知。共產黨宣傳方法之成功及其影響之大，一位治學嚴謹而曾編纂共產黨文獻的史學家韋慕庭（C. Martin Wilbur）即曾指出：

> 共產黨攻擊蔣介石領導的團體違反「孫中山的三大政策」，這種方法相當成功。除了國民黨的資料外，多種有關中國革命的著作都接受中共指稱「三大政策」是出自孫中山的說法；並且追溯到一九二四年一月國民黨第一次全國代表大會時即形成這些政策。[18]

韋慕庭教授認為：「一九二二年夏初，孫中山的確曾決定聯俄、容共（不是與中共聯盟），並且支持工人和農人的利益。但是沒有證據顯示曾稱它們為『三大政策』，或者把它們與當時採取的其他政策分開處

理。」韋教授認為：「所謂的『三大政策』，是共產黨創造的。」[19]

為進一步的了解其真相，以下則就「三大政策」的來源，作一探討。

在孫中山的著述或言論中，以及國民黨的宣言或議案中，並無「三大政策」這一名詞。而這一名詞的出現，是在一九二七年初。據這年七月十五日武漢國民黨中央討論國共關係問題時，顧孟餘在會中發言指出「三大政策」的由來如下：

國民黨在歷次的宣言中，本來是有許多政策。但外間宣傳的所謂三大政策，卻找遍了總理遺教，歷次宣言，以及各種決議案，找不出這麼一個東西。實在說：三大政策的歷史很短，不過祇有七個月。何以知道祇有七個月呢？因為三大政策的內容，在七個月以前還沒有定。今年（一九二七年）正月，本席由江西到武漢來，才聽見鮑羅廷同志說起三大政策，並大家要遵守；而當時他所說的三大政策，是反帝、聯俄、農工，同現在天天嚷的（按即聯俄、聯共、農工）不同。可見三大政策的內容，在正月時還沒有定，而且未經過任何會議決定，是共產黨替我們想出來的。於是各軍政治部、各報館、各團體的宣傳，祇有三大政策，絕不提起三民主義。但我們知道：第一，所謂三大政策的歷史很短，不出七個月；第二，所謂三大政策，未經任何會議決定，是共產黨的越俎代庖。[20]

顧氏當時屬於國民黨「左派」，是武漢國民黨中央常務委員，政治委員會委員，且為該會的主席團主席之一，兼武漢中央宣傳部部長。[21] 算是當時武漢政權的權力中心人物。顧氏之言，相當客觀而可信。

另據一九二七年五月中上海出刊的《進攻週刊》載有梁紹文《三大政策的來源》一文，記述鮑羅廷這年一月十一日在武昌國民革命軍總司令部歡迎蔣介石總司令席中演說的一段話如下：

今日能夠得到武漢，今日能夠在這個地方宴會，是誰的力量呢？並不是因為革命軍會打仗。所以能夠到這裡的，乃是因為孫中山先生定下了三大政策，依著這三大政策做去，所以革命的勢力才

會到這裡的。什麼是孫中山先生的三大政策呢？第一是聯俄政策，第二是聯共政策，第三是農工政策。[22]

梁文所指「三大政策」的由來，與顧孟餘所言略同。今據中共文獻，陳獨秀早在一九二五年十二月在其機關報《嚮導》所發表的《什麼是國民黨左右派》一文，即有「三大政策」的意思。文中指出：「在策略上，（國民黨）左派懂得要實現反對帝國主義與軍閥的國民革命，國外有聯合蘇俄、國內有聯合工農階級及共產黨之必要；右派則反對蘇俄，反對共產黨，反對工農階級」；又云：「左派為了要實行三民主義，便不得不採用聯俄，與共產黨合作，不反對階級鬥爭這些實際需要的政策。」[23]這顯然是「三大政策」的最早根源。惟「三大政策」名詞的出現，一直要到一九二七年一月三日中共中央《區秘通信七號》，始有「三個政策」名詞的出現。該通信傳達「最近中央（中共）特別會議，關於國民黨左派問題議決案」有云：「社會的左右派，和一個政黨內的左右派既然不能混同；贊成解決土地問題的國民黨左派，現在又還未成胎。所以祇好承認一些贊成繼續孫中山、廖中愷的聯俄、聯共、和輔助工農這三個政策的分子是左派。反對者便是右派。」[24]中共北京地方委員會顯然依照其中央的指示，在這年二月十日的一項報告中指出：「要想確定一個人是左派或右派，祇須觀察他的言行是否違反孫中山的三大政策即可。本黨（中共）中央委員會最近通過以這三大政策作為左派的標準。」[25]

根據上述兩個中共文件，可以確定「三大政策」或「三個政策」，是來自中共中央的決議，並通知其所屬機構。中共中央決定這個名詞的原因，是中共方面發現當時「國民黨內部反對蘇俄、反對共產黨及反對勞農運動之趨向，非常強盛。」分析其原因，乃是：「階級問題。資產階級固與吾人（共黨）立於反對地位；即國民黨左派對於吾人亦不表示好感。」[26]為了阻止這一趨向的發展，乃以汪精衛的「左派」為結合的對象，來攻擊國民黨的「右派」。所以中共中央決定：「我們（中共）幫助左派領袖，和我們合作的條件：他們（左派）固然要繼續孫中山、

廖仲愷的三個革命政策;我們也需要顧及他們小資產階級的立場,對他們有所讓步。」[27]

原來汪氏自一九二六年三月「中山艦事件」後,辭去他在廣州中央的黨、政、軍領導的職位,出國「養病」。共產黨的擴張行動,也因此事件受到限制。迨一九二六年底,國民革命軍在蔣介石的指揮下,到達武漢後,俄顧問鮑羅廷(Michael M. Borodin)即協同一批左派國民黨人和中共人員,建立武漢政權,以國民黨的名義,執行「最高職權」。並在兩湖地區進行農工鬥爭運動。在此情勢下,國民黨內部發生非常強烈的反俄、反共、反農工運動的趨向。迨一九二七年三月,國民革命軍克上海、南京後,集中在上海的國民黨人乃籌議清黨。四月初,汪回國經上海,國民黨人要汪參與清黨,汪拒之。此時共黨則以武漢政權為中心,高喊擁護孫中山的「三大政策」,結合左派,以對抗「右派」。當汪氏到達武漢,在「三大政策」口號的歡迎下,向群眾做了擁護「三大政策」的演說。其中說道:

> 我們總理孫先生指示我們,指示給一般民眾的,共有三條革命的路:第一,是聯合世界上革命的民族,共同來反對帝國主義,這就是聯俄政策;第二,是聯合國內的一切革命分子,來反對帝國主義,這就是聯共政策;第三,要把全國最大多數是最窮苦最受壓迫分子喚起來做革命的領導者,這就是農工政策。因為如此,國民黨才能與民眾聯合起來,使得革命成功,民眾得到利益。所以要使革命勝利,一定要按這三條大路走;(否則)就一定是失敗,一定被打倒。這三大政策雖名為三個,而實則一貫,決不能取其一而捨其餘。[28]

但在四個月以後,汪對「三大政策」便不承認了。同年十一月,汪在廣州中山大學報告〈武漢分共之經過〉時便說:「兄弟(汪自稱)到了武漢,便感覺得三民主義與三大政策並舉是很不妥當的。自從國民黨改組以來,第一次、二次全國代表大會都未見過三大政策的名詞,這大概是去年才發生的。」[29]

　　在一九二七年的上半年，武漢分共之前，「三大政策」口號，響徹雲霄。一般民眾固然盲目的跟著在喊，即國民黨人如汪精衛者亦不例外。其時在武漢的宋慶齡、何香凝等，也都是跟著「群眾」在高喊擁護「三大政策」。[30]到了這年七月十五日武漢國民黨中央討論「分共」問題時，同時也討論到「三大政策」問題。例如孫科在會中發言道：「我們可將他們（共黨）天天所喊的口號『擁護三大政策』的口號研究一下，看看是否與總理的政策相符？」孫科認為如果按照第三國的訓令對國民黨的做法，則「國民黨變成了 CP 的工具，將幾十年來總理的遺訓一概拋棄，將國民黨的性質、組織、歷史根本推翻。這也不是聯，也不是容，乃是降……那末，三大政策變成了兩大政策：降俄！降共！」[31]潘雲超更在會議中指出：「還有『拋棄三大政策，即拋棄三民主義』的標語，姑無論他如何荒唐，但已足以麻醉一般民眾。貼這種標語的人，如果不是別有作用，就是沒有知識。」[32]儘管如此，當武漢分共後，還有國民黨二屆一批左派委員，聯合中央委員中一批共產黨人，以宋慶齡為首發表了一篇《中央委員會宣言》，斥責蔣介石、汪精衛等「曲解三民主義，毀棄三大政策，為總理之罪人，國民革命之罪人」。[33]不過，參與宣言的人，雖然仍用「中國國民黨中央委員會」的名義，但絕大多數為中共人員。[34]可見「三大政策」名詞，雖然來自共黨的製造，仍有一些人奉之為「金科玉律」。

三、孫中山與聯俄、容共及農工

　　在孫中山改組國民黨時，除有農工方面的政策外，也有聯俄和容共的措施。至聯俄與容共是否為孫中山的政策？或政策與主義有關關係或區別？在共產黨及國民黨人方面均有不同方看法。比較起來，約有四種解釋：第一種解釋是把政策與主義混而為一，認為聯俄、聯（容）共、扶助農工三者，是孫中山的三民主義之主要內容，也就是孫中山新的或革命的三民主義。這種解釋，出自共黨之宣傳。第二種解釋認為政策是實行主義的方針或方案，扶助農工固是實現三民主義的許多方案之一，但聯俄與容共兩事，則與主義無關，只不過是政策下的一件事。這種解

釋，可以胡漢民為代表。[35]第三種解釋認為主義與政策不同，主義與政策不能相混不分，政策可變，而主義則是不變的。聯俄與容共是為應付時代和環境所取的一種政策，不能與三民主義同樣有長久的時間性。時代與環境改變了，政策也即隨之而變化的。即如孫中山有過聯段（祺瑞）政策，聯張（作霖）政策，在當時看來是重要的，必要的。時過境遷，則是過去的事。此種解釋，可以汪精衛為代表。[36]第四種解釋認為孫中山聯俄、容共是一時的政策。其最重要的理由，就是孫中山始終沒有因聯俄而拿他的主義和共產黨人妥協。他仍然主張他提倡多年的三民主義，也毫未採用馬列共產主義的任何部分。[37]這種解釋，是崔書琴根據其研究所得的結果。實際上，第三種解釋與第四種解釋大致相同。第二種解釋的含義，亦與第四種沒有實質上的差異，所謂政策下的一件事，即是一種策略。至第一種解釋，出於共黨的宣傳。至於孫中山聯俄、容共的本意，依據事實與原始的文獻來看，則是因應當時環境的權宜措施，而是一時策略的運用，自無疑義。至於農工政策，係根據其民生主義而定，載於國民黨一全大會宣言的對內政策中，與共黨之藉農工運動以行階級鬥爭，尤不能混為一談也。以下則就孫中山聯俄、容共及其農工政策的本意，以及共黨對此三者的解釋，加以探討之。

（一）聯俄

　　孫中山聯俄之起點，是自一九二三年一月二十六日與蘇俄代表越飛（Adolf A. Joffe）在上海發表聯合宣言。[38]宣言一開始，即稱：「共產組織，甚至蘇維埃制度，事實上均不能引用於中國」；繼稱：「中國最重要最急迫之問題，乃在民國的統一之成功，與完全國家的獨立之獲得。關於此項大事業，越飛君並向孫博士保證，中國當得俄國國民最摯熱之同情，且可以俄國援助為依賴。」[39]這是孫中山聯俄的直接文獻，足以證明他並沒有因聯俄而拿他的主義和共產黨妥協。其時孫中山因陳炯明在廣州之變而亡命上海；北方正當直系軍閥曹錕、吳佩孚之橫行。孫中山所處的環境，至為險惡。[40]同時，蘇俄代表也在和直系軍閥所控制的北京政府頻有接觸。孫中山亦藉聯段（祺瑞）、聯張（作霖）以牽

制直系的壓迫。故其聯俄，也有打破蘇俄與直系軍閥勾結之意。所以孫中山將其與越飛談判的情形，函知他的同盟者張作霖，使張瞭解其聯俄的本意。此函雖不可見，但從張的覆函原文中，可以看出孫中山的聯俄，亦有防俄之意。張之覆函有云：

> 另紙見示與越飛談話情形，提要鉤元，全局在握，老謀深算，佩仰至深。東省接近俄疆，洛（陽）吳（佩孚）利其內侵，藉資牽掣。今得公燭照機先，預為防制，不特東省免憂後患，即國家邊局，亦利賴無窮。[41]

孫中山於驅逐陳炯明的叛軍出穗後，即於一九二三年二月二十一日經由香港抵達廣州。在香港停留五天之久，曾尋求英國當局的合作而未能成功。[42]孫中山雖回廣州，但其所處的環境，仍是非常險惡。東江一帶陳炯明的叛軍不時進犯廣州，而廣州內部的軍隊又多腐敗，不聽號令。列強對孫中山的態度尤不友善。各國駐華公使團既拒絕孫中山收回廣州關餘的要求，英、美、法、日等國兵艦且集中廣州省河，以威脅孫中山的廣州革命政府。為了此種情形，孫中山曾告知《字林西報》來訪的記者說：「予力不足與抗，然為四大強國壓倒，雖敗亦榮。果爾將另有辦法。」記者再三請其明示辦法，孫中山祇隱示擬與蘇俄聯盟。蓋蘇俄代表鮑羅廷時方羈旅廣州。由此亦足證明孫中山聯俄之主張，實受列強壓迫，不得已而有此對策與部署。[43]所以孫中山在一九二三年十二月三日批答國民黨廣東支部一些同志鄧澤如等對聯俄問題的質疑時說：「我國革命向為各國所不樂聞，故常助反對我者以撲滅吾黨。故資本國家斷無表同情於我；所望同情祇有俄國及受屈之國家及受屈之人民耳。」[44]孫中山又曾告訴一位同志劉成禺說：

> 予（孫中山自稱）自莅粵設立政府以來，英美日三國無事不與我為難；英尤甚，如沙面事件，派兵艦搶海關事件，皆汝（稱劉）親眼目擊。我可謂無與國矣。今幸蘇俄派人聯絡，且幫助一切重要物資，彼非厚於我，欲借國民黨以實行其在華政策耳。吾則以外交

連俄,以威脅英美日;英美日能與我改善外交,何必專在俄國? 45

孫中山聯俄工作之推進,則為聘用蘇俄派遣來粵的代表鮑羅廷擔任政治顧問,以協助改組國民黨。鮑之任務,亦在藉著協助改組國民黨的工作,來實行蘇俄和第三國際的對華政策。其政策之一,即是要在中國成立一個以國民黨為中心的,反帝的國共統一戰線。46據俄方資料之記述:鮑在協助國民黨改組時,曾在黨綱草案中有建立反帝統一戰線的建議,其內容為:

> 國民革命運動是以全國廣大民眾的擁護作基礎,同時,國民黨
> 為了反帝與反對帝國主義在中國的勢力起見,對於我們的黨具有共
> 同的目的 —— 為解放殖民地同半殖民地國家而奮鬥 —— 的其他國家
> 民族解放運動和世界革命運動,認為有建立統一戰線的必要。47

鮑羅廷上項建議的企圖,就是要把國民黨的國民革命,轉變為共產國際的世界革命。孫中山認為反帝統一戰線在中國革命的策略上是不合乎時機的。他認為鮑所建議的統一戰線方案,是打擊英國在印度的利益,英國是不會忍受的;同時,這也打擊法國在安南的利益,法國以及法國急進的政治家也會仇視國民黨。孫中山認為:「高麗人、印度人、安南人,只受一個主人的統治,這比中國好。中國是由許多主人來分裂統治。中國還沒有統一,還沒有聚結足夠的力量來反抗侵略中國的帝國主義。如果僅寄望於英國工人運動或法國社會黨人同急進黨人的支持,而採取這種統一戰線是不可以的。」不過,孫中山認為國民黨協助高麗、印度、安南民族獲得獨立,是必要的。48很顯然地,孫中山之聯俄與反帝,是基於中國國民革命的需要,而不能接受俄式的「世界革命」。所以國民黨一全大會宣言對民族主義的解釋,認為:「民族主義實為健全之反帝國主義」,其意義有兩方面:「一則中國民族自求解放;二則中國境內各民族一律平等。」至於所謂「反帝統一戰線」,以後再說吧!所以宣言說:「當隨國內革命勢力之伸張,而漸與諸民族為有組織的聯絡。」49

（二）容共

孫中山允許中共黨員及其社會主義青年團員以個人身分加入國民黨，而為國民黨員，以致力於國民革命事業，亦與聯俄有關。主動亦發自蘇俄及第三國際。此亦係基於策略需要，變阻力為助力。因中共以往之活動，亦隨蘇俄之意圖，而與軍閥吳佩孚、陳炯明進行聯合。因此，在孫中山允許中共黨員加入國民黨時，頗使一些國民黨員懷疑不安。例如國民黨廣東支部一些黨員鄧澤如等曾為此事向孫中山質疑，他們認為：

> 陳獨秀本為陳逆炯明特別賞識之人，曾自言：寧死不加入國民黨。且嘗在學界倡言，謂三民主義、五權憲法為絕無學理根據，指斥我黨為落伍的政黨，總理為過時的人物。今竟率其黨徒群然來歸，識者早知其別有懷抱。黨員等致疑者久矣。

查陳獨秀受蘇俄給養，組織共產黨之後，自知其共產黨人少力微，不能活動，其初乃依附吳佩孚，日頌吳佩孚之功德，指吳為社會主義實行家。無恥之言，為國人所共聞。[50]

孫中山對鄧等上述質疑的親筆批答，充分足以顯示他之容共的本意。其批答原文如下：

> 此乃中國少年學生自以為是崇拜俄國過當之態度，其所以竭力排擠而疵謗吾黨者，初欲包攬俄國交際，並欲阻止俄國不與吾黨往來，而彼得以獨得俄助而自樹一幟與吾黨爭衡也。乃俄國之革命黨皆屬有政黨經驗之人，不為此等少年所遇；且窺破彼等伎倆，於是大不以彼為然，故為我糾正；且要彼等必參加國民黨與我一致動作，否則當絕之；且又為我曉喻，謂民族主義者正適時之良藥，並非過去之遺物。故彼等亦多覺悟而參加。對吾黨，俄國欲與中國合作者，只有與吾黨合作，何有於陳獨秀？陳如不服從吾黨，我亦必棄之。[51]

　　蘇俄及第三國際要中共人員加入國民黨的目的，在牽制和影響國民黨的政策與行動。中共也就做了蘇俄外交政策的工具。第三國際曾決議：「中共應設法勸國民黨，為反歐美和日本帝國主義的共同鬥爭，將它的力量和蘇俄力量聯合一起。只要國民黨客觀上進行著正確的政策，中共就在民族革命戰線上一切運動中幫助國民黨。」[52]懷抱此種目的，第三國際代表馬林（Maring 原名 Hendricus J. F. M. Sneevlet）一九二三年中在廣州時，一再催促改組國民黨。孫中山屢次對馬林說：「共產黨既加入國民黨，便該服從黨紀，不應該公開的批評國民黨。共產黨若不服從國民黨，我便要開除他們；蘇俄若袒護中國共產黨，我便要反對蘇俄。」馬林因此垂頭喪氣而回莫斯科。繼他而來的鮑羅廷，因挾有蘇俄對國民黨巨量物資的幫助，於是國民黨始有改組及聯俄。[53]

　　中共黨員以個人身分加入國民黨，是在一九二二年八月孫中山因陳炯明的叛變離開廣州來到上海後，馬林即於是月二十五日訪晤孫中山，陳述中共黨員願意個別加入國民黨，孫中山予以同意。張繼即介紹中共負責人李大釗（守常）與孫中山會晤。李聲言願以個人資格加入國民黨，致力國民革命。此為孫中山容共之始。

　　從此，即有中共黨員陸續加入國民黨。[54]一九二四年一月二十八日，國民黨一全大會中為討論黨章應否准許黨員跨黨問題，引起辯論。即由李大釗代表共派聲明彼等加入國民黨的目的。該次會議紀錄所記李的聲明原文如下：

　　　　本人（李自稱）原為第三國際共產黨員，此次偕諸同志加入本黨（指國民黨），是為服從本黨主義，遵守本黨黨章，參加的革命事業，絕對不是想把國民黨化為共產黨，乃是以個人的第三國際共產黨員資格加入國民黨，從事國民的革命事業。並望諸先輩指導一切。（另附書面聲明）[55]

　　李的書面聲明中還誓言：「我們既經參加了本黨（國民黨），我們留在本黨一日，即當執行本黨的政綱，遵守本黨的章程及紀律；倘有不遵本黨政綱，不守本黨紀律者，理宜受本黨的懲戒。」[56]經過辯論，大

會接受李的聲明。此為國民黨容共之確定。而中共則用「聯共」一詞，以示兩黨平行合作之意。

孫中山以及一些國民黨人對中共李大釗上項承諾的反應如何？劉成禺記有孫中山與他的一段對話如下：

中山云：「連俄必先收容共產黨。共產黨願全體加入國民黨，汝（指劉成禺）以為真意乎？吾知共產黨，必不然也。即如李大釗前日在大會演說，中國國民黨老前輩，當與人為善。今共產黨全體，自願拋棄共產主義，信仰三民主義，倘遭拒絕，未免示人以不廣。汝以為李大釗之言，可代表共產黨全體意見乎？」劉答曰：「幣重而言甘，誘我也。」

中山云：「吾向以誠意待人，不問其誘不誘，祇問我誠不誠。故吾謂三民主義，其中能包括共產主義；共產主義，不能代表三民主義。代表大會開會，言之綦詳。」

中山又云：「共產黨能守吾黨範圍，吾默化之；不能，吾自有處理之法。」[57]

共黨分子對付國民黨的方法，不是正面在否定國民黨的主義及政綱，而是在依照他們自己的意圖，替國民黨製造理論，塑造國民黨左、右派的形象，做為聯合及打擊的準備。因此就發生糾纏不清的糾紛了。早在一九二四年一月國民黨舉行一全大會時，鮑羅廷曾向國民黨人說：「國民黨好像已有左右派的分別，將來最高幹部卻要居中調和，教他一致動作。」胡漢民當面力斥其謬，認為如果一時鹵莽的就一個近似的言論狀態，作左、右派的假定，未免有心助長錯誤。[58]鮑亦向國民黨中央監察委員謝持、張繼表示：「黨中分派，是不能免。黨之中央執行委員會，實際上不能作黨之中心，當然黨內發生小團體，有左、右派之分。」鮑更表示：「希望右派、左派相爭，發生一中央派，作黨之中心。」[59]

共產黨以什麼標準來替國民黨人畫分左、右等派呢？根據共方的資料顯示：常以人與時間之不同，而有不同之標準；而且常有改變。例如

鮑羅廷在一九二四年六月與監委謝持、張繼談話時，認為國民黨人反對
中俄北京協定者，可認為右派；共產黨則為左派。[60] 而陳獨秀在其《什
麼是國民黨左右派》文中則謂：「有人以為共產黨是國民黨左派，這是
非常之大的錯誤。」陳且指出國民黨左、右派的分別：「在國民黨第一
次大會前後，可以說反對帝國主義與軍閥政治的是左派，不反對帝國主
義與軍閥政治的是右派；信仰三民主義的是左派，不信仰三民主義的是
右派。」後來他又認為左、右派，卻不是這樣簡單的分別了。他後來的
區分標準：「在策略上，左派懂得要實現反對帝國主義軍閥的國民革
命，國外有聯合蘇俄，國內有聯合工農階級及共產黨之必要；右派則反
對蘇俄，反對共產黨，反對工農階段。」[61] 陳氏論調，是對當時國民黨
「西山會議」的反共而發。卻也成了後來「三大政策」的根源。

　　此外，中共蔡和森在其《何謂國民黨左派》一文中，則認為左派的
必要條件至少有以下四個：（一）徹底的反抗一切帝國主義及其附屬物
軍閥買辦階段；（二）恪守孫中山引導中國民族與世界無產階級革命領
袖蘇俄攜手的方針；（三）與一切反革命右派分子決絕；（四）遵行保
護革命中堅勢力的工農群眾利益之政綱。蔡認為：「這四點也就是中山
主義最重要的內容。」[62] 共產黨人如此不斷的在為國民黨塑造左、右派
形象及其理論，這對國民黨確曾發生不良的影響，也為國民黨帶來極大
的困擾。例如汪精衛在其《分共以後》指出：

　　　　國民黨自施行容共政策以來，共產黨分子，在國民黨名義之
　　下，向農工商學各團體，宣傳了不少共產黨的理論。如今共產黨分
　　子雖然分了出去，而其所留下的理論，仍然存在於農工商學各團體
　　裡。農工商學各團體倉卒之間，不能分別出哪些是國民黨的理論，
　　哪些是共產黨的理論，這已是極大的危險；而尤其危險的，是農工
　　商學裡頭有些熱心的人，本來是國民黨，不是共產黨，而誤認共產
　　黨的理論是國民黨的理論；且以為是國民黨裡頭最革命的理論。這
　　種的人，說他是共產黨，他必不服；然他的理論，卻與共產黨一般
　　無異。[63]

汪氏之言，相當深刻而精闢。

（三）農工

國民黨在改組前後，均曾依據孫中山民生主義的理論制定農工政策。在一九二三年一月一日發表的《中國國民黨宣言》中列有農工政策如下：

> 由國家規定土地法，使用土地法及地價稅法。在一定時期以後，私人之土地所有權，不得超過法定限度。私人所有土地，由地主估報價值於國家，國家就價徵稅；並於必要時，得依報價收買之。
>
> 清查戶口，整理耕地，調正糧食之產銷，以謀民食之均足。
>
> 改良農村組織，增進農人生活，徐謀地主佃戶間地位之平等。
>
> 制定工人保護法，以改良勞動者之生活狀況，徐謀勞資間地位之平等。

上項政策，即係依照孫中山素所主張的民生主義理論而定。故在同一宣言中說明其緣由為：「惟富而不均，則仍不免於爭，故思患預防，宜以歐美為鑒，力謀社會經濟之均等發展，及關於社會經濟一切問題，同時圖適當之解決。」而提出以上的綱領。[64] 簡言之，上項政策或綱領，即為防患未然，消弭共產思想之階級鬥爭於無形。

一九二四年一月，中國國民黨改組時，其一全大會所發布的宣言中，對於農工政策的規定，與一九二三年一月一日所公布的，僅少數文字略有不同，實質上並無差異。其條文如下：

> 由國家規定土地法，土地使用法、土地徵收法，及地價稅法。私人所有土地，由地主估價呈報政府，國家就價徵稅；並於必要時得依報價收買之。清查戶口，整理耕地，調正糧食之產銷，以謀民食之均足。
>
> 改良農村組織，增進農民生活。

制定勞工法,改良勞動者之生活狀況,保障勞工團體,並扶助
其發展。[65]

其土地法是由孫中山平均地權的主張而來。其目的,在使地盡其
利,並使全體人民都能享受到使用土地的權利,絕不同於共產黨的辦
法。至共產黨用暴動的方式,經過沒收,分配的手續,以實現其階級專
政。[66]

國民黨之農工政策,在謀社會經濟之均等發展與問題之解決。共產
黨則以農工運動為手段,來達成其政治上的目的。蘇俄和第三國際使中
共黨員加入國民黨,要以國民黨的旗幟,來推動其農工運動。一九二三
年五月馬林由莫斯科到上海,帶來共產黨國際執委會給中共的指示:中
國的國民革命和建立反帝戰線,必須連接著農民的土地革命,以吸收基
本群眾。因此,中共全部政策的中心點,是農民問題。同時,中共必須
力求建立工人和農民的聯盟。達到此目的的唯一辦法,只有不倦的宣傳
和實行土地革命的口號。[67]

鮑羅廷到達廣州後,曾於一九二年年十一月中利用陳炯明叛軍進攻
廣州的危急情況,建議孫中山的革命政府應立即公布關於農、工、商三
個法令。當時鮑羅廷在廣州市的國民黨各區黨部聯席會議上提出他的建
議。要義如下:

> 政府應立刻發布分配土地給農民的命令。我們對於這個命令目
> 前不要作詳細的規定,但應該明確指出:地主的土地應予沒收,交
> 給現耕的農民。
>
> 為了建立國民黨與工人的聯繫,應該立刻制訂保護工人的社會
> 法。我們不來詳細研究這項法令的內容,最好是讓工人自己的代表
> 擬訂詳細的條款。
>
> 現在必須立刻向商人發表宣言,很明確地指出上述兩種法令對
> 他們所產生的利益。
>
> 至於大資本主同地主問題,現在暫且不說,他們已經逃往沙面
> 租界及香港。[68]

鮑羅廷還建議廣州市各區黨部要召集更多的黨員，前往農村，把沒收土地的命令交給農民。如此，勢必立刻引起農村的暴動和混亂。國民黨方面，沒有立刻採取行動。數日以後，孫中山約鮑羅廷到大本營晤談，告以：「關於工人的社會法令，同減輕小商人負擔的法令，我仍像從前一樣，同意付諸實施。關於土地法，我建議先同農民聯繫，了解農民的需要；而主要的還是要成立宣傳隊，向農民來解釋這項法令。」同時，廖仲愷即在各區黨部聯席會議上提出三個法令的處理辦法：選舉起草土地法、調查農民生活狀況和需要的委員會。旋即成立農民、工人、中流階級狀況三個調查委員會。以調查的方式，擱置了三個法令。[69]

鮑羅廷仍不罷休，在國民黨一全大會的宣言審查委員會中，又對孫中山提出關於土地問題的意見，他建議凡大地主的土地，以及自己不耕作，而從事商業或擔任公職，並向農民收取地租的土地所有人的土地，一律列營，以分配給農民。為此問題，會中曾發生大的爭執。[70]胡漢民當著孫中山的面，把鮑羅廷的建議，駁斥得不留餘地。[71]

國民黨一全大會宣言的政綱中，有關土地問題的政策，仍是根據孫中山平均地權的理論而定。鮑之建議未被採納。後來鮑弄了一個「感化遊民土匪及殊遇革命軍人的決議案」，就是要從土地上打主意。雖然戴季陶極力修正，才獲國民黨一全大會通過，不是他的原案。[72]

到一九二六、七年北伐期間，共產黨在兩湖地區所做的農工運動，與孫中山的民族主義和國民黨一全大會宣言中的農工政策，似無關係。汪精衛認為：共產黨在兩湖的農民運動，其唯一口號，是沒收土地，所以創出「打倒地主」以及「有土皆豪、無紳不劣」種種名詞。其結果大中小地主一齊打倒，農民一無所得，徒便宜了一般地痞流氓。最遺憾的，他們還要用「耕者有其田」的主張，來做護符。但孫中山耕者有其田的主張，在民生主義第三講中，已說得明白，乃是要用政治和法律來解決的。共產黨藉此口號來沒收土地，且由下級機關，自行沒收，不經過政府。而共產黨之所以這樣做，是要利用失耕農民的騷動，作其獲取政權的憑藉。[73]就工人運動言，汪認為：共產黨在兩湖煽動罷工，工廠商店紛紛關閉，造成大量工人之失業。共黨則利用工人失業之眾多，做

成社會的恐怖，經濟的混亂，得所憑藉，以奪取政權。[74]

　　汪精衛以上對共產黨農工運動實況的說明和批評，是他在武漢政權中所得的經驗。也就是共產黨當時所喊「三大政策」中「扶助農工」的真相。

四、結論

　　「三大政策」——聯俄、聯共、扶助農工是一九二七年上半年，共產黨替國民黨所宣傳的口號。在孫中山的著述中，以及國民黨的宣言或議案中，並無「三大政策」這一名詞。此一名詞之出現，就目前所見資料，是中共中央一九二七年一月三日上海《區秘通信七號》，祇說「三個政策」或「三個革命政策」。同時，俄共鮑羅廷在武漢正式用了「三大政策」的名詞。而其內容初為反帝、聯俄、農工。稍後則變為聯俄、聯共、扶助農工。共產黨人造出一人口號的目的，在結合以汪精衛為中心的國民黨「左派」，以圖扼阻國民黨內部的反俄、反共、反勞農運動的強盛思潮。指「三大政策」為國民黨總理孫中山所定。不僅一般民眾盲目的跟著在喊，即國民黨人如汪精衛者亦不例外。宋慶齡、何香凝等，當時也都是跟著「群眾」在高喊擁護「三大政策」者。

　　在半個多世紀以來的國共鬥爭中，中共常譴責國民黨不應該違反孫中山的「三大政策」而反共；附共之國民黨人亦以此為向中共與蘇俄投靠之辯護。甚至有反共的國民黨要員亦誤信「三大政策」為孫中山改組國民黨所制定。共黨宣傳影響之深，於斯可見！

　　共產黨不僅造出「三大政策」口號，且將「三大政策」與孫中山的三民主義混而為一，解釋為新的或革命的三民主義。但據國民黨人的解釋及學者研究的結果，聯俄、容共（共黨稱為聯共）祇是一時的策略，其最重的理由，就是孫中山並沒有因聯俄而拿他的主義和共產黨人妥協。而其容共，更是要加入國民黨的共黨分子服從國民黨的主義。同時，在國民黨改組時，政策至多，一全大會宣言中的政綱列有對外政策七條，對內政策十五條，除有農工政策外，並無任何一條有關「聯俄、容共」的政策。且其農工政策，亦係依據孫中山民生主義的理論而來，

旨在「思患預防」，以期消弭階級鬥爭於無形。故將聯俄、聯共（容共）與扶助農工三者，並列為「三大政策」，實屬欠妥也。

為了澄清這些模糊不清的觀念和多年來的爭論，應就直接文獻與可靠的資料，來了解孫中山聯俄、容共，及其農工政策的本意，自不難明其真相了。就聯俄言，在孫中山與蘇俄代表越飛的聯合宣言中，開宗明義即認為「共產組織，甚至蘇維埃制度，事實上均不能引用於中國」；而中國最重要最急迫者，乃為民國的統一與國家的獨立。實際上，孫中山之聯俄，亦有防止蘇俄與中國軍閥勾結之意。同時亦在制衡列強對其革命政府之壓迫。而蘇俄及第三國際則欲藉孫中山之聯俄以建立「反帝統一戰線」，從事「世界革命」，則為孫中山所拒。

就容共言，孫中山祇允共產黨員以個人身分加入國民黨，而為國民黨員，共同致力於國民革命。李大釗亦曾代表共方向國民黨一全大會聲明誓言：服從國民黨主義，遵守國民黨黨章，參加國民革命，絕對不把國民黨化為共產黨。國民黨一全大會接受了李的聲明，是為容共。中共後來則用「聯共」一詞以代之。他們更替國民黨製造左、右各派和理論。例如早在一九二五年十二月中共陳獨秀在其機關報《嚮導》發表《什麼是國民黨左右派》一文，指出左派懂得反對帝國主義，聯合蘇俄及工農階級，共產黨；右派則反對蘇俄，反對共產黨，反對農工階段。這顯然是「三大政策」的根源。其後共產黨人不斷為國民黨塑造左、右派形象和理論，而將「三大政策」與三民主義混而為一。這對國民黨確曾發生不良影響，也為國民黨帶來極大的困擾。

就農工言，國民黨在一九二三年一月及一九二四年一月一全大會的兩次宣言中，均有農工政策的制定。兩者除少數文字略有不同外，其餘在條文及內容上，幾乎完全一致。此足證明孫中山並沒有因改組國民黨而改變其農工政策。前一宣言且指出農工政策的緣由為「思患預防」。根據俄方資料的記述；鮑羅廷到廣州後，曾一再建議要國民黨頒訂土地沒收、分配的法令及政綱，未為孫中山所採納。故一全大會宣言中的農工政策仍沿一年前的宣言而無改變。至北伐期間，共產黨在兩湖地區的農工運動，以及「沒收土地」、「耕者有其田」等口號，而行階級鬥爭

之實。與孫中山的民生主義和國民黨一全大會宣言中的農工政策，似無關聯。

「三大政策」來自共產黨北伐期間的宣傳口號。把聯俄、聯共、扶助農工三事編為「三大政策」，解釋為新的或革命的三民主義，亦來自共產黨的製造。而其內容，尤非孫中山聯俄、容共及其農工政策的本來意義。

發表於一九八五年十一月香港「孫中山先生與中國現代化國際學術研討會」

附錄：
宋慶齡在國民黨二全大會上致詞的紀錄原文
中國國民黨第二次全國代表大會會議紀錄
　日　　期　十五年一月八日
　時　　間　上午十時至十二時
　出席代表　百八十二人
　主　　席　汪精衛
　秘 書 長　吳玉章
　紀　　錄　速記科

一　秘書長振鈴開會
二　主席恭誦總理遺囑，全體肅立
　主席：現在孫夫人宋慶齡同志出席，我們可否請孫夫人演說？（眾拍手歡迎。）
　宋慶齡同志：各位同志：我覺得很抱歉，因為種種的環境，不能早日來此，參與盛會，現在承諸位的好意，推為主席，私心自問，非常慚愧，也非常感謝！我這次回到廣東來，覺得有一件事是非常安慰的。因為此間一切的政治軍事都很有進步，而且比先生在的時候弄得更好。這不是我個人安慰，而且亦安慰了先生在天之靈。所以我覺得前途是非常樂觀，非常有希望。但是我還要希望諸位團結堅固，不要受人家的挑

撥，不要因一二人的私見便爭意氣。因為先生主義的成功不成功，全仗諸君的努力。如果諸位能大家合作，則先生的主義，一定是能夠成功的，能夠實現的。如其不能合作，則先生的主義絕不能成功的。所以我竭誠的希望諸位，要大家合作！

---

1 崔書琴《孫中山與共產主義》（香港：亞洲出版社，一九五四年；臺北：傳記文學出版社，民國七十三年，重印），九～一〇頁。

2 金德曼《在中國歷史經驗照耀之下孫逸仙的意識型態和其非凡的領導力》。《中華民國建國史討論集》（臺北：民國七十年），第一冊，六三頁。原引自《毛澤東選集》，卷二，三六四頁。金文譯文原稱「論新民主」，應為「新民主主義論」。

3 廣東省哲學社會科學研究所歷史研究室、中國社會科學院近代史研究所中華民國史研究室、中山大學歷史系合編：《孫中山年譜》（北京：中華書局，一九八〇年），三三一頁。

4 宋慶齡〈回憶孫中山〉，原載一九五六年十一月十一日，《人民日報》。見《宋慶齡》（香港：廣角鏡出版社，一九八一年十一月），一三一頁。

5 同 4。

6 《鄧小平同志致悼詞》，一九八一年六月三日，《宋慶齡紀念集》，二六頁。

7 鄧小平在宋慶齡追悼大會上的悼詞，見《宋慶齡》，一八五頁。

8 鄧穎超《向宋慶齡同志致崇高的敬禮》，《宋慶齡紀念集》，五八頁。

9 《中國國民黨第一次全國代表大會宣言》，民國十三年一月三十一日。各版《孫中山集》或《國父全集》均有收輯。

10 《通告黨員釋本黨改組容共意義書》，民國十三年三月二日，《國父全集》（臺北：國民黨中央黨史會，民國六十二年），第一冊，八八九頁。

11 據中國國民黨第二次全國代表大會民國十五年一月八日會議，上午，出席代表一八二人。汪精衛擔任大會主席。首由宋慶齡致詞。原文見中國國民黨第二次全國代表大會會議紀錄原件（國民黨黨史會藏）。見本文末頁「附錄」：宋慶齡在國民黨二全大會上致詞的紀錄原始文件。

12 何香凝《回憶孫中山和廖仲愷》（北京：中國青年出版社，一九五七年），三一頁。

13 同 12，一七頁。

14 Dan N. Jacos, *orodin-Stalin's Man in China*, p. 126, Harvard University Press, 1981.

15 《批廣東支部鄧澤如等彈劾共產黨文》，民國十二年十二月三日。《國父全集》，第四冊，九一六頁。原書註十一月二十九日，實鄧等之原呈日期而批答日期則為十二月三日。

16 胡漢民《革命與反革命最顯著一幕》，民國十八年四月十二日。《湖漢民先生文集》，第四冊，一三〇五～一三〇六頁。黨史會編印，民國六十七年。

17 《白崇禧先生訪問紀錄》（臺北：中央研究院近代史研究所口述歷史叢書，民國七十三年），上冊，七二頁。

18 C. Martin Wilur and Julie Lien-ying How, *Documents On Communism, Nationalism, and Soviet Advisers in China*, 1918-1927, Columia University Press, 1956, pp. 392-393.

19 同 18。

20 武漢中國國民黨中央常務委員會第二次擴大會議速紀錄，民國十六年七月十五日（原件國民黨黨史會藏）。見蔣永敬《鮑羅廷與武漢政權》（臺北：傳記文學出版社，民國六十一年，再版），八一～八二頁。並見蔣永敬：《北伐時期的政治史料》（臺北：正中書局，民國七十年），四四一頁。

21 蔣永敬《鮑羅廷與武漢政權》，四七頁。

22 梁紹文《三大政策的來源》，《進攻週刊》，第二期，上海，民國十六年五月十四日出版。見李雲漢《從容共到清賞》（臺北：中國學術著作獎助委員會，民國五十五年），五五七頁。

23 陳獨秀《什麼是國民黨左右派》，《嚮導週報》，第一三七期，一九二五年十二月二日，上海出刊。

24 朱紳秘書處《中共中央代名》，〈區秘通信七號〉，一月三號（一九二七年）。見吳敬恆《再以真憑實據與汪精衛商權書》，民國十六年，《吳稚暉先生全集》（臺北：國民黨中央黨史會編印，民國五十八年），卷九，八九三頁。

25 同 18，文件五〇，四四一頁。並見金德曼前文 2 引用，五四頁。

26 《中共中央委員會關於政治問題之報告》，一九二六年一月二十六日，見《革命文獻》，第十五輯，二六二〇總頁，國民黨黨史會編印。原見《蘇聯陰謀文證彙編》。

27 同 24，八九五頁。

28 汪精衛在漢口全市民眾歡迎大會演講，民國十六年四月十一日。見蔣永敬《鮑

羅廷與武漢政權》，八三頁。

29 汪精衛《武漢分共之經過》，民國十六年十一月五日，《北伐時期的政治史料》，四四八頁。並見《革命文獻》，第十六輯，二八五三總頁。

30 何香凝在民國十六年四月二日武漢歡迎國際工人代表團大會上講演時，曾謂：「越飛到滬，彼此共談革命，總理與廖（仲愷）同志遂於那時決定聯俄、聯共、聯農工三大政策」云云。見李雲漢：《從容共到清黨》，五五八頁。

31 武漢中國國民黨中央常會第二十次擴大會議速紀錄，民國十六年七月十五日。見《北伐時期的政治史料》，四三八～四三九頁。

32 同31，四四五頁。

33 屈武《回憶宋慶齡同志》，《宋慶齡紀念集》，一〇二頁。

34 列名此「中央委員會宣言」的有二十二人，名單為：孫宋慶齡、鄧演達、彭澤民、林祖涵、吳玉章、于樹德、惲代英、恩克巴圖、楊匏安、高語罕、謝晉、白雲梯、毛澤東、董用威、韓麟符、許甦魂、鄧穎超、屈武。（同上書，一〇三頁）。其中除宋慶齡、鄧演達（此時已不在武漢）、恩克巴圖、白雲梯（兩人為蒙古籍）等四人外，餘十八人均為中共人員。

35 胡漢民《革命與反革命最顯著一幕》，《胡漢民先生文集》，第四冊，一三〇五～一三〇六頁。

36 汪精衛《武漢分共之經過》，《北伐時期的政治史料》，四四八～四四九頁。

37 崔書琴《孫中山與共產主義》，四九頁。

38 同36，四四九頁。

39 《為中俄關係與越飛聯合宣言》，民國十二年一月二十六日，《國父全集》，第一冊，八六五頁。

40 同36，四四九～四五〇頁。

41 張作霖覆孫中山函，民國十二年二月七日《國民黨黨史會藏毛筆原件》。引見蔣永敬《鮑羅與武漢政權》，三頁。

42 C. Martin Wilur, *Sun yat-sen: Frustrated Patriot*, pp. 146-147, Columbia University Press, 1976.

43 羅家倫主編《國父年譜》（臺北：國民黨中央黨史會，民國五十八年，增訂本），下冊，一〇四一頁。

44 同15。

45 劉成禺《先總理舊德錄》，《國史館館刊》，創刊號，專著，五三頁。民國三十六年十二月，南京出版。

46 郭恆鈺《第一次國共合作辯》，《明報月刊》，一七八號，一九八○年，香港出版。

47 趙列潘諾夫（Alexander I. Cherepanov）著，王啟中譯《中國國民黨初期戰史回憶（一九二四～一九二七）》（臺北：國防部情報局，民國六十四年），五六頁。

48 同 47。

49 《中國國民黨第一次全國代表大會宣言》，民國十三年一月三十一日，《國父全集》，第一冊，八八一～八八二頁。

50 《廣東支部彈劾共產黨文》，民國十二年十一月二十九日，《國父全集》，第四冊，九一七～九一八頁。

51 《批廣東支部鄧澤如等彈劾共產黨文》同前書，九一五～九一六頁。

52 鄭學稼《中共興亡史》，第二卷，三六九頁。臺北，中華神志社，民國六十八年出版。

53 陳獨秀《告全黨同志書》，一九二九年十二月十日，見《共匪禍國史料彙編》（臺北：中華民國開國五十年文獻編纂委員會編印，民國五十三年），第一冊，四二九頁。

54 汪精衛《武漢分共之經過》，《北伐時期的政治史料》，四五○頁。並見汪精衛《中國國民黨第二次全國代表大會政治報告》，《革命文獻》，第二十輯，三八五五總頁。

55 中國國民黨第一次全國代表大會會議紀錄，民國十三年一月二十八日（黨史會藏）。李大釗書面聲明原件影本，見《革命文獻》，第九輯，四一～四八頁。排版文見同書，三七～四○頁。

56 李大釗《對共產分子加入國民黨之聲明》，《革命文獻》，第九輯，四○頁。

57 劉成禺《先總理舊德錄》，《國史館館刊》，創刊號，專著，五三～五四頁。

58 胡漢民《中國國民黨批評之批評》，原載《中國國民黨週刊》，第十七期，民國十三年四月二十日廣州出版，見《胡漢民先生文集》，第二冊，一五一～一五二頁。

59 中國國民黨中央監察委員謝持、張繼與鮑羅廷談話紀要，民國十三年六月二十五日於廣州，《革命文獻》，第九輯，八一～八二頁。

60 同 59，八一頁。

61 同 23。

62 和森《何謂國民黨左派》，《嚮導週報》，第一一三期，一九二五年五月三日

出刊。

63 汪精衛《分共以後》，民國十六年十一月，《北伐時期的政治史料》，四六三頁。

64 《中國國民黨宣言》，民國十二年一月一日，《國父全集》，第一冊，八六〇頁。

65 《中國國民黨第一次全國代表大會宣言》，民國十三年一月三十一日，同前書，八八六頁。

66 胡漢民《平均地權的真義和土地法原則的來源》，民國十七年十二月三十一日，《胡漢民先生文集》，第三冊，一一二、一一四～一一五頁。

67 鄭學稼《中共興亡史》，第二卷，四三二～四三三頁。

68 趙列潘諾夫《中國國民黨初期戰史回憶（一九二四～一九二七）》，三四～三七頁。

69 同 68，四〇～四一。又《國父年譜》，下冊，一〇三二～一〇三三頁記述：國民黨臨時中央執行委員會於十一月十九日第七次會議決定組織三種委員會，調查農、工、中流階級狀況，指定廖仲愷調查農民狀況，陳樹人調查中流階級狀況，謝英伯調查工人狀況。定一人星期內用書面報告。原引會議紀錄原件。

70 同 68，五五頁。

71 劉蘆隱《CP 的反共與反共的 CP》，《中央半月刊》，第五、六合期，民國十六年，南京出刊。見李雲漢《從容共到清黨》，二六四頁。

72 李雲漢《從容共到清黨》。

73 汪精衛《分共以後》，《北伐時期的政治史料》，四六五頁。

74 同 73，四六八頁。

第八章

海峽兩岸學者對「三大政策」
解釋的比較

一、前言

　　中國大陸與臺灣學者經過近四十年的隔絕，在無可避免的政治因素
的影響下，對於歷史上很多問題的處理和解釋，都存在著極為明顯的差
異。對於孫中山思想及其革命事蹟的研究和解釋，亦不例外。兩岸學者
對孫中山研究中，多年來始終爭論的焦點，一是孫中山的辛亥革命是否
為「資產階級民主革命」問題；一是孫中山晚年改組國民黨是否制定
「三大政策」——聯俄、容共、扶助農工，把舊三民主義發展為新三民
主義的問題。前一問題，早在十年前已有大陸學者章開沅和臺灣學者張
玉法各有針鋒相對的論文。[1] 後一問題，雖未正面交鋒，但也有隔海對
陣之勢。例如新近大陸兩位學者合著的《孫中山與國共第一次合作》一
書中說：「臺灣、香港和國外一些學者在評述孫中山晚年思想時，閉口
不提孫中山正確的『三大政策』。有的人還斷然否認有『三大政策』，
說這是『共產黨人替我們想出來的』，……『是共產黨代我們定的，也
是共產黨在替我們宣傳』。這是一種不尊重歷史事實的說法。」[2]

　　事實上，臺灣、香港和國外一些學者並未否認孫中山有聯俄、容共
（或聯共）以及農工政策，但如果把這三件個別的事實特定為「三大政
策」，標誌著新三民主義的形成，這在孫中山的著述中，以及當時國民

黨的文件中，均無根據。反之，則多來自共產黨人的製造。

　　本文將就「三大政策」在一九二七年上半年流行的情形加以介紹；次就兩岸學者對「三大政策」來源問題的解釋，加以比較；再就兩岸及國外學者所提出的「三大政策」來源的證據，證明是孫中山所制定？還是出自共產黨人的製造或「提法」？最後就此問題如何得到合理的處理，作為本文的結論。

二、風靡一時的口號

　　在一九二七年的上半年，當國民黨與共產黨的關係瀕於決裂之際，孫中山的「三大政策」——聯俄、聯共（或容共）、扶助農工，在廣州、上海、武漢各地，曾被狂熱的宣傳，成為風靡一時的口號。

　　根據不完全的統計，漢口《民國日報》從一九二七年一月到七月上旬，所報導的國共兩黨人士的演說、文章、題詞；國民黨各級組織和人民團體制定的文件，發表的宣言、通電；群眾集會呼喊的口號，通過的決議，張貼的標語等，正式講到「三大政策」的地方，不下百處。[3] 據廣州《民國日報》這年四月八日的一篇文章描述當時「三大政策」風靡的情況說：

> 　　近來黨內的同志和友黨的人們都高叫起擁護三大政策（聯俄、容共、扶助農工）來了！有些人拍出通電來赤誠擁護三大政策，有些人嚴詞質問別一個人（按指革命軍總司令蔣介石）是不是始終如一的擁護三大政策？無論什麼團體開會都要議決擁護三大政策；無論什麼刊物出版都得看三大政策；在大會場中的演說和口號，最容易聽見的就是擁護三大政策。[4]

　　「三大政策」之被大量的宣傳開來，是從這年三月十二日孫中山逝世二周年紀念活動時起，當時國共兩黨要人參加武漢百萬人的紀念大會中，不僅通過「厲行總理聯俄、聯共、農工三大政策」決議案，還要求「蔣總司令明白表示（對三大政策）態度」。

　　當時很多國民黨要人在此熱烈的宣傳下，都對「三大政策」表示擁

護的態度。例如汪精衛在這年四月十四日向漢口群眾大會演說時，即指出：「這三大政策雖名為三個，而實則一貫，決不能取其一而捨其餘。」[5]蔣介石在四月十二日雖已實行「清黨」反共，但十八日在南京的演說中，還指出：「這三個政策，是總理手定下的。」[6]在上海執行「清黨」的白崇禧將軍四十年後接受口述歷史訪問時還說：「民國十三（一九二四）年中國國民黨改組時，總理提示聯俄、容共、農工三大政策。」[7]

　　可見「三大政策」在中國人的心目中是何等深刻而牢不可破！

三、「三大政策」來源的解釋

　　關於「三大政策」來源問題，早在一九二七年隨著國共關係的破裂，即有人提出質疑，但是尚未構成學術上的爭論。一直到一九五〇年代以後，隨著兩岸的對立，兩方都注意到孫中山的研究，也就呈現兩種不同的解釋。大陸學者的解釋，仍堅持國共關係的尚未決裂時的說法，認為「三大政策」是孫中山在國民黨一全大會時所確立。例如大陸一位學者在一九五六年的一篇論文中說：「中國國民黨第一次全國代表大會，不但通過了重新解釋的三民主義，而且通過了國共合作的決議，確立了聯俄、聯共、扶助農工的三大政策。」[8]二十多年以後大陸學者多人集體編寫的《孫中山年譜》在一九二四年一月二十三日的繫文中說：「通過中國國民黨第一次全國代表大會宣言，接受了中國共產黨所提出的反帝反封建主張，確立了『聯俄』、『聯共』、『扶助農工』的三大政策，把舊三民主義發展為新三民主義。」[9]這是大陸學者一般標準的解釋。

　　一九八四年一月，大陸中國史學會在廣州召開的「中國國民黨『一大』六十周年學術討論會」，收集了其中十七篇論文，出版了《中國國民黨「一大」六十周年紀念文集》一書。其中幾乎有十篇與「三大政策」有關。其他各篇亦間有提到「三大政策」的。一位國外學者評述這本書說：「在這本書裡，陳錫祺、張磊、尚明軒、段云章、余炎光、王學莊和姜義華的文章，都有很高的學術造詣。他們肯定了孫中山『三大

政策』的貢獻，強調『新三民主義』的歷史意義，和批判國民黨『右派』反共的立場。」[10]

　　一九八六年出版的尚明軒《孫中山與國民黨左派研究》一書，據一位臺灣學者評述：「本書各文一再反覆強調聯俄、聯共、扶助農工三大政策是孫中山因共產國際和中國共產黨人的幫助，在中國國民黨第一次全國代表大會中所制定。」評者並云：「總計該書提到『三大政策』不下百餘次之多，一口咬定『三大政策』是孫中山在第一次全國代表大會所制定的，似已成為鐵的事實。」[11]大陸學者類此千篇一律的說法，可謂不勝枚舉。

　　臺灣學者對「三大政策」的看法，與大陸學者大不相同。較早對此問題作深入的探討者，為一九五四年出版的崔書琴《孫中山與共產主義》一書。認為聯俄、容共，絕不能像中共黨人及其同路人所說的，看作是三民主義的一部分。因為孫中山並未因聯俄容共而放棄或修正他所提倡已有多年的主義，也未接受或採用馬克思和列寧的共產主義。中共把聯俄、容共與扶助農工說成所謂「三大政策，實在別有用心」。[12]

　　稍後雖有研究早期中共或國共關係的著作，但注意到「三大政策」問題者，尚不多見。一直到一九六三年至一九六六年，有三種研究早期國共關係及中共歷史的著作，討論到「三大政策」問題。一為作者一九六三年出版的《鮑羅廷與武漢政權》一書，其中有《迎汪回國執行「三大政策」》一節，首次引用一九二七年七月十五日的武漢國民黨中央委員會會議原始紀錄顧孟餘的發言，指出「所謂『三大政策』，卻找遍了總理遺教，歷次宣言，以及各種決議案，找不出這麼一個東西！」他確定「所謂『三大政策』，未經任何會議決定，是共產黨的越俎代庖」。此外，作者也根據一些資料，認為「三大政策」是鮑羅廷（Micheal M. Borodin）及共產黨人所製造的。[13]一九六五年出版的王健民《中國共產黨史稿》第一冊，和一九六六年李雲漢的《從容共到清黨》兩書，均同此說。李書且引證中共文件，指出「三大政策」一詞首次出現於共產黨的祕密文件上。[14]

　　一九八〇年以後，隨著兩岸的逐漸開放，大陸學者有關研究孫中山

及國共合作的著作,也流入臺灣。而「三大政策」以及「新的三民主義」幾乎成為他們解釋孫中山晚年思想及革命事蹟的核心。因此也引起臺灣學者深入研究的興趣。作者先後有幾篇關於「三大政策」問題的論文。分別為:《孫中山與「三大政策」》、《論北伐時期的一個口號──「三大政策」》和《「三大政策」探源》。[15] 對「三大政策」問題的解釋,在上列第一文中的結論是:「『三大政策』來自共產黨北伐期間的宣傳口號,把聯俄、聯共、扶助農工三事編為『三大政策』,解釋為新的或革命的三民主義,亦來自共產黨的製造。而其內容,尤其中山聯俄、容共,及其農工政策的未來意義。」[16] 最後一文,則根據更多的證據,以支持前文的結論。此外,臺灣學者對大陸學者有關此類著作的評論,均不認為「三大政策」來自孫中山或國民黨「一大」的制定。認為是共產黨人的製造。[17]

四、「三大政策」來源的證據

　　大陸學者對「三大政策」的解釋,一方面承襲一九二七年上半年的宣傳內容,同時也是師承毛澤東一九四〇年的《新民主主義論》。[18] 臺灣學者的解釋,一方面受到國共決裂時一些對「三大政策」提出質疑的影響,同時則根據歷史文獻。這些文獻是包含兩方面,一是孫中山的著述和國民黨當時的文件,並無「三大政策」之說;一是「三大政策」之說完全出自中共方面的文獻。質言之,前者重視意識形態;後者重視資料文獻。

　　值得注意的,近年大陸學者對資料文獻的搜集與整理,不遺餘力。部分大陸學者的著作中,對資料文獻的運用和解釋亦漸趨注意。例如陳錫祺在其一篇論文中指出:「聯俄、聯共、扶助農工三大政策,雖在國民黨『一大』的文獻中尚未見諸文字,這是日後總結的提法。」[19] 黃彥也在一篇論文中指出:「如果有人看了某些文章上面說的國民黨『一大』宣言確定了三大革命政策以後,再去查閱宣言的話,肯定會感到失望,因為它在二十三條(一作二十二條)對外、對內政策都沒有這樣的條文。」[20] 更值得一提的,是一九八六年十一月在中山市舉行的「孫中

山研究國際學術討論會」上一位大陸學者魯振祥的《三大政策研究中的幾個問題》論文，提出一些重要的文獻，證明「三大政策」在一九二六年十一月及十二月間，由陳獨秀及中共中央所提出。這年十一月四日陳獨秀在中共中央政治局會議上提出關於國民黨左派的政綱是：「迎汪（精衛）復職，繼續總理聯俄、聯共、扶助農工三大政策。」魯氏認為：「這是目前所見到的第一次完全提出三大政策概念的文件。」十二月中旬，中共中央召開的漢口特別會議，首次在共產黨的會議決議中正式使用「三大政策」的提法。[21]

　　另一日本學者狹間直樹在同一討論會上提出《關於「三大政策」的幾點考察》一文，除對臺灣學者早期著作中有關「三大政策」的解釋和證據有所引述外，也提出與魯文相同的文獻。狹間又進一步的在黃埔軍校一群共產黨人所編的《黃埔潮》周刊的文章中，發現有比陳獨秀更早的「三大政策」一詞的用例。經過考察，狹間所得的結論是：「關於『三大政策』口號的產生，如我們所看到的，是在一九二六年夏秋季（八月底至十月）國民革命高漲及其轉折的歷史背景下，由黃埔軍校的共產黨員所提出的。」[22]

　　魯振祥和狹間直樹所發現的新證據，對大陸學者一向傳統的看法，應是一大挑戰；對臺灣學者一向堅持出自共產黨人「製造」之說，更是一大興奮。面對大量證據的出現，大陸學者如何來應付這一挑戰呢？就目前所看到的著作，他們對於過去傳統的解釋，仍極力加以維護。例如魯振祥在其前文中說：「儘管孫中山生前未講過『三大政策』一詞；『三大政策』概念是孫中山去世後才概括出來的。但這一概括完全符合歷史事實，符合國民黨『一大』精神，它科學地、準確地反映了孫中山晚年為實現三民主義所確定的新的革命方略的主要內容。」[23]這一解釋，顯又成為維護傳統說法的樣本。黃彥也有一項維護傳統的解釋說：「孫中山在『一大』確定了這三項政策，應是符合實際。雖然他本人並未採取『三大政策』的概念進行歸納。」又云：「但近年來有的論文作者採取了孫中山在『一大』『提出了』或『制定了』三大政策的提法，卻容易被誤解為孫中山當時是這樣做的，就不免有歪曲史實之嫌了。」[24]

此一辯護的技巧頗為高明。所謂因「被誤解」而致有「歪曲史實之嫌」，似乎是針對臺灣學者而言。[25]以上的解釋，尚稱合理，例如「辛亥革命」、「三民主義」諸名詞，都是事後概說而來的。

五、撇開偏見與修正傳統

　　以後來概括的「三大政策」來反覆演繹孫中山晚年思想和革命事蹟，要想做到客觀的分析，顯然是不容易的。此種困難，在大陸學者中，也曾有同感。即如魯振祥在前文中雖然強調「三大政策」概念，「完全符合歷史事實」，同時他也坦誠的指出：「孫中山從未講過『三大政策』一詞，可是我們又總講他確立了『三大政策』，並且以『三大政策』的確立作為孫中山晚年思想轉變的主要標誌，這應如何解釋清楚呢？這確實是目前孫中山研究中存在的一個問題。」因此他大膽的建議：「但如果撇開長期來存在的偏見，同時也敢於修正那些不符合或偏離了歷史事實的傳統說法。」真正「客觀地分析孫中山晚年的思想和革命事跡，那麼，這一問題也不是難於處理的，是可以得到合理的說明的。」[26]從這位大陸學者的看法，我們可以體會到今後「孫中山與中國革命」的研究，將會出現美好的景象。

本文為民國八十年（一九九一）八月在夏威夷「紀念辛亥革命八十年國際學術研討會」宣讀之論文。原載一九九八年四月《近代中國》，雙月刊第一二四期

1　章開沅、張玉法一九八二年春在芝加哥「亞洲協會學術討論會」各有針鋒相對的論文發表。前者認為辛亥革命的性質是「資產階級革命」，後者認為是「全民革命」。以後兩人續有論文就此問題有所爭論。如章開沅《就辛亥革命性質答臺北學者》，載《近代史研究》，一九八三年第一期。章、張爭論要點參閱汪敬虞《中國近代社會、近代資產階級和資產階級革命》，載《孫中山和他的時代》（北京：中華書局，一九八八年），上冊，二六～二七頁。

2　林家有、周興樑《孫中山與國共第一次合作》（成都：四川人民出版社，一九

八八年），一一六頁。

3 魯振祥《三大政策研究中的幾個問題》，載《孫中山和他的時代》，中冊，一二七六頁。

4 格宇《我們為什麼要擁護三大政策——聯俄、容共、扶助農工》，載廣州《民國日報》，一九二七年四月八日。

5 蔣永敬《鮑羅廷與武漢政權》（臺北：中國學術著作獎助委員會，民國五十二年），八三頁（臺北：傳記文學社，民國六十一年，再版）。

6 廣州《民國日報》專載蔣介石總司令演說詞。一九二七年五月十一日。按蔣當時在南京所指的「三個政策」，第一為打倒帝國主義，第二是聯俄，第三是扶助農工。

7 《白崇禧先生訪問紀錄》（臺北：中央研究院近代史研究所口述歷史叢書，民國七十三年），上冊，七二頁。

8 胡繩武《孫中山從舊三民主義到新三民主義的轉變》。載《孫中山研究論文集》一九四九～一九八四，下冊《成都：四川人民出版社，一九八六年》，九六一頁。

9 廣州哲學社會科學研究所歷史研究室等八單位編：《孫中山年譜》（香港，中華書局，一九八〇年），三三一頁。

10 陳福霖《評述有關孫中山與國共合作的重要著作》，載《回顧與展望》（北京，中華書局，一九八六年），三九三～三九四頁。

11 項達言《評尚明軒《孫中山與國民黨左派研究》》，載《中國現代史書評選輯》（五）（臺北：國史館編印，民國七十九年），二四八～二四九頁。

12 崔書琴《孫中山與共產主義》（香港亞洲出版社，一九五四年）一一頁。（臺北：傳記文學社，民國七十三年，重印本）。

13 蔣永敬《鮑羅廷與武漢政權》，一四、八一～八二頁。

14 李雲漢《從容共到清黨》（臺北：中國學術著作獎助委員會，民國五十五年，臺北），五五七頁。

15 蔣永敬《孫中山與「三大政策」》，一九八五年十一月在香港「孫中山先生與中國現代化」國際學術會議發表。該文收入該會議論文集，香港珠海書院《珠海學報》，第十五期，一九八六年。《論北伐時期的一個口號——「三大政策」》，一九八八年八月在「北伐統一六十周年」學術討論會發表，收入《北伐統一六十周年學術討論集》。《「三大政策」探源》載《傳記文學》，第五十四卷第三期，一九八九年三月，臺北。

16 見上註的《珠海學報》，第十五期，六四頁。

17 有關此類書評，國史館已出版有《中國現代史書評選輯》一至五輯。例如第五輯（一九九〇年出版）載有：孫子和《評吳雁南著《孫中山與辛亥革命》》，馬起華《評韋杰廷著《孫中山哲學思想研究》》，項達言《評尚明軒著《孫中山與國民黨左派研究》》等文。

18 姜義華、吳根樑《孫中山與三大政策的制定》。引毛澤東之說：「樹立了三大政策的新三民主義」。見《中國國民黨「一大」六十周年紀念論文集》（北京：中國社會科學出版社，一九八四年），一〇〇頁。

19 陳錫祺《孫中山與國民黨「一大」》，見《中國國民黨「一大」六十週年紀念論文集》，三四頁。

20 黃彥《關於國民黨「一大」宣言的幾個問題》，載《孫中山和他的時代》，中冊，一二三四頁。

21 魯振祥《三大政策研究中的幾個問題》，載《孫中山和他的時代》，中冊，一二七三～一二七四頁。

22 狹間直樹《三大政策與黃埔軍校》，載《歷史研究》，一九八八年第二期。

23 同 21，一二七六頁。

24 同 20，一二三八頁。

25 後據黃彥告知，並非針對臺灣學者而言。

26 同 21，頁一二八五。

第二篇 ／ 領導與參與

第一章
孫中山三大領導風格

一、前言

　　孫中山畢生致力革命運動，無論是在精神上或是實質上，都居於領導地位。故其領導風格，關係革命運動，至深且鉅。其風格為何？述者紛紜，論者繁多。吳稚暉謂其「是一個很誠懇，平易近情的紳士。然而止覺是偉大，不能形容的偉大；稱為自然偉大」。[1]李石曾謂其「胸襟浩瀚」、「寬大開明」、「民胞物與」、「仁民愛物」。[2]胡漢民謂其「處事接物不涉矜持，而自然崇高偉大」、「沉毅果決，百折不撓為其固有之勇氣」。[3]張永福謂其「勝不露喜，敗不言感」、「凡事均抱樂觀態度」。[4]劉成禺謂其「律己無私財，馭人無私憤，以學問為條教，以讓恕為美談」、「大有子路聞過則喜，禹聞善言則拜之風」。[5]日本友人宮崎寅藏謂其「彼其胸中，具數萬甲兵；彼其度量，可容卿百輩；彼其手腕，可以揮斥八極而無作；彼其容貌，可以備具四時而有餘」。[6]美國友人林百克（Paul Linearger）謂其「容貌英偉，而望之靄若春風。他的眼光清澈照人，無微不燭，凝眸注視時最有吸引力，火灼灼地懾人如獅。見他的人都覺他眉宇間威稜逼人」，「是一個你可以信託的人」。[7]

　　在眾所述論中，而以陳天華在一九〇五年聽完孫中山的一次演說後，對其風格的描述，不失為容谷足音。他說：

　　孫逸仙者，非成功之英雄，而失敗之英雄也；非異國之英雄，而本族之英雄也。雖屢失敗而以將來有大望，雖為本族之英雄，而其為英雄也，決不可以本族限之，實為世界之大人物。彼之理想，彼之抱負，非徒注眼於本族止也，欲於全球之政界上社會上開一新紀元，放一大異彩。後世吾不知也，各國吾不知也，以現在之中國論，則吾敢下一斷語曰：是吾四萬萬人之代表也，是中國英雄中之英雄也。[8]

　　本文則就眾所論述與其實際活動，歸納為三大領導風格。一曰交遊廣眾，有志一同。二曰滔滔雄辯，聽者悅服。三曰樂觀奮鬥，百折不撓。以下則就此三者分別探討之。

二、交遊廣眾　有志一同

　　孫中山早年交遊之地，在夏威夷（檀香山）、香港及廣州等地，此亦孫中山青年年求學，立志與其成立興中會及首次起義之地。

　　夏威夷方面，在興中會成立前（一八九四），孫中山曾三次來到此地。第一次到此求學（一八七九～一八八三），即開始交遊，每當「課暇，輒與同國同學諸人，相談衷曲，而改良祖國，拯救同群之願，於是乎生」。[9] 第二次是一八八五年應胞兄孫眉之召，來到此地。這年（乙酉）始立志革命，交遊時即談革命問題。[10] 第三次是一八九四年到此成立興中會，加入的會員達一二九人。[11] 大多為孫中山及其胞兄孫眉的友好。此時雖然「風氣未開，人心錮塞，在檀鼓吹數月，應者寥寥」。[12] 但能有這麼多人加入，已是很不容易了。且多不乏疏財仗義、捨身報國之士。茲舉數例，以見一斑。

　　鄭金、鄭照兄弟，是孫中山第一次在夏威夷的好友，與孫中山為「金蘭」之交。興中會成立後，鄭金隨孫中山回國參加廣州起義。鄭照在孫中山數次的訪檀時，隨身護衛。一九〇七年應召參加中越邊境起義。[13]

　　宋居仁原在夏威夷開一小餐館，孫中山第二次訪檀時，常到其餐館

用餐，兩人談起革命，志同道合。參加興中會後，賣掉餐館，回國參加起義。宋有兩子，長子紹殷，參加「三二九」之役敢死隊；次子紹達一九一六年在惠州參加討袁戰役陣亡。[14]

鄧蔭南，是孫眉的摯友。加入興中會後，變賣全部家產，回國參加多次起義。一九二三年逝世於澳門，孫中山親書悼詞：「愛國以命，愛黨以誠，家不遑顧，老而彌貞」。[15]

夏威夷華僑與孫中山友誼之深，孫與之交遊之廣，梁啟超一八九九年底利用孫中山之介紹，來到檀島，受到信賴，變革命為保皇，雖稱計，但亦深懼一旦揭穿，後果堪虞。梁至其師康有為信中說：

> 此間（夏威夷）保皇會得力之人，大半皆中山舊黨（原注：此間人無論其入興中會與否，亦皆與中山有交），今雖熱而來歸，彼心以為吾黨之人才勢力，遠過於彼黨耳。……而彼黨在港頗眾，檀山舊人歸去從彼者，如劉祥，如鄧從聖（蔭南。原注：此人傾家數萬以助中山，至今不名一錢，而心終不悔，日日死心為彼辦事，闔埠皆推其才，勿謂他人無人也），此間人皆稱之。彼輩一歸，失意於吾黨而不分，返檀必為中山用。吾賠了夫人又折兵，……全局可以瓦解。[16]

香港、廣州方面，孫中山從一八八三年到一八九五年十餘年間，交遊更廣。最初與之交遊者，為同鄉陸皓東，亦為革命犧牲之第一人。次為鄭士良、尤列等，均為以後革命的伙伴。一八八七年進入香港西醫書院（College of Medicine for Chinese, Hong Kong）後，最著名的，有所謂「四大寇」之交。孫之熱情與豪邁，「四寇」之一陳少白自述：

> 我（陳自稱）跟逸仙是同學，他常常以諤諤之辯提倡革命主義，由此我也有些心得。我倆終於誓為肝膽相照的同志。……那時，他以自己的勞力，賺得學費以外的金錢；而以此金錢，請任何在他周圍的人到飯館去，大吃山珍海味，高談闊論，自以為快。花少了金錢，則不出校門一步，日夜用功，似完全與世無涉。因此而

贏得大家的敬佩。[17]

香港西醫書院畢業後，先後在澳門、廣州行醫，醫務興盛，收入亦豐，結交人物日多。一八九五年成立香港興中會決定在粵大舉後，更以醫術結交軍政各界，督撫司道咸器重之。雖高談時政，語涉排滿，聞者僅目為狂士。創立農學會以為掩護機關時，粵督李翰章以次官紳數十人多署名贊助之，無有疑為危險性質者。[18] 其交遊手腕之靈活與人情之通達，胡漢民記云：

> 人或有疑先生（孫中山）不解禮法人情者，余（胡）知先生於
> 乙未（一八九五）舉事之前後，實親與各種社會周旋；社會情偽，
> 殆無人如先生知之深者。[19]

廣州起義失敗後，革命陷於艱困時期，孫中山所到之處，幾視為「毒蛇猛獸」，而莫敢與之交遊。[20] 惟自一八九六年倫敦蒙難後，聲名大著，頗為日本人士所注意。當其一八九七年秋來到日本橫濱時，日本民黨領袖犬養毅遣宮崎寅藏、平山周來迎。引至東京相會，一見如故，抵掌談天下之事，大為快慰。更因犬養毅之介紹，廣交日本朝野賢豪。[21] 根據日本學者的研究，孫中山結交日人士有姓名可考者，達二七〇人之多，包含軍、政、學、工、商各界及浪人。[22] 與宮崎寅藏之交，尤稱莫逆。孫中山稱之為「俠客」，謂為「虬髯，誠有過之」。[23]

庚子（一九〇〇）這年，是革命與保皇勢力消長的分水嶺。庚子以前，學界與華僑多傾向保皇，庚子以後則倒轉過來。為因應情勢，孫中山和尤列在橫濱議定一項革命發展計畫，一為聯絡學界，一為宣導華僑。乃將橫濱中和堂加以改造，作為學界與華僑交遊之所。聯絡學界方面，較早交往者，有秦力山、戢元丞、沈翔雲、吳祿禎、程家檉等，多為留東學界活躍之士。由於彼等之串連，孫中山與學界的交往，日趨密切，例如章太炎與孫中山之訂交，則由秦力山的引介。章《自訂年譜》記曰：

> 逸仙方在橫濱，湖南秦遯力山者，故唐才常黨，事敗東走（指

庚子勤王之役），卓如（梁啟超）不禮焉。往謁逸仙，與語，大悅。余（章）亦素悉逸仙事，偕力山就訪。逸仙導余入中和堂，奏軍樂，延義從百餘人會飲，酬酢極歡。自是始定交。[24]

此為壬寅（一九○二）二月事。劉成禺者，亦學界有志之士也。孫中山亟欲交往之。乃囑程家檉邀約之。劉自述曰：

> 壬寅（一九○二）予（劉）在成城陸軍預備學校，程家檉奔馳而來曰：「孫先生自海外歸矣」。程往橫濱見之，一見即問曰：「劉某來否」？程曰：「此兩湖書院同院老友也，來矣，已入成城學校」。先生曰：「予急欲見此人，汝可回東京，陪彼來，成城不能外宿，晨來晚歸為佳」。予與家檉造橫濱月山寓廬，先生出遊，執予手曰：「壽卿（吳祿貞字）、元丞（戢）來日說武昌事件（指漢口勤王事），力助黨人出險，尤感太夫人拯救之恩」。縱談竟日，傍晚乘車回東京。[25]

孫中山不僅本身交遊廣眾，且鼓勵朋友廣為交遊。尤其對於青年朋友，充滿熱情與愛心。劉成禺記曰：

> 日本維新領袖，皆精深漢學。先生（孫中山）以予（劉）曾涵泳古籍也，先生於所往來名流，廣為延譽；且率予拜訪宴談進步黨領袖犬養毅、名儒德富豬一郎、自由黨領袖板垣退助伯、主張民主政治之中江篤介翁，豪傑頭山滿翁。他如宮崎寅藏、尾崎行昌諸名流，更朝夕往返。以初履日本之學生，識朝野之賢達，皆先生所賜也。[26]

三、滔滔雄辯　聽者悅服

孫中山鼓吹革命的方式，除撰文和談話外，最特出的是他對大眾的演說，深具吸引力。林百克在其所著《孫逸仙傳記》中對於孫中山演說的風度和聽者的反應，顯然是經過資料的考證，加以琢磨，而有頗為細

緻的描述。說他演說時,「驟然響朗的聲音,中人如有電力」,「句句真實,準確鋒利,聲音高下疾徐,如合音節,演詞平穩如流水,煞尾清楚,戛然而止」,「雄辯滔滔」,「一口氣差不多說五百多字」,「有很大的動人的魔力,他所仗的是真理與吸引力」;「人們是服從真理的,所以他的精神,他的演說,就受人們的信仰,使得他做一個人們的領袖」。27

孫中山依其發展革命計畫,從一九〇二年底到一九〇五年的上半年,兩年半之間,再度環遊世界。從事宣導華僑和聯絡學界的工作。所到之處,大受歡迎,與第一次環遊世界(一八九五~一八九七)的情況,完全不同。一九〇五年七月,回到日本,集合全國之英俊,成立同盟會於東京,始信革命大業,可以及身而成。28

孫中山這次環遊世界,收穫最大的,一為宣導夏威夷的華僑;一為聯絡歐洲學界。在夏威夷,當地西文報紙對於孫中山的到訪和言行,有不斷的報導。尤其報導他對華人群眾的演說大受歡迎的情況,至為醒目。例如一九〇三年十二月十三日在火奴魯魯對華僑的公開演說,當地英文報《太平洋商業廣告報》在十二月十四日頭版報導,大標題是:孫博士鼓吹中國起來反抗;副標題是:著名的革命家竭力主張推翻滿清王朝——皇帝是「東亞病夫」。報導的內容有:「孫中山是一個傑出的演說家,他能極好地掌握群眾的情緒。孫中山不是那種狂熱分子。他是冷靜、有條理的思想家。他是天生的領袖人物」。聽眾的反應,報導說:「聽眾上千人,情緒極為熱烈。孫中山的演講,經常被熱烈的鼓掌聲打斷」。29

一九〇五年八月十三日,孫中山在東京向留學生作公開的演說,大為轟動。演說的會場是東京富士見樓(麴町區飯田河岸),會場能容千人。屆時爆滿,後來者猶絡繹不絕,門外擁擠不通。警吏令封門,諸人在外不得入,喧嘩甚。又開門聽其進場。室內階上下,廳內外,皆滿無隙地。後至者皆不得入,踵門而退者殆數百人。然猶不忍去,佇立於街側以仰望樓上者復數百人。有女學生十餘人,結隊而來,至則門閉,警察守焉。女學生大憤,恨恨而返。30

陳天華記錄這次大會全部的過程。記錄刊於東京《民報》第一號（一九〇五年十一月）。記錄孫中山從上台演說到講畢，獲得十次掌聲。摘錄幾次掌聲如下：

第一次掌聲：
孫君著鮮白之衣，數人導之，拾級而上，滿場拍掌迎之。

第二次掌聲：
孫君以藹然可親之色，颯爽不群之姿，從人群中出現於演台上，拍掌聲又起。

第三次掌聲（開始演說）：
鄙人（孫自稱）往年提倡民族主義，應而和之者，特會黨耳，至於中流社會以上之人，實為寥寥。乃曾幾何時，思想進步，民族主義，大有一日千里之勢，……此誠足為我國賀也！顧諸君之來日本也，在吸取其文明也。然而日本之文明，非其所固有者，前則取之於中國，後則師資於泰西。若中國以其固有之文明，轉而用之，突駕日本，無可疑也。（拍手）

第四到六次掌聲（略）

第七次掌聲：
有謂中國今日無一不在幼稚時代，殊難望其速效。此甚不然：各國發明機器者，皆積數十百年，始能成一物。仿而造之者，歲月之功已足。中國之情況，亦猶是耳。（拍手）

第八次、第十次掌聲（略）。

第九次掌聲：
且夫菲律賓之人，土番也，而能拒西班牙、美利堅二大國，以謀獨立，而建共和。北美之黑人，前此皆蠢如鹿豕，今皆得為自由民。言中國不可共和，是誣中國人曾菲律賓人、北美黑奴之不若也，烏乎可！（拍手）

陳天華記錄孫中山演說畢，更發揮其感想曰：

　　孫君所言，驟聽似為人人能言者，特人言之而不行，孫君則行
之而後言，此其所以異也。況孫君於十餘年之前，民智蒙昧之世，
已能見及此而實行之，得不謂為世間之豪傑乎？夫豪傑之見地，亦
惟先於常人一著耳。[31]

　　博辨詳明，使人澈悟。[32]是孫中山演說成功之處。此固賴於博學多
聞之素養，亦是得之自我的練習。據其自述：「予少時研究演說學，對
鏡練習，至無缺點為止」。又云：「予少時在美聆聽名人演說，於某人
獨到之處，簡練而揣摩之，積久自然成為予一人之演說」。乃立練習演
說三訣：(1)練姿勢：登上演說台，風度姿態，須使全場有穆肅起敬之
心。(2)練語氣：演說如作文然，以氣為主，氣貫則言之長短，聲之高下
皆宜。(3)籠罩全局：凡大演說會，有贊成，必有反對。登台眼觀四座，
在座有何黨何派人，然後發言，不至離題。必使贊成者，理解清晰，異
常欣慰；反對者，理由折服，亦暗中點頭；中立者，喜其姿態言語，易
為左袒，萬不可作生氣語，盛氣凌人。[33]

四、樂觀奮鬥　百折不撓

　　孫中山致力革命，屢經挫折，終不氣餒，而能樂觀奮鬥，百折不撓
者，是他基於不斷進化的信念，對革命前景，持以樂觀的看法。據胡漢
民之觀察與了解：

　　　余（胡）從先生（稱孫中山）久，每遇失敗或至拂意之事，為
　　他人所難堪者，先生常處之泰然，其視革命為當然不斷之進化；且
　　時綜其全體以為衡量，故以為祇有成功，而無所謂失敗。其樂觀由
　　深切之認識而來。[34]

　　　更能自強不息，無時不立於群眾之先頭，而為之領導者。而其
　　沈毅果決，百折不撓之勇氣，亦為其固有。[35]

　　孫中山自述：在革命早期，「雖身當百難之衝，為舉世所非笑唾

罵，一敗再敗，而猶冒險猛進者，仍未敢望革命排滿事業能及吾身而成者也。其所以百折不回者，不過欲有以振起既死之人心，昭蘇將盡之國魂，期有繼我而起者成之耳。及乙巳（一九〇五）之秋，集合全國之英俊而成立革命同盟會於東京之日，吾始信革命大業可及身而成矣」。36於是藉南洋地區為後方，以全球華僑為後援，自一九〇七年到一九一一年四年之間，以屢仆屢起之精神，發動八次起義。一九一一年「三二九」黃花岡之役，更是驚天地而泣鬼神，不半年而武昌大革命以成。在八次起義的過程中，孫中山樂觀奮鬥，百折不撓的領導風格，至關重要。故能有「革命黨人以一往直前之氣，忘身殉國；其慷慨助餉，多為華僑；熱心宣傳，多為學界；衝鋒破敵，則在軍隊與會黨，踔厲奮發，各盡所能，有此成功，非偶然也」。37

孫中山樂觀奮鬥，百折不撓之作風，以一九一〇年二月廣州新軍之役失敗後，黨人之懈氣與孫中山之打氣為例。這年七月，孫中山由美國經日本來到檳榔嶼，約同志黃興、胡漢民、趙聲等重要幹部來會，商討新軍失敗後捲土重來之計。而「各同志以新敗之餘，破壞最精銳之機關，失卻最利便之地盤，加之新軍同志亡命南來者實繁有徒，招待安插，為力已窮，而吾人住食行動之資，將虞不繼，舉目前途，眾有憂色。詢及將來計畫，莫不唏噓太息，相視無言」。孫中山慰之曰：「一敗何足餒，吾曩之失敗，幾為舉世所棄，比之今日，其困難實百倍。今日吾輩雖窮，而革命之風潮已盛，華僑之思想已開，從此而後，祇慮吾人之無計畫無勇氣耳。如果眾志不衰，而財用一層予當力任設法。」經過再三勸勉，大家同意重整旗鼓。於是分頭募款，多有樂從，乃有「三二九」之舉。38

滿清推翻，民國建立，並不表示革命事業的結束。軍閥專橫，列強侵略，孫中山的革命事業，仍是不斷遭遇挫折。其間最大的挫折，一是一九一三年二次革命的失敗；一是一九二二年陳炯明之變。孫中山仍不氣餒，老而彌堅，勇往邁進。關於二次革命方面，《中華革命黨成立宣言》有云：

二次革命，不幸精神潰散，相繼敗走，扶桑三島，遂為亡命客集中之地點。談及將來之事業，意見紛歧，或緘口不談革命，或期革命十年。種種灰心，互相詆諆。二十年來之革命精神與革命團體，幾於一蹶不振。言之不勝慨嘆！[39]

為了再起革命，推翻袁世凱的專政，流亡日本的國民黨人，有急進與緩進不同的意見。主張急進者，有中華革命黨的成立；主張緩進者，有歐事研究會的組織。前者為孫中山所領導，後者奉黃興為首領。兩派分道揚鑣，且時有互相排斥情況。

主張緩進的理由，是認為二次革命之前，國民黨擁有十餘省地盤，有千萬之款可以籌集，有三四十萬軍隊可以調用，尚且不能抵抗袁氏；今已一敗塗地，有何勢力，可以革命？革命進行，究竟有何辦法？[40]這是一種悲觀的看法。

孫中山本其不斷進化的信念，持以樂觀的看法，認為自辛亥革命成功以至失敗，不過兩年；如果追想三年以前的事，可知那時革命黨人都是一班亡命之徒，何嘗有地盤，何嘗有錢，何嘗有兵？而且這次失敗，比之兩年以前較有信用和經驗，決無灰心的理由。[41]就倒袁的難易度而論，認為必不遠待五年以後便可成功。原因是民困不蘇，匪亂不靖，軍隊驕橫，執政荒淫，四者有其一，即足以亂國，袁氏兼而有之。故其必不能久。[42]

孫中山樂觀的態度，當時也曾致信同志鄧澤如，說明他的看法。信中說：

此次失敗以後，自表面觀之，已覺勢力全歸烏有，而實則內地各處，其革命分子較之湖北革命（指武昌起義）以前，不啻萬倍。而袁氏之種種政策，向能力為民國製造革命黨，解散國省縣議會，裁撤南方軍隊，自以為此策得矣。不知逆天者必受殃，害人者終害己，此被裁撤之議員、兵士能安然不變乎？始皇以蓋世之雄，內則坑儒焚書，外則築長城以逐胡，而乃二世而滅。袁氏對內，則不如

始皇之威也，其對外則不如始皇之武也，……烏能久哉？

　　我輩既以擔當中國改革發展為己任，雖石爛海枯，而此身尚存，此心不死，既不可以失敗而灰心，亦不能以困難而縮步，精神貫注，猛力向前，……則終有最後成功之一日。[43]

這真是有血有淚的肺腑之言！

陳炯明之變，是孫中山革命以來最大的一次挫折。[44]從一九二二年六月十六日到八月九日的五十三天時光中，蒙難永豐艦於珠江，在酷熱的氣候下，槍林彈雨中，與叛軍作戰，其所表現的處變不驚，臨危不亂的精神，充分顯示大革命家的風度。隨同在艦的同志馬超俊有一段生動的回憶如下：

　　永豐艦開過車歪炮台，兩岸叛軍集中炮火攻擊，國父親立甲板上指揮，神色鎮定，儼然久歷戎行，並且頻頻吩咐我們；子彈要愛惜，瞄準了才好放。但叛軍炮火過密，士兵及衛士已倒斃數人，大家苦勸他才肯下艙去。邊戰邊走，還沒到白鵝潭，大家不放心，喊馬湘下艙看國父那裡去，回說在房裡看書。我們都以身貼著鋼板作戰，血污沾了一身，聽說總理（孫）還在看書，心裡不免暗笑；在此危急存亡之秋，尚有此閒情逸致來看書。[45]

此亦印證胡漢民所說的：「每遇失敗或至拂意之事，為他人所難堪者」，「余等每有乞靈於詩詞小說，以為消遣；先生（孫中山）則正於其時取專門研究之巨著而細讀之」。[46]

八月九日下午，孫中山離永豐艦，轉搭英國漢摩砲艦赴港。出虎門要塞，至此方離廣州。謂幕僚曰：「不圖吾與君等，竟得脫險以有今日，一息尚存，此志不懈，民國責任，仍在吾人身上，不可輕棄，以自身初心也」。十四日上午，到吳淞口登陸，在岸歡迎者數千人。下午召集同志，討論時局問題。[47]

八月二十四日，對報界人士談話，謂「武人挾多槍以自固，以凌

人,如袁世凱之稱帝,即其一也。今武人(指陳炯明)尚有學袁者,但力量不及袁,充彼等之私欲,直欲割據自雄,以言統一,必無所成」。[48]

諺云:「大難不死,必有後福」。孫中山這次大難,較之二十六年以前(一八九六)倫敦蒙難更有「後福」。其聲望從此加驟提升,至一九二五年逝世前後,聲望達於頂點。正如陳天華二十年前(一九〇五)所言:「實為世界之大人物」。[49]

五、結論

本文所提出的孫中山三大領導風格:一、交遊廣眾,有志一同。二、滔滔雄辯,聽者悅服。三樂觀奮鬥,百折不撓。並不足以概括孫中山領導風格之全部。但此三、者實其領導風格中之重要部分。與其革命運動三大工作要項之運作,則有密切之關係。所謂三大工作要項,立黨、宣傳、起義是也。孫中山之〈中國革命史〉云:

> 余之從事革命,建主義以為標的,定方略以為歷程,集畢生之
> 精力以赴之,百折而不撓。求天下之仁人志士,同趨於一主義之
> 下,以同致力,於是有立黨;求舉國之人民,共喻此主義,以身體
> 而力行之,於是有宣傳;求此主義之實現,必先破壞而後有建設,
> 於是有起義。[50]

因此,本文參考眾所論述,就其活動情況,與此三大工作要項有關者及其作用,歸納為上述之三大領導風格。就立黨言,欲求主義之同趨,須有志同道合之友為基礎,進而集合全國之英俊,以成革命大團體,而交遊廣眾,有志一同,乃為必要也。就宣傳言,欲求主義之共喻,言論鼓吹,乃為重要之媒介,除談話、撰文外,而對眾演說,在能使人心悅誠服,其滔滔雄辯,言人欲言,博辨詳明,使人澈悟,更能宏大效果也。就起義言,欲求主義之實現,須有失敗不餒,愈挫愈勇之精神,故樂觀奮鬥,百折不撓,始能取得最後勝利也。

1 王雲五等《我怎樣認識國父孫先生》，轉引黃季陸，《追憶中山先生的音容》（台北：傳記文學出版社，一九六五年），二八二頁，吳稚暉，〈總理行誼〉，《吳稚暉先生全集》（台北：中國國民黨中央委員會黨史史料編纂委員會，一九六九年三月二十五日），三四七頁。

2 李石曾《中山先生胸襟浩瀚》，《我怎樣認識國父孫先生》，一〇〇～一〇四頁。

3 胡漢民《自傳》，《胡漢民先生文集》（台北：國民黨黨史會編輯出版，一九七八），一六頁。

4 張永福《孫先生起居注》，《我怎樣認識國父孫先生》，一九二頁。

5 劉成禺〈先總理進德錄〉，《我怎樣認識國父孫先生》，三三六、三四四頁。

6 羅家倫等《國父年譜》，上冊（台北：近代中國出版社，一九九四，第四次增訂），一二九頁。

7 林百克《孫逸仙傳記》，《我怎樣認識國父孫先生》，四六二頁。

8 陳天華《紀東京留學生歡迎孫逸仙事》，《我怎樣認識國父孫先生》，二二六頁。

9 孫中山《非學問無以建設》（一九一二年五月七日在廣州嶺南學堂演講），《國父全集》，第三冊（台北：近代中國出版社，一九八九年）四九頁。以下凡孫中山之文，僅錄提示，姓名一律省略。

10 馬兗生《孫中山在夏威夷：活動和追隨者》（北京：世界知識出版社，二〇〇三年），一五三頁。（宋居仁）

11 陳錫祺《孫中山年譜長編》上冊（北京：中華書局，一九九一年），七五頁。

12 《孫文學說》第八章《有志竟成》，《國父全集》，第一冊，四一〇頁。

13 馬兗生，前揭書，一四七頁；一四九頁。

14 馬兗生，前揭書，一五三頁；一五四頁。

15 馬兗生，前揭書，一五九頁；一六〇頁。

16 丁文江《梁任公年譜長編》上冊（台北：世界書局，一九七二年），一二四頁。

17 宮崎滔天著，陳鵬仁譯，《孫逸仙傳》（台北：正中書局，一九七七年），一一頁。

18 陳錫祺《孫中山年譜長編》上冊，八五～八六頁。

19 胡漢民《自傳》，《胡漢民先生文集》，第二冊，一六頁。

20 《孫文學說》第八章《有志竟成》，《國父全集》，第一冊，四一四頁。

21 同上註，四一二頁。

22 尚明軒《孫中山及辛亥革命人物論叢》（北京：東方紅書社，二〇〇一年），二〇四頁。

23 陳錫祺《孫中山年譜長編》，上冊，二八一頁。

24 章炳麟《太炎先生自定年譜》（香港：龍門書局，一九六五年），八頁。湯志鈞，《章太炎年譜長編》上冊（北京：中華書局，一九七九年）一二七～一二八頁。

25 劉成禺《先總理進德錄》，《我怎樣認識國父孫先生》，三三七～三三八頁。

26 同上註，三三八頁。

27 林百克《孫逸仙傳記》，《我怎樣認識國父孫先生》，四六二～四六三頁。

28 《孫文學說》第八章《有志竟成》，《國父全集》，第一冊，四一五頁。

29 馬兗生《孫中山在夏威夷：活動和追隨者》，五九、六二頁。

30 陳錫祺《孫中山年譜長編》上冊，三四五～三四六頁。

31 同上註，二三〇頁。

32 胡漢民《自傳》，《胡漢民先生文集》，第二冊，一六頁。

33 劉成禺《先總理進德錄》，《我怎樣認識國父孫先生》，三四六頁。劉禺生（成禺），《世載堂雜憶》（台北：長歌出版社，一八七六年），二三二頁。

34 胡漢民《自傳》，《胡漢民先生文集》，第二冊，三九頁。

35 同上註，一六頁。

36 《孫文學說》第八章《有志竟成》，《國父全集》，第一冊，四一五頁。

37 《中國革命史》（一九二三年一月二十九日），《國父全集》，第二冊，三五九頁。

38 《孫文學說》第八章《有志竟成》，《國父全集》，第一冊，四一八～四一九頁。

39 《中華革命黨成立宣言》（一九一四年九月一日），《國父全集》，第二冊，五一頁。

40 《要靠黨員成功不專靠軍隊成功》（一九二三年十一月二十五日在廣州大本營演講），《國父全集》，第三冊，三六七頁。

41 同上註，三六七頁。

42 陳英士《致黃克強書》，一九一五年四月，《國父全集》，第一冊，三九九頁。

43 《致鄧澤如等勗以對討袁失敗勿餒並請接濟同志書》（一九一三年十二月二十日），《國父全集》，第四冊，三〇六頁。

44 《致本黨同志述陳變始末及今後方針通告》（一九二二年九月十八日），《國父全集》，第二冊，一〇八頁。

45 馬超俊《國父廣州蒙難之經過》，《我怎樣認識國父孫先生》，一八四頁。

46 胡漢民《自傳》，《胡漢民先生文集》，第二冊，三九頁。

47 蔣中正《孫大總統廣州蒙難日記》，《我怎樣認識國父孫先生》，三七三、三七五頁。

48 段云章、沈曉敏《孫文與陳炯明史事編年》（廣州：廣東人民出版社，二〇〇三年），六六三頁。

49 陳天華《紀東京留學生歡迎孫逸仙事》，《我怎樣認識國父孫先生》，二二六頁。

50 《中國革命史》，《國父全集》，第二冊，三五七頁。

第二章

同盟會成立初期會員名冊之
分析

　　中國同盟會在日本東京成立初期（乙巳、丙午兩年）之會員名冊
（以下簡稱名冊），是中國同盟會自一九〇五年七月到一九〇六年底所
登記的加盟會員。這是國民黨黨史委員會所藏的同盟會早期的重要文獻
之一，庫藏號碼為三三五／三三。原名冊係用一西式練習簿，以鋼筆從
上到下直書，凡三十八頁，記錄會員九百五十六人。記載項目為會員姓
名、年齡、籍貫、加盟年月日及主盟人、介紹人等。

　　惟少數會員僅記有姓名、籍貫兩項，多數會員亦缺年齡記載。此外
尚有部分會員記有家鄉住址及肄業學校。名冊記載的會員，非以加盟的
先後為順序。按其筆跡，似為一人一次根據盟書所抄錄。會員的排列，
先為國內的十七省，再為海外各埠。國內十七省的順序為安徽、貴州、
浙江、陝西、河南、江西、廣西、江蘇、湖北、湖南、雲南、福建、山
東、直隸、廣東、山西、四川。海外各埠會員亦分省排列，吉隆坡分廣
東、福建二省，河內有雲南、湖南、貴州、廣東四省，新加坡有廣東、
福建、浙江等省，歐洲為湖北一省，香港為廣東一省。另有兩人加盟地
區不明，由作者列為「其他」。

　　根據國民黨黨史的記載，此一名冊原為同盟會東京本部庶務劉揆
一所保管。辛亥武昌起義，劉歸國，交由本部會計何天炯保管。未幾，
何亦返國，將此名冊攜歸廣東興寧故居。天炯於民國十四年（一九二

五）病歿。民國十九年（一九三〇）黨史會成立後，其弟天瑞曾將此名冊抄送一分給黨史會，但未抄錄會員加盟年月日及主盟人，故略而不詳。民國二十八年（一九三九）秋，天炯之子承天乃將此一原始名冊由興寧攜往戰時首都之重慶，送交黨史會收藏。民國四十二年（一九五三）七月，黨史會將此名冊在《革命文獻》第二輯照原文發表。中華民國開國五十年文獻委員會於五十二年（一九六三）十一月編印其文獻第一編第十一冊之《革命之倡導與發展（三）——中國同盟會》（以下簡稱《開國文獻》一之十一），亦將此名冊編入。

名冊所列之會員除在海外各埠入會者外，其國內十七省之會員，大多數是在東京加盟，少數是在國內入會。但這一名冊顯然不能包含一九〇五年至一九〇六年同盟會的全部會員。蓋當時國內各省及海外各埠加盟者，因遞寄不便，致本部未能收到盟書者。[1]同時在東京加盟的會員，亦有少數不在名冊之內。加以部分會員無加盟年月日的記載，或所記加盟年月日有用陽曆者，亦有用陰曆者；其主盟人及介紹人有記有不記者。因此，欲利用此一名冊以研究同盟會的早期情況，不免有若干困難。但如與其他有關資料對比，卻可發現一些極有意義的問題；同時亦可補正一般記述的不足或錯誤。

按照名冊所錄國內各省及海外各埠的會員人數及其入會年代，可以統計如下：

根據以上的統計，國內各省會員的人數以湖南為第一，四川為第二，廣東為第三，湖北為第四，均在一百人以上。其次較多者為安徽、山西、山東及廣西，在五十人左右。二十至三十人之間者為江蘇、直隸、雲南、浙江四省。人數較少者為陝西、江西、貴州、河南及福建五省，均在十人以內。在海外各埠入會的會員除歐洲為湖北省的留學生外，其他各埠以華僑為主，而以廣東、福建籍者為多。河內因接近雲南，故雲南籍的會員亦裝潢多。如就自然地區而言，兩湖、兩粵及四川的會員數，有突出的現象，這五省的會員幾占全部的三分之二。原因何在？是否與各該省留學生之多寡有關？在無統計資料之前，尚難斷定；又是否與過去革命風氣有關？亦難斷定，兩湖、兩粵在同盟會成立以

省（埠）別	會員數	一九〇五年（乙巳）入會者	一九〇六年（丙午）入會者	未記入會年代者
安徽	五九	三一	二二	六
貴州	八	三	五	
浙江	二〇	一二	八	
陝西	四	二	二	
河南	九	一	八	
江西	八	四	四	
廣西	四三	三〇	一三	
江蘇	三六	一六	一九	一
湖北	一〇六	六七	三五	四
湖南	一五七	八七	七〇	
雲南	二一	八	一三	
福建	一〇	四	六	
山東	五三	四九	四	
直隸	三五	一五	一九	一
廣東	一一二	七七	三四	一
山西	五五	一六	三九	
四川	一二七	四四	八一	二
在吉隆坡入會				
廣東	二八		二八	
福建	三		三	
在河內入會				
雲南	六		六	
湖南	一		一	
貴州	一		一	
廣東	二		二	

福建	一一		一一	
浙江	二		二	
在歐洲入會				
湖北	一八		一八	
在香港入會				
廣東	八	八		
其他				
江蘇	一	一		
廣東	一		一	
合計	九五六	四七三	四五〇	三三

前，固然不斷發生革命風潮，但四川情形則非如此。惟較更為顯著的現象，即同盟會成立後的革命風潮，以兩湖、兩粵及四川較為熱烈，這與會員人數的較多顯有密切的關係。

就會員之加盟年代而言，一九〇五年加盟的會員，多數為同盟會的中堅分子或知名之士。且其加盟的日期，也多集中在幾個日期。以乙巳年（一九〇五）為例，同一天加盟在十名以上者，有下列幾個日期：

乙巳六月二十八日　十六人　八月十九日　十七人
七月十三日　十五人　八月二十一日　一〇人
七月十四日　十九人　九月二十四日　一〇人
七月二十七日　一〇人　九月二十五日　一五人
七月三十日　四七人　九月二十六日　一〇人
八月六日　一四人　十月一日　二〇人
八月十八日　一〇人　十月十六日　一〇人

上列乙巳年加盟會員在十人以上的日期，以七月三十日的四十七人最為突出，而以六月二十八日為最早的日期。這兩個日期在同盟會早期

的活動究竟有何特殊意義？按乙巳年陰曆六月二十八日即西曆一九〇五
年七月三十日，這天正是孫中山在東京赤坂區檜町三番地黑龍會召開同
盟會籌備會。據宋教仁《我之歷史》（日記，以下簡稱宋記）記載這天
到會者七十餘人，惜僅舉出少數人的姓名，幸而記有「各人自書書誓」
一語，可知這天到會者均曾寫了入會的盟書。這天到會的七十餘人，如
按名冊所記會員的加盟日期，不難列出一項較為完整的名單。

　　名冊中乙巳年六月二十八日之會員加盟的日期，應為陰曆，因為中
山到東京開始籌備同盟會，是在乙巳年陰曆六月十七日（陽曆七月十九
日）以後的事，故不可能在陽曆六月二十八日（即陰曆五月二十六日）
有會員在東京加盟。而名冊中乙巳年七月三十日之會員加盟的日期，必
為陽曆，因為這年陰曆七月小，沒有陰曆七月三十日。同理，名冊中乙
巳年七月十三日及十四日之會員加盟的日期，亦應是陰曆，因為中山先
生在陽曆七月十九日以後到東京，也不可能在此之前有會員在東京加
盟。名冊中乙巳年六月二十八日加盟的十六人與七月三十日加盟的四十
七人，計為六十三人，如果是同盟會籌備會的出席人，與宋記到會者七
十餘人尚差十餘人。這十餘人是誰？今按馮自由《記中國同盟會》（以
下簡稱馮記）及鄒魯《中國國民黨史稿》（以下簡稱鄒記）等有關資
料，可加探索及對比。

　　今將名冊中的六十三人和馮記所列之四十二人姓名對比的結果，馮
記中有二十四人在名冊中為七月三十日（陰曆六月二十八日）加盟者。
鄒記所列之三十四人姓名，在名冊中有二十人為七月三十日（陰曆六月
二十八日）加盟者。至馮記尚有十八名及鄒記尚有十四名，合為三十二
名，除兩記相同十名外，實際尚有二十二名與名冊對比結果，有下列三
種情況：

　　（一）在名冊中未錄加盟日期者五人，即程家檉、田桐、吳春暘、
但燾、康寶忠（康在名冊加盟日期為「乙巳六月」）。

　　（二）在名冊中加盟日期為八月以後的七人，即梁慕光、董修武、
魯魚、權道涵、于德坤、居正、黃復生（樹中）。

　　（三）在名冊中未列者十人，即孫中山、朱炳麟、孫元、姚禮修、

張樹棠、張我華、姚粟若，及日人宮崎寅藏、內田良平、末永節。

名冊中未錄加盟日期的會員除海外各埠不計外，計為十五人，雖不能斷定這十五人都曾出席同盟會籌備會，但馮及鄒記五人在名冊中無加盟日期者，均為同盟會重要會員，其出席籌備會，極為可能。此外名冊中之吳鼎昌亦無加盟日期，但有記為出席籌備會者。[2] 馮及鄒記之十人在名冊中未列者，其中朱炳麟、孫元、姚禮修、張樹棠、張我華、姚粟若等六人可能在名冊中另有別名或漏列，有待考證外，其餘四人如孫中山及宮崎寅藏等之出席籌備會，均無疑義。至馮及鄒記之七人在名冊中為八月以後加盟者，似無出席七月三十日籌備會的可能。

茲根據名冊及馮、鄒、宋等所記，試列一九〇五年七月三十日（陰曆乙巳年六月二十八日）中國同盟會籌備會出席人員的名單如下：

安徽：程家檉　吳春晹。
貴州：
浙江：蔣尊簋。
陝西：康寶忠。
河南：
江西：陳榮恪、張華飛。
廣西：譚鸞翰、馬君武、盧汝翼、朱金鍾、藍德中、曾龍章、鄧家彥。
江蘇：
湖北：時功玖、耿覲文、凃宗武、金仲勉、曹亞伯、周斌、陶鳳集、葉佩薰、蔣作賓、李仲逵、劉通、李叶乾、范熙績、許緯、劉樹湘、匡一、田桐、但燾。
湖南：陳天華、曾繼梧、余範傳、郭先本、黃興、姚越、張夷、劉道一、陶鎔、李峻、宋教仁、周詠曾、鄒毓奇、高兆奎、柳揚谷、柳剛、宋式善、范治煥、林鳳遊、郭家偉。
雲南：
福建：王孝縝。

山東：

直隸：張繼。

廣東：黎勇、朱少穆、謝延譽、黃超如、馮自由、姚東若、金章、汪兆銘、古應芬、杜之杖、李文範、胡毅、朱大符、張樹枬、何天炯。

山西：

四川：吳鼎昌。

孫中山、宮崎寅藏、內田良平、末永節。

以上合計七十三人，應即出席一九○五年七月三十日（陰曆六月二十八日）同盟會籌備會的名單。這次出席的人員應為十一省，不僅缺甘肅一省，即貴州、河南、江蘇、雲南、山東、山西等六省，亦可能沒有人參加。名冊中唯一特殊現象，即山東徐鏡心之加盟日期為「乙巳六月七日」，此日縱為陰曆，亦不可能，可能為原名冊登錄之誤。

名冊中之會員加盟集中日期，與同盟會之活動有關，通常是在星期日或星期一，如一九○五年七月三十日（陰曆六月二十八日）為同盟會籌備會召集之日，八月十三日（陰曆七月十三日）為東京留學界歡迎中山演講之日，八月二十日（陰曆七月二十日）為同盟會舉行成立大會之日，均逢星期日。顯為留學生利用星期假日參加集會活動。集中在星期一加盟者，似以軍警學校的學生為多。依此規律推測，則名冊中之乙巳年七月十三日、十四日、二十七日及八月十九日的幾個集中加盟日期，應為陰曆的日期；而八月六日、二十一日等加盟的集中日期，又應為陽曆的日期了。除類推。如判斷或估計屆至同盟會在一九○五年八月二十日（陰曆七月二十日）成立之日止，究竟有多少會員已在東京加盟？應注意以下三種情況：

（一）名冊中乙巳七月三十日加盟日期已確定為陽曆外，其餘凡在乙巳七月二十日以前加盟者，無論其陰曆或陽曆的日期，都可確定在同盟會成立前已經加盟。

（二）名冊中乙巳七月二十一日至八月二十日加盟及未記加盟日期
　　　者，陰確有根據以判定陰曆或陽曆日期者外，其餘則難以確
　　　定在同盟會成立前是否加盟。
（三）名冊中八月二十一日以後加盟者，無論其為陽曆或陰曆，均
　　　不應認為在同盟會成立前已經加盟。

　　依前列（一）（二）兩項情況，屆至同盟會成立之日止，其會員加
盟的情況在名冊中顯示如下：

省別	同盟會成立前 可確定加盟人數	同盟會成立前 難以確定加盟人數	未記加盟 日期人數
安徽	二	五	四
貴州			
浙江	二	一	
陝西	一		
河南		一	
江西	二	二	
廣西	七	三	
江蘇	五	一	
湖北	二七	一三	二
湖南	二三	一〇	
雲南			
福建	一		
山東	一	四	
直隸	二		
廣東	二四	二二	一
山西	一	一	
四川	一一	一六	一
合計	一〇四	八三	九

故在同盟正式成立前已能確定加盟之會員數，在名冊中可考者為
一〇四人，另八十三人的加盟日期雖在乙巳年七月二十日至八月二十日
之間，以及未記加盟日期的九人，是否在同盟會成立前已經加盟，難以
確定。最高的估計，也只能認為其中一部分人在同盟會成立前可能已加
盟。故宋記同盟會在開成立會時出席者約百人，當為事實。至謂同盟會
開成立大會時，加盟者數百人，籍貫包括全國十有七省，惟甘肅一省闕
焉，[3] 似非嚴格之論。今按名冊所示，最高估計不致超過二百人。且貴
州、雲南二省在同盟會成立前，尚無會員加盟。如貴州會員于德坤、平
剛之加盟日期為乙巳年八月二十一日，縱屬陽曆，亦在同盟會成立後的
一天。又貴州會員朱沛霖加盟日期雖為乙巳年八月十六日，其主盟人為
平剛，而朱之加盟日期不可能在主盟人之前。因此朱之八月十六日加盟
日期，當為陰曆（即陽曆九月十四日）。雲南會員加盟最早者為呂志
伊，在乙巳年九月九日，至遲亦在同盟會成立後的十九天。故所謂加盟
者數人，十七省之人皆與焉，當指乙巳年七以前東京同盟會的情況而
言。

名冊中海外各埠會員的加盟日期，其集中的趨勢，益為顯著。如吉
隆坡三十一名會員中，丙午年（一九〇六）六月十八日加盟者有十六
人，二十一日加盟者十一人，新加坡三十二名會員中，丙午年三月十三
日加盟者十五人，十八日加盟者五人；香港會員八名，七名為乙巳年
（一九〇五）九月十八日加盟。從這些加盟的集中日期，可以判定若干
爭執的問題。例如新加坡同盟分會成立的日期及其成立時的加盟人，頗
多不同記述，有謂在乙巳年冬成立者，[4] 有謂在乙巳年七月中旬成立
者。[5] 其加盟人亦多有出入。今據名冊，新加坡同盟分會成立的日期實
為丙午年（一九〇六）三月十三日（西曆一九〇六年四月六日），這天
加盟的會員亦最多，並記有姓名、籍貫等。至吉隆坡、香港等埠加盟會
員最多的那天，都是各該會成立的日期。

從名冊中觀察各個會員的加盟情況，也可發現一些極有意義的問
題。例如張人傑（靜江）與孫中山初次會晤問題，各種記載均無確切的
日期。張之加入同盟會，據馮自由在《新世紀主人張靜江》文中謂在丁

未年，即一九〇七年六月十九日自歐洲到達香港以後的事。[6] 今據名冊，張早在丙午年（一九〇六）三月三十日即與褚明遺（民誼）在新加坡入會；而且張在丙午年八月初八日還介紹李煜瀛（石曾）加入同盟會。因此馮之記述即有疑問了。至中山在丙午年春的行程，與張之加盟日期，似有關聯。這年二月初十（陰曆三月四日）中山自法國馬賽啟程東來，三月十三日（四月六日）到新加坡成立同盟分會。三月二十三日（四月十六日）經香港，次日由港赴日本。[7] 如果張之丙午三月三十日的加盟日期為陽曆的話，這天可能就是張與中山在法國輪船上會晤的日期。吳相湘在其《民國百人傳》中「對比有關資料與事實及張（人傑）孫（中山）兩人一〇九五年至一九〇七年間行蹤，推定張、孫的初次會晤在一九〇六年（丙午）春張東歸在香港、新加坡購買印刷器材之際」。[8] 吳之推定，雖未指出與張之加入同盟會的時日有關，頗亦見其獨到之處。

　　中國同盟會成立初期之會員名冊雖不完整，但其資料比較接近原始性，對於同盟會初期的情況及其若干人物探索，確可提供一些有力的證據，以衡量一般記述的可靠程度。本文根據名冊所提出的幾個問題，如各省會員多寡懸殊之現象，會員加盟日期集中之趨勢，同盟會籌備會出席人的名單，同盟會正式成立時已加盟的會員數及其代表之省區等問題，只是就名冊所顯示的部分情況，以探討部分的問題；有的問題，尚難獲致圓滿的結論。但由於這一名冊的運用，足以顯示一些頗有意義的問題，有待進一步的探討。

原載《新知雜誌》，第一年第四期，民國六十〔一九七一〕年八月出版

---

1 國民黨黨史會編《革命文獻》，第二輯，一八頁，編者的說明。

2 居正修《訪問鄧家彥先生第一講》，《開國文獻》一～十一，三四四頁。

3 鄒魯《中國國民黨史稿》，第一編，見《開國文獻》一～十一，二二九頁。

4 馮自由《記新加坡同盟會》，《開國文獻》一～十一，五一九頁。

5　《張永福談組織同盟會時之情形》，《開國文獻》一～十一，五二二頁。

6　《革命先烈先進傳》（臺北：國父百年誕辰紀念會編印，民國五十四年），五五八～五五九頁。

7　羅家倫主編《國父年譜》，增訂本上冊，二一二～二一三頁，民國五十八年出版。

8　吳相湘《民國百人傳》（臺北：傳記文學社，民國六十年），第一冊，四二四頁。

第三章

同盟會河內指揮中心的西南六次起義

一、前言

　　越南地理位置，與中國粵、桂、滇三省接壤，中國與越南的歷史關係久遠，越人吸收中國文化最深，雙方人民交往頻繁。一八八五年中法戰敗，越南淪為法之「保護國」，對中國人衝擊至大。孫中山決志推翻清廷，創建民國，實始於此。[1] 從一九〇〇年到一九〇八年之間，孫中山往返越南有六次之多，是其來到南洋最早的地區；河內興中會也是南洋地區最早的革命團體；尤其一九〇七年到一九〇八年之間，孫中山在河內建立指揮中心，發動粵、桂、滇三省起義，連續達六次之多，占其辛亥革命前十次起義的百分之六十。

　　本文的研究重點，是以河內指揮中心進行西南邊境六次起義及其有關問題，有如越南的革命團體及其參與人員；法越殖民當局對革命的態度以及中山如何與之聯絡，以便利其活動；河內指揮中心做些什麼工作，如籌款、購械、招納會黨、策反清軍、發動東、西兩路六次起義、善後等諸項工作，其間也涉及越人反法革命事件。均為本文探討之內容。

二、在越組織革命團體

中國在越南最早的革命團體，是一九○一年冬孫中山第二次來到越南所成立河內興中會。此時中國經過庚子（一九○○）拳亂以後，革命風潮萌芽，孫中山所到之處，已廣受歡迎，不像庚子以前那樣，到處遭受冷落了。由於革命形勢好轉，在一年之前，孫中山即與同志尢烈在日本橫濱議定革命進行計畫，一為聯絡學界，一為開導華僑。[2] 開導華僑方面，首先赴南洋各地進行聯絡。是年（一九○二）十二月，中山應越南總督韜美（Paul Doumer）之約，來到河內參觀博覽會。

惟韜美卸任返回法國，由新任總督博氏（Paul Beau）之辦公室主任哈德安（Charles Hardouin）接待之。[3] 居河內數月，有廣東新寧人黃隆生者，[4] 在河內保羅巴脫街二十號開設隆生洋服店，縫紉精工，向為當地法人官商所稱道。隆生熱心愛國，喜讀香港《中國日報》，逢人必罵滿洲政府腐敗。一日，中山入其店購買飾物，偶與攀談，歡若平生。旋知中山為革命領袖，則大為傾倒，堅求訂盟，且次第介紹楊壽彭、羅錞、曾克齊、甄璧、甄吉亭、張奐池等與中山相識。[5] 這時中山易名高達生，與彼等談種族大義，皆為悅服，乃以真姓名告，更是踴躍的入黨。因當時黨禁森嚴，故無明顯組織，乃用「致公堂」名義出而號召。黨務活動，則秉承中山指示，分頭推動。黨員僅四、五十人，除上述諸人外，最熱心的還有梁成泰、駱連煥、江梓生、董質卿、鍾念祖、呂貢臣、李佐臣等人。他們開會時，即在隆生洋服店內。後來同盟會成立，改用「興學社」。厥後進行粵、桂、滇三省邊境起義，實肇於此。[6]

西貢為越南商業經濟中心，華僑多集中於此。一九○三年二月，河內博覽會閉幕，孫中山來到西貢，易名杜嘉諾，以美國報館記者名義，與當地僑商李卓峰、曾錫周、馬培生諸人交往，議論時事，深獲同情。嗣李等得知中山真實姓名，益加崇仰，遂深相結納。僑胞得聽中山偉論，革命思想勃然而興，陶鐵、劉易初、黃景南、招壯志、黃復黃、蘇慶、楊嘉祥等十餘人，成立「萃武精廬」，進行革命宣傳與聯絡。各地相繼成立社團者，有檳榔之同僑社，美荻之啟明社，永隆之振明社，沙

瀝之篤黃社，芹苴之尚志社，金邊之新漢社，馬德望之閱報社等。7 一九〇五年七月，孫中山從歐洲東返，船經西貢，曾致函新加坡陳楚楠述西貢僑界情況云：

> 「西貢人心亦大開，已有同志欲創一報館於此，以聯絡各埠之聲氣；惟不知辦法及欠缺人員。弟（中山自稱）今許助補此兩缺點，大約二、三個月後由東洋南回，則此事可以成矣。此亦一可喜之事也。」8

是年八月在東京成立同盟會後，十月下旬再來到西貢、堤岸，組成同盟分會。初寓西貢旅館，當地法國銀行正副買辦曾錫周、馬培生及僑商李竹癡等人大為歡迎。華人商店及各大僑商多在附近之堤岸，即赴堤岸出席華僑之歡迎會，並由黎勇錫、胡毅生、鄧慕韓分頭宣傳聯絡。閩粵僑商李曉初、李卓峰、劉易初、黃景南、關唐、李亦遇、顏太恨、潘子束諸人招待優渥。中山與當地僑眾集會三次，首次集會在周觀臣家，談論西貢、堤岸華僑的商業、生活及社團組織情形，盛稱彼等愛國觀念，欣賞南洋一帶洪門會黨組織。第二次集會在裕華公司樓上，與會者有黃景南等及洪門會黨首領瑞廬的王芝甫、胞懷堂的李亞洪和黎勇錫等多人。中山指陳清廷腐敗，喪權辱國，列強正在企圖瓜分中國，國內革命風起雲湧，欲挽中國危亡，非驅除滿清、建立民國不可。斥責保皇黨的君主立憲主張是救不了中國的。號召救國救民，人人有責。聽眾大為悅服。第三次集會在美荻街三〇四號劉易初之昌記行樓上，指示今後之革命宣傳、募款及洪門會黨合併統一諸問題。活動應祕密進行，以免法國殖民當局干涉及保皇黨破壞。遂即成立同盟會分會，舉劉易初為會長，李卓峰副之。以昌記行為通信和活動地點。西貢同盟分會是東京同盟會成立後，在南洋地區第一個同盟分會。該地洪門至眾，堂號分立，各不相屬，常相鬥爭，危及治安。中山出而挽救，使鄧慕韓、黎勇錫加入洪門義群會（胡毅生在橫濱已加入）。自洪門會之深明民族大義者加入同盟會後，各派無形解散，爭鬥亦止。9自後西貢、堤岸兩埠同志對於粵、桂、滇三省革命事，均先後釀助巨款，為他處僑商所不及，就中

以曾錫周、馬培生、李卓峰所捐為最巨。黃景南開設豆芽小店，恆以所得投入撲滿中，貯為捐助革命之需，時人聞而義之。這次西、堤僑商捐款計為一萬二千元，是同盟會成立後首次一筆大款。一九〇六年秋香港《中國日報》改組，李亦愚、潘子東、顏太恨等合認新股三千餘元，《中國日報》大得其助。[10]中山嘗謂：

> 「其出資勇而摯者，安南堤岸之黃景南也，傾其一生之蓄積數千元，盡獻之軍用，誠難能可貴也。其他則有安南西貢之巨商李卓峰、曾錫周、馬培生等三人，曾各出資數萬，亦當時之未易多見者。」[11]

西貢、堤岸革命團體的主要工作，是革命經費的供應，河內革命團體的主要任務，則為西南邊境起義的軍事支援。一九〇七年三月，孫中山在日本被逐來到河內，設機關部於河內甘必達街（Gambetta St）六十一號，將河內興中會改組為同盟會分會，先後加盟者有楊壽彭、黃隆生、吳梓生、張奐池、甄吉亭、王和順、黃明堂、關仁甫、曾克齊、羅錞、李福林、譚義、黎廣、李菱、李佑卿、劉岐山、甄璧、梁秋、高德亮、麥香泉、何海榮、饒章甫、李應生、張邦翰、盧仲琳、張翼樞、林煥廷、陳耿夫、彭俊生、黎量餘、劉梅卿、梁建葵、桑瑞廷、陳二華、梁恩等數百人。又設海防分會於海防台灣街三十二號萬新樓，以劉岐山為會長。甄璧、林煥廷、陳耿夫等為幹事。其地鄰接粵省欽州、防城、東興、中山、黃興、王和順經營欽廉之役，即由海防就近發動及配備。黃興欽廉上思之役所需的武器，即託河內輪船買辦彭俊生、黎量餘密運至海防，交劉岐山收接。張奐池任河內廣東會館書記，負責處理黨務及傳遞內外消息；往來同志多由其招待引導。鎮南關、河口之役，中山迭向當地法商購入鎗械、子彈，以經費不足，多由楊壽彭、梁秋等擔保。黃隆生河口之役因運米供應前方，被法方遣送出境。此外楊壽彭等多人或輸送武器、接濟食糧、籌募經費、參加義師，均被陸續驅逐出境，財產損失不貲。[12]河內同盟分會有數百華僑知名人士加入，海防和南圻各地也

紛紛建立了同盟分會，比之南洋各地同盟分會的組織，要強大得多了。[13]

　　越南華僑在辛亥革命過程中，對革命的支援，一直未曾間斷，一九一一年廣州「三二九」之役，繼續捐助軍餉。據統計，越南與泰國華僑為這次起義捐助軍需款共三〇、四三二元，此款約占這次起義籌集總經費一八七、六三六元的百分之十六。[14]

　　越南華僑不僅踴躍認捐，還紛紛回國參加起義，「三二九」之役犧牲的烈士八十六人中，越南華僑即有十六人，占全部華僑烈士三十一人的一半以上。[15]「三二九」之役失敗後，胡漢民來到西貢，將西堤的華僑社團的講學社、匡廬社、胞懷堂、中興社、衛生社五個社團聯合組織為興仁社，在堤舉設總辦事處，推丘福祥為社長，黃景南任總財政，何侶俠為主盟，黃復黃為監督，並指派專人籌款，武昌起義後，人心振奮，捐助更為踴躍。[16]

三、法越當局之態度與聯絡

　　尋求國際援助，是孫中山革命運動中重要工作之一環。法屬越南與中國西南粵、桂、滇三省毗鄰，辛亥前多次起義，均在此一地區。尤其在一九〇七到一九〇八年之間，在西南中越邊境進行防城、欽廉、鎮南關、河口四次起義，均以河內為指揮中心，如無法越殖民當局之諒解，則此軍事行動勢不可能。是以對法越當局之聯絡，至關重要。早在庚子（一九〇〇）拳亂年間，中國陷於分崩離析之局，地方疆吏有「東南自保」，保皇派有漢口「自立軍」之役。中山之革命派有惠州起義。孫中山及其興中會人員，除獲有日本朝野人士的支持，以及和英之香港總督卜力（Sir Henry Blake）密謀聯合兩廣總督李鴻章「兩廣獨立」外，亦與法越當局有所接觸。是年（一九〇〇）三月，孫中山首次和法國官方人士聯繫，他通過一名中國裁縫和日本東京法國公使人員接觸。不久，會見法國公使哈馬德（Jules Harmand），中山向他要求安排會見越南總督韜美（Paul Doumer）。[17]據哈之報告：孫向其表示要推翻滿清王朝，希從法國政府得到武器或由法國軍事顧問來訓練他的同志。要求法國同意通過越南向廣西起義者運送武器。他相信能在廣西建立革命政府，並

向廣州挺進，迫使湘、閩督撫參加或承認一個新的南中國聯邦共和國。那時他將與外國政府談判，尋求國際承認。哈對這位「知識淵博、才聰思敏」的中國人印象良好。表示法國政府對於毗鄰越南的中國省區的形勢極為關切。惟其政府不便鼓勵與其邦交之國家的革命，因為這不符合國際慣例。倘若革命政府成功，法亦願意與新政權建立良好關係。最後哈應中山之請，同意寫信給越南總督韜美，希望在孫抵達西貢時與之會悟。六月七日，哈寫信通知韜美孫去西貢的消息。哈擔心日本人支持中山，提醒韜美當心中山在華南使用日本軍官和工程師。法國外交部接到哈的報告後，表示採取審慎態度。外交部長戴卡賽（Theophile Delcasse）認為其殖民地介入中國內亂至為危險。其殖民部亦持相同看法，指示韜美：贊助孫將是有害的。[18]六月二十一日，孫中山由日本經香港到達西貢，只是由韜美一位隨員以韜美名義接見。他認為孫「非常聰明」，但其影響力不夠大，不值得由法國官方冒險支持。[19]但據孫中山自述：

> 「壬寅、癸卯（一九○二～一九○三）之交，安南總督韜美氏托東京法公使屢次招予往見，以事未能成行。後以河內開博覽會，因往一行。」[20]

孫中山這次訪問河內，韜美已卸任返回法國，新任越南總督博氏（Paul Beau）還是讓總督辦公室主任哈德安（Charles Hardouin）和孫中山晤談，藉以了解其計畫和成功的可能性。據博氏一九○三年二月二十六日向法國殖民部報告：

> 「孫逸仙本人在河內……，他此次到來，事先由我國駐東京公使哈蒙（M. Harmon）來函通知。我未與他會晤，但辦公室主任和他進行了幾次謹慎的接觸，並獲得關於他計畫的報告。」

孫在各次會晤中向哈德安陳述這一點，他具有潛在的力量。博氏認為「禁止孫留在印度支那（越南）是不明智的；儘管他的密謀使我擔心。我甚至有這種想法：萬一中國要求將他逮捕，我們必須拒絕交出。否則我們的對手就會乘虛而入，並引起祕密社會不可調和的仇恨，使其

將正用於推翻滿洲的活動轉而反對我們，這是一種冒險」。孫逸仙的當前目標，是利用越南的河內，作為向華南輸入武器的渠道。他強調哥老會和三合會已滲入廣西清軍。孫再次表示：他的新共和國將作出更大的讓步，以尋求法國的援助。雙方達成協議：孫獲准進入中越邊界地區；同時擔保促使「綠林游勇」今後不再滋擾東京（河內）地區。但博氏認為為其自身利益，要求對中國革命黨人採取明確的敵視態度。法外交當局贊同博氏的報告，指示法之外交官員應避免與中山發生直接關係。[21]

一九〇五年二月初到六月十一日之間，孫中山兩次停留巴黎，終於會見了在一月十日新任國會眾議院議長的韜美，韜美把孫中山介紹給他在政界和商界的朋友。二月九日和五月十八日，孫中山兩次被外交部的羅氏（Ulysse Reau）接見。[22]二月九日，羅氏向外交部報告：孫逸仙作為中國南方反清運動的領導人，曾經得到日本的援助，現在他正設法使他的同志對法國產生好感，以求法國的援助。孫甚至建議法國可否取代日本，成為他們革命運動的支持者。據馮自由記述：中山「尤以對法國參謀部之交涉最為得手。丙午（一九〇六）年法國參謀部曾派武官多人，偕中國革命黨員視察各省，欲對中國革命有所協助。即中山是時駐法交涉之力也。[23]

迨一〇九五年八月中國同盟會成立於日本東京之後，革命聲勢大振，法方似乎主動的來和中山聯絡了。是年十月十一日，孫中山由橫濱赴越南船過吳淞時，有法國情報軍官布加卑（Boucabeille）上尉來見。如孫中山之自述：

「成立革命同盟會於東京之日……，從此革命風潮一日千丈，其進步之速，有出人意表者矣。當時外國政府之對於中國革命黨，亦多刮目相看。一日，予從南洋往日本（按從橫濱赴越南），船舶吳淞，有法國武官布加卑者，奉其陸軍大臣之命來見，傳達彼政府有贊助中國革命事業之好意，叩予革命之勢力如何？予略告以實情。又叩予以『各省軍隊之聯絡如何？若已成熟，則吾（法）國政府立可相助』。予答以未有把握。遂請彼派員相助，以辦理調查聯絡之事。」[24]

　　布加卑於八月底九月初經河內時,會見越南總督府秘書長布洛尼(時總督博氏往巴黎,由布代),並與河南廣東幫一位李姓首領取得聯繫,李將布加卑介紹一位何姓華人,何告以在香港的一位戴姓,安排與孫中山在吳淞登輪相見。[25]惟據鄧慕韓之記述:布加卑是由越南總督覓河內幫長楊壽彭告知此事,將其人名片裂而為二,一授楊壽彭轉寄中山,一授布加卑,於二人相見時將名片驗對符合,乃可洽商。登舟後由船長介紹,各舉密證相驗。[26]布加卑經過八個多月的考察,至一九〇六年六月結束,認為「孫中山的支持者是無數的,十分之九的中國留學生支持孫中山,運動已深入到中國社會各階層,包括政府官員和各省駐軍司令。孫中山沒有誇大他影響的範圍,他自己的情報是準確可靠的。……中國南方的起義不久將會爆發,並將導致清朝的垮台,……法國對這一事態不應憂心忡忡,如果法國允許讓河內作為孫中山發動起義的基地,就更沒有理由感到憂慮」。據西貢僑商李卓峰回憶,在布加卑活動結束前,越南總督請其至督署,「言彼國政府將有槍五千桿交與黨人,預備接收」。但因法國新政府反對而作罷論。[27]

　　法越方面對於孫中山一九〇七年到一九〇八年之間在西南邊境的幾次起義,雖未能獲其實質的援助,但能得其默許而保持「善意的中立」,未嘗不是不斷的聯絡之功。中山曾謂:「當河口革命戰爭之際,法政府對於兩方曾取中立態度,在事實上直等於承認革命黨之交戰團體也」。[28]對於革命軍有時還能「多所優容」,例如一九〇七年八月孫中山致函新加坡同志張永福、陳楚楠說道:

　　　「前月廣西邊界有會黨七、八十人,謀潛行入邊,經清朝官吏
　　知覺,密告法國官吏,稱為劫盜,法國官吏捕獲之,訊供皆稱欲回
　　廣西舉義,並非行劫。法國官吏以其係犯國事,一律開釋,不允交
　　回清朝。旋又以諸人皆無身稅,不能逗留境內,欲逼令離境,河內
　　分會（同盟會）大動俠義,立聚會員釀資,前後得二千金,代諸人
　　繳齊身稅,並贈以盤費,使各尋樂地以安身。當時法國官吏見其俠
　　義,多所優容,法蘭西人義會亦為之助。」[29]

　　後來以清政府之要求，法越當局遣送中山離開越南，中山自甚失望。其致日本友人池亨吉書，對於日、英、法三國的態度，作一「笑話」之比較曰：

　　　「今聞一有趣之事，即北京政府比較日、英、法三國，以英國為最強硬國家而抱畏懼，以法為強且智的國家而示尊敬，獨以日本為易與，且為最易受騙的國家而欺之。其理由實甚滑稽：北京政府認為孫文如在英屬各地，不論使用何種手段，對英政府提出要求，英政府亦將保護亡命客而拒之不理，故為最強硬的國家。法國則初表強硬，但如許以重酬，便漸可接受要求，如非強且智者，斷不能玩弄此等外交權術。日本則最易對付，只需我們（清廷）一啟口，它便不提任何條件，立將孫文驅逐，此非其外交拙劣，即為當局愚鈍，兵力雖強，又何足懼！由此可見，以弟（孫自稱）區區五尺賤軀，實成為比較世界三大列強的最好準尺，實不勝榮幸之至！一笑。」[30]

　　中山此言，似乎言之過早，不久之後，他擬遍遊南洋英、荷各屬，荷屬則拒絕不許去，而英屬及暹羅亦先後逐之出境。如是則東亞大陸之廣、南洋島嶼之多，竟無他一寸立足之地矣！[31]

　　不過比較起來，還是法國的態度較佳。其後辛亥（一九一一）武昌起義，清吏擬請列國干涉，法駐漢口領事羅氏（Raphael Reau）幫了一個大忙。因為清湖北總督瑞澂在武昌起義時逃往漢口，要求某領事如約開砲攻擊民軍。領事團開會討論欲得多數表決，即行開砲攻擊以平之。各國領事皆無成見，惟法國領事羅氏乃中山舊交，深悉革命內容，乃於會議席上力言：「孫逸仙派之革命黨乃以改良政治為目的，決非無意識之暴舉，不能以義和拳一例看待而加干涉也」。各國領事多贊成之，決定不加干涉，並出中立之布告。瑞澂無所依恃，乃逃上海。[32]

四、河內指揮中心

　　孫中山在一九〇七年三月從日本出發來到河內，設機關部於河內甘

必達街（Gambetta St）六十一號，作為指揮中心，以香港為聯絡站，進行粵、桂、滇三省起義工作，分東、西兩路，東路為潮州、惠州，西路為欽廉、鎮南關及河口，重心在西路，以東路為牽制。從一九〇七年三月孫中山來到河內到一九〇八年五月河口之役結束，為時一年二個月。其間孫中山於一九〇八年一月離開河口後，留黃興、胡漢民繼續其工作。主要工作有籌款、購運武器、招納會黨、策動清軍反正、指揮東西兩路起義以及善後諸端。過程艱辛，挫折頻仍。茲分述之。

（一）籌款與購械

籌款

孫中山從日本來河內時，胡漢民、汪精衛偕行，還攜帶「如夫人」陳瑞芬（四姑）女士。經西貢約王和順同來。黃興隨後亦到。胡主內部策畫，汪主對外聯絡，黃主前線指揮作戰，王是廣西三合會首領，中山委以中華國民軍南軍都督。初到河內的情況，胡漢民有記：

> 「余（胡自稱）從先生（稱孫中山）往星加坡，繞西貢而至河內，余變姓名為陳同，賃屋從先生居。過西貢，王和順復隨行。日本同志池亨吉從香港為先生英文書記。河內固有同盟會分會，華僑同志數百人。其他界居兩廣、雲南，故會黨游勇之頭目，多流寓於此，王和順之外，黃明堂、梁蘭甫（泉）、關仁甫、梁少庭等，皆出入邊界，有聲名，能嘯聚者也。……河內同志以先生字逸仙為日新樓，為飲食營業，乃不啻招納亡命之所。」[33]

首要工作即為籌款，中山即命胡漢民發兩個電報，一致西貢曾錫周，一致巴黎張靜江，中山說：「這兩個電報發出一定有款來」。胡此時不知張為何許人？中山告以識張經過，謂在一次由法國乘船東返，與張同船，張自我介紹願助革命經費，約定以Ａ、Ｂ、Ｃ、Ｄ、Ｅ代表匯款一、二、三、四、五萬元數字。中山即囑胡打個Ａ字的電報，果然有一萬元匯來。後來費用不夠，中山說：「打一個Ｅ字吧」！「果然連五萬

元都匯來了」。[34]這一萬元或五萬元之「元」，應是銀元，是中國當時通用的貨幣，是一筆很大的數字了，例如河口之役正值「糧米極貴」之時，三千多人一天的伙食費「幾及千元」。[35]買一枝「匣（盒）子砲」（新式的短槍）連同子彈二百發，祇需五十元。[36]所以當時能籌到千元之數，已經很不容易了；更何況萬元乎！

　　籌款的辦法除向華僑捐募外，則為發行債券，早在興中會成立之初即行之。同盟會成立後，一九〇五年十月在西貢向華僑募集軍餉，因慮招法越當局干涉，乃用「廣東募債總局」名義的債券，正面刊「公債本利壹仟圓券」，背面印有「向外募集公債二百萬圓……每年清還本利五分之一，限期五年之內本利還清……」。此券為一九〇五年十一月發行。另一種債券為一九〇六年一月發行之英、法文「中國革命政府」（THE CHINESE REVOLUTIONARY GOVERNMENT）一百元券。此券原有孫中山在西貢之法國友人李安利（Z. Leoni）向來贊助中國革命，特以此項債券之任務委託之。債券交馮自由藏之香港《中國報》社，分寄海外各埠。一九〇六年到一九〇七年間，革命黨人許雪秋進行潮汕地區軍務時，多用此券作軍餉或作遣散費。鎮南關之役時，中山令將此券盡運越南備用，由田桐、譚人鳳、何克夫、譚劍英四人攜之河內，存甘必達街六十一號機關部。河口之役結束後，所餘債券移至新加坡晚晴園。為免英方警吏之搜查，中山檢出此債券百數十張交張永福保存外，餘均付之一炬。此類債券實際銷售情況如何？尚不多見，至一九〇五年十二月十一日，已簽發至第一三五號。一九〇七年春潮惠地區起義前後，曾用去二百數十張。[37]似乎等於「空頭支票」。

　　真實的經費來源，還是要靠各方的捐助。從一九〇七年到一九〇八年在河內時期，前後一年二個月，經費來源情況，據孫中山致吳敬恆函述：

　　　「自潮州、惠州、欽廉、鎮南、河口五役，及辦械、運動各費，統共所用將近二十萬元，此款則半為南洋各地同志所出，為革命軍初次向南洋籌款者。今計開：由精衛向荷屬所籌者約三萬餘

　　元，向英屬所籌者一萬餘元，共約四萬元；向安南東京（河內）及
暹羅（不多）所籌者約五、六萬元。我手得於上述之同志（張靜
江）五萬元，得於日本人（鈴木等）一萬四千元，河內欠債一萬餘
元。……我（孫）名下之錢撥用於公用者一萬四千元，家人私蓄及
首飾之撥入公用者亦在千數百元。」[38]

　　此外香港機關經手收入者約一萬四千元，革命軍占領河口就地徵收
三千五百元。支出方面：潮州、惠州之役及其善後經費，由香港同志經
手，約為一萬八千元，其他尚有來往河內同志川資、結養、撫卹各費。
日本購械、租船接運等費為一萬二千元，則由日本股實商人經手。由河
內方面支出者，日人鈴木及張靜江兩人捐助之六萬四千元由中山經手，
潮、惠之役以後，轉向欽廉與該處軍隊相約，破防城、圍靈山，此時所
有之資以買械而盡。其中被會黨頭目梁秀春（蘭泉）騙去五千元，又一
人騙去千餘。以後則向越南同志集募，又派汪精衛往南洋籌款；惟所得
不多。鎮南鎮之役後，中山被遣出越境，經費則由胡漢民經手，而受款
分給各處用者，則河內之五家字號經手，以用於欽廉、廣西、雲南三
地。[39]以上用款全部合計將近二十一萬元。[40]

　　籌款工作的過程至為艱辛，捐助踴躍者固有其人；富有而吝嗇者，
亦所在皆是，往往勸募舌敝唇焦而無效果。其時越南華僑之捐助較為踴
躍的，除西貢僑商外、海防、河內華僑亦甚熱心。所以其時南洋華僑的
捐助以越南最多（約六萬元），英屬南洋華僑雖較富有，反而最少（一
萬餘元）。當時中山在河內致函新加坡同志張永福等說：

　　「海防一埠華僑工商不過三千人，一晚捐資得萬餘元；河內華
僑不滿千人，所捐亦八千餘元。此二埠之富，萬不及星洲。……彼
等一聞義師之起，則爭先恐後，從軍者有人，出錢者有人，若南洋
各埠有如此踴躍，則革命之進步不知若何矣！」[41]

　　革命軍占領河口時，亟需一筆大款以穩住戰局，中山一再托馬來西
亞最熱心而與該地富商陸祐（弼臣）關係良好之同志鄧澤如、黃心持向

陸勸募，並且動員最為陸氏信任的陸秋傑一同去說服他，結果仍是失望。中山在致鄧、黃的信中情詞懇切，其中說道：

> 「吾黨財政之困難，真為十餘年來之未有，前各函電已屢述之。自雲南義師起後，更急如星火。茲得河內機關處來函，更知非得十萬之款，則不能進取裕如。惟此十萬大款將從何得？其能為力者，捨弼翁（陸祐字弼臣）實無其人。……必欲兄等（鄧、黃）再三、四圖之，必抵於成而後已也。惟運動之方面，必隨時而變，先當動之以大義；不成矣，再動之以大利；……更有一法，則當動之以情誼。」[42]

陸是南洋英屬的一個大資本家，死時遺產達四、五千萬。他有許多事情找鄧幫忙，鄧這次請他幫忙，他說：「等有機會的時候再說」。鄧知這個人難相與，便和他決絕了。[43]

購械

一九○七年八月，廣東欽州、廉州兩府抗捐之事發生，清粵督周馥派郭人漳、趙聲帶兵往平之。郭與趙均與革命黨通。中山乃向日本購買器械，擬武器一到，即占領東興至防城一帶沿海之地，聚結黨軍，集合鄉團，策動郭、趙軍隊反正，可成一聲勢浩大之軍隊，再加以訓練，當成勁旅。則兩廣可收入掌握之中，而後出長江以合南京、武昌之新軍，則破竹之勢可成，收革命完全之效果矣。[44]此項購械計畫原在是年春間，中山及日本同志萱野長知即有從日本購械租船運至粵省接濟黨人之議，擬在潮州饒平境內汫州港、後宅港、籍籃港三處擇一卸陸，供許雪秋等發動起義之用。惟因黃岡黨人余既成等於五月二十二日倉卒舉兵，未及進行，乃改在欽州防城之白龍港起陸，以接濟三那王和順部。中山委託萱野於六月十七日返日購械，經山下汽船會社主人三上豐夷幫助，購得明治三十八年村田式快槍二千枝，每枝配子彈六百發；手槍三十枝，每枝配子彈一百發，由香港日本正金銀行電匯長崎萱野日金一萬元，餘額由三上擔保清償。另運費二千元，雇幸運丸運送。惟此事為日

本同志北輝次郎所知，以告《民報》社章太炎，謂風聞萱野所購之械全屬廢物，太炎信之，遽用明電告知香港《中國日報》。以是消息外洩，船械不便如期開出。[45]孫中山及胡漢民乃同意許雪秋之建議，將此批軍械運至汕尾海面，由他召集海陸豐會黨接運，在東路潮惠一帶舉事。十月八日，幸運丸離開長崎，隨船出發效力者有日人前田九二四郎、陸軍大尉定平伍一、金子克己等人。萱野電告香港，船於十二日可達指定地點。馮自由等即通知許雪秋準備收接。十二日傍晚，船抵距汕尾約十里之海面，屢發信號無應者。次日上午始有一小船來聯繫，約定下午四時派人來卸。下午二時，清兵有一巡艇來查，船乃開往香港。馮自由、胡漢民商量補救辦法，決定在平海起岸。但為日本駐港領事干涉，船在香港卸煤後即返日本。軍械為日警扣留。三上保證之款及幸運丸未卸完的煤炭兩項損失，至為巨大。[46]

　　馮自由記述章太炎反對購置上項武器的原因，是章聽信「風聞」這批武器「全屬廢物」之故。似有避重就輕祖護之嫌。惟據胡漢民之說，是章因為中山離日時，日人鈴木贈送一萬元的旅費，中山分給《民報》社二千元，章不滿大鬧，乃藉購買軍火事乘機報復，就亂嚷亂吵說是所購村田式武器，日本早已不用，用到中國去，是使同志白白地丟了性命。有些同志也附和起來。幾批的軍火都是這樣被破壞的。後來祇有一批軍火了，三上公司願意把船自己帶到汕尾。[47]孫中山認為此一事件貽誤戎機非小，認為「不期東京本部之黨員（指章太炎等）忽起風潮，而武器購買運輸之計畫為之破壞，至時防城已破，武器不來，予不特失信於接收軍火之同志，並失信於團紳矣。」[48]

（二）招納會黨與策反清軍

招納會黨

　　其時東西兩路之革命軍多以會黨組成之，東路會黨首領以計雪秋為主，名義是中華國民軍東軍都督，西路會黨首領有王和順（又名張德卿）、梁蘭泉（又名梁秀春）、黃明堂（又名黃八）、關仁甫等，王是

欽廉防城之役的中華國民軍南軍都督，黃是廣西鎮南關和雲南河口之役的都督，王和關仁甫副之。其中以梁蘭泉最難纏。其他雖各有缺點，不若梁之甚也。

梁蘭泉是廣西著名的游勇頭目，縱勇殃民，被兩廣當局查辦，逃往河內，鬱鬱不得志，有作反思想。河內同志見其久在邊防帶兵，且多招納游勇為黨徒，於軍界及會黨中有勢力，遂招之加入同盟會。及中山來到河內，屢請求見以備任使，納之，付以重任。委他策反桂軍的任務，陸榮廷、陳炳焜所部官兵多是他聯絡的。中山初命其入三那，失約未去；繼命之入海濱占一地點接軍火，又失約不去；改期數次，均無行意。彼要求給三千元，帶二十人入內地，約眾舉事。乃先後給以五千元，仍未行。惟招黨徒數百人來裝門面。一九○七年七月間，其部屬七、八十人行至邊界，為法國官吏所捕獲，梁亦被警署拘留，得巴黎電，令其釋放。而被捕之七、八十人則由河內同盟會分會集次資二千元為繳身稅，始獲釋放。但河內分會集得資金二千元時，梁欲擴為己有，公然對分會中人言，此款應由彼手分配，分會拒之。梁口出惡言，竟謂「我此時不能為公眾之利，亦能為公眾之害；如不從吾言，則吾將派人行刺高達生（中山化名），今試看高達生家前後左右均有人埋伏」云云。及傍晚，果有十餘人來中山寓所圍繞。同志人人憤怒，爭欲處以重罰，中山以西路諸事已佈置妥當，免壞大局，故以和平處之。嗣將梁之屬下人等，給資遣散。梁之狡惡，為同志所不齒。清裾 s 州官吏列梁種種罪惡，要求法國提解，法方則遣之新加坡。梁臨行前，欲向中山求書介紹新加坡分會同志，河內同志告以他往；又哀求河內同志作書介紹之。所以中山函囑新加坡同志張永福、陳楚楠嚴防之。[49]梁後來並未去新加坡，仍留在越南。

王和順廣西邕寧人，早年是黑旗軍劉永福部的哨兵。一九○三年至一九○四年與陸亞發在廣西舉兵反清，一度據南寧，聲勢浩大。失敗走香港、西貢。一九○二年六月，廣西會黨發生大規模的抗清暴動，陸亞發據柳州，王和順據南寧，持續三年之久，清廷集七省兵力始於一九○五年初平定之。當時孫中山對此事件的反應是：

「他們（廣西會黨）業已連續了三年的戰鬥，並且一再打敗由全國各地調來的官軍對他們屢次的征討；他們既然有出奇的戰鬥力，那末，如果給以足夠的供應，誰能說他們無法從中國消滅滿清的勢力呢？」[50]

一九〇七年王和順隨中山由西貢到河內，同寓甘必達街六十一號，禮遇至優。行館偶乏僕役，各同志內衣由中山「如夫人」陳四姑（瑞芬）親自洗濯，和順不滿見諸辭色，黃興不能堪，請稍抑之。中山曰：和順出身行伍，舉止粗豪，自所不免，吾為國納賢，安可因細故與之計較。和順聞之，益為感奮。是年六月，欽州三那鄉民抗捐，中山委和順為中華國民軍南軍都督，謀據防城接收來自日本的軍火。[51]惟軍火已被破壞，和順不敢回內地發動，勸之再三，始勉強允之；卻隨身帶了許多毒藥，以備被捕後自殺。中山誡之曰：「大丈夫自有人來殺我，我不自殺！」不過和順去了以後，始終攪不出什麼事情來。[52]

黃明堂又名黃八，是中越邊界游勇的頭目，在欽廉地區會黨的資格很老，頗得江湖上的人心。鎮南關和河口之役任都督。惟其辦事毫無章法，不過叫他勾結軍隊舉事，卻來得很快，失敗也來得很快。鎮南關和河口之役，一面接受命令起義，一面仍做開堂賺錢。更可議者，竟和打劫的土匪坐地分贓，輪流作案。[53]如此腐化，真是革命一大諷刺也！

關仁甫是廣西會黨的頭目，鎮南關及河口之役任副都督，事後流亡南洋各埠，以行劫為事。在新加坡劫案頻聞，最著名者有關仁甫外，還有何榮海、楊冠英、陳三等，率其手下五、六人，串合當地匪徒，日以行劫為生。[54]

策反清軍

策反最重要的一支清軍，是一九〇七年六月欽廉發生鄉民抗捐，兩廣總督周馥派郭人漳和趙聲率前往鎮壓之。郭、趙兩人均與革命黨通。郭帶巡防隊二千人，以道員做總指揮。趙以廣東新軍標統（團長）帶兵二營駐防城。中山遣同志游說二人，使參加革命軍。黃興入郭營，胡毅

生隨趙營。趙軍聲譽最佳，確為革命黨人。[55]郭「以蔭生而得顯秩，且外表英明，中實怔忪」。[56]由於兩營都有聯絡，中山坐鎮河內指揮中心，認為發號施令，不致呼應不靈。進兵時，趙怕郭不可靠，要郭先動；郭藉故推諉。以致徘徊兩方，都未前進。趙通革命黨事，被清方知之，就把他調開了。而事益不可為矣。[57]

策反另一支清軍，為廣西陸榮廷及其部將陳炳焜。一九〇七年十二月一日，革命軍占領廣西鎮南關，駐憑祥巡防營統領陸榮廷、駐鎮南關管帶（營長）黃福廷均向革命軍聯絡反正。[58]是日下午有樵婦持陸之密函登山求見，函稱「知有一代豪傑孫逸仙為公等畫策，無任欽佩，榮廷現有眾六百餘人，隨時可以投入麾下，以供驅使」云云。[59]中山之策反陸榮廷似早在是年春夏間，因梁蘭泉之介紹，胡漢民晤其部將陳炳焜及陸之友人趙鳳昌。陳謂「統領陸公（榮廷）素有大志，同鎮文武，相視莫逆，中國有事，邊防之軍，必不為天下後」。趙表示「於光復宗旨，極表同情，終則以柳州之役（一九〇二～一九〇四）陸亞發舉兵抗清事，不能乘時共起，為革命軍憾。謂爾時榮軍奉命數月延遲，待革命黨真無舉動，始肯用武。蓋雖有深心，而未遇機會」也。[60]一九〇八年春革命軍欽廉之役，約陸反正似見成效，三月七日，中山致鄧澤如函詳述經過，謂「現時陸榮廷部下之兵，多來約降，弟（中山自稱）許以若每人攜槍及子彈來降，破龍州、南寧後，每人予賞一百元；而各兵則謂來降之時，即求賞三十元，俟破龍州、南寧再領厚賞云云。……惟來之初，每人給三十元，以四千人計，為費當在十萬以上。」[61]因為沒有十萬元，此事不了了之。後來陸響應辛亥革命，任廣西都督，一帆風順，權位不斷升高，實受革命之惠也。一九一七年「擁護」中山護法，據有兩廣，掌控湖南，軍閥「一丘之貉」也。

三、東西兩路的起義

孫中山在河內指揮的軍事起義，分東、西兩路，東路在潮州、惠州地區，先後有兩次起義：(1)潮州黃岡之役，一九〇七年五月二十二日至二十七日。(2)惠州七女湖之役，一九〇七年六月二日至二十日左右。西

路有欽州、廉州及廣西鎮南關、雲南河口四次起義：(1)欽州防城之役，一九〇七年九月一日至十七日。(2)鎮南關之役，一九〇七年十二月一日至八日。(3)欽廉之役，一九〇八年三月二十七日至五月三日。(4)河口之役，一九〇八年四月二十九日至五月二十六日。前兩次是同盟會的第三、四次起義；後四次是同盟會的第五、六、七、八次起義。

　　茲分述之。

東路

　　主持東路舉事者為許雪秋，中山委以中華國民軍東軍都督。許為廣東潮安人，幼隨父在新加坡。父死得遺資甚豐，好交遊，隨手輒盡。一九〇四年回鄉立壇開會，宣誓覆滿，組織義軍反清，勢力日盛。一九〇六年四月中山在新加坡成立同盟會分會，張永福介紹加入同盟會，委為東軍都督。是年冬，雪秋自汕頭至香港晤馮自由，請代電東京，請中山派同志回國相助。中山乃派留學生喬義生等及日人萱野長知、池亨吉等多人助之。[62]一九〇七年二月，黃岡起義未發而止，雪秋赴港報告並電知中山。蓋中山已至河內，復電謂「起義須惠、潮、欽、廉同時發動，以便牽制清軍。萬勿孟浪從事，致傷元氣」。雪秋即命同志余紀成等在黃岡活動候令。清吏偵知黨人聚眾開會，五月二十一日晚，捕去余姓二人，指為黨人父兄，紀成等決定次晚（二十二日）率眾千人起事。攻占黃岡縣城，清吏被殺或逃。推陳宏生為臨時司令長，以孫文名義佈告一切。二十四日，香港機關始知事起。二十五日，雪秋率十餘人抵達汕頭，戰況已不利。二十七日宣佈解散。五天後（六月二日），黨人鄧子瑜等發動七女湖之役，此距惠州府城二十里。是日，黨人陳純等集合少數會黨劫奪清防軍槍械，擊斃清兵多人，連日進攻各地，各地會黨紛起響應，聲勢大振。粵督周馥急調各軍鎮壓。十餘日後，得鄧子瑜從香港派人來報，知黃岡起義失敗，他處無響應，且械彈缺乏，乃移隊至梁化墟附近埋械解散。[63]

　　東路兩役之後，中山電召許雪秋偕萱野同赴河內面商機宜，雪秋云：土砲不敵洋槍，為黃岡一役失敗之主因，希從外國購買新式軍械運

至惠州汕尾海面，彼可預備大帆船數十艘在海上收接，即在海陸豐召集黨人大舉發難。中山韙其議，即令萱野回日本辦理購械及租船運輸事宜。[64]嗣以東京本部章太炎等之吵鬧滋擾，此批軍機延至十月十二日始運至汕尾海面。由於雪秋之失誤，未能收接，運回日本被扣。已如前述。

　　黃岡之役的失敗與軍械收接之失誤，依胡漢民之記述，咎責應在許雪秋，胡曰：

　　　「許雪秋者，一浮浪子弟，其為人頗與郭人漳類，跅弛敢大言，既以豪縱傾其家，而結納亡命，遂有異志。走南洋，華僑同志頗稱之，因許入黨，而請任潮洲革命軍事顧問（萱野長知）。實膽怯畏死；又居余紀成為奇貨，而阻其與余等通。黃岡起事前後，許之報告俱不實，余（胡）時時切責之。時黨中竭力購得日械千餘，以某公司船密運至汕尾，使許與余紀成接收之，併資他部之接濟。……及某公司船至，則駁艇伕役一切俱無。來船候之三日，許仍旁皇無措。」[65]

西路

　　防城之役之前，欽、廉兩府發生鄉民抗捐之事，中山即向日本催購軍械，擬軍械一到，即在東興至防城一帶沿海之地，聚集黨軍，結合鄉團，策動清軍郭人漳、趙聲兩軍反正，期成一聲勢浩大之軍隊；再加訓練，當成勁旅。掌握兩廣，出師北進，則破竹之勢可成。於是令黃興入郭軍，委王和順為中華國民軍南軍都督，胡毅生隨趙軍，取道欽州至三那，約和順取防城，收接日本運來之軍械。嗣以道遠消息不便，軍械改運汕尾。惟防城之役仍舊進行。[66]目標是先取南寧，再向廣東，北進長江。中山一九〇七年九月十三日致函其日本友人宮崎寅藏說道：

　　　「近日西軍已發，一舉攻破防城縣，現已全軍北趨，以取南寧。黃君興與同志方面結合得一新勢力（按指郭、趙），此時尚持重，俟機篤發；如一發則兩軍合併，廣西不難定也。……廣東、長

江響應之師，相繼而起，事可大有可為也。」[67]

一九〇七年九月一日，和順在三那王光山起義，襲取防城。四日，以中華國民軍南軍都督名義發布告示，宣布起義的宗旨。五日，進占防城，殺知縣等官吏十九人，即率五百人向欽州府城進發，紮城外二十里。黃興出城會和順，轉述郭人漳之意，謂城內欽廉道王瑚作梗，擬使和順取南寧，殺王瑚反正。和順不同意。黃即回城內商郭人漳帶兵一連，以出巡為名，至城外與和順謀進取。惟城中欽廉道王瑚得郭人漳有通敵之報，乃親自巡城，黃興計不得行。和順兵至城外見無接應，乃改道入廣西攻靈山，不克。退回三那解散，自返河內。[68]

鎮南關之役委黃明堂為都督，憑祥土司李估卿副之，何伍為支隊長，集合百餘人於十二月一日起事，由越南境登關占領砲台。三日晨，孫中山偕黃興、胡漢民、胡毅生、及日人池亨吉、法國砲兵大尉Ｄ氏一行十餘人奔赴前敵，當晚九時抵鎮北台。[69]翌日晨，中山偕視砲兵發巨砲轟擊敵軍，遠見敵四散。中山云：「反對清政府二十餘年，此日始得親發砲擊清軍耳！」[70]

既而黃明堂勸請中山下山，為籌餉械接濟。中山料量黃部實力，不足進取，則然其說。當日薄暮，乃與隨同人員由砲台下之磴道下山，入越南界，中山容貌為法警察所識，據以報告法政府，遂不許中山居留越南地。[71]

法國報紙刊載此次戰役，謂革命軍有大將與小卒，而無偏裨幹部，亦紀實也。[72]攻取鎮南關，是寄望當地清軍反正。孫中山函告同志鄭澤如云：

　　「弟（孫自稱）自攻破鎮南關之後，默察廣西全局，大有可為，……而目前更有千載一時之機會，則以廣西邊兵多暗約來降也，……現時陸榮廷部下之兵多來約降。弟許以每人攜械槍及子碼來降，破龍州、南寧後，每人予賞一百元。……弟料此軍來降，則龍州、南寧確可以必破。」[73]

　　欽廉之役為黃興親臨戰地所指揮。孫中山於一九○八年一月二十四日被遣出越南後，黃興及胡漢民留河內繼續其工作。中山令黃準備再入欽廉，黃即偕黎仲實、劉梅卿、梁建葵等率欽州民軍二百餘人，於三月二十七日由東興跨過北倉河進入十萬大山。這是因為防城之役後還有一部分革命軍留在十萬大山。同時對郭人漳還抱希望。目標是奪取南寧。進軍時，遇清軍兩營於小峰，破之。不意此乃郭人漳所部，因事前無聯絡而發生戰鬥。郭以為黃為有意攻擊，遂遣全軍與革命軍為敵。四月二日，兩軍激戰於馬篤山，斃敵八十餘人，大破郭軍，獲郭之軍旅、坐馬。黃遣人告以誤會相戰，亦屬不得已之舉，奉還軍旗，留用坐馬，而申友誼。經此戰鬥，黃之威名大著。[74] 中山曾謂：

> 「克強（黃興字）乃以二百餘人出安南，橫行於欽、廉、上思一帶，轉戰數月（按為月餘），所向無敵，敵人聞而生畏，克強之威名因以大著。」[75]

　　黃興指揮的欽廉之役，轉戰月除，所向皆克，但畢竟人數少，孤軍深入，彈盡援絕，乃於五月三日退回越南。四日至先安，時河口之役已發動數日，中山即電委興為總司令，令赴河口指揮戰役。[76]

　　河口之役原為策應欽廉之役。但事實發展出乎意料之外，負責籌畫此役的胡漢民致書中山，謂「雲南大局，確有把握」。中山確定「雲南之舉義，注重河口，以圖蒙自，進取雲南」，「以為吾黨根據之地」[77]

　　是役胡漢民事前有周密之籌畫，在鐵路沿線佈置偽裝工人者二百人，清軍約降者日眾。乃清方偵知我軍指揮者數人（黎仲實等八人）寓於法界，誣以劫案，要求法吏拘留之。漢民聞訊，急催黃明堂（都督）、關仁甫、王和順（副督）速發。遂於四月二十九日晚二時舉兵，河口警兵聞號響應，殺其管帶蔡某。旋攻汛營，汛官逃。守軍或降或拒，戰至次晨八時，我軍暫憩。九時再攻，至下午四時其督辦偽降，由其守備誅之。河口地面遂歸我軍占領。收各營槍支千餘，子彈七萬發；河口砲台亦歸我有。於是布告安民，居民大悅。五月二日，續有清軍來降，繳槍二百餘枝，子彈三萬發，穀一百擔。三日，關仁甫引兵四百人

進攻蠻耗，四日占新街。六日，清雲貴總督錫良派兵四營到八寨，距開
化八十里，王和順分兵襲古林箐以牽制之；七日，更選精兵二百名攻向
蒙自。黃明堂亦率二百名向蒙自助戰。黃興六日晚由海防入河口。屆至
五月七日止，胡對前線戰況尚持樂觀，認為攻取雲南大部確有把握。惟
降者日眾，餉食日增，必有大款，方堪接濟。若能得十萬金，半為食
用，半為補充子彈，則大軍所至，勢如破竹矣。[78] 數日後，卻發現前線
情況不妙，主要者則為號令不一，將領不聽指揮，黃明堂「故伎復萌，
遇事放棄」，據有械藥，不聽黃興調度。他軍亦不受明堂指揮。隊出三
日，又以糧缺而復返。各處降軍聞我缺糧，復謀相抗。[79] 黃興乃思從河
內購利械，以同志組敢死隊劫持去。先使人書告胡漢民，胡為籌備。黃
則遽至河內，謂急欲得當以返。迨回河口經老街時，法警至車次詢其姓
名，黃操粵語答之，而發音不類，疑為日人而扣留之。胡急使楊壽彭等
交涉，始獲自由。然已不允經法之鐵道，應使出境。河口之軍心益離，
更守十餘日乃悉散走。[80]

　　綜觀西路四次戰役，前三次是以奪取南寧為目的，三次行動失敗後
才轉向雲南。企圖為何？學者認為孫中山這副進軍藍圖，與當年太平天
國首義於金田，出兩湖、下長江、北伐西征近似。[81]

四、善後

　　東西兩路起義失敗或結束後，撤退之革命軍除潛入內地外，多逃亡
海外。東路則多逃往香港，由香港同盟會分會接待或救助之。黃岡之役
失敗後，首領余既（紀）成等由海道逃來香港，清奧督周馥指余為大
盜，要求引渡歸案，余被港吏拘捕。同盟分會會長馮自由延律師為之抗
辯，孫中山亦自河內致書港督證明余為革命黨將領。前後糾纏八個月，
耗費訟資九千五百元。卒獲判決無罪釋放，後赴新加坡，隨中山為護
衛。[82] 惠州七女湖之役後，避地來港者有陳純等人，馮自由遣往屯門青
山李紀堂農場隱匿，後復給資使赴南洋謀生。[83] 從河內被法方驅逐來港
者，有黎仲實、張冀樞、黃隆生、楊壽彭、甄吉庭、甄璧、劉岐山、劉
梅卿、關仁甫、田桐、譚人鳳、何克夫等多人，均分住《中國日報》社

或各招待所。香港黨部以支應浩繁，窮於應付，求助中山。中山囑黃隆生等數十人赴南洋設法。[84]西路撤退之革命軍，除潛入邊境外，多被法方遣送新加坡。最大的一批，是河口之役退入越南境內的六百多人，被法方繳械拘留。遣送新加坡時，英方不允，經交涉為政治犯，始准登岸。為解決彼等生活問題，決定用張永福之山開石，一九〇八年十月十一日，中山致函新加坡同志林義順云：

> 「今朝有數人（革命軍人）到此，云心田（何人待考）今日不交伙食，數人中有病者，有欲回香港者，有欲速往做石山工者，紛紛擾擾，弟（中山）見其情狀，十分可憐；然亦無可如何。且不堪煩惱。石山之事，誠非速辦不可。蓋一日不安置彼等，則各同志多一日之費，而弟多一日之憂。」[85]

十三日，又致函張永福囑以工代賑，蓋棚廠，解決居住問題。[86]二十日，又函吳悟叟告以這天有同志盧伯蘭、楊壽彭自香港來，使之暫寓《中興日報》館，囑吳派司理人員招待之。說《中興日報》館月雜人甚多，關仁甫不宜久住該館，蓋此人不聽號令，日久生必是非，望遷他處。[87]這些人良莠不齊，不斷鬧事，經常有人到《中興日報》館討伙食，其勢洶洶，太不雅觀。好言安慰並給伙食費，始得平靜數日。且彼等「將以施之《中興報》者對待」中山住所，幕後似有人唆使。中山要林義順「速行設法開設石山之局，以便他等安身，弟（孫）實感恩不淺也。」[88]可見善後工作之麻煩，不亞於指揮作戰也。

五、與當地法人及越人之關係

法國人所畏忌者，是在越南的中國革命黨人和當地越人接觸，造成反法事件。因為河口之役退下來的革命軍竄入越南境者，以其槍彈暗資安南革命黨。法方於是改變對中國革命的態度。在此之前，在越南之法國社會黨人，頗同情於中國革命，對中國革命輿論甚佳；其政府亦守善意的中立，對革命黨人密購軍械，皆不禁止；法商播嘉公司以私售軍械，經人揭發有據，僅罰該公司千元了事。黃興率革命軍入欽廉，直以

白晝吹號過其汎地，祇怪革命軍魯莽而已。法國總警察長常語粵僑幫長楊壽彭，說甄壁於其舖面造軍旗、軍服，豈不惹警察注目？此等事使為高級官員者，應有伸縮餘地。此皆河口之役以前之事。及河口敗退，事涉安南革命黨問題，社會黨人不敢有言，而其政府官場一切，盡反以前所為矣。[89]

中國革命黨人影響於當地越人反法行動者，為河內法國軍營之「投毒」事件，事詳本書前文《孫中山與潘佩珠》。大要是孫中山離開越南來到新加坡以後，得到來自河內同志的報告，說是當地越人因受中國革命熱情衝動，他們就鬧起一件大事來了。由鎮南關退入越界的革命軍，素與吾黨接近的越人，均來請求援助，急圖舉義。然以手無寸鐵，乃以砒霜（信石）毒死軍營兵士，奪其槍械。法兵中毒者有二百餘人。聞死去六、七十人。[90] 當時新加坡黨人也有信函指出：

「吾黨自河口辦事（起義）後，適遇越南土人起事，致法人疑吾黨軍人從中暗助，恐礙治安。故吾黨軍人之在越南者，近被法人遞解出境。自四月至今（十一月），由越南到叻（新加坡）者，業已五次，人數二百餘。」[91]

越人資料有謂孫中山曾與當時越人抗法首領黃花探有聯繫。[92] 依胡漢民之說，自河口竄入越南境之革命軍人「以其槍彈暗資安南革命黨者，余（胡）於理於勢，皆不能禁」。[93] 可能即是暗資黃花探的「安南革命黨」。因為當時越南境內北圻一帶，並其他「安南革命黨」也。不過這與孫中山「聯繫」黃花探似無關聯。據當時清雲貴總督錫良的報告，說是被法方緝拿之「越南土目黃文光、黃文登與猛洞苗人頭目等串通匪黨」等情。[94] 錫良所說的「匪黨」，是對中國革命黨的稱謂。黃文光等很可能是黃花探的抗法軍。

六、結論

越南毗鄰中國西南粵、桂、滇三省，從一九〇〇年到一九〇八年之間，孫中山曾經往返越南六次之多，是他來到南洋最早的地區，尤其在

一九〇七年到一九〇八年之間一年多的時間內，以河內為指揮中心，進行粵、桂、滇三省起義達六次之多，占辛亥革命整個歷程（一八九五～一九一一）十次起義次數的絕大部分，對於孫中山推翻滿清革命運動，實占有重要的地位。

一九〇七年到一九〇八年之間，孫中山之所以要在西南粵、桂、滇三省起義，除地理之便外，而是中國同盟會一九〇五年八月在東京成立後，革命風氣鼓盪全國，而同盟會之在東京，不能久為沉默。適以日本政府應清廷之要求，逐中山於日本境外，於是來到越南，設機關部於河內。

既以越南為基地，則當地華僑之支援，法越當局之諒解，至為重要。其次則為指揮中心之建立，以進行籌款、購械、招納會黨、策反清軍、指揮作戰諸項工作。在此期間與當地越人之關係，亦為本文所探求之問題。

為求當地華僑之支援，須有革命團體以團結之。最早在南洋之革命團體，為河內興中會。這是孫中山一九〇二年第二次來到越南所成立的。厥後進行粵、桂、滇三省邊境之舉事，實肇於此。其後河內、海防之同盟分會，亦為南洋各地最強大之同盟分會的組織。直接對革命之貢獻，河內、海防二地之黨員，實居首功。西貢之同盟分會，是孫中山一九〇五年十月來到西貢建立的，並獲得當地僑商一萬二千元的捐款，這是同盟會成立後首次的一筆大款。西醫的同盟分會，也是東京同盟會成立後，南洋地區首次建立的分會。在辛亥革命整個過程中，越南華僑對於革命的支援，一直未曾間斷。尤以一九一一年廣州「三二九」之役，不僅認捐巨款，且在八十六名犧牲烈士中，越南華僑就占了六名之多。

關於法越當局的接觸，一九〇〇年六月孫中山首次來到越南西貢，祇是會晤法國越南總督輔美（Paul Doumer）的一位隨員，未有所獲。第二次來越，自一九〇二年十二月至一九〇三年七月，停留西貢及河內的時間，達七個月之久，獲得新任總督辦公室主任哈德安（Charles Hardoiun）的幾次接談，對於孫中山「潛在的力量」，似乎相當重視。新任越南總督博氏（Paul Beau）認為禁止孫中山留在越南「是不明智

的」。因為這將使「我們（法國）的對手就會乘虛而入，並引起祕密社會不可調和的仇恨」。一九〇五年二月及六月，孫中山兩度停留巴黎，終於會晤韜美（時任國會眾議院議長），韜美把孫介紹給他政商界的朋友。外交部的羅氏（Ulysse Reau）兩次接見孫中山。主張對孫援助。同時對法國參謀部的交涉最為得手。以後曾派武官多人來華，欲對中國革命有所協助。透過這些不斷的努力，法越方面對於孫中山一九〇七年到一九〇八年之間，以河內為指揮中心的西南邊境多次起義，給予「善意的中立」，不無相當關係也。

　　一九〇七年三月，孫中山離開日本來到越南，在河內甘必達街（Gambetta St）六十一號成立指揮中心，進行粵、桂、滇三省邊境起義。主要工作有籌款、購運武器、招納會黨、策動清軍反正、指揮東西兩路軍事作戰，以及處理善後等。籌款方面，估計收支將近二十一萬元，其中以張靜江捐助最多，五萬元，越南及暹羅（不多）合約六萬元，荷屬南洋約三萬元，英屬南洋一萬餘元，日本財團一萬四千元，香港經手收入約一萬四千元（內有張靜江五千元），中山自墊一萬四千元，河內欠債一萬元，河口徵收三千五百元。收支大致相抵。這祇是量入為出，而非量出為入也。因為有時亟需大款而無法籌措時，使得中山急如星火跡近哀求，對方仍是一毛不拔。

　　武器是向日本方面購買。一九〇七年六月，欽廉鄉民抗捐，清粵督周馥派郭人漳、趙聲率軍鎮壓。郭、趙均與革命黨通。孫中山計畫攻取欽州防城沿海地區，以便接運軍火，成立勁旅，取兩廣，北進長江流域。即委日本同志萱野長知負責購械事宜。乃以東京同盟會本部章太炎之滋擾而致延誤。最後改在汕尾海面接收時，又因負責收接人許雪秋之失誤，而致功敗垂成。

　　招納會黨以衝鋒破敵者，東路潮惠地區有許雪秋、鄧子瑜等首領，西路欽廉、桂、滇首領有王和順、梁蘭泉、黃明堂、關仁甫等，雖能衝鋒破敵，但其眾烏合而不足恃，常惹很多麻煩。例如梁蘭泉其人，需求無厭，不遂，揚言「行刺高達生（中山化名）」。關仁甫被遣至新加坡後，以打劫為業。黃明堂比較聽話，一面作戰，一面與搶匪「坐地分

贓」，輪流做案。王和順缺點不大，顯得暮氣。許雪秋浮而不實，膽怯畏死。中山用其所長，不計其短。

策反清軍主要對象，有駐欽廉之郭人漳、趙聲，廣西憑祥之陸榮廷及其部將陳炳焜，以及雲南河口的守軍等。郭、趙均與革命黨通，黃興入郭營，胡毅生在趙營。趙領新軍兩營，聲譽最佳，然兵力不多，懼郭不可靠，要他先動；郭統防軍二千人，首尾兩端。兩人均無行動表現。陸榮廷接間表示「中國有事，邊防之軍，必不為天下後」。一九○八年三月欽廉之役時，陸「部下之兵，多來約降」，計算有四千人，需賞金需十萬元以上，無款而未「成交」。河口之役，對方守軍紛紛倒戈響應，然以缺糧缺餉，降而又變。但策畫此役的胡漢民認為此類軍隊，縱得多金，亦無益於事也。

東西兩路戰役，東路潮惠二次，西路欽廉、桂、滇四次，總計六次。綜觀後者四次起義，前三次是以奪取南寧為目的，三次行動失敗後，才轉向雲南。揆其企圖，學者認為中山這幅進軍藍圖，與當年太平天國首義於金田，出兩湖，下長江，北伐西征近似。不僅如此，地其二十年後，即一九二六年國民革命軍出師北伐而至統一中國，也正是這幅進軍的藍圖。因果關係，至為明確。惟諸役善後工作，至為辣手，弄得中山「不堪煩惱」。

以河內為指揮中心的革命運動，與當地法國人和越南人的關係如何？就法人之關係言，在河口之役以前，法方民間表現同情友善，官方保持「善意的中立」；以後因涉及越南革命黨問題，盡反以往一切之所為。而當地的越南人，因為受到中國革命熱情的感情，曾發生「毒殺」法兵事件。其次是從河口竄入越境的革命軍，以其槍彈暗資安南革命黨，該黨很可能就是越人抗法名將黃花探的革命黨。因此，中國革命黨人和革命軍對當地越人之反法，是有一定程序影響的。所以法人對中國革命的態度，由友善而翻臉。因為在此之前，滿清政府不斷要求法方干涉，法方均置之不理也。

1 孫中山《孫文學說》第八章，有志竟成，一九一九年。秦孝儀主編《國父全集》，近代中國出版社出版，一九八九年，台北。第一冊，四〇九頁。以下引用孫中山文件，僅錄文件名稱，姓名一律省略。

2 馮自由《革命逸史》，台灣商務印書館《人人文庫》，一九六九年三月，台，一版。第一集，四八頁。

3 陳錫祺主編《孫中山年譜長編》，中華書局出版，一九九一年北京。上冊，二八三頁。

4 上註《年譜》二八二頁書黃為廣東台山人。

5 馮自由《孫中山逸史》第四集，一八頁。

6 《孫中山年譜長編》上冊，二八二～二八三頁。

7 《孫中山年譜長編》上冊，二八七頁。

8 孫中山致陳楚楠涵，一九〇五年七月七日。《國父全集》第四冊，三九頁。

9 《孫中山年譜長編》上冊，三六一～三六二頁。《年譜》此段原據多種資料，有鄧慕韓《追隨國父之回憶》、馮自由《革命逸史》第四集、陳良《在西貢、堤岸三次會見孫中山的回憶》等。

10 馮自由《革命逸史》第四集，一六三頁。《孫中山年譜長編》三六二頁。

11 孫中山《孫文學說》第八章，有志竟成。《國父全集》第一冊，四一八頁。

12 馮自由《革命逸史》第四集，一六五～一六六頁。

13 沈奕臣《論孫中山親自領導的西南武裝起義》（以下簡介稱「沈文」）。《孫中山研究論文集》（一九四九～一九八四）。四川人民出版社出版。一九八六年，成都。二四七頁。

14 周興樑《孫中山的革命活動與越南的華僑志士》。林家有等主編《孫中山與世界》，吉林人民出版社出版，二〇〇四年，長春。六三六～六三七頁。

15 楊萬秀、周成華《孫中山與越南》。《孫中山與世界》，五五五～五五六頁。

16 同上註，五五六頁。

17 〔法〕巴斯蒂（Marianne hstid）《法國的影響及各國共和主義者團結一致：論孫中山與法國政界的關係》。《孫中山和他的時代》，中國書局出版，一九八九年，北京。上冊，四五五頁。

18 《孫中山年譜長編》上冊，二〇七～二〇八頁。

19 巴斯蒂前文，四五五頁。

20 《孫文學說》第八章有志竟成。《國父全集》第一冊，四一四頁。

21 《孫中山年譜長編》上冊，二八三～二八四頁。

22 巴斯蒂前文，四五九～四六○頁。

23 《孫中山年譜長編》上冊，三三二～三三三頁。

24 《孫文學說》第八章有志竟成。《國父全集》第一冊，四一五頁。

25 《孫中山年譜長編》上冊，二五九頁。所記李姓、何姓、戴姓，均暗晦不明。
按河內廣東幫首領應為楊壽彭。

26 鄧慕韓《追隨國父之回憶》，《三民主義半月刊》十卷三期。轉引自上書三六○
頁。

27 《孫中山年譜長編》上冊，三七二頁。

28 《孫文學說》第八章有志竟成。《國父全集》第一冊，四一八頁。

29 孫中山復張永福陳楚楠函，一九○七年八月二十三日。《國父全集》第四冊，
四七頁。

30 孫中山復池亨吉函，一九○八年二月八日。《國父全集》第四冊，五九頁。

31 同 28，四一九頁。

32 同 28，四一九頁。

33 胡漢民《自傳》。《胡漢民先生文集》，國民黨黨史會編輯出版，一九七八年，
台北。第二冊，二四頁。（以下簡稱《胡文集》）

34 胡漢民《南洋華僑參加革命之經過》，一九三○年九月。《胡文集》第二冊，
四五七～四五八頁。按孫中山致吳敬恆函（一九○九年十月三十日）謂「他方
一同志（即指張靜江）許助五萬金」。（《國父全集》第四冊，九七頁）胡所
云數字則為六萬元。應以五萬元為是。其後張續有五千匯香港。

35 胡漢民上孫中山書，一九○八年四月二十四日。《胡文集》第一冊，六○九頁。

36 同 34，四七一頁。

37 馮自由《革命逸史》第一集，二五四～二六○頁。《孫中山年譜長編》上冊，
三六二頁。

38 孫中山致吳敬恆函，一九○九年十月三十日。《國父全集》第四冊，九七～九
八頁。

39 同 38，九六～九七頁。

40 蔣永敬《辛亥革命前十次起義經費之研究》，《孫中山與中國革命》，國史館
出版，二○○○年，台北，三六五頁。

41 孫中山復張永福等函，一九○七年十月十五日。《國父全集》第四冊，五一頁。

42 孫中山致鄧澤如、黃心持函，一九○八年五月。《國父全集》第四冊，六五頁。

43 同 34，四八二～四八三頁。

44 《孫文學說》第八章有志竟成。《國父全集》第一冊，四一六～四一七頁。《孫中山年譜長編》上冊，四一一頁。

45 馮自由《革命逸史》第四集，一八八～一九○頁。

46 《孫中山年譜長編》上冊，四一四～四一五頁。

47 同 34，四五九～四六○頁。

48 同 44，四一七頁。

49 孫中山致張永福、陳楚楠函，一九○七年八月二十九日。《國父全集》第四冊，七二～七三頁。《全集》日期書為「一九○八年……」，誤。六日前（八月二十三日）復張永福、陳楚楠函祇提廣西邊界會黨七、八十人被救事，未及梁蘭泉。見同前書四七頁）。

50 《中國問題的真解決》。黃彥編《孫文選集》，廣東人民出版社出版，二○○六年，廣州。中冊，一四八頁。

51 馮自由《革命逸史》第二集，二一二～二一三頁。

52 同 34，四六二～四六三頁。

53 同 34，四七二頁。

54 孫中山致暹羅同志函，一九○九年四月七日。《國父全集》第四冊，八九頁。

55 同 34，四六一頁。

56 沈文，二五五。原註據《黃興傳記》。

57 同 34，四六一～四六二頁。

58 《孫中山年譜長編》上冊，四一七頁。

59 馮自由《革命逸史》第五集，一三七頁。

60 胡漢民致陳炳焜、趙鳳昌書，一九○八年四月。《胡文集》第一冊，五九五～五九六頁。

61 孫中山致鄧澤如函，一九○八年三月七日。《國父全集》第四冊，六○頁。

62 馮自由《革命逸史》第二集，一九五～一九七頁。

63 《孫中山年譜長編》上冊，四○一～四○三頁。

64 同 62，一九八頁。

65 胡漢民《自傳》。《胡文集》第二冊，二八～二九頁。

66 《孫文學說》第八章，有志竟成。《國父全集》第一冊，四一六～四一七頁。

67 孫中山致宮崎寅藏函，一九○七年九月十三日。《國父全集》第四冊，四八頁。

68 《孫中山年譜長編》上冊，四一一～四一二頁。

69 同上註，四一六～四一七頁。

70 胡漢民《自傳》。《胡文集》第二冊，二五頁。

71 胡漢民《自傳》。《胡文集》第二冊，二五～二六頁。

72 同上註，二六頁。

73 孫中山致鄧澤如函，一九〇八年三月七日。《國父全集》第四冊，六十頁。

74 《孫中山年譜長編》上冊，四二八頁。

75 《孫文學說》第八章有志竟成。《國父全集》第一冊，四一七頁。

76 《孫中山年譜長編》上冊，四三〇頁。

77 沈文，二五二頁。

78 胡漢民上孫中山書，一九〇八年五月七日。《胡文集》第一冊，六〇七～六一一頁。按《文集》中此函僅列年月而無日，審其內容，應為五月七日。

79 胡漢民上孫中山書，一九〇八年五月十三日。同上書，六〇四～六〇五頁。

80 同 71，二七頁。

81 沈文，二五二頁。

82 馮自由《革命逸史》第三集，二七六～二六八頁。

83 同上書第四集，一八四頁。

84 同上書第三集，二三九頁。

85 孫中山致林義順函，一九〇八年十月十一日。《國父全集》第四冊，七六頁。

86 孫中山致張永福函，一九〇八年十月十三日。同上書，七七頁。

87 孫中山致吳悟叟函，一九〇八年十月二十日。同上書，七七頁。

88 同 85。

89 同 71，二七頁。

90 張永福《南洋與創立民國》。一九三三年出版。轉引前文《孫中山與潘佩珠》。四三五頁。

91 星洲同志藍瑞元函，一九〇八年十一月十四日。引同上書前文。四三六頁。

92 《孫中山年譜長編》上冊，四二〇～四二一頁。

93 同 71，二七頁。

94 蔣永敬《孫中山與中國革命》，《孫中山與潘佩珠》。

第四章
辛亥革命運動與香港

一、前言

　　「辛亥革命」一詞，意指一九一一年（清宣統三年）中國所發生之大革命。由武昌起義，推翻滿清王朝，而至建立中華民國。其間為時不過四閱月。[1]惟就革命運動的全部過程而言，應自一八九四年十一月孫中山在檀香山成立興中會起而至一九一一年的中國大革命之發生，計為時十七年。在此期間，革命運動波及的地區，至為廣闊。由海外而國內，由點線而全面。就海外言，所有華人居留的地區，都曾直接或間接的與此革命運動有關；就國內而言，幾乎全國各省，均有參與革命運動的分子，而各省也就先後不斷的發生革命事件。

　　革命運動的內容，不外立黨（組織）、宣傳、起義三大項項。此三大要項的意義，孫中山先生曾有說明：「求天下之仁人志士，同趨於一主義之下，以同致力，於是有立黨；求舉國之人民，共喻此主義，以身體而力行之，於是有宣傳；求此主義之實現，必先破壞而後有建設，於是有起義。」[2]因此，推動革命運動的，須有革命的思想（主義）為其動因外，還須有組織、宣傳、起義，以實現革命的主義。不過就辛亥革命運動的全部歷程來看，各個地區由於條件的不同，其革命運動的重點亦有不同，有的在組織方面特別重要，有的在宣傳方面成就較多，有的在起義方面貢獻更大；甚或某些地區在某些特定時期內，僅對革命運動中的某一項有所表現而已。

　　就革命運動的動因及內容來看，香港在辛亥革命運動的過程中所扮演的角色，無論就革命思想方面，以及組織、宣傳、起義各方面來看，其地位之重要，遠非其他任何地區所可比擬。以下則就革命的思想、組織、宣傳和起義，在香港的發生和活動，來探討辛亥革命運動和香港的關係。

二、革命思想的發源

　　辛亥革命運動，倡自孫中山。而孫中山之革命思想，實發源於香港。正如孫中山本人一九二三年二月二十日在香港大學的一次演講中指出：「我之思想發源地即為香港。至於如何得之？則三十年前在香港讀書，暇時輒閒步市街，見其秩序整齊，建築閎美，工作進步不斷，腦海中留有甚深之印象。」又云：「又聞諸長老，英國及歐洲之良政治，並非固有者，乃人經營而改變之耳。從前英國政治亦復腐敗惡劣，顧英人愛自由，僉曰：『吾人不復能忍耐此等事，必有以更張之。』有志竟成，卒達目的。我因遂作一想曰：『曷為吾人不能改革中國之惡政耶？』」因此，孫中山特別強調：「由此可知我之革命思想，完全得之於香港。」[3] 孫中山到香港求學，是在一八八三年冬，初入英國聖公會主辦的拔萃書室（Diocesan Home）。次年四月，轉學香港中央書院（Central School），後改稱皇仁書院（Queen's College）。這年冬，一度離開香港去檀香山。一八八五年四月回國。次年入廣州博濟醫院（Canton Hospital）的附設醫科學校習醫。一八八七年一月轉入香港新創之西醫書院（College of medicine for Chinese, Hong Kong），至一八九二年七月畢業。[4] 總計孫中山早年來往香港及在港求學的時間，前後達九年之久。

　　孫中山在一八八三年冬到香港求學時，其革新求變的思想，已很明顯。這時，他因倫敦傳道會長老區鳳墀的介紹，認識新到香港傳教的美國綱紀慎會（American Congragational Mission）牧師喜嘉理（Rev. Hagar），遂即受洗，署名「日新」，是取義大學盤銘「苟日新、日日新、又日新」。其去舊革新的決心，由此充分的顯現出來。

　　根據孫中山的自述,他是在一八八五年的「中法戰敗之年,始決傾
覆清廷、創建民國之志」的。[5]據孫中山一位美國朋友林百克(Paul
Linebarger)記述孫中山的回憶,更有進一步的詳細說明,他指出:
「中法戰爭開始時,他(孫中山)並不在中國,因為他在香港學校裡,
所以有機會知道戰爭經過。……在戰爭的昏暗中有一樁事件發生,可以
證明中國人雖在外族專制統治之下,也不是沒有愛國心。這個意外的事
發生於一艘法國兵輪,從臺灣來,因大受損傷,到香港修理。中國工人
因為這是敵艦,修好之後,要去打自己國家的,於是拒絕工作。這個熱
誠的舉動,給孫中山希望革新的勇氣。這個抵制修理兵船的事實,證明
中國人已經有相當覺悟;雖然是微小而被動的,但是此事可以證明轉移
到自動的動作將要來了。」此時孫中山也開始考察滿清的兵備,論其人
數和軍器,他得到完滿的報告,他們並不用外國式的槍砲和機關槍。他
知道滿清的軍法規例,他祕密進行推翻滿清的心愈加厲害了。[6]

　　可知孫中山決志推翻清廷、創建民國,雖起因於中法戰爭,而其思
想的發源地,實來自香港。

　　在孫中山腦海中,「革命」與「維新」(改革),是一體兩面、相
輔為用的。所謂「改革之思想,乃革命之起點也」。世界各國歷史的演
進大多是如此的。[7]當孫中山一八八七年進入香港西醫書院求學後,當
時一些倡導改革運動人士的言論,對於孫中山的思想,可能是有很多影
響的。其中最值得注意的,要算是何啟、鄭觀應等人了。

　　何啟是廣東南海人,為倫敦傳道會何福堂牧師之子,一八五九年生
於香港,在中央書院畢業後,負笈倫敦,習醫學及法律。一八八一年回
香港,任律師,並為香港議政局議員。為香港西醫書院發起創辦人,並
在西醫書院執教,與孫中山有師生之誼。一八九五年孫中山謀舉義於廣
州時,頗得何氏之支助。[8]可見兩人關係之密切。何氏後來雖非直接參
與革命,但他卻是一位愛國憂時以國家興亡為己任的熱心改革家。就在
孫中山進入香港西醫書院這年(一八八七)的五月,曾在香港發表一篇
長達一萬七千餘字的政論,題名為《書曾襲侯「中國先睡後醒論」
後》,以駁論曾紀澤當年所發表的《中國先睡後醒論》。其中所提出的

觀點，更引起孫中山內心的共鳴。[9] 何文所提出的觀點，與孫中山後來所發布的《香港興中會宣言》，頗有一些異曲同工之妙。例如何文中有：「數十年來，中國之所以見欺於強敵，受侮於鄰邦，而低首下心，甘作屬王，而屈為軟國者，實坐內政之不修也。」又云：「今者中國政則有私而無公也，令則有偏而無平也。庶民如子，而君上薄之，不啻如奴賤也。官吏如虎，而君上縱之，不啻如鷹犬也。」[10]

　　而一八九五年一月的《香港興中會宣言》指斥清廷有云：「政治不修，綱紀敗壞，朝廷則鬻爵賣官，公行賄賂；官府則剝民刮地，暴過虎狼！」[11]

　　鄭觀應為廣東香山人，與孫中山為同鄉。在孫中山就學香港時，鄭在上海充任電報局總辦。孫中山曾去函上海與他「研討改革時政意見」。兩人的認識，可能在一八九〇年因陸皓東之介紹而在家鄉會晤的。[12] 鄭氏在一八九二編撰定稿的《盛世危言》，是中國近代倡導革新變法的一部早期著作，對於後來的救國運動具有很大的影響。該書中的〈農工篇〉，已被若干學者認定出自孫中山的手筆；或至少係採納孫中山的思想與觀點。從這一篇文字中，很可以看出孫中山當時對清廷的不滿，很有反抗的意旨，有謂：「蓋天生民，而立之君，朝廷之設官，以為民也。今之悍然民上者，其視民之去來生死，如秦人視越人之肥瘠然。何怪天下流亡滿目，盜賊載途也！」[13]

　　孫中山既懷抱救國大志來到香港求學，以其中外語文的基礎，加以西醫書院科學的訓練和實驗，香港自由的風氣和中西文化交流的便捷，自是博覽群籍，以求救國之道。所以他在一八九六年的《自傳》中說道：「文早歲志窺遠大，性慕新奇，故所學多博雜不純，於中學則好三代、兩漢之文；於西學則雅癖達爾文之道（Darwinism）；而格致、政事，亦常流覽。至於教則崇耶穌，於人則仰中華之湯武暨美國華盛頓焉。」[14] 按「湯武革命順乎天應乎人」，古訓昭然。華盛頓則為美國獨立革命開國之父，亦如孫中山後來之為中華民國之父。

三、革命組織的起點

　　辛亥革命運動最早的革命團體，是一八九四年十一月二十四日孫中山在檀香山所創立的興中會；香港興中會雖遲於檀香山興中會不到三個月，[15] 但香港興中會主要人員的結合和進行鼓吹革命，則較檀香山興中會為早。香港興中會的基礎，實由所謂「四大寇」和香港輔仁文社的成員所構成。

　　馮自由曾謂：「香港乃清末『四大寇』多年放言無忌之政談所，亦為興中會本部之策源地。」[16] 所謂「四大寇」者。革命時代孫中山、尢列、陳少白、楊鶴齡四人之綽號也。四人之相聚，應始於一八九〇年。蓋是年一月，陳少白因孫中山之介紹，始至香港西醫書院註冊入學也。[17] 楊與尢，和孫中山認識較早。楊為廣東香山翠亨村人，生於澳門，家世豪富，性不羈，喜諧謔，與孫中山結識最早。有商店在香港歌賦街曰楊耀記，嘗在店內獨闢一樓為友朋聚集談話之所。孫中山至港恆下榻其間。尢字令季，又號少紈，廣東順德人，少肄業於廣州算學館，歷充廣東輿圖局測繪生，香港華民總登記處書記等職。自幼好與洪門會黨遊，久有興漢逐滿之志。當孫中山一八八六年習醫於廣州博濟醫院時，邂逅相識。陳原名夔石，後改名白，字少白，粵之新會人，廣州格致書院（即後之嶺南大學）開創時第一期學生，因其父子橋之友區鳳墀的介紹，至香港訪晤孫中山，一見如故。因孫中山之介紹，轉入香港西醫書院就學。時尢列亦在港任華民總登記處書記。故孫、陳、尢、楊四人每日在楊耀記高談覆滿，興高采烈，時人咸以「四大寇」稱之。[18]

　　輔仁文社者，香港僑商有志者所組織之小俱樂部也。成立於一八九〇年，其時去中法之役未遠，國人漸知滿清政府之不足恃，及研究新學之必要，港僑中遂有福建海澄人楊飛鴻（字衢雲），廣東開平人謝纘泰（字康如）二人，聯絡有志者劉燕賓、陳芬、黃國瑜、羅文玉、胡幹之、周昭岳、何汝明、溫德、溫宗堯、陸敬科等十六人，發起輔仁文社，以開通民智、討論時事為宗旨。是為港僑設立新學團體之先河。其開會地點，初假劉燕賓所開之炳記船務公司。至一八九二年三月十三日

開始設會所於百子里第一號二樓。此社內容，僅在多購置新學書報，以開通民智，尚未含有政治上之激烈性質。[19]

輔仁文社人員與「四大寇」之接觸，應在一八九二年。據馮自由之《興中會首任會長楊衢雲補述》記云：

> 社員（輔仁文社）中有羅文玉者，與順德尤列善，嘗介紹之於文社，屢至談學，因得與諸人游。是時尤列與其友香山孫君逸仙密謀民族革命，有四大寇之稱。初識公（指楊衢雲，下同），即有相見恨晚之感。……清光緒壬辰（一八九二）秋，羅文玉設婚筵於上環壽而康酒樓，文社同人畢至，尤列繼至，與公倚欄縱談時務。公所論者，政治改革之時，偶叩其家世，則先世讀史棄官出洋，因而本身出生於香港之說。侃侃道之。尤曰：「得之矣！君所發揮者，政治之改革耳。此即令先祖讀史棄官之意，君知之乎？」公曰：「何如？」尤君曰：「不有種族問題在耶？棄官者，不為滿清奴也。」公點首者再。次日即造尤寓。同詣歌賦街楊耀記楊鶴齡寓訪孫君逸仙暢談救國大計。一見如故，由是朝夕常至，至則抵掌而談，達旦不倦。[20]

根據前文的記述：楊與孫中山的晤談，既甚融洽，於是楊主張先在廣州組織團體，以共策進行。孫中山亦甚同意。因先後設立藥局於澳門及廣州，外表則以醫術問世，實際則是日聚同志，相與計畫革命進行之方略。一八九三年冬初，開會議於廣州城南廣雅書局內南園之抗風軒。到會者有孫中山及程耀宸、程奎光、程璧光、陸皓東、魏友琴、鄭士良、尤列諸人。孫先生提議宜先成立團體，以驅除韃虜、恢復華夏為宗旨、眾贊成之。而不及制定會名，時楊衢雲在港，未克與會。會後尤列赴港，為楊道之。楊大稱善。[21]另據其他資料記載，參加抗風軒會議者，亦有輔仁文社的社員周昭岳。[22]故知輔仁文社與「四大寇」之間雖無形式上的組織，但雙方自一八九二年以後已有精神上的結合了。因此，輔仁文社的主要社員後來之加入興中會，乃是水到渠成的事。

孫中山於一八九四年十一月在檀香山成立興中會後，鑒於國內發難

時機成熟，乃於次年一月自檀香山回到香港，即召集舊友陸皓東、鄭士良、陳少白、楊鶴齡、尤列、區鳳墀等商討籌設興中會總部，以擴大興中會之基礎。因與輔仁文社負責人楊衢雲接洽，勸將該社併入興中會，楊欣然應諾。陸續締盟者更有謝纘泰、黃詠商、周昭岳、余育之、徐善亭、朱貴全。丘四等數十人。籌備既竣，租定香港中環士丹頓街十三號為總會所，託名為「乾亨行」。於一八九五年二月二十一日開成立會，會名仍稱興中會。凡入會者一律宣誓。根據檀香山興中會所訂之章程加以修訂，規定總會與支會之權限。[23]

值得注意的，這次香港興中會總會的成立，其基本成員，所謂「四大寇」固已全部加入，而孫中山過去的好友如鄭士良、陸皓東、區鳳墀等也都入會。輔仁文社的社員加入者為楊衢雲、謝纘泰、周昭岳等三人。新的重要會員則有黃詠商、余育之等。黃係粵之香山人，世居澳門。父名勝，任香港議政局議員，與何啟有戚誼。黃之加入興中會，即由何啟介紹。[24]余為港之富商，日昌銀號東主，由楊衢雲介紹入會。這年十月，興中會所進行的廣州起義，黃、余兩人在經費上曾提供巨額的支援。[25]

四、革命宣傳的重鎮

在辛亥革命運動的過程中，革命黨人在香港地區所作之宣傳活動，就時間言，它是革命宣傳活動最早而為時最久的地區；就空間言，它對華南和南洋地區華僑的革命運動，有重大之影響。

據孫中山自述：「予在廣州學醫甫一年，聞香港有英文醫校開設，予以其學課較優，而地較自由，可以鼓吹革命，故投香港學校肄業。」[26]是則孫中山一八八七年一月轉學香港西醫書院的目的，除習醫外，則為宣傳（鼓吹）革命。由於香港比較自由，所以他在香港求學的「數年之間，每於學課餘暇，皆致力於革命之鼓吹，常往來於香港、澳門之間，大放厥辭，無所忌諱。」不過由於當時風氣未開，宣傳的效果似乎不彰，因此：「時聞而附和者，在香港祇陳少白、尤少紈、楊鶴齡三人；而上海歸客，則陸皓東而已。若其他之交游，聞吾言者，不以為大逆不

道而避之，則以為中風病狂相視也。」但孫中山並不氣餒，他仍然和陳、尤、楊「四人相依甚密，非談革命無以為歡，數年如一日。」故港、澳間的戚友交游，皆稱呼他們為「四大寇」[27]也就是四位大革命宣傳家。

至於宣傳的方式，由於當時的條件所限，很顯然的，口頭的宣傳多於文字的宣傳。而口頭的宣傳，不僅可以大放厥辭，無所忌諱，而且可以面對面的討論。至文字的宣傳，則因對象之不同，則不能不有所保留。故口頭的宣傳，可以充分發揮革命、排滿的意思；而文字的宣傳，則常表現改革、維新的面目。前者的例子不勝枚舉；[28]後者可以孫中山早期的幾篇文字為代表，如一八八九年的致鄭藻如書；[29]稍後收入鄭觀應《盛世危言》書中的〈農功篇〉；一八九四年的上李鴻章書，以及一八九五年十月在廣州撰刊的《農學會緣起書》，均充分表現維新的色彩。甚至檀香山和香港興中會的章程（宣言），也沒有激烈的詞句。這些比較溫和的文字，顯在適應當時的社會環境，而不應據以否定其革命思想。但興中會的入會誓詞，因屬祕密性質，就大為不同了，卻明白的標出：「驅除韃虜，恢復中華，創立合眾政府。」

香港興中會初期，並無固定的宣傳機構，多是利用當地同情於革命的報紙或有名望的人士為之宣傳，尤以香港議政局議員何啟、香港《德臣西報》（*China Mail*）主筆黎德（Thomas H. Reid）、《士蔑西報》（*Hong Kong Telegraph*）主筆鄧肯（Chesney Duncan）諸人的支持為重要。當時的宣傳活動，謝纘泰在其《中國革命祕史》中有幾項記載如下：[30]

三月十二日（一八九五年），何啟的《改革論》發表於《德臣西報》。

三月十八日，《德臣西報》著文支持革命。

三月二十一日，孫逸仙、楊衢雲、黃詠商、謝纘泰與鄧肯會於「乾亨行」，鄧肯答應支持革命。《士蔑西報》表示支持革命運動。

　　五月三十日，謝纘泰於《德臣西報》、《士蔑西報》等發表致
光緒皇帝公開信。

　　十月九日，對外宣言由黎德、高恩（T. Cowen）起草，由何
啟、謝纘泰修正。

　　一八九五年十月孫中山在廣州起義失敗後，革命黨人紛紛離開香
港。革命黨在香港的宣傳活動也就一度消沉。一直到一八九九年秋間孫
中山始派陳少白到香港籌辦黨報，兼為黨務、軍務之進行機關。少白蒞
港後，先向老友何啟、區鳳墀查探當地官吏對革命黨的態度，得知少白
可以留港不受拘束。於是租定中環士丹利街二十四號為報館發行所，取
「中國者中國人之中國」之義，定名為《中國日報》。經營數月，至一
九〇〇年一月出版。此為革命言論機關之鼻祖。初出版時，少白任社長
兼總編輯。先後助理筆政者有洪孝衷、陸伯周、楊肖歐、陳春生、黃魯
逸諸人，英文翻譯有郭鴻達、周靈生等。初以不審英人對華態度，未敢
公然大倡革命排滿之說。半年後措詞始漸激烈。此報除日報外，兼出十
日刊一種，定名為《中國旬報》，附以《鼓吹錄》，專以遊戲文章、歌
謠譏刺時政。是為中國報紙設置諧文、歌謠之濫觴。[31]

　　香港《中國日報》不但是革命黨最早的言論機關，而且是在辛亥革
命運動過程中持續最長的一個報刊。它從一九〇〇年一月在香港創刊
後，一直連續到一九一一年十一月廣東光復，始遷往廣州繼續發行。前
後在香港發行的時間達十一年之久。其對革命運動的影響，是非常廣泛
而深遠的。其影響力之所及，可從國內及海外兩方面來看：

　　就對國內方面言，受影響最大者則廣東方面。由於《中國日報》的
成立，不僅使廣州的輿論界為之丕變，即華南地區的革命空氣，亦有風
雨欲來之勢。就輿論方面言，港、粵各報過去受康有為、梁啟超維新派
言論的影響，始稍談新學和時事。但自《中國日報》大事抨擊滿清惡政
以後，粵人多紛紛購讀，尤以政界銷路為多，廣州各報以相形見絀，遂
亦漸以提倡新學為言。[32] 就革命形勢言，《中國日報》不僅為革命的言
論機關，亦為革命黨人聯絡聚會之所。一九〇〇年，孫中山派陳少白及

楊衢雲、鄭士良、史堅如等經營廣州、惠州軍事，報館來客頓形熱鬧，在報館下榻者有史古愚、史堅如、蘇卓南、張碩臣等；時到報館聚談者有楊衢雲、鄭士良、宋少東、鄧蔭南、李紀堂、畢永年、區鳳墀，以及日本志士原口聞一、宮崎寅藏、平山周、山田良政，英人摩根（Rowland J. Mulkern）等，實不下百數十人之多。及是年惠州、廣州兩地起事失敗，義師將士群至機關部求助，報館經濟能力大受影響。幸有香港富商李紀堂的支助，得使此報維持不墜。[33]並銷行於廣東各縣及海外各埠，異常發達，對革命思想之傳布，有一日千里之勢。[34]

就對海外方面的影響言，《中國日報》銷往海外各地的華僑界，亦使華僑界的思想為之變化，例如菲律賓首府馬尼拉（剌）華僑之傾向革命，約在一九〇四及一九〇五年間，時有香港《中國日報》及《世界公益報》在各該地各銷售數十分，復有閩籍西醫鄭漢淇、青年楊豪侶向僑眾抨擊清政，閩粵僑胞多為感化。一九〇六年保皇黨徐勤在菲宣傳立憲並欲設立帝國憲政會，徐幾被僑眾毆傷，致卒無所成。[35]其他各地僑界，因受革命思想之影響，有革命報紙的舉辦，有向《中國日報》要求推薦主筆或記者的，亦有與《中國日報》在言論上互通聲氣者。前者如一九〇四年新加坡出版之《圖南日報》、一九〇七年檀香山出刊之《自由新報》、一九一〇年加拿大溫高華發行之《大漢日報》，均由香港《中國日報》派人前往負責編輯。[36]後者如臺灣之《臺南日報》、曼谷之《華暹新報》、舊金山之《大同日報》、澳洲之《警東新報》等，均與《中國日報》互通聲氣者。[37]

五、革命起義的基地

自孫中山一八九五年成立香港興中會以後，到一九一一年辛亥大革命以前的十七年間，香港始終成為革命黨對國內活動之策源地，更是對華南策動軍事起義的基地。單就革命運動中的起義一項活動來看，從一八九五年到一九一一年十月武昌起義以前，國內各地發生反清武裝起義的事件，計為三十二次，其中發生在華南者有十九次，華中者十二次，華北者一次。[38]另刺殺清大吏事件十一次。其中發生在華南者四次，華

中者二次，華北者三次，東北及國外者各一次。[39]在上項華南的十九次
起義事件中，以香港為策畫基地者有八次之多；而華南之十九次起義
中，有十次為孫中山所指揮發動者，其中則有六次以香港為基地。華南
之刺清吏的四次事件，以香港為策畫基地者則有三次。兩計四十三次事
件中，以香港為基地者則占十一次，占全部的四分之一強。可見香港在
辛亥革命起義活動中，居於非常重要的地位。以下按時間的先後次序，
簡介以香港為基地的八次起義和三次刺清大吏事件：

（一）乙未廣州之役

此役發生於一八九五年十月二十九日，為孫中山實行革命之第一次
起義。是年二月，香港興中會成立後，即籌備起義工作。三月十六日，
孫先生與陸皓東、陳少白、楊衢雲、謝纘泰等於香港中環士丹頓街十三
號「乾亨行」舉行興中會幹部會議，決定襲取廣州為革命根據地。議定
挑選健兒三千人，由香港乘船至廣州起事。八月二十七日，「乾亨行」
被港政府下令封閉。孫中山與陳少白、黃詠商、楊衢雲、謝纘泰等於二
十九日改假西營盤杏花樓酒家開會，何啟及黎德亦在座、會中釐定臨時
政府政策及攻取方略。並由各人認定任務，分途進行。分任務為二大部
分：一、香港後防由楊衢雲、陳少白、黃詠商、鄧蔭南擔任；一廣州發
難由孫先生率鄭士良、陸皓東任之。定於十月二十六日發難。唯以風聲
洩露，且以香港之人員及軍械延後兩日到達，以致失敗。陸皓東等四十
餘人被捕。孫先生及鄭士良、陳少白脫險渡港轉往日本。楊衢雲亦去南
非。[40]

（二）庚子惠州之役

此役發生於一九○○年十月八日至二十二日，為孫中山之第二次革
命起義。興中會在惠州起事之計畫，在一八九九年至一九○○年間已漸
告成熟。楊衢雲、鄭士良等在香港布置既竣，而駐惠州一帶之健兒，急
欲發動。適中國北方拳亂；全國震動，孫中山認為時機可乘，遂於六月
十七日乘法輪煙打士號（S. S. Indus）抵達香港，未獲登岸，乃在船旁

小艇中召開軍事會議，參加者有楊衢雲、陳少白、謝續泰、鄭士良、史堅如、鄧蔭南，以及日本志士宮崎寅藏、平山周等多人。議定由鄭士良赴惠州準備發動；史堅如、鄧蔭南赴廣州策應；楊衢雲、陳少白、李紀堂在港擔任接濟。日本諸志士留港協助。會後，孫中山轉往西貢、新加坡。七月十七日，再經香港，被港警監視，不得登岸，即於舟中舉行會議，分配各人任務後，即回日本。九月底轉往臺北。鄭即於十月間發動惠州之役，屢敗清軍，聲勢浩大，原擬直趨廈門，突以情況改變，鄭遂奉命結束軍事，轉赴香港。[41]

（三）史堅如炸德壽

發生於一九〇〇年十月二十八日。為策應惠州之役，堅如自港奉命回粵聯絡響應，未能得手，乃急謀刺殺清廣東巡撫署兩廣總督德壽以應之。遂由鄧蔭南、黎禮自港運入炸藥二百磅，自督署後掘隧道埋置之。因未能全部爆炸，德壽無恙。堅如則被捕遇害。[42]

（四）洪全福廣州之役

洪原為太平軍將領，隱居香港多年，在洪門會黨中有潛勢力，識謝續泰父子，有志攻取廣州，作為反清根據地。香港富商李紀堂獨力負擔經費。遂設總機關於香港上環德忌笠街二十號，名曰和記棧，由紀堂策畫全局，續泰聯絡外人，以爭取國際同情。全福、紀堂遣派同志在廣州分設機關，聯絡會黨，定壬寅（一九〇二）舊歲除夕發難。然以消息洩露，和記棧被港警搜查，同志多人在粵被捕遇害。[43]

（五）潮州黃岡之役及惠州七女湖之役

分別發生於一九〇七年五月二十二日及六月二日，為孫中山之第三、第四次的革命起義。時孫中山在河內經營西南軍事，使欽、廉、潮、惠各州並舉，派胡漢民至香港，協助香港同盟分會指導潮、惠起義事。前者由余既成、陳湧波等進行；後者由鄧子瑜執行。惟以前者被迫先發，未能配合一致，前者失敗，後者自動解散。[44]事後，余既成與各

將領逃至香港，余被港方拘留。粵督周馥向港方請求引渡，香港同盟分
會馮自由延律師為之抗辯，耗訟費九千五百元，卒以國事犯獲釋。[45]但
另一同志孫穩則被港府引渡粵吏加害。[46]

（六）劉思復炸李準

發生於一九○七年六月十一日。李為清廣東水師提督，以捕革命黨
人為能事。黨人欲誅之。事前，劉思復等至港，與駐港同志胡漢民、馮
自由、李紀堂、劉樾杭等商量進行之方法。所用炸藥及鐵彈，均在香港
製成，運入廣州裝配。這天，因裝配自爆，劉受傷被捕。被禁兩年獲救
出獄。[47]

（七）汕尾運械

事在一九○七年十月十二日。為進行西南軍事，孫中山在日訂購大
批軍械，由日輪幸運丸運至海豐汕尾起卸。胡漢民奉派至港策畫，派許
雪秋在汕尾海岸接運。這天，幸運丸至汕尾附近海面，許未能適時接
運，幸運丸乃駛香港。胡急於堅尼道機關部約集同志開會，決定在港召
募會黨五百人，將原船駛平海，與岸上黨人聯絡大舉。惟幸運丸運械
事，為日本駐港領事館所知，乃飭該船回日。事遂無成。[48]

（八）廣州新軍之役

發生於一九一○年二月十二日，此為孫中山之第九次革命起義。自
香港同盟分會於一九○五年十月成立以後，即成為西南各省軍事運動之
大本營。[49]自一九○八年五月河口之役（第八次革命起義）失敗後，軍
事停頓將及一年，乃注重黨務之擴充。設新會所於上環德輔道先施公司
對面，榜其名曰民生書報社，廣收黨員。並在粵設分機關。一九○九年
間，在港、粵兩地加盟者達二千餘人，其中以倪映典所招新軍士兵占大
多數。這年十一月，以書報社地址狹隘，乃遷中環德輔道捷發四樓。另
於黃泥涌道設同盟會南方支部，胡漢民為支部長，汪精衛為書記，林直
勉為會計，以經營廣東軍事。次年一月，廣東新軍運動成熟，倪映典、

黃興、趙聲、譚人鳳均集香港，決定在粵大舉。分遣同志至各處聯絡。然廣州新軍突以細故，與警察發生衝突，制止不及，乃提前在二月十二日發難，卒致失敗，倪殉難。事後，新軍逃匿香港者數百人，多由《中國日報》及《時事畫報》臨時供應。50

（九）廣州「三二九」之役

發生於一九一一年四月二十七日（辛亥舊曆三月二十九日），為孫中山之第十次革命起義。一月底，黃興、趙聲、胡漢民設統籌部於香港跑馬地三十五號，以籌畫廣州軍事。分派同志入粵及長江流域分頭進行，規模至為龐大。四月八日，開發難會議於統籌部，決定攻廣州的軍事計畫。黃興於發難前三日進入廣州，起事之日，趙聲、胡漢民等亦自港入粵。事敗均回港，此役死難同志八十六人，其中七十二人葬於黃花岡，故又稱廣州黃花岡之役。為孫中山革命起義以來最壯烈的一次戰役。51

（十）林冠慈、陳敬岳刺李準

廣州「三二九」之役失敗，黃興憤甚，欲殺滿清重臣一二以報死友，孫中山及各同志均勸阻，因另派人組織暗殺團。時劉思復等設支那暗殺團於香港，同志林冠慈、陳敬岳久蓄志行刺清吏，乃由暗殺團助其入粵行刺。這天，林擲彈轟李準於廣州，李傷腰，林、陳均殉難。52

與革命起義具有密切關聯者，則為經費的支援。香港不僅為革命經費的轉匯地，且有多次的起義經費，得自香港本地同志的捐助。例如一八九五年的第一次起義經費合約港幣三萬餘元，得自檀香山華僑捐助的為一萬三千元，其他二萬餘元，則由香港同志黃詠商和余育之捐出。一九〇〇年的第二次起義約用去港幣十餘萬元，其中二萬餘元由香港李紀堂捐助。53一九〇三年洪全福廣州之役，所有經費，由李紀堂獨力肩負。紀堂家業因此中落。54一九一〇年第九次起義經費約為二萬九千元，其中有九千元來自美國華僑，二萬元為香港同志李海雲由其經管之文咸街遠同源匯兌業商店之股東存款提用。至一九〇二年第三、第四次

起義經費及汕尾運械經費共約四萬九千餘元，以及一九一一年第十次起義經費約二十一萬元，雖非出自香港，但多以香港《中國日報》或金利源商店為匯收之所。[55]

以上八次起義和三次刺清吏事件，均係直接以香港為策畫基地者。至華南其他各次起義，雖非以香港為策畫地，亦多有賴香港為其聯絡交通者。

六、結論

思想為革命運動的動因：組織、宣傳、起義為革命運動的內容。四者為形成革命運動不可忽缺的條件。就辛亥革命運動所有的四項條件來看，無論是革命思想的發生，革命組織的建立，革命宣傳的活動，以及革命起義的策動，都與香港具有密切之關係。就革命思想之發生言，辛亥革命運動之創導者孫中山的革命思想，固得自香港，即早期參與革命運動的知識分子如楊衢雲、謝纘泰、黃詠商等，亦多出生於香港或澳門。就革命組織的建立言，香港興中會的成員，實以「四大寇」和輔仁文社為基礎，兩者的結合，均始於一八九○年在香港，可謂革命組織的起點。就革命宣傳的活動言，由於香港地較自由，成為「四大寇」早期鼓吹革命理想之地，故能大放厥辭，無所忌諱。其後之香港《中國日報》，不僅為辛亥革命運動中持續最久的一個革命報刊，也是聯繫海內外革命最主要的傳播媒介。就革命起義的策動言，在辛亥革命運動過程中所發生的四十三次事件中，以香港為策動基地的卻有十一次之多。其最初的一次和最後的一次，都以香港為策動地，可謂有始有終。至革命經費的支援和轉匯，香港尤居於重要地位。

香港對於辛亥革命運動所能夠形成較大的便利條件，實與其地理環境和政治情況有關。因香港對中國大陸本土而言，實一「政治孤島」，較之內地的外國租界，更便利於革命黨的活動。因租界內有較多的言論自由，革命黨人可以在租界內發行報刊，從事革命宣傳；在租界內從事革命活動，如涉及妨礙治安，通常只受到取締或懲處，不至直接受到滿清政府的迫害；租界內有集會結社之自由，革命志士集結較為便利。[56]

而香港地位如同租界，且有以下的條件：(1)它距廣州很近，對於以廣州為中心的革命運動，有指使之便；(2)香港以中國居民占多數，便於革命勢力的擴展；(3)香港對外交通便利，更適合作為革命運動的聯絡站。[57] 故在一部革命史上，香港地位之重要，實占全部之第一頁。[58]

原載《珠海學報》第十三期——「孫逸仙博士與香港」國際學術會議論文集，一九八二年十一月出版

---

1 辛亥武昌起義在一九一一年十月十日，清帝宣布退位在一九一二年二月十二日，其間相距四個月另二天。

2 《中國革命史》，一九二三年一月發表，見《國父全集》（臺北：國民黨中央黨史會，民國六十二年），第二冊，一八四頁。

3 《革命思想之產生》，一九二三年二月二十日在香港大學演講，見《國父全集》，第二冊，五一五～五一六頁。

4 孫中山在香港求學的經過，參閱羅家倫主編《國父年譜》（臺北：國民黨中央黨史會，民國五十八年，增訂本），一八八三年至一八九二年之記述。

5 《孫文學說》第八章，有志竟成，《國父全集》，第一冊，四九一頁。

6 林百克著、徐植仁譯《孫逸仙傳記》（上海：三民公司，民國十七年）。英文原著為：Paul M. W. Linearger, *Sun Yat-sen and the Chinese Repulic*, New York, 1925。本文引據吳相湘《孫逸仙先生》（臺北：文星書店，民國五十四年），第一冊，五一～五二頁。

7 吳相湘《孫逸仙先生》，第一冊，九八頁。

8 馮自由《革命逸史》（臺北：臺灣商務印書館，民國五十八年，臺一版），第三集，四～五頁。

9 吳相湘《孫逸仙先生》，第一冊，七〇頁。

10 同9。

11 《國父全集》，第一冊，七五六頁。

12 黃彥《介紹孫中山「致鄭藻如書」》，《歷史研究》，一九八〇年第六期。

13 吳相湘前書，七七頁。

14 《自傳》，一八九六年十月於倫敦，見《國父全集》，第二冊，二頁。

15 香港興中會成立於一八九五年二月二十一日，距檀香山興中會的成立時間為三個月少三天。

16 馮自由《革命逸史》，第三集，二五頁。

17 羅香林《國父之大學時代》第五章，據西醫書院學員註冊簿。

18 馮自由《革命逸史》，第一集，一三～一五、四〇頁。

19 馮自由《華僑革命開國史》，二～三頁。參閱張玉法：《清季革命團體》（臺北：中央研究院近代史研究所，民國六十四年），一六四～一六五頁。

20 馮自由《革命逸史》，第五集，八～九頁。按馮自由此文實據一九二七年香港《大光報》連載的《楊衢雲略史》。

21 同 20。

22 《國父年譜》，上冊，五五頁。

23 《國父年譜》，上冊，六四頁；馮自由《革命逸史》，第五集，一〇頁。

24 馮自由《革命逸史》，第一集，九頁。

25 同 24，一〇、六八頁。

26 《孫文學說》第八章《有志竟成》，《國父全集》，第一冊，四九一頁。

27 同 26。

28 例如胡漢民一九〇三年執教廣西梧州中學時，有時在課間談論時政，語涉激烈，則再三告誡諸生曰：「吾等議論時事，祇能宣之於口，萬不可形諸於筆墨，致授人柄。」見馮自由《革命逸史》，第一集，二七一頁。

29 孫中山一八八九年致鄭藻如書曾刊載在中山縣《濠頭月刊》，第十四、十五期合刊（一九四七年出版），近年由黃彥自該刊尋出重刊，發表於《歷史研究》（一九八〇年第六期），題為《介紹孫中山「致鄭藻如書」》。

30 張玉法《清季的革命團體》，二一五～二一六頁。原據謝纘泰：《中國革命史》（Tse Tsan Tai, *The Chinese Repulic: Secret History of the Revolution*）。

31 馮自由《革命逸史》，第一集，九八～九九頁。

32 同 31，一六七頁。

33 同 31，九九～一〇〇頁。

34 同 31，第三集，二二七頁。

35 同 31 書，第四集，一八〇～一八一頁。

36 新加坡《圖南日報》由華僑陳楚楠、張永福二人合資創辦，由《中國日報》推薦記者陳詩仲為編輯。檀香山《自由新報》由《民生日報》改組而來，以盧信為編輯。盧原為《中國日報》記者。溫哥華《大漢日報》係由《中國日報》社

長馮自由前往主持。

37 《臺南日報》為連橫（雅堂）主持。《華暹新報》為陳景華、蕭佛成主持。《大同日報》時由劉成禺編輯，曾轉載《中國日報》（民生主義與中國政治改革之前途）長文。《警東新報》為當地一些革命青年自動組織之日報。

38 從一八九五年到一九一一年十月之間國內反清起義事件可分兩個階段：一八九五年至一九〇五年七月以前為興中會時期，計有八次起義事件，即(1)乙未廣州之役，(2)庚子漢口自立軍之役，(3)庚子惠州之役，(4)洪全福廣州之役，(5)周雲祥雲南臨安之役，(6)黃興長沙之役，(7)陸亞發廣西柳州之役，(8)許雪秋潮州之役。一九〇五年八月以後為同盟會時期，至武昌起義前計有二十四次起義。次數計算見張玉法：《清季革命團體》，四二七～四二九頁。

39 刺清大吏事件，在興中會時期有三次，即史堅如在廣州炸德壽、萬福華在上海刺王之春、王漢在彰德刺鐵良。同盟會時期八次見張玉法：前書，四二七～四二九頁。

40 參閱《國父年譜》，上冊，六六～七三頁。

41 馮自由《中華民國開國前革命史》，第一冊——庚子惠州之役；《國父年譜》，一一九、一二一、一三一頁。

42 參閱《國父年譜》，上冊，一三三～一三四頁。

43 同 42 書，一五一～一五三頁。

44 蔣永敬《民國胡展堂先生漢民年譜》（臺北：臺灣商務印書館，民國七十年），七二～七二頁。

45 馮自由《革命逸史》，第二集，二六七～二六八頁。

46 同 45，第五集，一一三頁。

47 蔣永敬前書，七三～七四頁；馮自由《革命逸史》，第二集，二〇三～二〇七頁。

48 蔣永敬前書，七七頁。

49 馮自由《革命逸史》，第三集，二五七頁。

50 蔣永敬前書，一〇一頁；馮自由前書，二四四～二四五頁。

51 參閱《國父年譜》，上冊，三二五～三二六、三三〇～三三二、三三四～三三九頁。

52 馮自由前書，第四集，二一三～二一六頁。

53 蔣永敬《辛亥革命前十次起義經費之研究》，《中國現代史論集》（臺北：聯經出版公司，民國六十九年），第三輯，二五九頁。惟據李紀堂自述：第二次

　　起義前孫先生交其二萬元，不足，由其墊去十八、十九萬元，辦理善後。

54 馮自由前書，第一集，一三九頁。

55 蔣永敬前文；及馮自由前書，第一集，三〇八頁；第三集，二四一頁。

56 張玉法《清季的革命團體》，一三四頁。

57 同 56，一三六頁。

58 馮自由前書，第三集，二二七頁。

第五章

南洋華僑對辛亥革命運動的支援

一、前言

在一九〇〇年代的初期,南洋各地華僑的數量,遠較其他海外地區為多,極易成為革命黨人尋求支援的目標;且以接近中國本土,革命黨人容易前往聯絡。其時南洋各地華僑約有四百八十萬人,其中新加坡約十六萬,馬來亞約一百萬,印尼約五十六萬,緬甸約十三萬,暹羅約二百七十萬,越南約十九萬,菲律賓約八萬。[1]

早期的南洋華僑,約有三種來源:其一、在朝代交替的時候,前一代的遺民,不欲事二君,不得已逃往海外,如宋末涯山敗後,張世傑率部走安南,鄭所南走爪哇;清兵攻陷臺灣後,鄭氏部曲走南洋,鄭玖由粵率眾走柬埔寨。其二、國內的綠林會黨,或反抗朝廷的人,在國內不能居留,不得已逃往海外,如明末張璉作亂於閩粵,因官軍圍勦而南走;清初天地會首領林爽文起事於臺灣,失敗後餘黨走南洋;一八五三年三合會在廈門起事,事敗走新加坡;一八七二年雲南回亂平,餘黨走緬甸、安南。其三、在國內生活窮困,不得已而往海外謀生。以上三種人,出國的動機雖然不同,但他們都是不滿現實的,冒險的。此種性格,乃為革命所必需。此外,華僑社會的會黨組織,對革命的聯絡和運動,亦有很大的幫助。[2]

　　在孫中山推翻滿清創建民國的革命運動中，為了尋求革命的支援，足跡幾遍全球。對其支援最多的，則為南洋的華僑。而中山到達南洋各地的次數亦最多。根據一項考訂，自一九〇〇年至一九一一年的約十二年之間，中山到達南洋的地區，有當時法屬越南的河內、海防、西貢、堤岸、美荻、沙瀝等地；當時英屬馬來半島的星洲（新加坡）、芙蓉、吉隆坡、怡保、太平、檳榔嶼（庇能）等地，以及暹羅（泰國）的曼谷。其中曾二次至河內，四次至海防，十一次至西貢、堤岸，一次至美荻、沙瀝；九次至星洲，二次至芙蓉、吉隆坡，一次至怡保、太平，三次至檳榔嶼；二次至暹羅。[3]至南洋其他各地，如當時的英屬緬甸，荷屬印尼，以及美屬菲律賓等地區，均有革命黨人不斷來往其間。

　　南洋華人對中山革命運動支援的極盛時期，是在同盟會成立以後。中山曾謂：同盟會為中國革命之中樞，分設支部於國外各處，尤以美洲及南洋為盛。[4]革命黨人胡漢民曾謂：「南洋華僑的進步，可以分為三個階段：第一步是以捐官為榮耀，以戴頂子為光寵；第二步以加入保皇黨與康有為輩結識為榮；第三步真正認識革命意義加入本（革命）黨從事革命。」[5]南洋華僑之由保皇傾向革命，一方面是由革命黨人之來南洋的活動，同時也是由於當地覺悟之士的倡導，遂使南洋華僑在辛亥前推翻滿清創建民國的革命運動中，扮演著極為重要的角色。就辛亥革命運動的內容來看，不外立黨（組織）、宣傳、起義三大要項。此三大要領的意義，中山的說明是：「求天下之仁人志士，同趨於一主義之下，以同致力，於是有立黨；求舉國之人民，共喻此主義，以身體而力行之，於是有宣傳；求此主義之實現，必先破壞而後有建設，於是有起義。」[6]而南洋地區華僑對中山辛亥革命運動支援所表現的成就，也就是在立憲、宣傳和起義這三方面。然以南洋地區至廣，各地政治情況亦有不同，除介於英、法勢力之間中立的暹羅外，其他地區均為西方列強的殖民地。新加坡、馬來亞屬於英國的殖民地，當時稱之為英屬南洋；印尼屬於荷蘭，當時稱之為荷屬南洋；越南屬於法國，緬甸屬於英國，菲律賓屬於美國。各地殖民政府對於華僑的限制程度亦有不同，對華僑的革命活動，亦有所影響。

　　茲就南洋各地華僑對辛亥革命之由來與經過，及其所表現的特色，分別述之。

二、新加坡華人開風氣之先

　　南洋各地華僑思想，在甲午（一八九四）中日戰爭以前，尚稱閉塞。其子弟生長本土者，什九不通中國文字，對祖國之事亦少關心。及戊戌（一八九八）變法，維新改革的風潮傳播海外，僑界始漸關心國事。這年四月，新加坡閩籍巨商邱菽園發刊《天南新報》，鼓吹變法，南洋華僑始受維新思想的影響。次年，康有為設保皇會於新加坡，以邱為南洋分會長，南洋各地華僑頗受保皇派的影響。[7] 據一位新加坡華僑陳楚楠的回憶：「後來得和邱菽園先生做朋友，並由他介紹，得閱《清議報》、《新民叢報》、《開智錄》等書報，得了些現代的新智識。」[8]《清議報》、《新民叢報》，為梁啟超自一八九八年戊戌政變後到一九〇二年後在日本橫濱出刊的保皇派言論。《開智錄》言論較傾向自由，亦由《清議報》發行。惟在一九〇〇年之前，南洋尚無革命黨人的足跡。

　　革命黨人最先來到新加坡的是孫中山。他是一九〇〇年七月因營救日本友人宮崎寅藏被康有為所陷而由西貢來到新加坡。宮崎雖獲釋，但孫中山和宮崎均被限令離境，五年內不准來新。當時孫中山原擬在新居留，向華僑宣傳革命；他所交往的新加坡華僑有林文慶、吳傑模、黃康衢等，三人均為醫生，吳、黃亦係孫中山的同學。吳的父親曾參加太平天國革命，為清廷通緝的逃犯，吳與孫中山交好，就是這個淵源。[9] 同年十月，興中會在惠州起義失敗以後，革命黨人黃福、黃耀庭、鄧子瑜等皆逃至南洋。次年，革命黨人尤列亦新加坡。由於保皇派勢力很盛，不敢公然向商界談革命，乃漸向義興會（即三合會）會員及農工界下層社會宣傳排滿，漸有成效，遂集合少數同志組織一小俱樂部，以「中和堂」三字名之，陳列各種革命書報。尤更於中和堂中高懸惠州革命軍所用之青天白日旗，以表示與興中會一脈相傳。海外華人團體用青天白日為國徽者，新加坡中和堂實為之首。[10]

　　新加坡商界最早傾向革命者有陳楚楠和張永福二人。楚楠原籍福建廈門，在新營木材及罐果。永福原籍廣東饒平，在新經營布疋。楚楠以瀏覽新學書報，萌起民族思想，自號「思明州之少年」，與永福志同道合。及結識尢列，探索革命黨之門徑。據楚楠的回憶：「後來讀了上海的《蘇報》和鄒容先烈的《革命軍》，民族的觀念，遂漸深入腦海；革命的思想，亦就由此而生了。」[11]一九〇三年，上海「蘇報案」發生，楚楠、永福及永福的外甥林義順憤清廷的肆虐，特用「小桃源俱樂部」的名義，致電駐上海的英國領事，要求勿引渡「蘇報案」中的章炳麟和鄒容給清廷，以重人權。是為南洋華人支援革命之第一聲。楚楠、永福又出資翻印《革命軍》五千冊，署名《圖存篇》，設法輸入閩之漳、泉，及粵之潮、梅各地，廣事宣傳。兩人更合資創刊《圖南日報》，於一九〇四年春出版，是為南洋群島革命報的鼻祖。尢列作發刊詞，署名「吳興季子」。時中山在美，偶見《圖南日報》，大為興奮，乃致函尢列，得與楚楠、永福取得聯絡。一九〇五年六月十一日，中山由歐洲赴日本，舟過新加坡，尢列即偕楚楠、永福、林義順等登船會晤。此時中山因限令離境五年之期未滿，經楚楠的交涉，始得准許登岸，至「小桃園俱樂部」相聚，告以近年革命風氣大盛，即將成立革命機關，囑彼等在南洋預為布置。此為中山與新加坡同志相會之始。自後南洋同盟會的發展，都以新加坡為中心。[12]

　　一九〇六年四月和七、八月間，中山兩度來新加坡，後者且轉往馬來亞，是為運動各地華僑建立同盟分會。此時南洋保皇勢力，顯然尚盛。奔走多時，只建立了新加坡、吉隆坡、庇能（檳榔嶼）三個同盟分會。新加坡方面由於尢列、陳楚楠、張永福等早期的宣傳和聯絡，所以成立較早，地位也較重要。它是一九〇六年四月六日中山由歐洲經過新加坡時成立的，假晚晴園為會所。根據原始資料，當天入會的有黃耀庭、鄧子瑜、謝己原、尢列、林義順、吳業琛、何心田、張永福、林航葦（以上為廣東籍）。李竹癡、陳楚楠、林鏡秋、許子麟、蕭百川、留鴻石、蔣玉田（以上為福建籍）等十六人。稍後不久加入者尚有鄭聘廷等十六人，而張人傑（靜江）、褚明遺（民誼）也是稍後在新加坡入

會。[13]新加坡同盟分會以陳楚楠為會長，張永福副之，許子麟為會計，林義順為交際，由於新加坡地位的重要，此會遂成為發展南洋各埠黨務的中心。兩年以後，同盟會在南洋發展的分會已有二十餘處，會員達三千餘人，中山特在新加坡設立同盟會南洋支部，也是同盟會第一個支部的出現。[14]

　　新加坡在革命的言論宣傳方面，亦居於重要的地位。保皇派早期在新加坡的《天南新報》，初以歌頌清帝變法為宗旨，後以此報創辦人邱菽園發現康有為的騙局，對保皇派頗有不滿，因亦刊登抨擊保皇的文字。[15]但傾向革命的《圖南日報》以銷路不廣，虧損過多，到了一九○五年便告停刊。陳楚楠、張永福再集資辦《南洋總匯報》，乃以半數股東反對革命言論，楚楠、永福退出該報。《南洋總匯報》在一九○六年春以後更延保皇派的徐勤、區榘甲、伍憲子等擔任筆政。此報成為保皇黨的言論機關了。[16]

　　一九○七年三月，孫中山偕胡漢民自日本赴河內經過新加坡時，約集陳楚楠、張永福等發起《中興日報》，由胡撰發刊詞，籌備數月，八月二十日正式出刊。發刊未久，即與保皇派之《南洋總匯報》大開筆戰。次年二月，中山自河內移居新加坡，東京《民報》諸記者亦群集南洋，人才濟濟，一齊加入戰線。《中興日報》銷路驟增，是為清末南洋黨報全盛時代。保皇派在南洋的聲勢，為之消沉。南洋華人多趨於革命旗幟之下。[17]

三、馬來亞華僑不甘落後

　　馬來亞華僑，當時約有一百萬人以上，分布於吉隆坡、庇能、怡保、芙蓉、霹靂、埧羅等埠。一九○一年革命黨人尤列到新加坡後，繼遊吉隆坡、庇能、霹靂諸埠。並創中和堂於吉隆坡，會所高懸興中會之青天白日旗，隨風招展。青天白日旗，公開懸於海內外公共建築物者，以吉隆坡中和堂為最早。自是馬來亞其他各埠亦陸續有中和堂之設。會員中有黃伯耀、黃世仲、康蔭田三人，皆湛通國學之文士，輒投稿於新加坡之《天南日報》，暢論時事。及與尤列結識，尤乃先後推薦三人任

香港《中國日報》及新加坡《圖南日報》記者。世仲後成為香港各報之名記者，嘗以撰《洪秀全演義》及《二十載繁華夢》二說部見稱於時。[18]

由於尤列早期的活動，吉隆坡顯然成為革命黨在馬來亞群島的另一重要據點。當中山於一九〇六年八月偕同陳楚楠、李竹癡、林義順三人來到吉隆坡組織同盟會分會時，便受到當地華僑的熱烈歡迎，紛紛要求入會。根據原始資料的紀錄，從八月七日到十日的四日之間，入會的會員有三十一人之多。[19]其中最感人者，有同志阮英舫，已七十多歲，聽了中山的演說後，欣然率其二子卿雲、德三加盟。父子同盟，成為革命史之佳話。[20]

庇能同盟分會是一九〇六年九月中山離開吉隆坡以後來此建立的。入會的重要同志有吳世榮、黃金慶、陳新政、徐洋溢等。吳是庇能的股實商家，後來因為革命，幾乎把家產都賠光了。[21]庇能在同盟會後期，成為革命黨在南洋活動的中心。蓋自一九一〇年南洋黨務衰落以後，該埠同志以南洋各地黨報相繼停刊，乃集資舉辦《第三光華報》，革命黨人雷鐵崖、方次石、周杜鵑、戴天仇（季陶）等擔任筆政，獨在星馬地區大聲疾呼，光芒四射。中山亦在這年七月由新加坡移居此地。辛亥黃花岡之役前的軍務會議，就是這年十一月十三日在庇能召開的。[22]

怡保原是保皇派在馬來亞的大本營。一九〇七年至一九〇八年之間，汪精衛由新加坡來到怡保，以其演說的天才，說服了怡保的華僑，成立了怡保同盟分會，加盟的有區慎剛、李源水、李孝章、湯伯令、鄭螺生等。[23]其中李源水、鄭螺生等原屬保皇派，脫離保皇後，對革命的立場非常堅定；其對革命的籌款，更是熱心。[24]新馬地區華僑對革命運動最直接的貢獻，則為革命經費的支援。在同盟會自一九〇七年到一九一一年的八次起義經費的來源，大多由南洋地區華人的捐助。而馬來亞則是重要捐款地區之一。例如革命黨人黃興為籌黃花岡之役的經費，於一九一一年初至怡保，該埠同志鄭螺生、李源水、李貴子、黃怡益各認捐一千元，黃妻柯氏亦捐五百元。這在當時已是可觀的數字。螺生、源水並允變賣鐵路股票助餉，此役英屬南洋籌款以五萬元（港幣）為額，結果計得四萬七千六百六十三元，其中新加坡華人捐出者有三千五百三

十元，以沈聯芳捐助為多。此時陳楚楠和張永福的經濟情況已經不佳。馬來亞華僑為黃花岡之役捐款較多的地方，一為芙蓉，一為庇能。前者一萬八千六百元；後者一萬一千五百元。芙蓉捐款之多，鄧澤如之功不可沒。鄧原籍廣東新會，少遊南洋，居埌羅，初未識中山。一九〇七年冬，鎮南關之役，汪精衛持中山函覓鄧不遇；鄧歸見函，走數百里追之。既見，立出資數千元，以濟前敵軍餉。為籌黃花岡之役經費，鄧偕黃興、胡漢民、趙聲等遍遊馬來亞各埠，席不暇暖，舌敝唇焦，有時雖不免失望，但以鄧在華僑社會中素有信用，故能頗有所獲。[25]

四、越南美僑贊助革命最勇

越南與中國西南粵、桂、滇三省接壤，是有利的革命軍事基地。為海外華僑社會中，唯一未受保皇黨影響的地區。也是中山來到南洋和南洋華人參加革命組織最早的地區。

從一九〇〇年到一九〇八年之間，中山曾經來往越南六次。第一次是在一九〇〇年六月由香港到西貢，住有八天之久，轉往新加坡。第二次是在一九〇二年十二月，到河內參觀博覽會。在河內及西貢等地停留有七個月之久。其間曾往暹羅。在河內，結識華人黃隆生、甄吉亭、甄璧、楊壽彭、曾克齊、張奐池等多人。黃在河內開設隆生洋服店多年，平時喜讀革命的報紙香港《中國日報》，逢人必罵滿清政府。一日，中山入其店購物，攀談之下，知為革命黨首領孫中山，則大為傾倒，堅持加盟，且次第介紹楊壽彭等入黨。於是有河內興中會之成立。此為南洋華人中最早的革命組織。對於後來一九〇七到一九〇八年間粵、桂、滇三省邊境的起義，盡力特多、中山在西貢，結識的華僑有李卓峰、曾錫周、馬培生等，後均慨捐鉅款，資助革命。[26]

孫中山最後一次來到越南是在一九〇七年三月間，設機關部於河內甘必達街（Gambetta Street）六十一號。一直停留到一九〇八年一月二十五日，始被法越當局限令出境。中山離越後，黃興、胡漢民仍留下繼續工作。這次中山以河內為基地，先後發動了以下四次的革命起義：(1)一九〇七年九月一日至十七日欽廉防城之役；(2)一九〇七年十二月一日

至八日鎮南關之役；(3)一九〇八年三月二十七日至五月三日欽廉上思之役；(4)一九〇八年四月二十九日至二十六日河口之役。以上四次起義，越南華僑支援最大，有的直接參加戰役，有的助餉。例如欽廉上思之役，黃興（克強）率越南華僑青年二百餘人轉戰四十多天，所向無敵。中山回憶有云：「克強乃以二百餘人出安南，橫行於欽廉上思一帶，轉戰數月，所向無敵，敵人聞而生畏。克強之威名，因以大著。」[27]這也是越南華僑青年的英勇表現。此外，在為革命而殉義的南洋烈士的三十二名中，來自越南華僑者，即有十八名之多；而有十五名死於黃花岡之役。[28]

　　越南華僑對革命軍的助餉，也是最踴躍的。中山的回憶說：「其出資勇而摯者，安南堤岸之黃景南也，傾其一生之積蓄數千元，盡獻之軍用，誠難能可貴也。其他則有安南西貢之巨賈李卓峰、曾錫周、馬培生三人，曾各出資數萬，亦當時之未易多見也。」[29]又如一九〇七年十月十五日中山自河內致函新加坡張永福、陳楚楠等告以越南華僑捐款及從軍的踴躍情形有云：

> 海防一埠華僑工商不過三千人，一晚捐資得萬餘元；河內一埠華僑不滿千人，所捐亦八千餘元。此二埠之富，萬不及星洲；且弟到此以來皆隱居，並未與各人一交接，彼等一聞義師之起，則爭先恐後，從軍者有人，出錢者有人。若南洋各埠有如此踴躍，則革命之進步不知若何矣！[30]

五、暹、緬華僑各有表現

　　在捐助革命經費方面，暹羅華僑的捐款，一向與越南華僑併計。有數可據者，在同盟會時期，暹越地區對辛亥起義經費的捐助合約九萬餘元（港幣），居於各地華僑捐款額的首位。[31]暹羅同盟分會是中山一九〇八年十一月間到曼谷時所成立的，蕭佛成為會長，陳景華任書記。陳於一九〇五年在廣西貴縣知縣任內，因案得罪清粵督岑春煊，亡命暹羅，宣傳排滿，此為革命思想輸入暹羅華人社會之始。陳旋與蕭佛成創

辦《華暹日報》，陳任主筆，與香港的《中國日報》互通聲氣。此時僑商中同情革命者有王杏洲、陳美堂、何少禧、陳載之、朱廣利、馬興順、梁挺英諸人。[32]一九〇八年十一月，中山和胡漢民、胡毅生、盧伯琅等一行來到曼谷，受到當地華僑數百人的歡迎。因暹政府的干涉，限期中山離境。留胡毅生、盧伯琅在暹協助《華暹日報》。[33]辛亥黃花岡之役，暹羅華僑除捐款助餉外，並有同志周華回國參加戰役，為殉難烈士之一。武昌起義後，由暹回國參加革命軍的華人達三百餘人，其中有八十餘人組成華僑炸彈敢死隊，隨粵省姚雨平的北伐軍參加徐州戰役，有優良而勇敢的表現。[34]

緬甸華僑以仰光一埠為多，閩籍漳、泉人居首，廣東次之，早期亦受保皇黨的影響。康有為曾由印度至緬，設保皇會於仰光五十尺路，華僑加入者多，莊銀安素孚眾望，康延之為會長。一九〇五年春，秦力山至仰光，以閩人李竹癡的介紹，識陳甘泉，陳為之引見莊銀安，秦歷述康有為矇騙華僑及其本人與唐才常漢口自立軍之失敗，受康之愚弄經過，莊如大夢初醒，遂宣布與保皇會脫離關係。[35]時仰光傾向革新的華僑除陳甘泉、莊銀安外，尚有徐贊周、杜誠浩、林國重、陳金等，在仰光辦有中華義學及《仰光新報》，以啟迪民智為務。彼等乃請力山修訂中華義學章程為民族主義教育，力山復撰序文三千餘言，闡揚民族主義，極為透闢，旅緬華僑多人常能朗誦不忘。此為革命思想輸入緬甸華人社會之始。力山又著《說革命》二十四章，凡六萬言，刊登《仰光新報》，轟動一時。刊至十六章時，受到該報守舊派股東的強力反對，餘稿八章，竟遭毀棄，讀者無不引為憾事。然對緬甸華僑革命思想影響至深。一九〇六年，力山入滇邊，運動干厓土司革命，不幸病卒，年僅二十九歲。[36]

一九〇八年三月，同盟會會員王群由東京來緬成立同盟分會，徐贊周、陳仲赫、陳鍾靈三人率先加盟。陳守禮（陳甘泉之子）等十餘人繼之。惟阻力尚大，進行三月，僅得會員三十七人。贊周復與同志籌辦《光緒日報》，聘革命黨人楊秋帆、居正為主筆。楊、居係由中山自新加坡推薦而來。是報在這年八月二十七日（舊曆八月朔日）出版。月餘

以後，黨勢大振。十一月，中山派汪精衛、吳應培來仰光宣傳，演說四十多次，大收效果，加盟者五百餘人。十二月十三日，緬甸同盟分會正式成立，以莊銀安為會長，盧喜福副之。屆至一九一一年止，實發會員底號共三千三百四十三人，所載姓名、年齡、籍貫皆備。為同盟會中保存會員名冊最完備的地區。[37]

《光華日報》出版後，大唱革命排滿，抨擊保皇尤力。保皇派之《商務報》記者張石朋與《光華日報》筆戰數月，自承理屈，毅然脫離《商務報》，皈依革命。《光華日報》因宣傳革命，曾被兩度停刊，居正等被逐出境，莊銀安亦避地庇能。莊復與庇能同志陳新政等在庇能舉辦《第三光華報》。留在仰光的同志呂志伊、陳鍾靈、徐贊周等復改辦《進化報》，出刊八月，被保皇派勾結地方警吏干涉停刊。徐等又辦《緬甸公報》以繼之。計同盟會員在緬之四次辦報，耗費不下六萬餘元，其革命毅力，可謂堅定不移。[38]

六、荷印各埠書報社即是革命機關

在同盟會各次起義的經費中，荷屬南洋印尼華僑的捐助，較之英屬南洋地區並不遜色。從一九○七年西南各役到一九一一年的廣州黃花岡之役，荷屬南洋華人的捐款有數字可據者，計為六萬四千餘元（港幣）。[39]荷屬南洋華僑最早亦受保皇黨的影響。一九○七年，由於革命思想的輸入，巴達維亞的華僑吳偉康、李篤彬、吳公輔、陳伯鵬、鍾秀刪等組織了一個寄南社，以助革命。一九○八年，汪精衛來到巴城，寄南社的同志加入了同盟會，於是有巴城同盟分會的成立，入會者二十餘人。

巴城同盟分會即以寄南社的名義對外活動，和當地的保皇黨發生了衝突。起因是寄南社為了反對華僑慶祝清廷西太后的生日，曾向僑界散發傳單。保皇黨因此要求當地政府懲辦寄南社的負責人，當地政府不應。從此加入寄南社的華僑，也就一天一天的多起來了。一九○九年，寄南社改名為華僑書報社，並由當地政府准許立案，因此成了合法的團體。[40]這是仿照英屬南洋的成例。從此荷印各埠華僑紛紛設立書報社，

不下五十餘處，遍及荷印各埠，其中以日里最為發達，有名號可查者，
即有十六處之多。[41]而當時亦有甚多革命黨人應聘來荷印華僑學校任
教，有董鴻禕、王文慶、易本羲、王嘉榘、張繼、田桐、李柱中、陳方
度、時功璧、沈鴻業、胡國樑、柳聘儂等，不下百數十人。故帶來各埠
華僑社會的濃厚革命空氣。[42]由於這些革命黨人分布在各埠的僑校任
教，革命學說遂沛然灌輸於學生及其家長，且多在校內附設書報社。而
書報社遂成革命機關之變相。亦皆與當地同盟會員有直接關係。而報館
之設，亦成風氣，如泗水有《泗濱日報》及《民鐸報》，日里、棉蘭有
《蘇門答臘報》。田桐曾任《泗濱日報》主筆，因著《南國篇》涉及荷
印政治，被當地政府勒令出境。張繼曾撰《昔年華僑抵抗荷人之革命
史》，寄載香港《中國日報》。[43]

七、菲律賓同盟會成立較晚

　　菲律賓原由西班牙統治，一八九八年美西戰爭，西敗，菲律賓遂由
美國統治。菲人起而反美，要求獨立，孫中山曾支援菲獨立黨之革命運
動。美對華人入菲限制極嚴，故革命黨人在菲足跡甚少。惟有香港發行
之革命報紙《中國日報》及《世界公益報》在一九〇四、五年間之銷往
菲律賓僑界者，已有數十分。其首府馬尼拉有閩籍西醫鄭漢淇，曾畢業
於香港西醫書院，為中山之同學，素主民族主義，又有華商楊匯溪之子
豪侶，曾留學日本，與鄭漢淇志同道合，時向華僑抨擊清廷，僑界多為
感化。一九〇六年保皇黨人徐勤來馬尼拉向僑界鼓吹立憲，欲設憲政
會，楊豪侶、歐陽鴻鈞、何寶珩等聚眾反對之，致徐之計畫無成。此為
菲地華僑自動支援革命行動之始。一九一一年，同盟會員李其自香港至
馬尼拉，訪鄭漢淇，鄭即號召同志成立同盟分會，入盟者有鄭漢淇、黃
三記、王忠誠、黃漢傑、鄧寶廷、林日安、楊匯溪、歐陽鴻鈞、鄭杰、
李棠新、李雄諸人。[44]而對革命最熱心者楊豪侶因回國，何寶珩因赴
美，則未及加盟也。[45]馬尼拉同盟分會成立時，同時亦創辦《公理
報》。總編輯為閩人吳宗明。此報一直維持到民國三十年（一九四一）
日軍占領菲律賓時始停刊。[46]菲地華僑參加革命雖較南洋其他地區為

晚，但其後對中山革命運動之支援，如討袁、護法，均有優良表現。

八、結論

　　早年華僑，或以政治原因，或以經濟原因，移殖海外，原富冒險犯難性格，適為革命所需求。復以南洋各地華僑眾多，接近中國本土，極易成為革命黨人尋求支援的目標。南洋地區華僑革命思想之發生，初由革命報刊之輸入與革命黨人之接觸；進而自辦革命報刊，宣傳革命；成立革命團體，參加革命行動。

　　就孫中山推翻滿清創建民國的革命運動內容的要項來看，南洋地區華僑無論在立黨、宣傳、起義各方面，對於辛亥革命運動，都做到了極大的支援。而且每一地區，各有其特色。就立黨言，自中國同盟會於一九〇五年八月成立並於東京設立本部後，其分會以美洲及南洋為盛；而南洋各地分會之成立，又較美洲地區為早而多。其會員之多，似非其他地區所能及。即以緬甸一地而言，有名籍可據者，會員已達二千三百四十三人。他如新加坡、馬來亞、越南、暹羅。印尼各地會員，雖無數字可據，然其分會之多，華僑入會之踴躍，實不遜於緬甸地區也。就宣傳言，南洋地區華僑革命報紙之多，亦為其他海外地區所不及，在新加坡者先後有《圖南日報》、《南洋總匯報》（後為保皇派所據）、《中興日報》、《星洲晨報》、《南僑日報》、《陽明報》（馬來文）；在馬來亞者先後有《檳城新報》、《第三光華報》；在緬甸者先後有《仰光新報》、《光華日報》、《第二光華報》、《進化報》、《全緬公報》；在荷印者有《泗濱日報》、《民鐸報》、《吧城日報》、《蘇門答臘報》，以及菲律賓之《公理報》等。這些報紙，多由當地華僑出資，而由革命黨人擔任編輯或記者。即中山本人亦曾以「南洋小學生」的筆名，在《中興日報》發表言論。這些報紙卻也做到了「文字收功日，全球革命潮」。[47] 就起義言，在中山反滿的十次起義中，同盟會時期計有八次。在這八次中均以南洋為支援。其起義經費絕大多數來自南洋各地華僑的捐助，例如中山一九〇七～一九〇八年的西南六次起義經費約為二十餘萬元（港幣），有十一萬餘元來自南洋；一九一一年黃花

岡之役起義經費為十八萬七千餘元，有十萬八千餘元來自南洋。[48]可知在同盟會時期的起義經費中，來自南洋地區華僑捐助者，在百分之五十以上。此外，南洋華籍青年在辛亥前為革命殉義的烈士經調查可據者有三十二人，其中二十九人死於黃花岡之役。[49]

　　就南洋各地對革命支援所表現的特色來看，新加坡的《圖南日報》，開南洋地區革命言論之先聲；《中興日報》在同盟會中期取代同盟會早期東京《民報》的地位，執南洋地區革命言論之牛耳；且以地理環境之便，新加坡亦為同盟會在南洋地區組織的樞紐。馬來亞華僑眾多，同盟分會遍於各埠；對起義經費的捐助，是英屬南洋最多的地區；其庇能則為同盟會後期南洋革命言論與策畫的中心。越南為海外華僑社會中，唯一未受保皇黨影響的地區，亦未見有革命報刊之發行，其支援革命，偏重實際行動，捨身捐產者，大不乏人。其殉難烈士之眾，捐助起義經費之多，實為他處所不及。故在革命起義的支援方面，越南華僑的表現，最為特出。暹羅華僑支援革命所表現的特色，與越南相似；緬甸則與英屬南洋相似。前者重在起義的支援；後者在立黨與宣傳方面，有特出的成就。荷印與菲律賓地區的華僑，均以當地殖民政府限制甚嚴，華僑革命活動顯較南洋其他地區為困難，然各該地區的華僑，仍有其革命的組織和言論機構。荷印華僑革命活動除以書報社、報紙、學校為憑藉外，其對起義經費的捐助，則在英屬南洋之上。[50]南洋各地華僑對辛亥革命運動的支援，無論在立黨、宣傳、起義各方面，均有其重要的貢獻與特出的表現。

發表於一九八六年二月「辛亥革命與南華華人研討會」。原題為《辛亥前南洋華人對孫中山先生革命運動之支援》

1　蔣永敬《南洋華僑與辛亥革命》，《傳記文學》，第三十九卷第二期，民國七十年八月號。

2　同1。

3　鄧慕韓訂《總理所至南洋各地及年月考》。蔣永敬編《華僑開國革命史料》（臺北：正中書局，民國六十六年），二五七～二五九頁。以下簡稱《華僑開國史料》。

4　《中國革命史》，民國十二年一月二十九日作，《國父全集》（臺北：國民黨中央黨史會，民國六十二年），第二冊，一八五頁。

5　胡漢民《南洋與中國革命》，《華僑開國史料》，二八六頁。

6　同4，一八四頁。

7　馮自由《南洋各地革命黨報述略》，《華僑開國史料》，二九七頁。

8　陳楚楠《晚晴園與中國革命史略》，《華僑開國史料》，三三二頁。

9　張永福《補充胡漢民的南洋與中國革命》，《華僑開國史料》，二九三頁。

10　馮自由《新加坡圖南日報》，《革命逸史》（臺北：臺灣商務印書館，民國五十八年，臺一版），第一集，二四三～二四四頁。

11　同8。

12　同10，二四四～二四八頁。

13　《中國同盟會成立初期（乙巳、丙午兩年）之會員名冊》，《革命文獻》，第二輯，七三～七五頁，國民黨黨史會編印。

14　同3。

15　胡漢民《南洋與中國革命》，《華僑開國史料》，二八五～二八六頁。

16　馮自由《南洋各地革命黨報述略》，《華僑開國史料》，二九九～三〇〇頁。

17　同16，三〇一～三〇二頁。

18　馮自由《中和堂小史》，《革命逸史》，第三集，一三二頁。

19　同13，七〇～七二頁。

20　同8，三三八頁。

21　同8，三三八頁。

22　同16，三〇四～三〇五頁。

23　同8，三三八頁。

24　同15，二八六頁。

25　同3。

26　羅家倫主編《國父全集》（臺北：國民黨中央黨史會，民國五十八年，增訂本），上冊，一五〇～一五一頁。

27　《孫文學說》，第八章《有志竟成》，《國父全集》，第一冊，五〇〇頁。

28　《辛亥前南洋烈士殉義表》，《華僑開國史料》，二九四～二九七頁；陳以今

《國父與越南》，同上書，三八九～三九〇頁。

29　同 27，五〇一頁。

30　《覆陳楚楠等鼓勵南洋僑胞助餉從軍函》，一九〇七年十月十五日，《國父全集》，第三冊，四七頁。

31　蔣永敬《辛亥革命前十次起義經費之研究》，《華僑開國史料》，四七頁。十次起義經費中，暹越地區合為八九、四二三元，另暹羅王杏洲一、九〇〇元，計為九一、三二三元。

32　馮自由《南洋各地革命黨報述略》，《華僑開國史料》，三〇〇～三〇一頁。

33　馮自由《暹羅華暹日報及同盟會》，同前書，四一〇頁。

34　中國國民黨第三組編《中國國民黨在海外》，同前書，四〇七～四〇八頁。

35　馮自由《緬甸華僑與中國革命》，同前書，四一一～四一二頁。

36　馮自由《秦力山事略》，《革命逸史》，第一集，一三三～一三七頁。

37　同 35，四一六～四一九頁。

38　同 35，四一九～四二〇頁。

39　同 31，四六～四七頁。

40　佚名《巴達維亞華僑書報社》，原載香港《星島日報》，民國二十七年十二月初，《華僑開國史料》，三六八～三六九頁。

41　馮自由《荷屬爪哇群島各埠書報社一覽》，同前書，三八一～三八四頁。

42　同 41，三八四頁。

43　馮自由《海外各地中國同盟會史略》，《革命逸史》，第四集，一七一頁。

44　馮自由《菲律賓同盟分會及公理報》，《華僑開國史料》，四二七～四二八頁；歐陽鴻鈞《小呂宋同盟會會員姓名歷史事實備考》，同上書，四二九頁。

45　歐陽鈞，同前文，四二九頁。

46　馮自由《南洋各地革命黨報述略》，同前書，三〇六頁。

47　同 46，三〇七頁。

48　同 31。

49　同 28。

50　據 28。辛亥前自興中會到同盟會時期的十次起義經費，.海外各地華僑資助的順序為：(1)越南及暹羅八九、四二三元，(2)加拿大六四、〇〇〇元，(3)荷屬南洋六二、五五〇元，(4)英屬南洋為五七、六六三元。以下順次為美國各地及緬甸。

第六章
暹華蕭佛成與國民革命

一、前言 —— 暹羅華僑概況

　　華人入暹時代久遠，為數亦多。據中華民國方面所編之《華僑志
——總志》所列一九六〇年代海外華僑的分布，全球華僑總數約為一千
六百四十一萬餘人，亞洲地區占了一千五百八十五萬餘人，泰國（原稱
暹羅）則為三百七十九萬九千人。[1] 此數當包括土生華裔在內。數居世
界各地華僑之冠。惟上項數字較其他方面的記載，則頗有差異。例如薛
金爾（G. W. Skinner）在一九五五年前所作之調查研究，認為在泰華
僑，包括被列為泰籍之華僑在內，共為二百三十一萬五千人，其中潮洲
籍占百分之五十六，客籍百分之十六，海南及廣府籍各百分之十二，閩
籍百分之七，其他百分之二。[2]

　　華人之大量入暹，約自一七八二年至一八六八年之間，此時為暹皇
拉瑪一世至四世時代，為建都曼谷，需要大量華工；復以此時已與清廷
建立關係，中暹貿易頻繁，華人之從華南，特別是從潮汕一帶入暹者，
為數尤巨。此一階段，共約持續一百年，留暹華人數達一百五十萬以
上。其後暹皇對清廷中止朝貢，華人入暹亦漸減少。

　　二十世紀以後，華人入暹高潮又起。因自一八九〇年至一九二六年
間，暹皇大力推進建設，如鐵路之興建，公路之開闢，教育之改進，機
關之改建，需要更多之華工；同時亦因新事業之發展，容納甚多之華
人，從事相關的經濟活動，如包辦煙酒等業。此一時期華人入暹高潮約

有以下幾個階段：(1)一九〇〇年至一九〇六年間每年入暹華人平均約四萬人，淨留者約一萬七千人；(2)一九〇七年至一九一七的十年中，淨留數共約十萬人；(3)一九一八年至一九二七年的十年中，淨留數則高達三十六萬三千人，即每年平均為三萬六千三百人。但自一九二八年以後，中國國內政治、經濟情況較為安定，入暹華人減少，每年淨留者約為一萬二千人。二次大戰以後，華人入暹又趨高潮，有年達六萬人以上者。[3]

　　華人之大量入暹，除因地理之便捷與上述經濟的原因外，尚有一重要的政治原因，即當國內每有政治動亂而避難來暹，或因參與革命或因反政府活動受到通緝而來暹者，為數亦多。此類華人，在早期者有種種洪門會黨之組織；其後則因國內革命運動或黨派之活動，多直接間接受其影響，而有各種政治團體的組織和活動。尤其二十世紀之初，中國社會政治起急劇之變化，海外華人社會亦受衝擊，暹華社會尤為直接而顯著。其間扮演參與角色者，在各地華人中，均有積極的中堅人物，例如辛亥革命時期（一八九四～一九一一）南洋各地積極參與的中堅人物中，在新加坡有如張永福、陳楚楠、林義順等，在馬來亞者有如鄧澤如、李源水、鄭螺生、陳新政等，在緬甸者有如莊銀安、徐贊周等，在越南者有如黃景南、李卓峰等，在暹羅者則以蕭佛成為主要人物。惟以時代或環境之變遷，有的中堅人物則改變其態度；亦有始終保持一貫態度者。即以孫中山所倡導的革命運動來看，在辛亥革命時代，曾有許多積極參與的中堅人物，但到了民國初年（一九一二～一九二七）的反帝制反軍閥的革命運動時，有的則趨於冷淡或疏離了；有的態度雖然不變，但所扮演的角色似不如辛亥革命時期之重要了；其能態度一貫而其角色地位始終重要的，蕭氏顯然是海外華人中的中堅人物之傑出者。此為本文所要研究蕭氏與民初革命運動的主要動機所在。其次則為辛亥與民初革命中，暹羅華僑曾有重要的貢獻；暹華社會所受民初革命之影響，亦至顯著。然一般史籍，由於資料的貧乏，對於暹華以及蕭氏與國內革命運動關係的記述，非僅過略，且多歧異。因此，本文將就可能獲得而少見的資料，作一補充。

二、蕭氏早年革命的經歷

蕭佛成（一八六二～一九三九），字鐵橋。先世為閩南人，明末參加抗清運動，失敗走臺灣。迨臺灣歸入清之版圖，乃移居馬六甲。十九世紀初移居曼谷，從事貿易。佛成於一八六二年（清同治元年）生於曼谷。[4] 佛成幼年曾受中國傳統的教育，其塾師高傳百曾任太平軍的軍師，失敗後亡命來暹。故佛成幼年受其師的影響，即富民族革命的思想。既長，獲當地律師資格。一八八八年，加入當地之洪門組織。據佛成自述：

> 暹羅華僑在前清時代，老早就有很多人從事反清復明的工作。
> 有組織有力量的，洪門會他們便是代表；但這個時期的思想很簡
> 單，其目的祇是在復明，故無革命可言。[5]

佛成與國內革命黨人之有交往，一般的記述多謂是自一九○四年陳景華來暹以後的事。陳為廣東香山（今中山）人，清舉人出身，曾任廣西桂平縣知事，因違兩廣總督岑春煊之命，殺降陸阿發，被岑囚禁，逃脫來暹，充當報館主筆，撰文排滿。[6] 即與佛成及曼谷其他文士沈荇思等結識。惟據《國父年譜》的記述：孫中山在一九○二年到一九○三年間遊越南時，曾由西貢來曼谷，得識佛成與王杏洲、沈荇思、何少禧等。[7] 中山這次遊越南，並非以革命黨的身分出現，而且化名「杜嘉諾」，稱是美國報館記者，來此訪問。[8] 在佛成的自述中，亦未提及此時與中山會晤的事。其自述最初與革命人士交往的，則為陳景華。其自述云：

> 我們在暹羅的革命組織，倒是先有報紙而後有團體。前清末
> 年，陳景華作《啟南報》主筆，便鼓吹排滿罵虜廷，罵留辮子。當
> 時沒有甚麼組織和主義，我也常常投稿到《啟南報》助長聲勢。[9]

據《泰國華僑志》的記述：清季在最長的華僑報紙之最早者為一九○三年之《漢境日報》。其創辦始末，難知其詳。故世稱暹羅之華僑

報紙的發軔者，每以陳景華逃亡來暹後所辦之《華南日報》肇其端。因經費支絀，改組為《湄南日報》。其時適保皇黨之徐勤來暹活動，鼓吹保皇論調，與陳等之革命論調相對立。《湄南報》內部亦發生分裂現象，分革命、保皇兩派。屬於保皇者，即就該報舊址創辦《啟南報》；屬於革命者，另覓新址創辦《華暹新報》。[10] 惟據佛成之自述，《啟南報》似乎原非屬於保皇派，而係商會的報紙，至一九○八年冬陳景華始被該報股東所逐。佛成自述之：

> 適在西太后母子逝世那一年（按在一九○八年十一月十四、十五日）。在暹的華僑和商會有哭靈之舉，我便投稿《啟南報》痛痛快快罵他們一頓。後來陳景華因鼓吹革命不合一般擁清商人的口味，就被股東們逐出來。還記得他臨走時作了一篇激烈痛罵的論說。[11]

《華暹新報》之創辦，是在一九○七年，佛成任社長，陳景華主筆政。並有暹文版，由佛成之女負責。[12] 一九○八年十一月孫中山等一行由新加坡到達曼谷，即以《華暹新報》為聯絡之所。中山離開新加坡的當日，曾函告同志鄧澤如云：「適得暹羅消息，知機會甚佳，遂定於今（按十一月二十日）午四點偕（胡）漢民兄弟（胡毅生）往暹。聞徐勤以遞解出境往暹，惟想彼逋逃之餘，陳景華已足對待之，不足搖惑人心也。」原函所示到暹之聯絡處，即為《華暹新報》的英文地址如下：China Siamese News, 35 Birth Day Bridge, New Road, Bankok, Siam。[13] 佛成亦曾自述中山一行到暹的情況云：

> 戊申年（民國前四年，即鎮南關之役後一年），總理（按稱中山）到暹，同行的有胡漢民、胡毅生同志等，劇烈的鼓吹革命，推翻滿清。那時我已辦了《華暹新報》，並和陳景華、王杏洲、陳載之、梁亭英他們組織中華會館。便將《華暹新報》作總理的行台，同人一齊鼓吹革命。[14]

孫中山到曼谷後，曾假中華會館對當地華僑作公開的演講，到會的

有數百人。顯然由於這次的公開演講，引起暹羅當局的注意。第二天，就被警察廳長（英人）干涉，要求中山「自由出境」。[15]中山也曾向暹羅當局提出抗議，彼皆無詞以答；惟言暹羅小國，祇能徇他國政府（顯指清廷）之請求而已。[16]

中山在曼谷雖被干涉要其離開，仍被准許停留一段時日，一直到十二月十四日始由曼谷回到新加坡。[17]在被准許停留的幾天時日，對中山而言，是非常重要的。他便利用這段時光，成立了同盟會暹羅分會。會址便設在《華暹新報》的樓上。首先加盟的是佛成和沈思、陳景華三人，繼有梁社長（開平人）、陳秉棠（惠州人）、梁亭英（新會人）、王杏洲（番禺人）、馬順興（潮陽人）、陳載之（潮安人），另一許姓華僑。以佛成為會長，陳景華為書記。當時僑界名人亦次第加盟，可記者有馬元利、游之光、王德全、黃諒初、劉頌芬、馬燦利、陳繹如、梁篤信、周佑湛、雲竹亭、雲天德、許超然。陳汰餘、吳季達、黃敏如、陳笑生、陳美堂、何少禧、洪正修等。此皆當時旅暹華人之精英。[18]另外，中山也留下同志胡毅生、盧伯琅等幫助《華暹新報》筆政，以加強宣傳的陣容。使暹華革命風氣為之大振。即如佛成自述云：「總理雖然離開暹羅，但是趨向革命主義的人日多一日。於是賡續在各埠設分會。初期人數不多，大約千多二千人。」[19]果真如此，則加入同盟會的已是很踴躍的了。

暹華同盟會員對革命的直接貢獻，還是以提供捐款為主。佛成自述云：「凡內地有起革命事，便踴躍捐輸不遺餘力。」[20]其捐輸的表現，早在中山來暹之前，暹華方面即曾對革命提供為數可觀的經費，例如自一九〇七年五月到一九〇八年四月的一年之間，中山在西南六次起義所用去的二十多萬元（港幣），其中由安南和暹羅華僑合捐的即達六萬元之多；另王杏洲亦曾單獨提供一千九百元。其後一九一一年廣州「三二九」起義，用去十八萬餘元，其中約近六分之一來自暹羅和安南華僑的合捐。[21]民國建立，中山在南京就任中華民國的開國臨時大總統時，暹羅華僑就在曼谷中華會館開會籌款。數日之間，籌集四十餘萬元。[22]這些數字，就當時幣值來看，為數相當可觀。

三、蕭氏與反帝制反軍閥

民國初年（一九一二～一九二七），國內政局多變。所表現於政治方面的現象，則為派系林立，反覆無常。孫中山及其革命黨（中華革命黨及中國國民黨）所進行的革命運動，先為反對袁世凱的專制與帝制，繼為反對軍閥的割據，過去參與反清之革命黨人，能繼續隨之奮鬥不變者，固有其人；但消極疏離者，亦所在皆是；其甚者，則亦不乏反叛之徒。而海外早期參與革命之華人，亦往往受到國內政治派別之影響，有不同之傾向；在當地華僑社會中，也發生對抗與衝突的現象。

在海外華僑社會中，早期受國內政治運動影響之最顯著的，則為革命與保皇兩派之持續的對抗。當時幾乎所有海外各地華僑社會，無不受此影響，而發生強烈的對抗與衝突。暹華社會亦不例外。故佛成曾言：「在革命未成功時（清季），就受資本家及保皇黨壓迫，我們革命黨黨員與之始終奮鬥。」[23]

在民初的反袁反軍閥的革命運動中，保皇黨的勢力則因滿清之被推翻而趨於沒落，但革命黨內部則對於反袁反軍閥問題，卻有急進與緩進的不同意見。此對南洋地區的華人社會，也產生了顯著的影響。例如一九一四年孫中山在東京成立中華革命黨，主張積極討袁；但在革命黨人中即有主張緩進之說者，可以黃興為代表。黃氏主張期以五年，再起革命，理由是謂國人過於信任袁氏；待袁氏野心暴露，再起而攻之，易於為力。且吾黨初敗之餘，亟宜暫事休息，養精蓄銳，收拾民心，以作捲土重來之備。此緩進之言論也。凡與黃氏讓同調者，亦皆離東京，前來南洋。民黨因有東京派與南洋派之名稱。[24]

至於贊成孫中山急進主張者，則以為：「若現就南洋一帶華僑之心理言，則大多數俱以為袁賊橫行，日甚一日，深恐不及早進行，貽累無窮，正未知伊於胡底！故多有裂眥怒目，主持急進者。且以此際歐洲戰雲密布，袁賊款械之路俱窮，實為我民黨復興之無上機會。若失此不圖，即深恐負此良機，此後或不易復得；爾時更圖舉事，恐較今日為尤難。」[25]其實際情況，則為民黨中之重要人物陳炯明與李烈鈞在一九一

四年冬，由巴黎返抵南洋，均倡緩進主張，不善中山改組之中華革命黨。乃歐戰起後，民黨李根源等設歐事研究會，主張停止革命，一致救國。陳、李等知之。迫日本向中國提出二十一條，中日進行交涉時，梁啟超等倡排日主義甚力，競言募兵籌餉，供袁氏對日之需；而指斥革命為反於一致對外之主張。黃興在美，情勢隔膜，因聯李烈鈞、陳炯明、柏文蔚、鈕永建五人，通電宣言，停止革命，一致對外，多懺悔辯解之語，以日本為敵地，黨人不宜再留為詞；並謂孫中山一部沉迷於革命，不足與言救國也。折柬遍邀留日歐事研究會各員如柏文蔚、譚人鳳、周震鱗、龔振鵬等來南洋開大會議。炯明出資招待，欲藉為搜括海外華僑報效之金錢，招納黨人。旋復乘廣東水災，組織水利公司，派人赴各埠募款，聲言辦郵船，並派學生赴歐美留學，習飛機。所至輒阻撓中華革命黨之籌款，反對孫中山。其時南洋華僑中之主張緩進者，據鄧澤如之記述：「除陳新政、林義順、蔡熾三及客籍少數分子贊成外，多數同志反對彼等（陳炯明等）另樹一幟也。」26

實際上，所謂急進、緩進之說，實即呈現民初國民黨人之分裂。中華革命黨屬於前者，歐事研究會屬於後者。此種分裂趨向，自亦影響到南洋地區的華僑社會。傾向於緩進者，類多對於中山的中華革命黨保持消極疏離的態度。如新加坡之張永福、陳楚楠、林義順等，庇能之陳新政、吳世榮等，緬甸之莊銀安、徐贊周等，越南之黃景南等。他們在同盟會時代，都曾熱心支持中山的革命運動，此時則表現消極疏離的態度。新加坡方面，例如中華革命黨總務部在一項函件中指出：

張君永福、陳君楚楠，前經總理（即孫中山）委任為星洲支部長，自應名實兼負責任。來函謂不肯出而任事，致黨務稍生阻力。27

新加坡同志分派情形，曾有該地一位同志向中華革命黨本部報告情況，曾謂「星期州同志略分三派，陳、張君等為甲派；二林君等為乙派，同仁俱樂部為丙派。」又云：「數派之中意見，互不相合。推其原因，則均由宋君子清（按為宋淵源，字子靖）一人而起。」28按宋為水

利公司的分子之一，亦為反對中華革命黨新章者。[29]

　　越南方面，同盟會時代支援革命最熱心的如黃景南似亦捲入派系的漩渦，而對中華革命黨產生疏離的態度。據西貢總支部在一九一六年的一項黨務報告指出：

> 炯明於民國四年（一九一五）遣使西貢，祕密與景南等組織俱樂部以來，遂使我舊支部之職員多有越畔喜新之見，而懷入主出奴之心。……東京總部展堂先生（胡漢民）謹承大命，特委林煥庭君南下，任魯仲連（調解）之責，與舊支部各職員消融畛域，疏通意見，改組新黨為中華革命，統一支部，無猜忌之意，普大同之公，洵至善也。殊景南等依依不捨，植黨營私，竟同駑馬戀棧，其冥頑不靈，未易理喻。[30]

　　緬甸方面似亦受到革命情勢不利的影響，致一些舊革命黨人而轉變其態度者。據該地區黨務負責人之一饒潛川在一九一六年的一項黨務報告中指出：民國元年（一九一二）成立國民黨，黨員達數千名，兼認中國實業銀行股分十餘萬金。不一年，袁殺元勳，宋案發生，緬甸各埠擔任籌款，募得九千餘盾，匯寄上海榮公司吳世榮轉解。適南軍失利，袁氏通電各領事取消國民黨消息傳來，所有職員黨員聞風鼠同鄉會。開會四次，莊銀安、林文曲、雷榮南等提倡解散書報社。饒潛川為保存報社，邀集熱心同志數人，極力爭之，幾至動武，僥倖獲勝。不料莊、徐、雷、林等暗中播弄，通信各埠分部以利害恫嚇，間有入其彀中，因而解散者十有餘所。中有明理同志函電詢問，潛川乃登報通告緬屬各社，竟引起莊、徐之反對風潮。潛川於一九一五年邀集同志組織中華革命黨支部，莊、徐更加攻擊，刊發傳單，誣陷潛川，且控訴於法庭。[31]

　　暹羅方面的華僑社會，來自國內方面的影響，而以袁氏的分化為多。袁以爵位收買方式，爭向當地革命組織進攻，受其運動而不敢表明反袁態度，固有其人；而暗中受其攏絡的，亦復不少。此時在暹反對民黨較有影響的，仍以過去的保皇派為主。[32]該派過去之《啟南報》與《華暹新報》的對抗下，為之失色而停刊。至民國元年，復有劉茂新在

曼谷創刊《中華民報》，是以反國民黨的立場為宗旨，而與佛誠之《華暹新報》對立。此報一直發行到一九三九年始被封閉，是暹羅華僑中壽命最長的報紙。[33]可見暹華社會中長期存有對抗的勢力。蕭氏本人仍能本其一貫立場，積極支持中山的討袁及反軍閥的革命運動。其在暹華革命黨人中的領導地位，仍然受到相當的尊重和擁護。例如一九一五年二月間就有兩位負責暹羅方面黨務工作的人員陳逸川和方熙周上書給孫中山，要求委派佛成主持暹羅方面的中華革命黨。中山接到陳等的來信後，也就毫不遲疑的委派佛成為該地區的支部長。由陳等的信中，可以看出暹羅地區革命黨人對佛成的信任和擁護。陳等的信中說：

> 自討袁軍失敗之後，國運日就頹危。吾黨政綱又將隨世而沒，本埠華僑怒焉憂之，常思所以救亡之策。故去年（一九一四）夏間組織一交通部，隸屬香港南方軍務統籌部，由眾公舉蕭佛成君為部長。同年秋間，鄧鏗君倡義惠州，本交通部亦曾捐助微款，足徵人心尚未盡死也。頃陳君逸川抵暹，道及先生（中山）組織中華革命黨本部，七月間已成立於日本東京，各埠皆已委人設立支部。弟等聞之，不勝欣忭。今交通部欲另行改組，與本部聯絡，請將所有誓約、方略、鈐記、總章及辦法如何，號數由若干起，請詳示知。且祈仍委蕭君辦理，以專責成。此間同志盼望已極，懇早日指示一切辦法。[34]

在支持中山的討袁與反軍閥的立場上，佛成可謂堅定不移。其自述亦云：「總理讓政權與袁世凱，首先反對的是駐暹本黨同盟會。到總理二次革命失敗，本黨改為中華革命黨，凡討袁、討龍（濟光）、討陳（炯明）諸役，暹羅同志源源籌款接濟不絕。」但不幸的，在一九二二年六月陳炯明之變時，暹羅有一部分同志受陳之聯絡，分裂為擁孫、擁陳兩個壁壘。[35]而佛成對「擁陳」派則嫉惡如仇。[36]在討袁籌款中，暹華方面亦為重要的經費來源之一。在原始資料中，有數可據者，佛成曾一次經手募得一萬二千九百餘元的巨額。此外千餘元或數百元不等，亦有來自暹華方面支援的。[37]在討袁的行動中，佛成亦往返國內及亞洲各

地，做些聯絡的工作。下面收錄佛成一九一六年五月二十一日自上海致新加坡中華革命黨負責人之一徐統雄的一件原函，很可看出他在討袁運動中所扮演的角色。此函說：

> 弟（佛成自稱）於五月十八日離港，二十日到申（上海）。經往見孫（中山）、胡（漢民）諸公，代吾兄（稱徐統雄）達意。吾黨不幸，前日已亡宋振，今日又亡陳英士（其美），棟折樑崩，何天之酷待吾黨至於此極也！所幸人心因英士被慘殺，益為憤振；而於各方面之武裝進行，亦已一律著手進行。否則不堪設想矣。孫先生此次之主張，係以聯絡各方面之民軍為一致之討袁進行為目的，而以大功退讓他黨。此策誠妙，然其收效必在三年以後。山東。山西及陝西等省之一部分，皆為吾黨占領；而湖北、湖南二省則進步黨與吾黨分任起事。徐勤與梁啟超惡感甚深，而進步黨與吾黨未能融合者，亦以梁氏為梗之故。岑氏（春煊）因欲自護其權位，故依龍賊（濟光），致大受社會之攻擊。廣東方面我軍之餉項，專賴星、暹二處之接濟而已。[38]

其後，佛成對於國內革命運動支援的熱忱，未稍減退。其在國內的黨中央地位，自一九二四年國民黨改組以後，一直居於重要的角色。第一屆（一九二四年）代表大會時，當選暹羅地區的代表，出席大會。第二屆（一九二六年）當選中央執行委員。第三屆（一九二九年）以後，當選並連任中央監察委員，及國民政府委員。在黨中央具有重要發言地位，一方面是由於他在國民黨內具有完整的革命歷史；更重要的而是他在暹華社會中，具有雄厚而久遠的基礎。尤其自國民黨改組以後，暹華黨務在佛成的領導主持下，有蓬勃的發展。由於黨員眾多，國民黨中央把暹羅地區的黨部提升為總支部，相當於國內省級黨部，轄有二十一個支部，四十多個分部，黨員達三萬餘人。[39]遠超過國內一個省級黨部的規模。其對國內革命運動的資助亦至可觀。據西方人士的記述：在廣州省港罷工期間（一九二五年六月至一九二六年十月），暹羅華僑捐助的款額達暹幣七十萬銖。[40]據暹羅總支部代表王斧、王伯岐向廣州方面的

報告，其援助省港罷工的經費，為數約「十萬元」。如為港幣或銀元，
則與上一數字相當。當時暹政府對於這些捐款曾禁止銀號匯寄。乃由林
伯岐等冒險陸續攜帶至廣州繳納的。在一九二六年廣州北伐軍興時，他
們又捐資購買飛機一架，為數亦萬餘元。[41]可見暹華對國內革命的實力
支援，是不容忽視的。

四、蕭氏與暹華左派分子之對抗

　　孫中山為適應革命的新情勢，一九二四年在廣州召開中國國民黨第
一次全國代表大會。主要任務，在實行國民黨的改組工作。其重要措施
之一，即為容納中國共產黨員加入中國國民黨為黨員。此舉對於具有革
命歷史的國民黨，帶來不小的衝擊；也使暹羅地區的國民黨務和華僑社
會產生相當的震撼。主要者則為發生左右勢力的對抗與衝突。而佛成則
為左派攻擊的主要目標。

　　左派（含共派在內）對暹華社會所引起的震撼情形，據佛成在一九
二六年六月給廣州的國民黨中央一項報告指出：「暹地黨員雖多，十餘
年來，絕無有不名譽之行為者；同僑中雖有商工兩界，然均相安無事。
近年有提倡工黨，於是社會呈不安之現象。」[42]左派滲入暹華社會的途
徑，亦如其時在國內的方式，即共派利用其在國民黨內工作之便，作滲
透分化的活動。據佛成自述：「共產黨潛在本（國民）黨之勢力，逐漸
膨漲。共產分子彭澤民為海外部長，許甦魂為秘書，譚平山為組織部
長，對暹羅黨部，加以種種為難。彭澤民利用海外部派人到暹，挑撥離
間，暹羅黨務又再一度分裂。」[43]

　　左派勢力在暹華社會中之抬頭，似在一九二六年初國民黨二全大會
以後，此時亦正是左派在廣州的勢力膨脹之時。在此之前，蕭氏及其
《華暹新報》曾連續遭受暹羅當局的打擊，顯亦給與左派勢力伸張的機
會。據佛成自述：在一九二五年三月中山逝世消息傳至曼谷，暹羅華僑
即在中華會館開追悼會，由於自動來參加的華僑過多，途為之塞，市區
交通為之中斷數小時之久。暹羅警界為之震驚，未敢干涉。迨同年六
月，廣州發生沙基慘案，《華暹新報》因刊載反對英國的言論，致被暹

政府停刊十四個月之久，同志被捕及被起訴者，約為時一年。[44] 又據王斧及林伯岐的報告指出：其時暹政府對於國民黨的活動，監視極嚴，稍有可疑者，非予監視、拘捕，即以擾亂治安之罪驅逐出境；尤對具有二十年歷史之《華暹新報》，嫉若仇敵，將該報主持人蕭氏拘捕而監禁之。迨沙基慘案發生，該報反抗益力，暹政府惡之亦愈甚，遂下令查封該報。一直到一九二六年九月十五日始准復刊。[45] 蓋此時適為國內國民革命軍北伐勝利進克武漢，廣州國民政府對英關係亦有改善之可能。

　　蕭氏及其《華暹新報》既連受打擊，正給左派分子以活動的良機。其時暹華之左派分子有譚振三、林奇士、鄭省一等，初以罷工要求增加工資以煽動工人；惟以暹地工值尚優，僱主之待遇工人亦未甚苛，故其工運效果不彰。未幾，復以林奇士以使用偽幣在越南被捕，鄭省一回國，譚振三被暹政府驅逐。留暹左派僅林超伯等少數幾個人；加以當地國民黨人之抨擊，故左派勢力一度衰微。迨鄭省一回粵運動有效，返暹推廣其前此所組織之中華改造社及新組之潮州海外同志會，左派勢力驟張。尤其中華改造社對暹華社會及國民黨，發生了重大之影響。據蕭之報告，該社之由來及其活動情況如下：

　　　　此社原為鄭省一、王步先、譚振三等藉調和暹華社會中之洪門各派使其聯合為一黨起見，乃命名為中華改造社。據其計畫，全暹華人之洪門會黨共有四十萬人，若皆成為該社社員，每人以僅納二銖之基本金計，則入手可得八十萬銖。又年費每人以一銖計，每年可入四十萬銖。利至鉅也。鄭等乃極力拉攏洪門首領，如新舊三點、萬興、勝興、福樂、壽和、花園、毛瑟等十九家。聲言能使各派不相戕殺，和衷共濟。埠上商家之設有戲院或釀土酒者，以能羅致洪門私派為其羽翼，有利其業，故多援以經費。而各派首領亦利用適界之加入，便其私圖，乃佯許聯合。而中華改造社因以成立。實際所謂聯合者，不過為其首領間表面上之結合，而各派黨羽仍互鬥如故。該社成立時，舉鄭省一為社長；但為警察當局所干涉。因舉具有荷蘭國籍之譚振三以代之。該社之社旗，係將國民黨之青天

白日旗加以改變,即將白日之十二鋒芒改變為十九鋒芒,以示十九
家洪門派之聯合。該社復擇各派中之最兇悍者若干人,合組為暗殺
隊,以對付不受勒索之商家。僑界知其內容者,大感恐怖。但該社
終覺名義不甚正大,乃聲言由廣州國民政府主席汪精衛派遣「專
員」來暹主持該社。此「專員」乃係汕頭一名彭姓學生,曾席捲汕
頭學聯會公款潛逃來暹者。鄭省一又赴粵向中央海外部宣稱:暹華
有百萬會黨將加入國民黨,要求發給委任狀得資進行。海外部竟嘉
許之。鄭省一、王步先等乃假國民黨中央之支持及許可,在暹大肆
活動。該社氣勢大張,派人四出勒捐,謂係奉得中暹兩政府授以特
權。凡有不從者,則多方恫嚇,或行毆辱。[46]

暹華左派自一九二六年後亦有其宣傳機構。一為福州人許超然創辦
的《聯僑報》,一為粵人譚振三所辦的《僑聲報》。兩報在言論上均較
激烈,而與蕭氏之《華暹新報》相對立。尚非公開宣傳共產主義也。旋
《僑聲報》為標榜第三黨的勵青書報社所接辦,改名為《厲青報》,由
鄭省一、王步先等主持之,言論更趨激烈。該報直到一九二七年底因鄭
省一等被逐,遂告結束。而許超然的《聯僑報》則繼續到一九三四年因
許之離暹始告停刊。[47]

暹華左右兩派之對抗,亦隨國內兩派關係之緊張而升高。迨一九二
六年三月,廣州發生「三月二十日事件」後,汪精衛去職,左派勢力稍
受限制,佛成即於六月向廣州國民黨中央提出「祕密」報告,要求取消
對「潮州海外同志會」及「中華改造社」的人員委任狀,並要求在黨報
公布理由。[48] 惟此時國民黨中央對共派活動雖有限制的規定,但尚無實
際效果。蕭之要求,之無結果。而蕭氏則成為左派攻擊主要目標了。到
了一九二七年三月中,左派操縱下的國民黨二屆三中全會在武漢舉行
時,蕭氏的中央執行委員職權,則被該會決議「停止」,並「聽候查
辦」,且決議改組暹羅總支部。這是一項極為嚴重的「處置」。暹華方
面的左派,也以國民黨「暹京黨部」的名義,宣布蕭氏的「罪狀」。把
蕭氏描繪為「惡焰沖天」的人。說他自國民黨改組以來,即對黨「大表

不滿」；對三民主義則「陽奉陰違」；對於「三大政策」則大行排擊；對於黨綱則「絕不遵守」等等。[49]

　　這些「罪狀」，對蕭氏而言，都是「欲加之罪」。且「三大政策」一詞並不見於中山的言論或國民黨的公文書。一直到一九二七年初始見於中共方面的對內文件。[50]是以武漢三中全會對蕭氏的「處置」，以及「暹京黨部」所宣布的「罪狀」，勢必引起暹華左右更大的衝突。如「罪狀」所云：「近日《華暹新報》記者陳暑木、王又申、陳笑生等之捏造敝支執委姓名、黨員姓名，在《華暹新報》上假登啟事，說敝支部已分裂數派，敝支部為共產機關，敝支部執委為共產黨員；又在《華暹新報》上明白反對總理三大政策，說反共乃他們之責任，詆毀漢口三月十日中央委員全體會議之不合法」云云。又指蕭派之詹訪莘等「在暹羅內地做反革命宣傳，胡說三民主義與三大政策相違反，凡國民黨員及僑民都應反對三大政策」。又林鴻生等百餘人在四月十七夜十點包圍光東茶店，毆打敝支部執委陳星五，並大聲叱罵「黃楚狂是什麼東西？要來改組我們總支部；漢口會議是假會議，那能改組我們的總支部？」據「罪狀」顯示，當時屬於左派的支部有第二、第五、第六、第七等四個支部；其主要成員有林超伯、錢有光、林白采、潘曉天、陳星五、鄭省一、詹藻云等。[51]其時暹羅總支部計有二十一個支部，屬於左派的有四個，故其勢力仍難與蕭氏力量匹敵也。蕭氏自述亦云：「民國十六年清黨時期，暹羅黨部為極盛時代」。[52]事實上，此時蕭氏已參與南京國民政府的「清黨」工作，為南京中央清黨委員會的七位委員之一。

五、結論 ── 蕭之革命生涯對暹華之影響

　　蕭之先世離開中國本土達數世紀之久，以蕭氏本人出生地而言，亦屬暹羅土生華裔。幼年接受中國傳統教育，具有強烈的民族意識。與國內知識分子之交往，由關心祖國而至參與孫中山之革命運動。暹羅華僑眾多，在蕭氏的影響下，自清末至民初，始終成為國內革命運動的重要支援力量。而暹羅華僑在長期介入國內的革命運動中，也使其社會產生諸多影響。其最顯著而具價值者，則為僑社中的教育文化之發展。具體

言之，即為僑校與僑報之發展，均與國內之革命運動有密切之關係。就僑校言，暹華最早的僑校為華益學堂。此校為一九〇七年革命黨人汪精衛來暹籌款時，就曼谷石龍軍路廣肇別墅內設立，由汪與陳景華、盧伯琅等主持之，亦為彼等寄身之所。暹羅同盟分會成立後，同盟會員為培養革命幹部，亦多注意僑校之舉辦。如陳繹如等一九〇九年創辦國文學堂；越年，蕭氏更與陳繹如、雲竹亭等十餘人設立潮、客、廣、福、瓊五屬合辦之新民學堂。是為暹羅華人各幫合作辦學之嚆矢。民國以後，僑校較多；尤其在一九二二年以後，受到國內新思潮及革命運動的影響，僑校發展至快。各校教師，大多來自國內之青年學生，水準既高，思想亦多歧異。就一般情況而言，規模較小之私立僑校，多集中在曼谷，大多因國內在一九二七年清黨而流亡來暹之左傾分子以此為寄身之所。公立僑校分散各埠，規模較大，其校董大多與國民黨有直接或間接之關係。不若曼谷一些私立僑校中之中共人員為多也。53

　　暹華僑報的發達，亦與僑校的原因相同。清末民初在暹華社會中最有影響力的僑報，當推蕭氏所主持的《華暹新報》。該報自一九〇二年創刊以來，不替為暹羅華僑之「喉舌」。先與保皇派《啟南報》及《中華民報》對陣，後與左派《僑聯》、《僑聲》、《勵青》等報對立。前後二十餘年，屹立不搖。對暹羅華僑之思想與觀念，影響深遠。惟該報之式微，還是來自同黨後起之秀之競爭。一九二七年及一九二九年，先後有《國民日報》及《華僑日報》的興起，前者由吳碧岩所投資，後者由熊文階等所主持，兩報在言論上雖與《華暹新報》相近，但在內容上則求革新，營業上則事競爭，其他僑報固非其敵手，即《華暹》亦顯落後；復因內部之分化，主要幹部如陳暑木、許金鐘等之脫離，另創《晨鐘日報》之後，此一歷史悠久、聲勢素盛之《華暹新報》終於一九三二年停刊。54

　　國內北伐統一以後，由於國民黨內部屢起分化，而暹華之國民黨人亦受其影響。具有二十多年歷史之中華會館則因內部之糾紛，而於一九二八年被暹政府所查封。55此對蕭氏在暹華社會中領導之象徵，實一沉重的打擊。惟暹華中更多的後起之秀，如主持《國民日報》的吳碧岩，

接任暹羅中華總商會主席的林伯岐，愛國志士陳景川等，以及暹華社會中諸多新起領袖人物，大多為蕭氏致力革命運動中所結合的精英分子。如陳景川於一九三一年國內發生「九一八」事變後，奮起追隨蕭氏，與僑界蟻光炎、廖公圃、余子亮、鄭子彬等，助佛成勸募救國公債，助軍抗日。繼與上述諸人創辦《中國報》及《中原報》，以盡宣傳報效祖國之責。其後抗戰發生，更多暹羅華僑踴躍輸捐，甚至為祖國抗戰而捐軀者。其所表現之愛國精神，可與佛成之革命生涯先後輝映也。

發表於一九八七年香港「兩次大戰期間在亞洲之海外華人國際研討會」

1　華僑志編纂委員會《華僑志——總志》（臺北，民國五十三年，修訂版），一二六～一二七頁之間，《全世界華僑人口分布表》。泰國華人數據表說明資料來源及調查時間，係民國五十一年（一九六二）一月二十日駐泰大使館查報。

2　華僑志編纂委員會《華僑志——泰國》（臺北，民國四十八年），三五～三六頁。原書引用 Skinner 之調查研究未註來源。應係依據原作者 G. W. Skinner, *Chinese Society in Thailand: An Analytical History*, Ithaca, N.Y. 1957.

3　《華僑志——泰國》，二五頁。

4　H. L. oorman, *Biographical Dictionary of Repubican China*, Vo., 2, p. 90, Columbia University Press, 1967, N.Y。又陳哲三：《蕭佛成傳》，《民國名人小傳》（臺北：傳記文學出版社，民國六十九年），第三冊，三〇七頁。惟據《華僑志——泰國》，一九〇頁記述：蕭先世移居馬六甲，居數世凡二百餘年，始生佛成。佛成之以華人而有英籍者以此。蕭氏家人至泰京者，以佛成為先。

5　蕭佛成述，鄧雪峰記《暹羅華僑革命過程述略》，《三民主義月刊》，七卷四期，二三～二五頁，民國二十五年四月，香港。以下簡稱蕭之自述。

6　鄒魯《陳景華事略》，《中國國民黨史稿》（四）（臺北：三民書局，民國五十六年），列傳，一六七〇頁，《鄒魯全集》（六）。

7　羅家倫主編《國父年譜》（臺北：國民黨中央黨史會，民國七十四年，增訂本），上冊，一七〇頁。

8　同前註。

9　蕭之自述。

10 《華僑志——泰國》，九六～九七頁。

11 蕭之自述。

12 同 10，九七頁。蕭女之名待查，據胡木蘭（胡漢民之女）告知，佛成之夫人係泰人。據蔡文星：《泰國近代史略》（上海：正中書局，民國三十五年），一四四頁記蕭佛成女婿乃威叻在一九四一年時為泰政府宣傳廳長。

13 《國父全集》（臺北：國民黨中央黨史會，民國六十二年），第三冊，七四頁。

14 蕭之自述。

15 同 14。

16 《國父年譜》，上冊，三一三～三一四頁。

17 孫中山自十一月二十日下午四時離新赴暹，至十二月十四日由暹到新，其間計二十五天。扣除旅途往返時日，留在曼谷約為十五天左右。

18 《華僑志——泰國》，一六二頁。

19 蕭之自述。

20 同 19。

21 蔣永敬《辛亥革命前十次起義經費之研究》，收入張玉法主編《中國現代史論集》（臺北：聯經出版公司，民國六十九年），第三輯，二六二～二六三頁。

22 蕭之自述。

23 同 22。

24 《陳新政述組織中華革命黨支部》，《革命文獻》（臺北：國民黨中央黨史會，民國五十八年），第四十五輯，六〇一～六〇二頁。

25 《鄧澤如勸李烈鈞服從孫中山函》，民國三年十二月一日，同上書，五九一頁。

26 鄧澤如《中國國民黨史稿》，同上書，五九二～五九四頁。

27 《中華革命黨總務部覆星加坡盧耀堂關於星洲黨務函》，同上書，六二一頁。

28 《中華革命黨總務部覆丘繼顯希評述各派意見不同之原因函》，同上書，六二三頁。

29 同 26，五九四頁。

30 《旅西貢總支部為成立中華革命黨支部上總理書》，民國五年九月二十日。同上書，六七〇頁。

31 饒潛川《緬甸五年來之黨務》，民國五年四月十五日。同上書，六五二～六五四頁。

32 《華僑志——泰國》，一六三頁。

33 同前註，九七頁。《中華民報》自一九一二年創刊至一九三九年被封，前後計

二十七年，其次則為《華暹新報》，自一九〇七至一九三二年計二十五年。

34 《陳逸川馮熙周請派蕭佛成為暹羅支部長上總理函》，民國四年二月二十八日，《革命文獻》，第四十八輯，一二五頁。原函通訊處為暹羅七星媽中華會館。此函同年四月三日收到。中山即批：「給委任狀，並函覆，用總理名。」

35 蕭之自述。

36 據黃季陸在一次閒談中述其在陳炯明死時弔祭之，曾受蕭氏嚴重之斥責。後經解釋，始予諒解。

37 《中華革命黨債券徵信錄》，《革命文獻》，第四十五輯，五三八、五四一頁。

38 《蕭佛成致徐統雄報告國內各黨派討袁情勢函》，民國五年五月二十一日，《革命文獻》，第四十八輯，一一七頁。

39 蕭之自述。

40 《華僑志——泰國》，一六三頁。

41 王斧、林伯岐《暹羅總支部黨務簡單報告》，未署年月，約在民國十五年底。油印件一頁，國民黨黨史會藏。

42 《蕭佛成斥共產黨在暹羅罪行》，民國十五年六月十九日。國民黨黨史會藏原件。以下簡稱蕭之報告。

43 蕭之自述。

44 同 43。

45 同 41。

46 蕭之報告。

47 《華僑志——泰國》，九八～九九頁。

48 蕭之報告。

49 《暹京黨部宣布蕭佛成罪狀》，未署年月日，應在一九二七年四月間。油印件二頁，國民黨黨史會藏。

50 「三大政策」一詞之來源，見拙作《孫中山與「三大政策」》。（香港：孫中山先生與中國現代化國際學術會議，一九八五年）。

51 同 49。

52 蕭之自述。

53 《華僑志——泰國》，九〇頁。

54 同 53，九九頁。

55 蕭之自述。

第七章
辛亥革命前十次起義經費之研究

　　孫中山自清光緒二十（一八九四）年在檀香山創立興中會到清宣統三（一九一一）年辛亥革命，計為時十七年，其革命運動，除組黨和宣傳外，主要者則為發動起義。由其直接指揮發動的，計為十次。這十次起義的規模有小有大，在廣東的有八次，在廣西的一次，在雲南的一次。其名稱、時間及規模如下：

第一次　廣州之役，一八九五年十月二十六日（均為陽曆，下同）。參加者三百餘人，失敗被捕六十餘人，殉難五人。

第二次　惠州之役，一九〇〇年十月八日至二十二日。參加者六百餘人，後擴至二萬餘人。

第三次　潮州黃岡之役，一九〇七年五月二十二日至二十七日。參加者七百餘人，戰死者七十七人，殉難者七十餘人。

第四次　惠州七女湖之役，一九〇七年六月二日至十三日。參加者百餘人。

第五次　防城之役，一九〇七年九月一日至十七日。參加者三百餘人，後擴至千餘人。

第六次　鎮南關之役，一九〇七年十二月一日至八日。參加者八十人，收降兵百餘人。

第七次　欽廉之役，一九〇八年三月二十七日至五月三日。參加者二百餘人。戰死者四人，傷二人。

第八次　河口之役，一九〇八年四月二十九日至五月二十六日。參加者三百餘人，收降兵六營，計約三千人。

第九次　廣州新軍之役，一九一〇年二月十二日。戰死百餘人，被捕十四人。

第十次　廣州「三二九」之役，一九一一年四月二十七日。參加者一百七十人，殉難八十六人。

以上十次起義的規模，與清廷方面兵力相比，固屬大相懸殊，而其失敗亦為意料中的事。至其所生影響，則為促成辛亥武昌起義，推翻滿清的統治。在革命黨人而言，實已盡了最大的努力。如中山所云：「綜計諸役，革命黨人以一往直前之氣，忘身殉國，其慷慨助餉，多為華僑；熱心宣傳，多為學界；衝鋒破敵，則在軍隊與會黨。踔厲奮發，各盡所能，有此成功，非偶然也。」[1]

今就「助餉」問題而論，以上十次戰役，究竟用去多少經費？其詳細的來源如何？其對革命戰役有何影響？在籌款過程中，革命黨人與華僑的關係如何？華僑在何種情況下，助餉較為踴躍？將為本文欲尋求解答之問題。至經費支出的情況，由於部分資料不足，以及起義以外的經費，和其他革命黨人的起義或行動所用去的經費，均不在本文討論範圍之內。先述各次起義的經費概況：

第一次起義所用去的經費，據中山自述，得自香港一、二人出資數千，檀香山人出資數千，合計不過萬餘。[2]但實際並不止此萬餘之數。所謂香港一、二人出資，當為興中會員黃詠商和余育之二人。黃在此役，曾賣其在香港蘇杭街洋樓一所，以充軍費，得資八千元。[3]余曾獨助軍餉萬數千元。[4]如此，則香港黃、余二人所助之款，已達二萬元以上。惟香港之款，顯非由中山經手。因籌畫起義時，中山被推定駐廣州專任軍事，駐香港負責後方接應及財政事務者，則為楊衢雲。[5]因此香港之款，應由楊經手，且余獨助之萬數千元，係祕密交楊，雖同志中亦

鮮有知者。[6]檀香山人出資者，則為中山在檀成立興中會時，共得「會底銀」及「股分銀」計美金一、三八八元。[7]中山之兄德彰更售其農場之牛牲一部分以助；鄧蔭南亦盡變賣其農場。連同在檀所得，合約港幣一萬三千元。[8]故此役所用之經費，就其來源計算，應為三萬元以上。

第二次起義的規模較大，事前且曾經營兩湖及廣東的會黨，所用的經費亦較多。中山云：「庚子惠州起兵及他方經營，接濟所費，不下十餘萬元。所得助者，祇香港李君出二萬餘元，及一日本義俠出五千元，其餘則我一人之籌獲而來也。」[9]香港李君，當指李紀堂。惟據李自述：中山交其二萬元，在港度支。不足，由其墊去十八、九萬元，辦理善後。[10]李述數字如非偏高，可能在此役之後，李支付大批善後經費。一日本義俠究係何人，尚待查證。惟中山籌獲其餘大額之來源，其中一部分可能得自日人之貸款。[11]此外，史堅如曾折價變賣家產一部分，得金萬餘，盡以結交江湖俠士。[12]在響應惠州起義時，又變賣家產一部，得三千餘金，以暗殺兩廣總督德壽。[13]由於此役涉及問題較多，經費之來源及支出概況，亦最難估計。

第三次到第八次的起義，是從一九〇七年五月到一九〇八年五月，其間為時一年，前後雖有六次戰役，實際則為連續不斷的行動。這六次戰役總計用去經費約二十萬元。其來源：張靜江獨助五萬元，日人鈴木等助一萬四千元，荷屬南洋華僑捐三萬餘元，英屬南洋一萬餘元，安南及暹羅約六萬元，中山自墊及其家人私蓄和首飾計為一萬五千餘元，河內欠債一萬餘元。[14]香港機關直接收入者有一萬三千二百五十元。[15]另革命軍攻占河口時，就地徵收三千五百元。[16]其支出經手人，第三、四次潮、惠之役及其善後經費，以及向日本購械、租船和接運等費，係由香港機關經手，其支付於潮惠戰後與善後者，約為一萬八千元；用於購械及租船者為一萬三千元。其他尚有支付河內及同志來往川資、給養、撫卹等費。[17]第五、六次防城及鎮南關之役經費支出，係由中山經手，數字不詳。惟據中山自述，屆至第五次防城之役時，所有六萬四千元之款，加以購械而盡。以後戰役，則向南洋籌款。[18]第七、八次欽廉及河口之役的經費，係由胡漢民經手。據中山致南洋同志書，述及欽廉戰役

需花紅萬餘元，子彈補充需二萬元。另河內「待舉」費萬餘元。[19]河口之役經費支出，估計約為五萬元左右。[20]

第九次起義經費共約三萬餘元。其來源：紐約華僑助三千元，波士頓二千元，芝加哥二千元，舊金山一千元，計為九千元（均折港幣數）。舊金山之款寄到香港時，起義已失敗。[21]當時以廣州新軍之運動，已經成熟，須發動各路民軍響應，需款甚急，黨員李海雲時為香港文咸街遠同源匯兌業商店之經理，毅然將店內之股東存款二萬餘元悉數提出，為民軍購械之需。[22]此役失敗後，海雲猶攜其餘款三千元繳還香港機關部。[23]

第十次起義經費之來源及支付之項目，最為清楚。此役支付之款計為一八七、六三六元。收入之款有賬可考者為荷屬南洋華僑捐助三二、五五〇元，英屬南洋四七、六六三元，美洲七八、〇〇〇元（其中加拿大六四、〇〇〇元，美國一四、〇〇〇元），其餘約三萬元來自暹羅及安南華僑的捐助。[24]另此役善後費約二萬餘元。[25]

從以上的估計，中山在辛亥以前所發動的十次起義經費，約為六十餘萬元（大多為港幣）。[26]就其經費的來源，列估計表如下：

第一、二次起義，早在興中會時期，其經費之來源，除由少數革命黨人出資外；華僑資助者，僅檀香山一埠，所占比率亦低，不到百分之十。第三至第十次起義，是在同盟會時期，各次起義經費之來源，以華僑以資助為主，分布地區亦廣，所占比率約百分之八十。尤其第十次起義經費，百分之百來自華僑的資助。就各地華僑資助經費之多寡來區分，其華僑人數多或經濟情況較佳者，並不一定資助較多。今按其資助之多寡，可列等第如下：

一、安南及暹羅　約八九、四二三元
二、加拿大　六四、〇〇〇元
三、荷屬南洋　約六二、五五〇元
四、英屬南洋　約五七、六六三元
五、檀香山　約一五、〇〇〇元

六、舊金山　一一、〇〇〇元

七、緬甸　約四、八〇〇元（如為緬幣，應第十位）

八、紐約　四、〇〇〇元

九、芝加哥　三、〇〇〇元

十、波士頓　二、〇〇〇元

起義次數及年代	助款人	助款額	備註
第一次 （一八九五） 合約數	檀香山華僑 黃詠商 余育之 	一三、〇〇〇 八、〇〇〇 一〇、〇〇〇 三一、〇〇〇	 大約數
第二次 （一九〇〇） 合約數	一日人 （姓名待考） 李紀堂 中山自籌 史堅如 	五、〇〇〇 二五、〇〇〇 一〇〇、〇〇〇 一三、〇〇〇 一四三、〇〇〇	大約數。據李自述，自起義到善後，由其墊款十八、九萬元 可能數 大約數
第三次至第八次 （一九〇七──一九〇八）	日人資助 張靜江 荷屬南洋 英屬南洋 安南及暹羅 中山自墊 河內欠債 張永福 張靜江 王杏洲 黎協	一四、〇〇〇 五〇、〇〇〇 三〇、〇〇〇 一〇、〇〇〇 六〇、〇〇〇 一五、〇〇〇 一〇、〇〇〇 二、四〇〇 五、〇〇〇 一、九〇〇 一、一五〇	 約數 約數 約數 約數 由香港收入 同左 同左 同左

	美洲巴士杰致公堂	八五〇	同左
	其他	一、〇〇〇	同左
	緬甸	四、八〇〇	可能為緬幣，約
	河口徵收	三、五〇〇	合港幣一千六百
合約數		二〇九、〇〇〇	餘元[27] 緬甸以一、六〇〇元計
第九次（一九一〇）	紐約	三、〇〇〇	
	波士頓	二、〇〇〇	
	芝加哥	三、〇〇〇	
	舊金山	一、〇〇〇	
	李海雲	二〇、〇〇〇	約數
合約數		二九、〇〇〇	
第十次（一九一一）	英屬南洋	四七、六六三	
	荷屬南洋	三二、五五〇	
	域多利	三四、〇〇〇	
	溫哥華	一九、〇〇〇	
	滿得科	一一、〇〇〇	
	紐約	二、〇〇〇	
	舊金山	一〇、〇〇〇	
	檀香山	二、〇〇〇	
	安南及暹羅	二九、四二三	估計數，按支出
合計數		一八七、六三六	總數減去各處捐助實數[28]
第十次善後費	美洲	二〇、〇〇〇	
	巴達維亞	一、五〇〇	
合計數		二一、五〇〇	另西貢數千元未計入
第一至十次總約數		六二〇、〇〇〇	餘數略

其他各處華僑如日本、南洋、澳洲、菲律賓等地，雖有資助，但為數甚微。各處華僑資助起義經費多寡之原因，與革命、保皇在當地勢力之消長，有極密切之關係。例如檀香山原為革命發源地，自一八九九年為保皇派梁啟超所奪後，梁在此埠為庚子（一九〇〇）自立軍籌款，獲得華僑捐款八、九萬之多。[29] 南洋及美洲之華僑社會，原為保皇派勢力，自革命勢力進入後，亦成革命經費來源之所。革命勢力進入南洋華僑社會較早，故其資助革命經費亦較早。加拿大及美國華僑社會之革命勢力，在一九一〇年始見擴展，故其資助革命經費亦較遲。

革命黨人之向華僑籌款，亦為在當時的情況下，比較有效的途徑。除此之外，其他籌款途徑，亦曾不斷的試行，但其效果，終不如向華僑勸募為可靠。就其籌款所試行的途徑，約有以下五種：

一、革命黨人自行出資，除中山本人外，為革命而出資者，如張靜江以其在巴黎經營古董所得，盡捐助軍餉。史堅如、黃詠商、余育之、鄧蔭南、譚德棟等不惜變賣其家產以助軍需。黃景南傾其一生積蓄，盡獻之軍用。李海雲盡提店中存款以充軍費。以均本其理想以為最大之犧牲。

二、爭取華僑富商的支援，此在捐助者而言，實為惠而不費，如香港之李紀堂、西貢之李卓峰、曾錫周、馬培生等，均曾各助數萬。惟此情形並不多見。而革命黨人亦曾在這一方面費過甚多工夫，效果終不佳。如香港之陳席儒、陳賡虞、楊西岩三家巨商，原與中山及革命黨人陳少白等頗有往還，中山亦曾請其助餉，結果大失所望。[30] 南洋巨商陸佑，擁有遺產四、五千萬，與中山亦曾相識，革命黨人鄧澤如對其幫助亦多，鄧因請其助款不應，而拒與往還。如河口之役最緊要時，中山需款迫切，請鄧游說陸氏，其情詞之急，可從中山致鄧等函中見之。有云：「茲得河內總機關處來函，更知非急得十萬之款，則不能進取裕如⋯⋯惟此十萬大款，將從何得？其為能力者，捨弼翁（陸佑字弼臣）實無其人；日來函電相託遊說之，俱未獲復示，想事未易入手也。惟持之以堅忍，出之以誠而懇求之，則終未有不動心者；若屢求而屢卻，而求

者之望仍不失，則終必有應之時也。……望兄等接此信時，再三向弼翁游說，必得承諾而後已也。蓋此事所關非小，吾黨今日成敗得失，則在於此，此實為數千年祖國四萬萬同胞一線之所繫也。……惟運動之方法，必隨時而變，先當動之以大義；不成矣，必再動之以大利；……然更有一法，則當動之以情誼。……」[31]

三、發行債券，許以優利。興中會在檀香山成立時，即有債券之發行，當時稱之為「股分銀」，規定革命成功之日，以千還百。[32]一九○四年春，中山抵舊金山時，仍有股券之發行，即「此券規定實收美金十元，俟革命成功之日，憑券即還本一百元。」[33]此券利息雖為十倍，但購者並不踴躍，甚至購者多有戒心，以為持有此券，即有革命之嫌。同盟會成立後，革命成功的希望顯然較大，而債券之利息亦減。一九○七年，中山擬在南洋籌款二百萬，乃發行千元債券一種，勸南洋富商認購，即每券千元，實收二百五十元，大事成功，還本利一千元，由起事之日始，限五年內還清。否則，再加利息。[34]此事曾受當地政府之干涉，認購者亦非踴躍。其後進而規定「革命軍定章，凡出資助餉者，軍政府成立之後，一年期四倍償還，即萬元還四萬元，並給以國內各等路礦商業優先權利。」[35]一九一一年六月舊金山洪門籌餉局成立，發行中華民國金幣券一種，凡助餉美金五元以上者，給予金幣雙倍之數。計自籌餉局成立至同年九月廣東光復之日止，共捐得美金十四萬四千一百三十元四角一分。[36]可知債券銷行之難易，不在利息之高低，而在認購者有無收回本息之信心，亦非因革命需要之迫切否也；甚至革命最艱難而需款更迫切之際，而債券銷行更難。

四、活動外國貸款，此在中山進行革命的過程中，曾經不斷的努力。其中最有希望的一次，則為庚子（一九○○）惠州之役，原已獲得菲律濱革命黨人同意借用大批武器，結果誤於日人中村彌六之舞弊。河口之役失敗後，以收拾餘燼，元氣大傷，華僑所能資助者，已盡力而為，致以後的兩年，無起義之行動。中山籌款的目標，轉向外國資本家，因河內一位法人的介紹，運動一資本家借款千萬。[37]當中山趕到法國時，卻發現經手人欲從中漁利，並非該資本家之本意。中山仍是鍥而

不捨，託前任安南總督韜美（Doumer）來運動這位資本家，結果仍是失望。[38]中山又趕往美國，經其老友荷馬里（Homer Lea）和容閎的介紹，委任布斯（Charles B. Boothe）為國外財務代辦人，擬向美國資本家貸款一百五十萬至二百萬美元，並與荷馬里及布斯擬訂三百五十萬美元的軍事計畫，而由布斯向紐約財團洽商貸款。[39]結果五萬元貸款的希望也成泡影。[40]

　　五、零星捐募，集腋成裘，乃為革命經費最可靠的來源。蓋華僑對革命贊助的程度，常與其經濟地位適成反比。即經濟情況愈差的，贊助革命亦最熱心；反之，經濟情況愈佳者，對革命亦最冷淡。因此，華僑所捐之款，除加拿大致公堂變賣房產外，大多來自一些店員和工人，彼等捐出一兩個月的薪水，視為常事。尤以三十歲左右的華僑青年，不僅踴躍捐助，且最努力奔走勸募。[41]惟此種零星湊款的方式，實為不得已的辦法。其最大的困難，就是零星的募款，不能適應時效，且經手人多，捐款人多，勸募時須向各方盡量說明用途，往往洩露機密。且在時間上數額上，均難事先預定，故軍事計畫及行動，必須遷就經費問題，往往軍事計畫及行動為經費條件所束縛，而召致失敗。如第十次起義失敗後，黃興、胡漢民致加拿大同志書中曾檢討此役失敗原因有云：「此次失敗，其大端有二：（一）則仍蹈往年一面辦事一面籌款之轍。軍事部組織於去年冬月，而南洋、美洲之款大半到於三月中，對外則未免日露風聲，而內部且有極多障礙。（二）則待械以應用，待款以購械，械未至而人眾已集，疏虞既所不免，伸縮更難自由。」[42]惟零星募款的方式，亦可造成華僑與革命黨人精神之一致，蓋出款者多為中下層的華僑血汗所得，所占人數極多，亦可代表多數華僑對革命的贊助。而革命黨人亦感於籌款之艱難，不惜為英勇慷慨之犧牲，以爭取華僑對革命之信心。如黃興在「三二九」之役前數天致南洋華僑同志函中有云：「時機迫切，需款甚急，南洋各埠雖得各兄等之勸募，恐普通之中不能一時得此大數，而事終不辦，用是憂心如焚。弟自願獻苦肉之計，身入重地，圖恢復一城一邑以為海外同胞勸。弟雖薄德，明知不足以感動同人，而區區私心，聊願繼（汪）精衛之後，效一死而已。」[43]

　　華僑捐款之踴躍，實當革命軍取得決定性的勝利之時。例如荷屬南洋之巴達維亞華僑書報社捐款情形，廣州「三二九」之役，該社捐款數為五千餘元，善後捐款一千五百元，計為六千五百餘元。武昌起義後到民國元（一九一二）年一月，其捐款為六萬七千元，另一千七百盾（每盾約合一‧三元，約合二千二百元），又公債五萬元，計約十二萬元，較之「三二九」之役捐款為十八倍以上。[44]新加坡在「三二九」之役捐款為三、五三〇元（其中沈聯芳獨捐一千元）。[45]武昌起義後，該埠粵籍華僑即籌廣東救濟保安捐二十餘萬元，閩籍華僑亦籌閩省獨立費二十餘萬元，兩計四十餘萬元。[46]較之「三二九」之役捐款在百倍以上。美國各埠華僑「三二九」之役捐款一四、〇〇〇元，善後捐款二〇、〇〇〇元，連同過去各次起義捐助者，總數約為港幣五萬元。武昌起義前後為時不及三個月，即捐得美金一四四、一三〇‧四一元。至其他各埠情形，亦多類似。這一現象，足以說明「雪中送炭」難，而「錦上添花」則易。且「雪中送炭」者多為華僑中的中小商人或工人，「錦上添花」者，則為華僑中之巨富，故易在短期中集成大款。從各次起義的經費中，中山之革命，華僑與革命的關係，可得以下兩點印象：（一）中山之革命運動，花去之金錢與其偉大之事業，簡直不成比例。足以說明經費固為革命事業所必需，但革命之理想與黨人之奮鬥，較之經費尤為重要。（二）革命黨在華僑社會的中下層階級中，具有普遍而深厚的基礎。上層華僑對革命的支持，則在辛亥華僑成功之時。至外人對革命之援助，並不具有重要的地位。

原載《新知雜誌》，第一年第六期，一九七一年十二月出版

1　《中國革命史》。

2　孫中山致吳敬恆函（一九〇九年），見《中華民國開國五十年文獻》，第一編第十一冊，四二〇頁（以下簡稱《開國文獻》一～十一）。

3　馮自由《革命逸史》，第一集，一〇頁（以下簡稱《逸史》（一））。

4　《逸史》（一），六八頁，及《逸史》（三），二〇頁。

5 《逸史》（四），九頁。

6 《逸史》（一），六八頁。

7 《逸史》（四），八頁。

8 《逸史》（四），四〇頁。

9 《開國文獻》一～十一，四二〇頁。

10 《開國文獻》一～九，六八〇頁。

11 陳固亭《國父與日本友人》，七六頁（民國五十四年，幼獅書店）。謂內田良平與末永節議向炭礦家中野德次郎借日金五萬元，以助廣東（惠州）起義。當時五萬日幣與港幣數相等。另中山之兄德彰亦有援助。兩者假定為十萬元。

12 《開國文獻》一～九，六二三頁。

13 羅家倫主編《國父年譜》（民國五十八年增訂本）上冊，一三三頁（以下簡稱《年譜》）。

14 《開國文獻》一～十一，四二一頁。

15 《逸史》（三），二四一頁。

16 《開國文獻》一～十三，三九八頁。胡漢民報告書，此三千五百元當為銀元，與當時港幣數相等。

17 《逸史》（三），二四一頁。

18 《開國文獻》一一，四二〇～四二一頁。

19 《開國文獻》一～十三，三五六頁。

20 《開國文獻》一～十三，三九八～四〇〇頁。除「待舉」（籌備）費萬餘元外，按胡漢民報告，支殺督辦花紅三千，占山上砲臺花紅二千八百元，交甄吉亭（關仁甫軍）二千二百元，交黃龍生（張德師軍，即王和順）二千二百元，士兵伙食每日約千元，前後約三十天，合應三萬元。估計總約五萬元，應為銀元。

21 《逸史》（一），三三一～三三三頁。

22 《逸史》（三），二四五頁。

23 《逸史》（一），三〇八頁。

24 《開國文獻》一～十二，四六二頁。

25 《黃克強先生全集》（臺北：國民黨中央黨史會，民國五十七年），一二六頁。以下簡稱《黃全集》。

26 鄭憲《同盟會與其經濟支援者》（*The Tung-meng-hui and Its Financial Supporters*, by Shellery H. Cheng, Majallah Pantai, Vol. II, 1964/65）估計，三～九次起義經費約為四十七萬九千元（港幣），連同本文第一、二次起義經費估計為十七餘萬

元，合約六十餘萬元。港幣、銀元、日幣等比值，見鄭憲文。

27　見鄭憲前文。

28　鄭憲前文估計此次起義經費為港幣二十一萬元。

29　張朋園《梁啟超與清季革命》（臺北：中央研究院近代史研究所，民國五十三年），一三四頁。

30　《逸史》（二），二二〇～二二一頁。

31　《開國文獻》一～十三，三八三──三八四頁。

32　《年譜》上，六〇頁。

33　《年譜》上，一七七頁。

34　《年譜》上，二〇五頁。

35　《開國文獻》一～十三，三五六頁。

36　《開國文獻》一～十二，四八三頁。

37　《年譜》上，二七七頁。

38　同 37，二八八頁。

39　同 37，三〇一～三〇二頁。

40　同 37，三八一頁。

41　《開國文獻》一～十一，四八四頁。

42　《逸史》（一），三四二頁。

43　《黃全集》，九四頁。

44　《開國文獻》一～十一，六〇七頁。

45　《開國文獻》一～十四，五三頁。

46　《開國文獻》一～十一，五五一頁。

第八章
歐事研究會的由來與活動

一、前言

　　歐事研究會是民國三年到五年（一九一四～一九一六）之間一部分國民黨人所組織的反袁團體。在日本、南洋、美國、香港，以及上海等地區均有活動，尤其在民國四、五年間西南討袁的護國軍中，具有相當勢力。它與孫中山所組織的中華革命黨分多合少；它與梁啟超的進步黨人一度攜手合作，但在護國之役結束時，即告分離。民國五年八月國會恢復後，曾經參與歐事研究會的部分議員有「政學會」的組織，此即對中國近數十年政治極具影響力的「政學系」前身，與歐事研究會可謂有其淵源。

　　關於歐事研究會的由來和活動，及其構成的人員，過去一般著述曾有零星的記載，惟尚缺乏有系統的研究。嚴格言之，此一組合的人士在反袁時期實有其不可磨滅的地位；其後對於中國政治亦深具影響，也是值得研究的一個問題。作者近在中國國民黨黨史委員會所藏「吳稚暉先生文件」中，發現一些有關歐事研究會的文件，而為過去一般記述所未詳及者。今特以此為根據，試就歐事研究會的由來和活動，作一初步的探討。

二、歐會的發起

　　歐事研究會的發起，據吳相湘《李根源創立政學會》一文指出：民

國三年（一九一四）七月，歐洲大戰爆發，日本旋亦對德宣戰。李根源（時在東京早稻田大學研究）以其影響於中國局勢嚴重，必須注意其發展演變，乃發起組織一歐事研究會。黃興、李烈鈞、鈕永建、程潛、陳炯明、林虎、冷遹、鄒魯、徐傅霖、陳獨秀、李書城、谷鍾秀、張耀曾、楊永泰、文群、沈鈞儒、張熾章（季鸞）等一百數十人參加。如張繼所指陳：「歐事研究會，多（黃）克強舊屬，計畫討袁，雲南起義之發動最有力。」又云：「（孫）總理對克強本無芥蒂，克強亦欲輔總理，惟部下稍存門戶之見。」[1]

　　歐事研究會的發起，大約是在民國三年（一九一四）八月中，這時距歐戰發生尚不滿一個月；距中華革命黨的正式成立，也不過一個月。據該會發起人在民國三年八月十三日曾有「協議條件」四條如下：

一、力圖人才集中，不分黨界。
二、對於中山先生取尊敬主義。
三、對於國內主張浸潤漸進主義，用種種方法，總期取其同情為究
　　竟。
四、關於軍事進行，由軍事人員祕密商決之。[2]

　　歐事研究會的發起人，據黃興民國三年九月三日自美國覆李根源、彭允彝、殷汝驪、冷遹、林虎、程潛等六人的函，此六人顯然即是歐事研究會的發起人。黃覆李根源等人的函節略如下：

　　　啟者，奉讀來函，知公等設立歐事研究會，本愛國之精神，抒
　　救時之良策，主旨宏大，規畫周詳；其著手辦法，尤能袪除黨見，
　　取人材集中主義，毋任欽仰。又承決議：認弟（按黃自稱）為本會
　　會員，責任所在，弟何敢推辭！惟材識疏淺，無裨大局，深自愧悚
　　耳。（下略）[3]

三、參加歐會的人

　　歐事研究會的目的之一，就是「力圖人才集中，不分黨界」。因此被羅致加入的，應即被視為當時的優秀分子。加入歐會的究有那些人士？據該會發起人在民國四年（一九一五）一月二十六日所列的名單如下：

林虎　　隱青，廣西
冷遹　　遇秋，江蘇
熊克武　錦帆，四川
柏文蔚　烈武，安徽
張孝準　潤農，湖南
胡瑛　　經武，湖南
章士釗　行嚴，湖南
章梓　　慕良，江蘇
趙正平　厚生，江蘇
程潛　　頌雲，湖南，前湖南軍事廳長
程子楷　嵩生，湖南，前湖南旅長
陳強　　偉成，湖南，前湖南旅長
耿毅　　荷生，直隸，前九江鎮守使
龔振鵬　正明，安徽，前蕪湖混成旅長
鄒魯　　海濱，廣東，前眾議員
彭允彝　靜仁，湖南
殷汝驪　鑄夫，浙江
周揚亞　穎南，廣西，前南京團長
方聲濤　韻松，福建
唐蟒　　柱良，湖南，前湖南旅長
李根源　印泉，雲南
李執中　髦吾，湖南，前眾議員

李鳴鈞　鎔鋪，江西，前眾議員
徐傅霖　夢岩，廣東，前眾議員
王侃　　輔宜，江西，前眾議員
文群　　韶雲，江西，前眾議員
余際唐　詠蘭，四川，前四川第五師參謀長
張惟聖　希五，江西，前隱青參謀
楊庶堪　滄伯，四川，前重慶民政長
范賢方　浙江
——以上日本
岑雲階（按即岑春煊）
李協和（按即李烈鈞）
陳競存（按即陳炯明）
黃克強（黃興）
汪精衛
蔡孑民（蔡元培）
吳稚暉
鈕永建　惕生，江蘇
張繼　　溥泉，直隸
李書城　小垣，湖北
王有蘭　夢迪，江西
何子奇　江蘇
彭成萬　凌霄，江西
石陶鈞　醉六，湖南
林　森　子超，福建
唐瓊昌　廣東，美洲華僑，前參議員
——以上歐美南洋，惟歐洲尚未覆信
谷鍾秀　九峰，直隸
歐陽振聲　駿民，湖南，前眾議員
楊永泰　暢卿，廣東，前參議員

但懋辛　魯剛（怒剛），四川，前四川旅長
李思廣　貽孫，江西，前江西團長
——以上內地

　　上項名單，除弧號按語外，均係原文昭錄。據名單中的原註：「惟歐洲尚未覆信。」意即名單中的在歐人士是否加入歐會，尚無答覆。其他地區顯已獲得答覆而同意加入。名單中在歐洲的為汪精衛、蔡子民（元培）、吳稚暉、張繼等四人。此四人以後有無覆信同意加入，尚不可知。惟彼等亦始終未加入中華革命黨，或對雙方保持中立的態度，例如張繼曾云：「余對中華革命黨與歐事研究會不立界限」。[4]至汪精衛的態度，更是拒絕與中山的合作，據陳其美在民國四年六月二日自上海致函中山說：「前晚接到（中山）致精衛兄電，昨日送去，不意彼已於昨日大早乘船回新加坡去矣。總之，精衛兄為人不變宗旨，小德出入，或受夫人（指陳璧君）之牽制亦未可知；但決其必不致妨礙進行。其所主張由教育著手，乃留歐之知名者皆同一之見識也。」[5]陳函的最後兩句話，實可說明在歐洲幾位人士的態度。

　　上項名單，顯然不能包括參與歐會的全部人員。尤其在民國四年（一九一五）一月二十六日以後加入的，不會在此名單之內。根據有關資料的記載，除上項名單之外，參與歐會的人士，尚有：沈鈞儒、張耀曾、陳獨秀、覃振、白逾桓、鍾才宏，[6]以及張燨章（季鸞）等一百數十人。[7]此外如王寵惠、王正廷、曾彥、[8]張東蓀、李樹（述）膺、[9]譚人鳳、周震鱗、宋淵源等，以及南洋華僑同志陳新政、林義順、蔡燨三等，[10]都曾參與歐會的活動。

四、歐會人員對中華革命黨的態度

　　參加歐會的人士，大多對孫中山中華革命黨的辦法持有異議。其起源實自國民黨二次革命失敗後，黨人相率走日本，對於國事的主張，頗分兩派：一派認為敗衄之後，團體渙散，宜有以結合，亟圖進行，以繫國內民黨之熱望，而振偷惰之人心，此派中山實主之。一派則以為袁世

凱方得勢，進步黨又擁之以為重，國人被其虐未甚，鮮能自覺；民黨新敗，宜遵養時晦，徐圖進取，此派黃興實主之。主張既歧，著手各異，中山則張明旗幟，組織中華革命黨，設總部於東京，設支部於國內各行省及各大商埠（海外），每省設支部長及司令官各一，支部長主持黨務，司令官經營軍事；海外各埠支部除主持黨務外，則重籌餉。而其方略，則皆發自總部；籌餉運械，無時或懈。民國四年（一九一五）十二月五日，上海肇和兵艦之役即其發端；護國軍興後，如山東、廣東、福建、江西、湖南、湖北等處，多有中華革命黨人之舉動。至黃興之所主張，則以培養人才為亟，初設浩然廬於大森（東京），授同志以軍事上必備之知識；設政法學校於錦町，授同志以治國之方略；而黃興與李烈鈞、鈕永建等，則漫遊歐美，考察彼國之政俗，以為將來之借鏡；對於革命之進行，則由在東京之李根源、柏文蔚、林虎、程潛、程子楷、陳強等，規畫聯絡。[11] 此即歐事研究會的起源。

就一般情況而言，主張緩進而不願加入中華革命黨的國民黨人，大多加入歐事研究會；事實上亦有部分人士原已加入中華革命黨而又加入歐會者，如林虎、柏文蔚、龔振鵬、熊克武、楊庶堪、鈕永建、殷汝驪、文群、何子奇等人皆是。[12] 歐會人士對中華革命黨的態度並非一致，有的仍為中華革命黨工作；有的則持以批評敵對態度而欲另樹一幟者。即如陳炯明在民國三年（一九一四）十一月二十六日自新加坡致東京歐會同人的覆函，對持急進者跡近詆諆，曾謂：「顧持急進者動以外債斷絕為一絕好機會，亦知彼而不知己。機會二字，當具雙方觀察，袁必有可乘之機，在我實有能乘之力，二者湊合，斯為機會成熟。否則袁即一枝之韌，吾黨能力不逾嬰孩，其能折乎？今人以盲進突擊為能，對於昔年經過之困難毫不計慮，而目無障礙，向壁猛撞，迨爛額而踣，尚不知返，卒之所得，黠者騙錢，良者喪命，群盜外競，內鬨不生，亦可痛也。此殆狃於首次成功之易。然民國肇造，民黨之力實未能貫徹始終，故有南京政府之投降。民黨不自深省，每貪天之功以為己能，二次相率以敗，亦職是故也。」又云：「今日袁氏魔力，自非孤兒寡婦可比，苟北方氣象無絲毫之搖動，而謂可起東南以經營西北，鑒於首次二

次均無可倖之事實，烏得持以自欺乎？」以上的論調，顯對中山而發。陳且表示：歐會在日籌備如有窒礙，應擇一地或來南洋一帶為宜。[13]陳之企圖，至為明顯。

五、歐會的計畫及在上海之活動

歐事研究會人員早期的活動，除東京外，則以上海及南洋地區為重點，並及美國地區。迨護國軍興，則集中於香港及西南各省。

歐會在上海方面活動的人士，有谷鍾秀、歐陽振聲、楊永泰、徐傅霖等，彼等多為國會解散後未被逮捕的議員，得以留在上海。[14]稍後，殷汝驪亦由東京回到上海，參與策畫工作。一九一四年冬，曾擬訂一項活動計畫，送至東京，希能獲得海外的經費支援。此項計畫實可代表歐會的工作方針，其內容如下：[15]

（一）計畫

甲、對於當代有望人物，取廣義的聯絡主義，使人才集中，主張一致。

原註一：聯絡之範圍，不分黨派；即前為敵黨，但有可以接近之道，即極力與之接近。文事武功，尤宜雙方並進。

原註二：感情融洽，主張自易一致。去歲之憲法草案，其一例也。觀近日之《中華雜誌》等，尤足證明此點。

原註三：全國之中，有政治智識、有政治能力，而又一趨於正軌者，僅此少數之人才，分則勢孤，或更生有力之敵。此尤已往之經驗，須引以為戒者也。

乙、對於現今之政局，取緩和的改進主義，使人心漸入輿論同情。

原註一：政局至此，全國人心已無不心知其非；但心有可以繫屬人心之道，始能漸易其趨向，而後可以著手改進。

原註二：國內經辛亥、癸丑兩次動亂，人人皆喘息不遑，故無論政府如何萬惡，激急之主張，則不能喚起國人之同情，惟有鼓吹共和國家組織之原則，共和國民應具之智識，而於當局之非立憲舉動任人借鏡返

觀，自不難養成健全之輿論。

　　原註三：現今民黨之新聞，一家無存，然除政府直接收買之報館聽其命令外，餘皆時露攻訐之態度，此正輿論變轉之機會。

（二）辦法

　　甲、欲達甲種目的，則辦法有二，似迂緩而實迅速，且可以立於不敗之地位。

　　子、學校：擬設一法政專門學校於上海，延聘有名而又為當局不忌之人才，共襄其事。調查上海中國公學、神州法政專門學校及復旦學校之事例，若能開學，足有五百學生可以收容。僅學費一項，每年已有萬元之譜。開辦費需洋二、三千元，每年補助費至多一萬元，即可敷用。開學後，因某種學科，即可發生一某種學會；因學會聯絡當代有望人物，此為現今唯一不二之方法。蓋政黨既不能顯然活動，突起一學會，亦涉政府之疑而不能發展。前此谷九峰（鍾秀）、歐陽民（振聲）、楊暢卿（永泰）等曾與北京丁佛言、劉松生發起一學會。初著手計畫，而丁佛言即被政府派偵探尾隨，以觀其進退。可知聯絡之方法，非迂曲不可。唯有納學會於學校之中，事物成而且不至招忌。至養成無數青年，為將來政治上之臂助，法亦無善於此者矣。

　　丑、實業：擬設一大圖書公司，為實業上立足之地。現今上海圖書公司，雖已有商務、中華兩大公司，尚有發展之餘地。此項事業，於人才聯絡上最為相宜；即無聯絡人才之目的，實業上亦不可不求一根據地，以為退藏之所。前次民黨失敗，人才皆風流雲散，欲求一聚首而不可得，此皆實業上無立足之地故也。數月以來，九峰、駿民、靜仁（彭允彝）、鑄夫（殷汝驪）雖有泰東圖書局、明明編譯社之設，然皆範圍狹隘，不足以容納眾流。九峰、駿民於歐戰以前，曾兩為發展圖書公司之籌備，因戰事一起，金融恐慌而罷。現須繼續進行組織一大圖書公司，以求實效。欲謀圖書公司之發達，非出教科書不可；欲出教科書，非於重要地方先設有支店不可。現計編輯所費、印刷費、開設本店支店費，從至節省處估計，約需經費十萬元，足支二年之久。至二年以後，

則可由該公司收回本利，以次擴張。若股本集有成數，泰東、明明並可商議合併之法，以作此大公司之基礎。此為一勞永逸之計，且便於聯絡人才，誠必要之舉也。

乙、欲達乙種目的，則辦法亦有二：

子、日報：日報之關係最巨，無須詳陳。惟經費一節，須以五萬元為額，始能為長久之計。節省估計，每月需一千五百元（他報館每月需費二、三千元不等），每年需一萬八千元。第一年報費無多，賠補自鉅。第二年報費及廣告收入，至少每月可千元左右，故賠補之數亦甚微。現此間存有相當之機器、鉛字、銅模等，已由明明編譯社購置，並可作為印刷之用，亦一機會也。

丑、雜誌：雜誌之效力，固較日報為小，然灌輸上等社會人之智識，統一同志之主張，亦甚重要。現上海所發行之《正誼雜誌》，即可與當代人物互商政見，其效果亦不薄。惟該社分文基金皆無，全恃九峰（谷鍾秀）、暢卿（楊永泰）等之義務文字及收回之報費支銷印刷費，困難不可名狀，正宜及時補助，圖其發展，年約二千元。

歐會人員在上海的潛伏活動，足以表現民黨人士反抗袁氏暴政的另一面。據曾毅記述：《正誼雜誌》以谷鍾秀為主撰。時全國報章均諂媚袁氏捶擊民黨，獨《正誼》敷陳正論，為神州放一線光明。民黨失敗後之言論，首發布於社會者，莫先《正誼》。又谷鍾秀與歐陽振聲設泰東圖書局，由谷主編輯，歐陽經紀之，撰譯法政哲學文學各種書籍，欲以牖進社會文明，隱身商賈之間，密圖改革，而資之以為聯絡海內外同志之機關，凡黨人至滬或欲有所傳遞，莫不倚泰東書局，國內民黨之重鎮，實以谷、歐陽為樞要。四年八月，楊度、孫毓筠等發起籌安會，谷、歐陽及徐傅霖、楊永泰等，乃組織「共和維持會」發布宣言，曾指斥袁氏政府既「悍然以暴動蹂躪國會，撤銷自治，改約法，棄國務院，政治大權，已侔君主」；今又將「餂羊共和之虛名，而欲去之，曲副君主專制之實，而詬夷無恥，忝顏承旨之群小楊度等，突有籌安會之設，昌言變更國體，以公器之國家，移諸一姓子孫之手」。袁既進行帝制，民黨反袁益亟，谷、歐陽等以雜誌之效力較緩，乃停辦《正誼》，另出

《新中華雜誌》，專倡聯邦論，推張東蓀主撰，而與陳炯明、李根源、彭允彝、徐傅霖、李樹膺組織一大日報，曰《中華新報》，民國四（一九一五）年雙十節出版。以促進民氣，對袁宣戰。[16]

六、歐會在南洋的活動

在南洋活動的歐會人員，以岑春煊、陳炯明、李烈鈞、王有蘭等為主。其主要的工作，是向華僑籌款，以支援反袁的活動。彼等與東京、上海以及美國地區的民黨人士，都有經常的聯絡。惟與中華革命黨在南洋的活動頗有衝突。陳、李等在南洋的活動情形，據鄧澤如記述：陳炯明與李烈鈞於民國三（一九一四）年冬由巴黎回抵南洋，李寓庇能，陳寓新加坡，均倡緩進主義，不善中山改組之中華革命黨所為。李根源等設歐事研究會，李、陳等和之。民國三年十二月三日，陳炯明由星來掛羅庇勝，約鄧澤如往庇能，與李烈鈞共商討袁進行之辦法，並邀同有力募款的華僑同志如鄭螺生、李源水、區慎剛等同至庇能。開會時，李在會中發言，表示不贊同中山發起組織中華革命黨；現在惟有各行其是，以達倒袁之目的。目的達到，然後請中山出來共同維持。惟鄧對李的意見頗不以為然，他說：「中華革命黨現在東京已成立總部，且已陸續辦事，而先生等（指李等）欲另樹一幟，其辦法必不及東京之完備，其進行必不及東京之速。中華革命黨現在南洋各埠，紛紛成立支分部，斷無反對中山先生所組織中華革命黨之理。」李、陳二人知鄧等不能脫離中山，遂未再發言。鄧亦與各華僑同志離庇能到其僑居各埠，召集各同志，宣布陳炯明、李烈鈞等反對中華革命黨的言行。因此南洋華僑同志除陳新政、林義順、蔡熾三及客籍的少數人贊成李、陳的主張外，多數同志都反對彼等另樹一幟也。[17]

華僑同志對於中山顯有堅定的信仰，陳、李等欲在華僑社會中進行另樹一幟的活動，顯難獲得多數華僑的支持和獲得大宗的款項。例如在南洋的王有蘭於民國四年一月四日致東京歐會同人的函中指出：「籌款一節，內容複雜，昨由協公（李烈鈞字協和）詳覆，諒在洞鑒。雖暫時小有阻力，終大可為。惟進行方法，須合華僑心理，為效始巨。協公疊

與競存（陳炯明字）先生及熟稔南洋情形諸同志磋商，咸謂宜用公司集資辦法，給以股票，俟成功附息清償，由出名人數簽名負責。似此辦法，出資者本有捐輸之心，與以將來特別希望，則報效愈力，所獲必多。」[18]

上項辦法，李烈鈞曾要王有蘭就商岑春煊，並請岑出而主持，岑推辭。李乃邀約在東京的林虎、趙正平、柏文蔚、耿毅以及鄒魯等來南洋擘畫進行。[19] 據鄧澤如記：李、陳折柬遍邀留日歐事研究會各員，如柏文蔚、譚人鳳、周震鱗、龔振鵬等來南洋，開大會議，炯明出資招待，欲藉為搜括海外華僑報效之金錢，招降薄行之革命黨。旋復乘廣東水災，組織水利公司，派咱赴各埠募款，聲言辦郵船，並派學生赴歐美留學，習飛機，所至輒阻撓中華革命黨之籌餉，反對中山。惟南洋各埠，多數同志於是漸知陳炯明之宗旨，不獨政見不同，且欲為一黨之首領也。鄧與南洋同志遂將李、陳組織水利公司情形，報告中山，並發函各埠分部出而反對。[20]

七、歐會在美國的活動

在美國列名歐會的人士有黃興、鈕永建、林森、李書城、石陶鈞、唐瓊昌等。惟彼等對中山及中華革命黨之態度，雖有異議，但不若李烈鈞、陳炯明在南洋反對的明顯；林森且為中山所任命的國民黨美洲支部長，實際則為中華革命黨工作，因美洲黨務仍沿用國民黨的名義故也。其對中山革命討袁的方式表示異議者，即在民國四（一九一五）年二月中日進行二十一條交涉時，黃與鈕永建、陳炯明、柏文蔚、李烈鈞五人曾於二月二十四日聯名發表通電，對過去二次革命，頗有懺悔辯解之言，曾謂「癸丑七月之役，固自棄於國人；然苟有他途，國政於修明，興等雖被萬死，又何足惜。」對袁氏失政，亦多指斥；但對當時中日交涉事，卻曾表示：「興等流離在外，無力回天，遇有大事，與吾徒有關者，亦惟謹守繩墨，使不危及邦家而已。雖懷少卿不蒙明察之冤，猶守亭林匹夫有責之志。」[21]

此電原經東京歐會人員李根源等集議，由章士釗主稿；另有歐會人

員林虎、熊克武、冷遹、張孝準、耿毅、章梓、程子楷、陳強、龔振鵬、趙正平、程潛、李根源等十二人的通電，即一般所謂的「暫停革命，一致對外」的主張。上電的發表，有謂因中日交涉起，梁啟超等倡排日主戰甚力，競言募兵籌餉，供袁氏對日之需，而指斥革命為反於一致對外主義，故歐會人士有上電的表示。[22]其時黃興在美國費城，鈕永建居紐約，當二十一條交涉時，黃亦曾致函在舊金山的馮自由（國民黨美洲支部副部長及中華革命黨黨務部副部長），請其轉告中山應即停止討袁工作，免為日本所逞。不久，馮又接得林森自紐約的函電，謂連日來鈕永建及馬素約鄧家彥、鍾榮光、謝英伯、林森等聯名致電中山，請示對日意見，可否暫停國內革命運動，實行舉國一致禦侮，免為國人藉口攻訐等語。中山對鈕等的來電，頗不謂然，曾指出：「袁世凱蓄意媚日賣國，非除去之，決不能保衛國權。吾黨繼續革命，即如清季之以革命止瓜分。」因此，中山即命中華革命黨黨務部長居正於三月十日發出通告，揭發二十一條和袁氏帝制陰謀有關。曾指出：「此次交涉之由來，實由夫己氏（指袁）欲稱帝，要求日本承認。日本政府欲先得相當之報酬要求，夫己氏已隱許諾之，故有條件之提出。詎知所提出之條件，即使中國為朝鮮第二。」今據日本方面資料的印證，日本二十一條的提出，事先曾有袁氏的暗示。詎知日竟提出亡中國的條件。但袁為罪魁，庶非一般人士所逆料。[23]

　　歐會人士之放棄「暫停革命，一致對外」的主張，實由於袁氏於四年五月九日承認日本之最後通牒的要求，於是部分民黨人士，豁然大悟，自願團結一致，共謀討袁。在美國的鈕永建等決計東歸，過舊金山訪馮自由，討論調解黨內同意意見，以期團結一致進行討袁之法；其他同志亦推馮赴東京向中山報告，願一致討袁，並請示促進各派同志合作辦法。當馮於這年七月抵達東京向中山面陳時，中山深為嘉許。中山且告知馮自由：旅居南洋的岑春煊已派周孝懷、章士釗來東商權合作辦法，正在洽談之中。數日後，中山復招宴周、章於靈南坂寓所，馮及胡漢民、戴季陶、居正、廖仲愷、謝持、鄧鏗均與焉。席間歡談甚洽。事後馮復約晤李根源，然後去神戶訪鈕永建說明經過。[24]

八、集中香港策動護國之役

　　歐會人員之集中香港，以便對西南各省進行活動，是在袁氏進行帝制以後。彼等以岑春煊為中心，並與梁啟超之進步黨人合作，聯絡西南各省實力軍人如唐繼堯、陸榮廷等。在西南護國軍之役中，歐會人員卻發揮了相當的影響作用。據曾毅在其《護國軍祕密運動史》記云：

> 　　滇自辛亥以後，袁家勢力，未曾侵入。其時唐繼堯主持於上，而軍界重要人物暗中佐助於下，常與海外同志通計畫。且滇中秩序甚整，軍備亦完，袁以其僻遠而忽之，民黨則以其同志而向之。籌安會發生後，乃與唐都督（繼堯）決定雲南首義。於是李根源、鈕永建、林虎、章士釗、冷遹、章梓、程潛、程子楷、陳強、耿毅等，自日本內渡，與在滬諸同志聯絡派代表賫書往南洋，請岑春煊歸主大計，而黃興亦自美電促岑速出，願為籌款之助。時唐繼堯、羅佩金迭派親信至京滬偵察外情，促李根源等赴滇籌畫，於是更決定以港、滬為策源地，分途進行。香港機關李根源、林虎、程子楷、曾彥等任之；上海方面谷鍾秀、鈕永建、歐陽振聲等任之。香港為西南五省之總樞。蓋在雲南舉事，不得兩粵，則門戶閉塞，此吳三桂之所以敗滅也。幸陸榮廷、陳炳焜力贊大義，鈕永建、林虎兩入南寧，陸、陳慨允響應。所慮者，龍濟光（袁之廣東將軍）冥頑，非以兵力平之不可。是時謀粵東者，有陳炯明、鄒魯、徐勤、朱執信、鄧鏗諸人（按陳、鄒屬歐會，徐屬進步黨，朱、鄧為中山所派），各挾有一部勢力，失在不能統一，而龍濟光兵力又厚，不能敵，故至廣西獨立後而始下也。[25]

　　歐會人員抬出岑春煊的原因，一方面岑氏素為袁氏的勁敵；而其主要的原因，岑為廣西人，清末曾任兩廣總督，而當時兩粵的統治者陸榮廷和龍濟光，都是岑當年從卒伍偏裨之中拔擢出來的。他們抬出岑氏，自是藉此拉攏陸、龍。當鈕永建、林虎冒險赴南寧勸說陸榮廷討袁時，陸曾表示須岑來方易措手。於是鈕等至香港約李根源南下。當李與楊永

泰、程潛、文群、熊克武等由滬至港，乃急電岑密商並派員往迎回國主
持大計。民國五年（一九一六）一月初，岑祕密到港，發現情勢尚不明
朗。李、楊等力言餉械後援及對日外交關係重要，必岑去滬與梁啟超切
商。岑即乘原船於一月十六日到上海與梁會晤。梁主張岑宜赴滇以壯軍
威。李根源等則堅持東渡之計。岑留上海數日，即祕密赴日，章士釗、
張耀曾同行。到東京後，張繼等亦參加協助。岑至查外務省磋商請援，
得以其個人名義借日幣一百萬元併兩師兵力之裝備攜之回國，供兩廣軍
隊之用。蓋當岑東行前，已一再致函陸榮廷勸說，促速獨立，勿以餉械
不足為慮；梁啟超又往香港就近布置。[26]歐會人員最早進入雲南的則為
方聲濤。方為李烈鈞所派。到滇後，寓師長黃疏成家。據云方在黃宅會
見唐繼堯。[27]並自昆明傳達同志的意向後，李烈鈞即於四年十月偕韋
玉、曹浩森等經安南入滇。[28]而於十二月十七日抵達昆明。與李同來者
尚有龔振鵬、熊克武等。[29]蔡鍔則於十九日到達。二十五日宣布討袁，
是為護國軍之役的開始。以蔡鍔為護國軍第一軍總司令，入四川；李烈
鈞為護國軍第二軍總司令，入廣西，以備攻粵。貴州首先響應，廣西繼
之。廣東龍濟光遂被迫獨立。

　　滇、桂討袁後，各省民黨鉅子亦多來粵，發動驅龍討袁。各黨組織
機關，類皆以香港、澳門為根據地。以機關論，殆不下數十處，以派別
言，約分為三：一為孫中山的中華革命黨，以朱執信為首；一為歐會方
面的，以陳炯明為首，並有林虎、唐蟒、文群等，亦多來粵，共襄義
舉；一為進步黨方面的，以徐勤為首。[30]

九、護國之役與進步黨人的分合

　　西南護國軍之役，是歐會與進步黨人合作的黃金時代。最足以表現
兩派合作方式者，則為在廣東肇慶設立的兩廣都司令部及軍務院。前者
統轄兩廣軍隊，後者則以軍政時期行代中央政府的職權。

　　歐會人員與進步黨人之聯絡，似在民國四（一九一五）年十二月十
八日梁啟超自天津抵達上海以後的事，約當雲南舉義之前。[31]五（一九
一六）年一月岑春煊由港到滬，與梁就商赴滇或赴日問題，楊永泰、程

潛、文群、李根源、程子楷、林虎等十人且於一月二十九日聯名致函梁氏，說明岑須赴日活動外援事。[32]可見兩派此時已有具體的合作成議了。五月一日，兩廣都司令部在肇慶成立，是為兩派合作見諸事實。茲節錄吳貫因《丙辰從軍日記》所記該部成立的緣起經過和組織，以見兩派合作的情況如下：

> （民五年四月）二十四日晚六時，乘舟赴肇慶。先是梁任公（啟超）、陸幹卿（榮廷）率桂軍由梧州抵肇慶，而岑西林（春煊）亦自上海至，溫欽甫（宗堯）、周孝懷（善培）、李印泉（根源）、章行嚴（士釗）諸公亦偕來焉。群賢畢至，兩廣人士之視線皆集於此，於是有設立兩廣都司令部之議，余（吳貫英）亦因此至肇慶。
>
> 兩廣都司令部於本日（五月一日）行成立式，由兩廣將士公舉岑西林為都司令，梁新會（啟超）為都參謀。蒞會場者除岑、梁外，有李耀漢、莫榮新、溫宗堯、章士釗、李根源、唐紹慧、楊永泰、張習、林虎、章勤士、龔政、魏邦屏、孔照度、曾彥、容伯挺、周善培、張鳴岐（代表龍濟光），余亦與焉。禮畢攝影而散。都司令部之職權，兩廣軍隊皆歸其節制，首持此議者為廣西軍界，而廣東各獨立地之司令和之，龍氏（濟光）見桂軍及廣東獨立軍皆推戴岑、梁，不敢立異，亦贊成此議。故龍與南方護國軍雖貌合神離，然以名義論，亦在都司令部節制之下焉。都司令部之編制，於都司令之下設有參謀部、秘書廳、外交局、財政廳、鹽務局、餉械局、參議廳等機關。鹽務局無事可辦，不特虛有其名而已，且職員並無之。財政廳雖以楊暢卿（永泰）為之長，然未有固定之收入，實亦無事可辦。外交大事，由岑、梁主持，此外之事務甚少，故外交局亦為閒散機關。餉械局雖有固定事務，然與政令無關；其為政令之所從出者，則秘書廳、參謀部是已。而秘書廳尤為重要，初成立時，秘書六七人，以章行嚴君為之長，李君印泉雖為副參謀，不帶秘書廳職務，然每日亦在秘書廳計畫一切焉。[33]

軍務院於五月六日成立，為梁啟超早在三月間所提議，經西南軍政要人唐繼堯等之贊同而成立。其組織置撫軍、撫軍長、撫軍副長各職，以合議行使職權。撫軍之下，有政務委員會，置政務委員長一人，綜理一切政務。此外又有各省代表會及外交代表專使。撫軍長、撫軍副長及政務委員長，由各撫軍互選之。撫軍資格以各省都督、兩廣都司令參謀及統有二師以上之總司令為之，但撫軍無定額，無論何省一經獨立，具有上列資格者，即當然為撫軍，無須重新選舉。軍務院成立後，撫軍為唐繼堯、劉顯世、陸榮廷、龍濟光、岑春煊、梁啟超、蔡鍔、李烈鈞、陳炳焜、戴戡。撫軍長為唐繼堯，撫軍副長為岑春煊，政務委員長為梁啟超。唐以不能駐院，由岑代撫軍長職權。外交專吏為唐紹儀，王寵惠、溫宗堯副之；又以范源濂、谷鍾秀為駐滬代表。[34]此外，李根源為北伐聯合軍都參謀，章士釗秘書長，財政局長楊永泰，駐滬軍事代表鈕永建等。[35]

上項人事的安排，足以充分顯示歐會與進步黨人合作的情況。中華革命黨的一派既被排除，而陳炯明、鄒魯等似亦無分。惟歐會與進步黨人兩派的合作，亦因軍務院的撤銷而告終止。當時軍務院的撤銷，約有贊成及反對兩派的意見，贊成者以袁死後，北京政府已表示遵行元年（一九一二）的約法，召開國會，改組內閣，則是擁護共和之目的已達，軍務院自當早日撤廢；反對者則以帝制餘孽，盤互中央，元首等於贅旒，國會受其蹂躪，不應龍客之浮談，作和平之甘語，以長天下惰氣，故應暫緩撤銷。而梁啟超急欲與北方軍閥段祺瑞（時任北京政府國務總理）接近，思以撤銷軍務院為功，電促各撫軍，呂公望（浙江都督）、蔡鍔、陳炳焜、陸榮廷贊成之；唐繼堯亦因梁之電催，遂於七月十四日由滇通電宣告撤銷軍務院。當時南中領袖人物，以列名電中撫軍，多有事前未及備知，故一時輿論，所以奉梁氏以「陰謀家」之徽號。[36]

十、結語

歐事研究會不是一個政黨，它的名稱與其實際活動完全不符。它沒

有類似一般政黨的所謂章程，也沒有經過任何程序來產生領袖或幹部。按照它的所謂「協議條件」第一條有「不分黨界」的規定，即非以政黨的姿態出現。然而它在實際活動方面，仍有「排他性」的作用。他們對外活動的名義，除上海一部分歐會人員一度使用「共和維持會」的名義發布一次宣言外，其他多以個人聯名的方式行之。由於這一組織曾經結合了當時的一些人才和在社會上有聲望的人物，故在討袁運動中，頗能運用各種關係，發揮相當的影響作用。惟過於重視人的因素，和對現實的遷就，不免有政客式的機會主義之作風。

《傳記文學》，第三十四卷第五期，民國六十八（一九七九）年五月一日出版

1 吳相湘《民國百人傳》（臺北：傳記文學出版社，民國六十年），第三冊，二九頁。

2 《吳稚暉先生文件》（國民黨黨史會藏）。以下簡稱《吳文件》。

3 同2。

4 同1。

5 陳其美致孫中山的函，《革命文獻》，第四十八輯，一五頁。

6 李雲漢《黃克強先生年譜》（臺北：國民黨中央黨史會，民國六十二年），三八三頁。

7 同1。

8 《吳文件》中的鄒魯函，年月未詳。

9 曾毅《護國軍祕密運動史》，《革命文獻》，第四十七輯，四七～四八頁。

10 鄧澤如《中國國民黨史稿》，《革命文獻》，第四十五輯，五九三～五九四頁。惟據李雲漢《黃克強先生年譜》，三八三頁，記譚人鳳並不贊同歐會。

11 曾毅前文，《革命文獻》，第四十七輯，四三～四四頁。

12 蔣永敬《胡漢民先生年譜》（臺北：國民黨中央黨史會，民國六十七年十一月），一七二～一七四頁。

13 見《吳文件》。

14 曾毅前文，《革命文獻》，第四十七輯，四四頁。

15 見《吳文件》。

16 曾毅前文，前書四四～四八頁。

17 鄒魯如《中國國民黨史稿》，《革命文獻》，第四十五輯，五九二～五九四頁。

18 見《吳文件》。

19 同 18。

20 鄒魯如前書，五九三～五九四頁。

21 此電發表於《正誼雜誌》，一卷七號，全文見蔣永敬《胡漢民先生年譜》，一八四～一八七頁。

22 鄒魯如前書，五九二頁。

23 《胡漢民先生年譜》，一八七～一八八頁。

24 馮自由《革命逸史》，第三集，四〇〇～四〇一頁。

25 曾毅前文，同前書，四九～五〇頁。

26 吳相湘《項城勁敵岑春煊》，《民國百人傳》，第三冊，二六七～二六八頁。

27 陳訓慈《革命史上的護國之役》，《革命文獻》，第四十七輯，一二頁。

28 吳相湘《李協和協和四方》，《民國百人傳》，第二冊，六九頁。

29 龔振鵬《雲南舉義之盛況》，《革命文獻》，第四十七輯，四一頁。

30 民國日報《廣東獨立之真相》，《革命文獻》，第四十七輯，四二七頁。

31 曾毅文前文，同前書，四八～四九頁。

32 丁文江《梁任公先生年譜》（臺北：中華書局，民國五十一年），下冊，四六九頁。

33 同 32，四八八～四八九頁。

34 同 32，四九一頁。

35 《民國百人傳》，第三冊，三〇一頁。

36 《軍務院設立始末》，《革命文獻》，第四十七輯，五三二～五三三頁。

孫中山與辛亥革命／蔣永敬著．--初版．-- 臺北市：
臺灣商務， 2011. 10
　　面： 公分

　ISBN 978-957-05-2646-2(平裝)

　1.孫中山思想　2.辛亥革命

005.18　　　　　　　　　　　100016376

孫中山與辛亥革命

作者◆蔣永敬

發行人◆施嘉明

總編輯◆方鵬程

主編◆李俊男

責任編輯◆賴秉薇

美術設計◆吳郁婷

校對◆林秋芬

出版發行：臺灣商務印書館股份有限公司

台北市重慶南路一段三十七號

電話：(02)2371-3712

讀者服務專線：0800056196

郵撥：0000165-1

網路書店：www.cptw.com.tw

E-mail：ecptw@cptw.com.tw

網址：www.cptw.com.tw

局版北市業字第 993 號

初版一刷：2011 年 10 月

定價：新台幣 380 元

ISBN 978-957-05-2646-2